清华文革亲历记

My Experience of the Cultural Revolution on Tsinghua University Campus

罗征启

Luo Zhengqi

美国华忆出版社
Remembering Publishing, LLC. USA

Copyright © 2022 by Remembering Publishing, LLC. USA

My Experience of the Cultural Revolution on Tsinghua University Campus

Luo Zhengqi

ISBN： 978-1-68560-042-6　(Print)
　　　 978-1-68560-043-3　(eBook)

Remembering Publishing, LLC
RememPub@gmail.com

清华文革亲历记

作　者： 罗征启
编　辑： 启　之
校　对： 雨　亭　续霜红

出　版： 美国华忆出版社
版　次： 2022 年 7 月第一版，第一次印刷
字　数： 348 千字

All rights reserved.
No part of this book may be reproduced in any form or by any electronic or mechanical means including information storage and retrieval systems, without permission in writing from the publisher. The only exception is by a reviewer, who may quote short excerpts in review.

作品内容受国际知识产权公约保护，版权所有，侵权必究

　　罗征启 1934 年 3 月 20 日出生于北京，祖籍广东省番禺县。1955 年毕业于清华大学，留校工作，曾担任清华大学建筑系共青团总支书记、团委书记、清华大学团委副书记等职，1961 年调到清华大学党委宣传部工作，1964 年任清华大学党委宣传部副部长，1979-1983 年任清华大学宣传部长、党委副书记、1983 年 9 月赴深圳，参与创办深圳大学，担任第一副校长、党委书记，1985 年担任深圳大学校长。1989 年"六四"后被深圳市纪委宣布开除党籍和免除公职。1995 年创办清华大学建筑设计研究院深圳分院（现名为深圳市清华苑建筑与规划设计研究有限公司）。2022 年 4 月 12 日上午在深圳逝世，享年 89 岁。

目　录

编者说明　启　之 I

代　序 IV

第一章　被遗忘了的"红色恐怖"
——记1966年清华大学的文化大革命 1

1. 1964年暑假，带队到部队当兵 2
2. 蒯大富初露头角 4
3. 能说会写，是个宣传干部的"料" 4
4. 山雨欲来风满楼 6
5. 批"三家村"，又见蒯大富 8
6. 晴天霹雳，大疯狂开始了 10
7. 革命真的不是请客吃饭 12
8. 恐怖之夜，血洗清华园 14
9. 左右夹攻，两面不是人 20

附件一　关于"八二四"的回忆　刘　冰 23

附件二　回忆"八二四"事件　阎　淮 28

第二章　昙花一现八百天
——1966年10月至1968年底清华的文革动乱 34

1. 没有历史，何以为鉴 37
2. 盘根错节，顷刻瓦解 39
3. 红卫兵"勤王"乱政，蒯大富趁乱夺权 41
4. 两派争论始于"彻底砸烂"和"什么彻底砸烂" 44

5.《414思潮必胜》功不可没 46

　　　附件　414思潮必胜（节选）
　　　　　——给河南造总一战友的一封信 52

第三章　矛盾升级，414高调登场 57

第四章　"罗文李饶反革命集团"是怎么回事 65

　　1. 绑架：1968年1月30日 65
　　2. 先农坛，防空地下室 70
　　3. 神秘的武斗据点 76
　　4. 被非法刑讯逼供 79
　　5. 三堡疗养所的囚徒 84
　　6. 基度山伯爵助我逃出三堡 89
　　7. 午夜逃亡，与狼同行 96
　　8. 最危险的地方，也许是最安全的 99
　　9. 414总部指挥救援，回到学校 106
　　10. 家破人亡，逃离北京 110
　　11. 逃难到陌生的故乡 118
　　12. 清华，我回来啦！ 126
　　13. 清华两派的前途——宽恕与和解必胜 135

　　原附件一　我当年写给黑龙江省招办并转省委的信 144
　　原附件二　孙耘（孙毓星）给胡耀邦同志的信 146
　　原附件三　孙耘（孙毓星）写的《清明追思
　　　　　　——纪念胡耀邦总书记逝世20周年》 148
　　附件四　试析蒯大富们制造的清华"两案"（节选）
　　　　　　　　　　　　　　　　　　陈楚三 150
　　附件五　我在清华"魔窟"九十二天　　谢引麟 160

第五章　没有明确结论的结局——"7.27"事件和"罗文李饶反革命集团"案件 结束了"昙花一现八百天" 176

　　附件一　清华文革中的蒯氏黑牢（节选）　周宏余 179

　　附件二　清华大学"文革"期间造反组织的情况调查（节选） 194

第六章　高等教育扫地出门，知识分子理想破灭——迟群、谢静宜统治下的清华大学 211

　1. "两个估计"是极左思潮的根源！ 212
　2. 第三次隔离审查 214
　3. 学习班——另一种形式的政治审查 218
　4. 扫地出门，大学不办了！——举家迁往江西鲤鱼洲 223
　5. 农场生活散记 227
　6. 迟群、谢静宜的"政治部" 242
　7. 专业也成为迟群整人的手段 246
　8. 在黎明前的黑暗里，迟群做最后的挣扎 247
　9. 第四次隔离审查——这次是"日托"不是"全托" 249
　10. 迟群的覆灭 250

　　附件一　全国教育工作会议纪要（节选） 252

　　附件二　清华大学"教育革命"述评（节选）　唐少杰 261

第七章　"假四清"目标是我，却殃及黄报青先生 287

第八章　缅怀黄报青先生 293

第九章　追思徐葆耕先生 295

　　附件　清华精神生态史——60年代（上）：开万人顶风船的角色（节选）　徐葆耕 299

第十章　蒯大富刑满出狱，现身深圳 313

附件一　蒯大富其人其事（节选）　唐　伟 323
附件二　从清华大学红卫兵运动看文革时期的
群众政治（节选）　钱理群 337

本书附录　　纪念罗征启专辑　（《记忆》319期）

【专稿】

罗征启的意义——兼评陈氏父子的"保祖坟"　方惜辰 369

【文选】

夭折的接班人　万润南 378
深圳大学创始人罗征启
　　——那一场人文主义的先锋实验　宋春丹 385
坐享其成者，不要来深大
　　——追忆深圳大学首任党委书记罗征启 393
深切怀念恩人、恩师罗征启先生　孙毓星 397
一个不媚上，善待后生，言行一致，表里一致的好人
　　——悼念神交罗征启老师　敫本立 402
良知的底线
　　——罗征启《清华文革亲历记》读后感　王允方 405

【访谈】

罗征启访谈录　杨继绳 420
罗征启先生谈1989年的政治风波　飞　燕 454

【诗选】

送罗征启先生远行　张宝林 467

编者说明

《清华文革亲历记》一书是罗征启先生 2011 年写的，书成后自印若干。自印书没有书号，没有出版单位，无法进入公共领域。为纪念罗先生，《记忆》以孙怒涛先生提供的订正版为蓝本，以保持原著原貌为准则，委托美国华忆出版社在海外推出此书。这样做的目的，是让此书成为有国际通用书号和出版单位的正规出版物，从而进入欧美的公共图书馆，俾便国际学界对清华文革和北京高校文革的研讨。

几点说明：

第一，关于注释。清华校友胡鹏池先生曾为此书的前四章做过详细的章后注。我们从中选取了部分条目，删繁去冗，以页下注的方式加入各章。此书的最后一章原有 12 个章后注，因其所注内容或已有胡注在前，或所在位置不是该条目首次出现之处，本书将这些注释以页下注的方式移前，并纠正了个别误注。另，本书对书中提到的重要事件和人物，如"水晶之夜"、芒果、迟群、谢静宜、徐葆耕做了注释。这三种注释，分别标以罗注、胡注、启注，以示区别。

第二，关于附件。此书第四章原有三个附件，胡鹏池先生在为此书做评注时，又在第一章之后增加了四个附件。为节省篇幅，本书删掉了邵斌来函和马楠聊天这两个附件。另外，为了使读者对清华文革有一更深入的了解，也为了向读者展示近年来学界对清华文革的研究成果。编者以附件的形式，为此书增补了 11 篇文章。其中有两篇中央文件：《全国教育工作会议纪要》《清华大学"文革"期间造反组织的情况调查》；有一篇大字报：周泉缨初撰，罗征启等人修改的《414思潮必胜》；有两篇论文：唐少杰论清华的教育革命，钱理群论清华文革与群众政治；有六篇回忆或评论：陈楚三的《试析蒯大富们制造的清华"两案"》、谢引麟的《我在清华"魔窟"九十二天》、周宏余的《清华文革中的蒯氏黑牢》、唐伟的《蒯大富其人其事》和徐葆耕的《开万人顶风船的角色》，方惜辰的《罗征启的意义——兼评陈氏父子的"保祖坟"》。为了突出重点，上述文章多做了节选。

第三，关于章节题目。此书共分十章，第九章的标题原为"追思"，现改为"追思徐葆耕先生"，第十章的标题原为"刑满出狱，现身深圳"，现改为"蒯大富刑满出狱，现身深圳"。另，此书第一、二、四、六章分有小节，各小节的标题，原来目录中没有，只出现在内文之中。现将小节标题加上序号列入目录之中。此书第六章第五节农村生活散记下面有五个小节。原文未将这五个小节与下面的第六节区隔开来。现将这五个小节以（1）（2）（3）（4）（5）的序号列于第五节之下。还有，此书有的章节的标题有标点，如第四章第 11 节：清华，我回来啦！大多数没有标点。现保持原貌，不做统一处理。

第四，关于标点符号。原书目录的标题用空格分隔句子，本书以逗号代替空格。原书中的某些专用名词，如文化大革命、文革、四人帮、破四旧、四清、三堡等有的有引号，有的没有。本书的处理是，除文化大革命、文革和三堡外，其余的都加引号。有的专用名词，如工军宣队/工军宣队，三、五反/三五反，"罗、文、李、饶"/"罗文李饶"等，有的中间有顿号，有的没有。现一律不加顿号。另，《三国演义》《武训传》《基度山恩仇记》有的有书名号，有的没有，现统一加上书名号。附件则保持原貌。

第五，关于群众组织的写法。如 414，书中有四一四、414、"四一四""414"等四种写法，现统一为 414。但保留了"老四"这种非正式的称谓。书中提到的 28 团、团派、老团、老团儿等则保持原貌。编者所加附件中关于群众组织的写法亦不做改动。

第六，改正了误植和误标。

2022 年 4 月 12 日，罗征启先生长逝于鹏城。5 月 15 日，《记忆》刊出"纪念罗征启专辑"，绍介罗先生之平生事业，阐发罗先生之现实意义。本书谨将此专辑缀于书尾，俾见罗先生在人们心目中的崇高地位和巨大影响。府衙树碑立馆，以颂党国之功；民间印书出刊，以弘先贤之志。前者虽势如水火而终不可久，后者将长驻人心共三光而永光。

得道多助，同侪同心。此书之编，初蒙清华老五届高忆陵之誊录，清华大侠林海之赐文；继有清华教授雨亭之校勘，文革学者孙怒涛之订正；后承法国博士迟淼技术驰援，清华才俊胡鹏池查考史料。纵赵家人处处屏蔽真相，权势者时时禁止言说，但陈寅恪独立自由之校训，罗征启精神人格之感召，令友人鼎力，事终可期。而罗先生抗强权，主和解，改政治，倡民主之伟绩，必将随此书之面世而深植人心。

启 之
2022-6-30

代 序

文化大革命长达十年的动乱,使党、国家和各族人民遭到新中国成立以来时间最长、范围最广、损失最大的挫折。党的组织和国家政权受到极大削弱,大批干部和群众遭受残酷迫害,民主和法制被肆意践踏,全国陷入严重的政治危机和社会危机。我国科学文化教育事业遭到严重摧残,广大科技人员、教师、专家普遍受到歧视以致迫害。形而上学猖獗,唯心主义盛行,无政府主义、极端个人主义和派性严重泛滥。

文化大革命不是任何意义上的革命和社会进步,它是一场由领导者错误发动,被反革命集团利用,给党、国家和各族人民带来严重灾难的内乱,留下了极其惨痛的教训。

文化大革命是毛泽东发动和领导的。对于这一全局性的、长时间的"左"倾严重错误,毛泽东负有主要责任。文化大革命的发动不仅是理论上对社会主义认识失误的结果,更是对阶级斗争形势以及党和国家政治状况作出错误判断的产物,是错误理论指导下的错误实践。毛泽东的"左"倾错误的个人领导、家长制和一言堂实际上取代了党中央的集体领导,对他的个人崇拜被鼓吹到狂热的程度,而且不允许有任何不同的意见和反对的声音。这就使党和国家难以防止和制止文化大革命的发动和发展。

中共中央党史研究室:《中国共产党的九十年》
2016 年,第 629-634 页

第一章 被遗忘了的"红色恐怖"

——记1966年清华大学的文化大革命

就其混乱、荒唐和残酷的程度而言，文化大革命确实是史无前例的。虽然，这场大动乱是1966年6月正式开始的，但奇怪的是，1966年下半年清华的历史，却常常被忽略、被遗忘，似乎这一段什么都没发生，直接进入1967年的两派矛盾和1968年的百日大武斗。这是不真实的。

我想用我在这场动乱中亲身的经历，和亲眼所见，告诉后来人，这一时期清华大学发生了什么。亲身经历和亲眼所见未必就能全面反映当时的历史，但记录下来就是对历史的补充或注释，是对历史和自己负责，也是对那些蒙冤的同事负责。

有一点必须说明的，就是在大动乱时，我的每一阶段经历中，都会伴随出现蒯大富的身影[1]，这是事实。那个年代，清华人都知道，蒯大富是罪大恶极，我本人是身受其害的苦主之一。但是这场大混乱、大灾难不是他蒯大富发动的，而且1966年下半年，蒯大富基本上没有自由。他是反工作组的"反革命"。1966年这一段清华园内发生的一系列"红色恐怖"事件不能要他来负责。

---

1 蒯大富：清华大学化工系学生。1963年入学。1966年史无前例的大混乱开始时，造王光美为首的工作组的反，被打成反革命。经毛泽东、周恩来及中央文革干预平反后，组织清华大学井冈山兵团，并成为北京红卫兵第三司令部司令，在清华大学夺了权，提出"彻底砸烂"等形左实右、无政府主义的口号，镇压持不同意见的群众，甚至动用长矛、步枪、手榴弹对付工人、解放军宣传队进入清华制止武斗，造成七百多人伤亡的惨案。四人帮垮台后，被正式逮捕，判刑十七年，刑期自1970年开始计算，1987年出狱。（罗注）

1. 1964年暑假，带队到部队当兵

1958年"大办民兵师"时，我是积极分子。清华大学是个民兵师，建筑工程系是个工程兵团。我是建工系的团总支书记，所以就当了个副团长。当时建工系的民兵团搞得比较好，和解放军工程兵司令部的关系也比较密切。一次工程兵司令部通知，司令员陈士榘上将要听民兵工作汇报，学校和系的领导叫我去汇报，我就带建筑系二年级的一个学生骑自行车前往，骑了一个多小时。因为没见过上将司令员听汇报这种场面，我非常紧张，好不容易总算熬过了一个多小时的汇报会。司令员似乎还满意，就宣布散会。于是大家起立，让司令员先走。迈出会议室的门的时候，司令员回头看看我，许多解放军军官立刻让出一条路，示意我们二人上前。司令员边走边说，要我转达他对民兵师领导和工程兵团的团长、政委的问候。这时走到楼梯转弯的休息板处，他突然发了一道命令："派车！"前后左右几个声音同时回应："是！"这时我看到正对楼梯的门口，一部小汽车急刹车停下来。不容分说，我们两人被拥到车上。我们还没闹清是怎么回事，几个参谋向我们敬礼，车子就径直开回了清华，我们甚至没有和司令员道别。在车上，我们两人面面相觑，内心叫苦不迭。回到清华，我们又赶快搭乘公交车，回到工程兵司令部，取了车子，再骑回清华。

尽管这段滑稽的故事并没有传出去，但是我们和工程兵司令部的关系较好，这是尽人皆知的。因此，1964年暑假，一年级的学生要去部队当兵，我是党委宣传部副部长，党委就命我去工程兵团司令部联系，很快就落实了：即1963年入学的学生两千多人组成一个民兵团，到南口工程兵×××部队当兵，并指令我当团政委，请部队的干部战士当团长以及营、连、排各级干部正职，副职则请教师或学生干部担任。

我当时已届而立之年，虽然不算太大，但比较一年级的学生还是大了十岁有多。第一个考验是要带学生从清华行军到南口，据说有80里。我本有点犹豫，但解放军团长的一席话逼得我没有退路。他

说,"副政委、副团长带领部分干部战士在南口基地前五里处迎接我们,我和一部分干部战士带领学生队伍行军,路线是从清华出东门,经清河、昌平再到南口。我们要了一部车,校医院两名医生护士坐车随军行进,照顾伤病号。罗政委,你就坐车吧,天气太热,你受不了!"

我不好意思地说:"我比您还年轻一点哩!"他说:"那不一样,我们经过锻炼,一天走个百多里很平常,八十里更不算什么,你还是别走了。"我没有再争辩,但已暗下决心,走!

我和团长走在前面。我比学生轻装一些,学生每人一支步枪,一个背包。而我,一是没有枪,二是背包放在车上。大体上,大一岁就少一斤多负重吧。

为躲避夏日午后的酷热,我们四点就出发,天还黑着。部队黑夜行军不许喧闹讲话,很安静。天大亮以后,就可以唱歌了。不到昌平,我的脚就开始痛了,我估计已起了几个不小的泡。团长看出我的问题,关心地问:"起泡了?我忘了告诉你别穿新鞋了。小泡别动它,大泡我来帮你处理。"我没吭声,但是尽量往前走,远离那部车子。我怕团长一个命令,我又被扔上车子。

差五里到南口时,全部营连排干部列队欢迎我们,然后解放军的干部接管了部队,于是马上士气大振,面貌一新,整齐地喊着响亮的口号,列队进入××××部队基地。

我们早上四点从清华出发,中间休息了半个多小时,下午两点半到基地。我得出几条宝贵的行军经验:一、正常行军一小时走八到十里,行军途中尽量少休息,越休息掉队越多。二、我注意到团长和解放军干部战士,行军途中虽然也出汗,但很少喝水或不喝水。他们说,喝水多,出汗多,体力消耗多。三、我这次为行军买了双解放鞋。途中我才知道,行军不能穿新鞋,可已经晚了。这几条经验在我以后的生活、工作中很有用,尤其是第一条经验,助我从蒯大富关押我的三堡疗养院逃出来。这是后话。

安排好工作回到住房,我按照解放军教的办法,处理了脚上起的几个大泡后,连饭都没吃就倒在床上迷迷糊糊地睡了。

不知睡了多久,听到外面的喧闹声,起来一看,学生们已在打篮球。到底是年轻，很快就恢复了。

一个多月的当兵生活就此开始了。

2. 蒯大富初露头角

在文革大动乱以前，没有几个人认识这个"蒯"字。大动乱的一个"功劳"之一就是在大学生中普及了这个字。

我们去部队当兵那一段时间，解放军正在搞"活学活用毛主席著作"和"大比武"。一天，各营、连干部到团部汇报学习毛主席著作的情况。化工系有个连指导员讲："我连有个战士讲用得挺好，但是他这个姓我不认识。他们告诉我，可我又忘了：草字头下面一个朋友的朋字，右边再一个立刀。"团长和各营、连干部都说不认识。我说："这个字念 kuai。"团长说："还是你们有文化。"我解释说："小时候看《三国演义》，里面有个人姓这个字，我查了三次字典才记住。"

于是，蒯大富被选中在连、营里"讲用"。指导员曾拿他的稿子给我看过。并说他是贫农家庭出身。他在营里讲用的时候，我站在后面听了一会，印象是个英俊的小伙子，但是他讲的内容我一点都记不得了。

一个多月后，结束当兵生活返校时，是由我和学生干部带队，经小汤山、西北旺一带行军回到清华，很顺利，没有人脚打泡。这一个多月当兵期间，没有发生过任何事故。

我对这次带队到部队当兵的成绩还比较满意，自觉很有收获。但是几年以后，我才发现，正是从这次当兵"学用"毛主席著作开始，蒯大富这个名字就一直纠缠着我，成为我挥之不去、斥之不散的梦魇。

3. 能说会写，是个宣传干部的"料"

当兵回校以后，我渐渐淡忘了蒯大富。当时，中苏关系继续恶化，人民日报、红旗杂志陆续出了"一评"到"九评"苏共修正主义的文章，我们习惯称之为"九评"，内容早已忘光了。但是，在学习"九评"过程中，蒯大富却又浮出水面。

按照分工，学生的日常思想教育工作，是由团委负责，宣传部是负责教职工的思想工作和政治学习的。党委副书记艾知生统管团委和宣传部并兼任宣传部长。当时党委正在抓学习"九评"联系反修防修思想改造的实际。艾知生亲自抓，筛选了一批文章，送交宣传部准备登在校刊上。我在宣传部分管校刊。记得党委宣传部有位同事问我："蒯大富你认识吗？"我说："我知道这个人，怎么啦？"这位同事说："这里面有篇蒯大富的文章，写得挺生动，艾知生好评有加。听说你带队当兵时认识这个学生。"

随后，艾知生又问我："你认识蒯大富吗？"我回答："我带队当兵时，知道这个学生。"不知为什么，在我的潜意识里，对蒯大富有一点"需要戒备"的感觉，所以我只说"知道"，而不说"认识"。其实在英文里，"认识"和"知道"是一个字，但在中国，我觉得涵义有点不一样。

我汇报了当兵时"讲用"毛主席著作的情况，并说："回校以后，有一次蒯大富忽然找我，请我审查学生广播台的稿件。说他现在在学生广播台当编辑。按规定，学生广播台的稿件，一向是由团委书记、副书记审的。以前我当团委副书记时也审过。现在我已到党委宣传部工作，审广播稿，不是我份内的事。但蒯大富说团委书记们都不在，所以送党委宣传部审。我打电话证实团委书记们都不在家，于是代审了这批稿件。这件小事使我知道，此人现在又在广播台当编辑。"艾知生听了，若有所思地说，"此人能说、会写，是个宣传干部的料，你以后注意一下。"

什么是"宣传干部的料？"我自己是吗？在毕业30周年、40周年同班同学聚会时，大多数同学说我走错了路，说："你是一个很优秀的建筑师的料，却去了干党政工作……"在同班同学的印象里，我是个不爱讲话，也从来没写过文章的学建筑的"料"。因为姓罗，年纪较小、个头不大，所以获得一个"小萝卜"的绰号，广东人称之为花名。后来在江西鲤鱼洲农场,[2] 整天和牛打交道。又因为比较实干,所以又得一花名"骡子"。如果是能说会道、口若悬河的宣传干部的"料",肯定会获得"叫驴"的花名。此时,我倒觉得蒯大富还真是个宣传干部的"料"。

但是我并没有去"注意"谁是什么"料",因为,一场"史无前例"的席卷全国的黑色风暴降临了!什么"料"都没用了!

4. 山雨欲来风满楼

1965年,政治形势日益严峻。我感到,清华党委特别紧张。有以下几个迹象:

一是蒋南翔经常深夜回校,召开书记或常委会议,我这一层干部当然不知道内容。但已感到有什么事要发生了。

二是从党委副书记艾知生那里,经常放出些令人紧张的信息。如北大"四清"的紧张情况,说北大有的干部乱揭发、乱批判,暗示要我们一定要实事求是,如果遇到类似北大"四清"等情况,一定不要乱讲话。

三是一段时期,蒋南翔和艾知生等频频讲解左与右的关系问题。记得一次党委传达蒋南翔的意见说:从一条船的左边掉下水和从右边掉下水的结果是完全一样的。党委的结论是,在蒋南翔的领导下,清华的大方向一贯是正确的,对左的和右的都有一定的抵抗力,对左的可能更敏感一点。

四是艾知生召集宣传部、政治课的一批干部研究校内的思想动向,又传达蒋南翔的意见:清华是理工科大学,意识形态上不如北大活跃,问题也不会那么多,但建筑系是最敏感的地方,可能会有些问题。与其将来让人家来查,不如自己先查,有问题自己先解决。决定由我带宣传部、政治课几个人进建筑系,不要说"四清",也不叫工

---

[2] 鲤鱼洲农场:清华大学五七干校即教师干部劳动和思想改造的场所,在江西南昌县鄱阳湖畔围垦区,是个血吸虫肆虐地区。清华先后有三千人(包括家属儿童)去过,有一千多人感染了血吸虫病。(罗注)

作组，看看有什么问题。

艾知生私下里对我说："这只是个姿态，你稳住了。真是有什么问题，先个别汇报再说，不要张扬。"我到建筑系蹲了三个月，听梁思成的课，检查了几本教材，和几位老师交谈过，没有发现什么问题，就算交差了。

文革以后，我才知道，任凭蒋南翔多么敏感，多么充分地做了思想准备，也顶多算是大风暴中拣了一顶破草帽，没一点用。而我则落得个"受党委之命到建筑系搞假'四清'，包庇和保护'刘少奇、蒋南翔的忠实走狗黄报青'"[3]的罪名，被蒯大富们反复批了多次，直到黄报青先生丧命九泉。

为准备年底12月9日的"12·9"运动周年纪念，中央指定要蒋南翔到人大会堂作报告。蒋南翔本来做事就很认真，在当时紧张的政治气氛中，指定他到人大会堂作报告，无异于对他的成绩、地位的充分肯定。他很高兴。于是抽调我和党办的周家春两人到他家去工作了一段时间，帮他写稿子。

在讨论稿件时，或在休息漫谈中，蒋南翔多次谈到左和右的问题。他说："12·9运动当时就应该是反左为主。左的危害很大。因为要抗日，队伍内部就没有右的问题。但要团结和动员更多的人抗日，

---

3 黄报青（1929-1968），清华大学建筑系系总支委员、副教授，民用建筑教研组副主任，系秘书。是一位能坚持原则，有骨气的共产党员。文革大动乱中，坚持不肯喊"打倒刘少奇""打倒蒋南翔"的口号被校内外群众批斗追打。"八二四事件"中的受害者，据工化系研究生陈中平校友回忆："八二四下午我正在礼堂前大字报区，突然身后人声喧哗。只见几名臂戴清华附中红卫兵袖章的学生架着一个人边走边打。那人两只手和身体成十字状（可能用棍子固定），由两名红卫兵拽着，后面一个用皮带铜头使劲鞭打，像惩罚一头不受驾驭的牲口一样。被打者是建筑系副教授黄报青，他脖子挂着牌子，牌子上他的名字被打了红叉，因为他说"蒋南翔不是黑帮"而遭受刑罚。此后遭到蒯大富的井冈山红卫兵的残酷迫害，致精神失常，多次被送进"安定医院"。因其是罗征启毕业设计的指导老师，故又多次绑在一起批。1968年1月18日，黄报青听到广播喇叭中兵团总部批判罗征启、黄报青在建筑系搞假"四清"，即从五楼窗口跳出，当即死亡。1979年刘达任校长、党委书记时为他平反昭雪。时任科委主任的蒋南翔亲自出席了平反追悼会。详见本书第八章。（胡注）

就要排除左的干扰。"他还多次提到延安时期的"抢救运动"。我不懂，也不好多问。"抢救运动"对我们这一代人，可能就如同文化大革命"反右""反右倾""三面红旗""肃反""批胡风""批《武训传》""三五反"等运动，对于六十年代以后出生的人，或是89年"6•4事件"对80后这代人一样，只是个抽象的或模糊的概念而已。甚至根本不想知道。但是，难道我们曾亲身经历了"三面红旗""反右"文化大革命等等运动的这一代人，就很了解这些"黑色风暴"了吗？难道蒋南翔那一代人就真了解"抢救运动"了吗？我当时没有问，我相信，问，也不会作答。

蒋南翔作完报告，回到清华，很高兴地对我说："中央领导的评价是肯定的，认为很好。"但是，我们宣传部搜集到教师、学生的反映是"没有反应"。这是我们的宣传工作普遍的自欺欺人的现象。"没有反应"其实是一种最坏的反映。"哀莫大于心死"，宣传工作的"哀"，莫大于"没有反应"。这个报告，并没有帮到蒋南翔的忙，反而多了个小辫子，让红卫兵揪斗。

5. 批"三家村"，又见蒯大富

文化大革命的序曲，是批"三家村"。本来，江青按照毛泽东的旨意，在上海发动了批判吴晗的《海瑞罢官》和邓拓的"三家村"运动。吴、邓都是北京市的领导，所以北京市一直顶着不批。按中央部署由有文科的大学批《海瑞罢官》，而清华就要批"三家村"。一边要求必须批，一边又不愿批，这让清华党委非常为难。

艾知生代表党委向宣传部交代，对内一定要稳住，不要乱批。乱批的结果是是非不清，势必批到自己头上。对外宣传要积极一点，这是个姿态问题：应向外界表明，清华批"三家村"是积极的，而且对外宣传还有报社、杂志社也会帮我们把关，不会出轨太远。最好是北京的各主要报纸上，三天两头要有清华师生写的批判文章。艾知生说："罗征启，这事交给你办，你办事稳健，不会过头。"

我知道，清华教师很难动员起来，于是召集校刊《新清华》、学生广播台、学生文艺社团的文艺社等几个宣传系统的学生写作组、通讯员开会，传达了党委的意见。当然，我没有传达"不要乱批。不要过头"等意见。我知道，这些意见只能意会，不能言传，更不能见诸文字。

接着，大批的稿件送了上来。其中大部分稿件都不能用，都是乱批，或批过头的。我并没有再开会，而是小范围、甚至个别谈话，指出问题。

我总结了几点负面的倾向：一、批"三家村"，不能凡"三家村"的文章，甚至凡邓拓的文章就一定是错的，就一定要批。记得有个学生甚至撰文批邓拓的书法，说邓拓妄想在书法上胜过伟大领袖毛主席。这些，艾知生称之为"左派"幼稚病。我认为这些连"幼稚病"也算不上，简直是精神病。心里真担心，觉得学校快要失控了。二、有问题的文章也不是字字句句都错，都有问题。批评古人的叫"指桑骂槐"，赞赏古人的叫"借古讽今"。这也难怪，本来"三家村"就没什么好批的，硬要发动学生群众来批，只能钻牛角尖，用显微镜来找毛病了。三、有问题也要具体分析，什么问题，错在何处。总之，不能对的错的一锅煮，那就没有是非，那就是无政府主义了。更有甚者，有的把一切全颠倒过来，不管对错。错的当然要批；对的，就加以"打着红旗反红旗"的帽子来批，这就叫乱批！

稿件请宣传部的一些同事帮助审。凡属于我说的三种负面倾向的稿件，基本上都送去报社。否则将来学生说宣传部扣押稿件，这罪名就大了。凡有希望，可以修改的，就找写稿人谈话，指出问题，请他们自己改，然后帮他们送去报社。北京各大报，每周都见到有清华学生的文章。文字一般，道理浅显，但是挺热闹。

我开会布置时，没注意到有蒯大富。但在学生批判文章里，我又见到这个名字。我找他谈了谈，帮他改了一下，他同意了就替他送《光明日报》和《工人日报》。《工人日报》采用了，又大删大改。刊登时只有豆腐块大小，不到二百字，但也算是一篇稿件！后来，我见蒯大富反工作组那个劲头。暗想如果我当时没理睬他的稿件，他肯定会揭批我扣押他大批判的稿件呢！

艾知生对我的工作比较满意。他微笑地说："就是这样，热热闹闹，表示我们很重视，能动员学生群众，但是又不是胡批乱批，是可以控制的力量。"他见到《工人日报》上刊登的蒯大富的文章，高兴地说："短了点，简单了点。但是，这样就好。你手上是不是有几个写手，你动员的很快嘛！"

我没有吭声。我没有告诉他，文艺社的一些学生，很有自己的观点。例如党支部书记印甫盛[4]就对我说："我们开夜车看了全部'三家村'的文章。不但不想批，相反觉得很棒！"我也没有告诉艾知生，另一个学生万润南[5]对我说："你那三种负面倾向总结得很好。但是，真按你那三条，那就不应该批'三家村'！"

但是，一切都还来不及思考，来不及分辨正确与错误，一场使中国人陷入空前灾难的文化大革命正式开始，一切都没有意义了！

6. 晴天霹雳，大疯狂开始了

1966年6月1日，《人民日报》发表了社论《横扫一切牛鬼蛇神》。当晚，中央台又广播了北京大学聂元梓等七人的大字报，直接号召群众起来造反，群众造在任领导的反，学生造老师的反……。整个北京、中国开锅了！清华的形势，急转直下。眼看整个学校已经失控，不可收拾了，我就跑到党委，想讨点"指示"。领导都不在。只见到艾知生，面色凝重，一反常态，不愿讲话。离开党委办公室的时候，在门口碰见几个、十几个，不，有二、三十个政治辅导员，都问我党委有什么部署。我已经蒙头转向，能说什么呢！

接着，学校在任各级领导干部及一些老师被造反群众抓去，游街、戴高帽、批斗、打人。清华顿时陷入了丧失理性的歇斯底里的"红

---

4 印甫盛，江苏如皋人，自控系学生，清华文艺社团党支部书记。当时清华文艺社团的主要领导是印甫盛、胡锦涛（团长）、任丽翰（女）、李桂秋（女）等。（胡注）

5 万润南，江苏宜兴人，土建系学生，时为清华文艺社团集体住宿的文艺社成员。（胡注）

色恐怖"之中。

我是典型的"清华牌"干部，特点是"听话、出活儿"。在我们的思想里，党和毛主席永远是光荣、正确的，永远不会有错的。毛主席说谁"反党"，我们就打倒谁。我这个人还算是有一点独立思考的，以前历次运动，也曾经有一些怀疑，不理解，但总是能尽量跟上，尽量去理解。但是现在问题是不但承认我错了，而且要我承认执行了反动路线！甚至要承认镇压学生运动，反党反社会主义！这些话，我怎么也说不出口！57年反右，传达毛主席的指示，是"阳谋"！吓得我一身冷汗！后来再一想，对付敌人、反动派，什么手段都可以用！可是建筑系六百多学生中，定了23名"右派分子"，都是我的学生，都是我签字定案的，难道都是敌人吗？这个问题，一直困扰我，使我感到内疚和不安。现在，我自己成了革命的对象了，天哪！这怎么可能呢！

说我错了，我想不通，但是还要拼命去想。一身晦气散发不出，于是全身起了许多疙瘩，两个多月以后，才逐渐退去。但直至今天，还留有一些疤痕。

当时，到处抓干部、教师去游街，还要拼命去"理解"，这样反人性的现象怎能去理解呢？

我们同一教工宿舍有位老师，他的母亲已经八十多岁了。因为看我工作忙，就要我每天把一个暖水瓶放在门口，她老人家每天上午给我灌满开水，以便我中午一到家就有热水喝！这大概已有半年多的时间了。但这时，另一位教师在楼梯口给我贴了一张大字报，说是剥削阶级思想作风，让老人家给自己打水！那天，我早晨离家时看到大字报，急忙回去收起暖瓶。中午，老人家提着一壶开水敲我的门，流着眼泪说："罗老师，不要紧，我不怕，你还是把暖瓶拿出来，或者早晨拿到我的房间，中午再拿回来。"我忍不住泪流满面，连忙再三鞠躬，但说不出话。我说什么呢？写大字报的老师和我在一个系工作的，人也很好。可是，这个世界已经混乱了。我们连自己是什么人都不知道了！夫妻、朋友、师生、父子、祖孙反目为仇，互相揭发批判。甚至打死老师、校长的事，每天都有所听闻。一壶水，算得了什么呢？老人家现在大概不在人世了，但她那慈祥、纯朴、悲哀的眼神，我永远不能忘怀。

7. 革命真的不是请客吃饭

以前学毛选，看其中的《湖南农民运动考察报告》，因为没有"联系实际"，也没有切身体会，所以并没有在意。现在到处都是游街示众、抄家打人等反人性的、暴力的、恐怖的行为，心想不知这些东西是哪里出来的。等到被"革命群众"强制性再学习《湖南农民运动考察报告》时，才知道都是从这里学来的。直到今天，也没有人对这个《考察报告》说个"不"字。所以有人说，再有风吹草动，年轻人还会以这个《考察报告》为理论武器，"活学活用"，横冲直撞，彻底砸烂前进道路中碰到的一切！

我们这些中层干部大约在6月4日[6]以后，就失去自由了。每日就等待着群众"提审"、批判、游街、示众。接下去又组成劳改队，凌晨四点起身去扫马路，白天在校园里拔草，晚上修大字报棚。不准去看大字报，或参加群众大会，因此对运动的情况，一无所知。我们也不想知道。

7月底或8月初，全体劳改队人员集中到东大操场。太阳很毒，晒得烫人。我们上午拔草已经很累。一个据说是化工系的小伙子，长得有点像日本人。有人小声说："皇军的，要训话"。他下令我们跪在发烫的煤渣地上，训了半个多小时。粉碎"四人帮"以后，我恢复了工作。一次随着许多教师、干部参观200号的反应堆，看见这个学生。他一见我们就向后倒退，几乎跌倒。我们什么都没说，但他很紧张。200号的团委书记说："这个人还不错，工作积极肯干。"我只说一句："不知他对在东大操场上罚几百个教师、干部跪在太阳下有没

---

6 校友周坚对"6月4日"有怀疑，他认为当时清华党委还没有被打倒，这些中层干部怎么会在6月4号以后就失去自由了呢？我也有与周坚同样的怀疑。这个日期似应是"6月10日"更合理。也许"6月4日"是"6月10日"由读音相近而产生的笔误。（胡注）

有点认识，希望不要轻易忘掉。"

8月24下午，气氛突然紧张起来，传闻基础课总支书记李卓宝被剃阴阳头。工字厅的干部们听了，个个紧张起来。剃光头还不怕，剃阴阳头怎么办？我赶紧跑回宣传部办公室，这里的"革命群众"跟我关系较好，我说明情况，请求他们帮我搞个光头，以免弄个阴阳头。结果，我躲过了这一劫。

晚饭后，通知劳改队集合到二校门劳动。我们马上整队，带上黑帮牌子。这牌子是我先按"革命群众"的要求做了我自己的，大家认为我做得好。还有人说："还是建筑系的会设计。"结果由我给工字厅劳改队的每个人做了一个。到二校门一看，目瞪口呆。原来二校门已被汽车和拖拉机拉倒，这个清华的象征之一的建筑物已变成一片废墟。[7]像照片上的雅典卫城，也像英法联军破坏过的圆明园。但是，现在破坏者正是清华学子，这情景让我们心寒。

还没有缓过神来，周围好几个人已经在下命令了："快搬！""搬到机械厂旁边的建筑垃圾堆去！"抬头一看，周围都是围观的群众。从二校门到机械厂旁的垃圾堆，由两边围观的人墙形成一条通道，我们这些"劳改犯"就要双手搬垃圾通过这条大约200米长的通道。每次搬运估计要50斤以上的垃圾，少了就要挨打。两边的人手执木棍或带刺的树枝，搬少了或走慢了，两边的棍棒树枝就会劈头盖脸地打下来。走到一半时，手指和手臂已麻痹没知觉了。垃圾掉落地上，又是一顿打。我想抬头看看打人的都是什么人？大部分不像是清华的人，这就是我们最担心的。无组织的人群是最可怕的，他们没有任何约束，什么都干得出来。而且"法不治众"，即便打死人，还要喊"好

---

7 二校门被推倒的准确时间是1966年8月24日下午六点。这一天，工物系七字班学生孙维藩去历史博物馆参观大庆油田展览。下午回来，看见二校门周围许多人正在围观二校门被拉倒的情景。孙同学举起相机，按下快门，将二校门倒下的那一瞬间照下来了。此时是下午六时整，二校门恰与地面成45度角向前方倒下了。（有孙维藩日记为证）随着一声巨响，一阵蔽天飞扬的尘土，真的清华"二校门"就永远告别了这魔鬼狂舞的世界。校友王允方说：这张照片"是二校门告别历史、告别世界，倒下前的痛苦身影。"（胡注）

得很""革命不是请客吃饭……革命是一个阶级推翻另一个阶级的暴烈行动。"

每当我想抬头看看周围的人群时，立即有几根棍子打下来。"看什么看！快干活儿！"但是我还是能认出，这疯狂的人当中，有几个清华的人，他们甚至能叫出"劳改犯"的名字："×××，你也有今天，快点走！"我不想记住这些人。以后，我也曾经见到过这些人，他们像没事似的。

干了大约两个小时，已是精疲力竭。人们常说"汗流浃背"，而我们汗水都流完了。每次搬运那200米距离中，砖石块要有四五次掉在地上，我宁愿挨打，也没有气力多搬了。这时，一位平日带我们"劳改队"拔草、扫地的学校园林队的师傅站在废墟上高声大叫："工字厅的干部们，马上在校卫队前集合，快！"校卫队就在二校门的西侧。这位师傅平时慈眉善目，现在也凶起来。集合好以后他立即带我们这些"劳改犯"离开二校门现场。到工字厅前停下来，他又恢复了和善的面孔："赶快解散，回家休息！"我们才松一口气，原来他是把我们"捞出来"。这也是我们终生难忘的救命恩人哪！队伍解散了，我们有三四个人晚走一步，对这位师傅说："谢谢你，师傅！"他说："别谢我，他们不应该这样对你们的，快回家休息吧！"

我回到家。刚从绵阳分校回来没几天的妻子梁鸿文一直在家里提心吊胆地在等我。我一进门就瘫坐在床上说："差点见不着啦！"

我们哪里知道，更大的灾难已经临头了！

8．恐怖之夜，血洗清华园

8月24日晚上，也许已到次日凌晨了，经过全天超强的惩罚性劳动以后，满身灰土，既没有去洗，也没有躺下，只是呆坐在床上。这时，鸿文忽然惊叫："听！"远处，令人毛骨悚然的歌声逐渐接近我们住的荷花池一宿舍。"拿起笔，做刀枪。团结起来打黑帮……杀！

杀！杀！"[8] 鸿文全身颤抖，想哭但哭不出来。我说"别紧张。"她说："怎么办哪？"这时，那支恐怖的队伍已来到窗下，只听得下面大喊："黑帮分子，出来！接受人民群众的批判！"同时，已经有人将一楼的几个教师和干部拉出来，在外面用皮带抽打。

我住在荷花池一宿舍的二楼西头第二个房间。有几个人从西头的楼梯上来了，一个声音像是向导。经过我的房门时，说："这里有一个"，又向前走，"这里一个"……。接着，房门被踹开了。我想安慰鸿文一下，但还没来得及说话，就被两三个人拉出去了。鸿文见我只穿了件背心，拿了件衣服给我，被他们一把推了回去。我看了看，几个人都不认识，看来像清华附中的学生。那个向导则不见其人，他一定是大学的，因为他对我们宿舍的情况一清二楚。我被抓到门外，有两个人在两边挟持着我，按我跪在地下。接着不知道有多少根皮带劈头盖脸地抽打过来。他们嘴里还骂着，好像是说要报仇。要命的是有一根皮带是用有皮带扣的一端来抽。我尽量低下头，避免抽到眼睛。后来我听说，蒋南翔的秘书邵斌就是在乱军之中，被皮带扣抽中一只眼睛而导致失明的。[9]我没有被抽中眼睛和脸部，但头上多处被抽打流血，痛得忍不住叫起来，引来更多更狠的抽打。"让你喊！"打到队伍快过完了的时候，我被拉起来，推向游行队伍。必须弯腰90°并低头，走慢了或跌倒了都会遭到一顿抽打。

这时，一个很熟悉的声音问我："张慕津哪里去了？"

我没法看到此人的面孔，只是回答说："不知道。"

张慕津是团委书记，当然是首当其冲的"黑帮分子"。

这支队伍走过了工字厅，在第二教室楼向北转向大礼堂。根据声

8　校友高晋占指正：歌词是"拿起笔，做刀枪，集中火力打黑帮！"（胡注）
9　校友郁吉仁对此有一项更正："邵斌的眼睛没有被打瞎。我和邵斌在五七农场共过事。从鲤鱼洲到大兴团河农场。特别是在团河农场，就是我们二人负责煮猪食，每天在一起煮几锅。邵斌老婆李德鲁是我们数力系副书记。所以邵斌就分在我们副业连劳动。邵斌是红小鬼，很正道、单纯、踏实。邵斌每天写日记，几乎是流水账，把看到的听到的记下来。有时邵也写些不理解的事，如批彭德怀之类的事。幸好他出身好，根正苗红才未招如罗老师一样大难。"（胡注）

音判断，这里人声嘈杂，一定很多人。我们这个黑帮队伍，大概有五六十人，全部被带到阶梯教室，在讲台一面从南到北跪了两排。我在靠南第一排第七八个。这时一个大嗓门喊起来："黑帮分子你们听着，今天在北京市，一个红卫兵被地主老财坏分子杀了。现在，我们要以血还血，以牙还牙，以暴力对付暴力。你们搞阶级报复，我们也要还给你们阶级报复，我们要报仇。你们这些黑帮分子，必须得到报应！"我看不清此人的长相，但听其声一定是非常恐怖的恶相。说完，此人就从北到南，向跪在水泥地上的每个"黑帮"抽一皮带。我也挨了一下。但比起刚才的抽打，这就不算什么了。

在阶梯教室跪了半个多小时以后，我们被带到隔壁的科学馆二楼，分别跪在走廊两边。我跪在"审讯室"门口。每隔十来分钟，就要换一个"黑帮分子"带进审讯室。问什么话我听不清楚，也无心去听。问一会就抽打。皮带下的呻吟声是真实的，不是演电影。

一个声音嚷道："捉到张慕津了。"原来张慕津和我住同一宿舍也住二楼，我在西头，他靠东。抓"黑帮"的队伍在外面喊"黑帮分子，下来"时，有人就从西边楼梯上来了，他就从东边楼梯下楼，藏在一片绿篱后面。等队伍过去一会，他又回家了。没想到这些"革命群众"又杀了一个回马枪，抓到了他。我估计是有人带路的。

几个人把张慕津架到审讯室。我刚想看一下，就挨了一下抽打，"不准看"。我就听审讯室里很重的抽打声音和张慕津的呻吟。过了一会一个学生从审讯室里出来，大声说，"张慕津想逃过群众的专政，被我们抓到了，现在他就要从审讯室爬出来，爬到你们每个人面前。他就要说：ّ×××，我来找你了。'你就要回答，'张慕津，我等你好久了。'听见没有？来，试一遍。"学生指定我扮演张慕津，我不得不爬到"黑帮分子"跟前，说"×××我来找你了。"于是大家咕哝着说："张慕津，我等你好久了。""不行！声音太小，重来！"又试了两次。我很为难，因为我就在审讯室门口。他第一个肯定会爬到我面前。我必须第一个当丑剧演员，第一个当众侮辱我自己，侮辱自己的同事。

第一章　被遗忘了的"红色恐怖"

可是没办法，门开了，张慕津爬了出来，我们按他们的要求，"表演"了一次。这时我看到，张慕津已经被剃了一个阴阳头！

张慕津沿着走廊爬过去。我没有心思听这些没有人性的"表演"。我在想，这是什么世界，这个世界怎么啦？我们是敌人吗？即使我们这些共产党员真是敌人，那么现在当了俘虏，也不该虐待俘虏，侮辱俘虏人格。

这以后，走廊的南端又传出一阵喧闹。原来是几个手执皮带木棍的人要党办主任何介人和宣传部第一副部长林泰两个人对打！我听到喊声："使劲！"……"使劲！"我心里难过极了，这是我们的学生吗？怎么会这样！

接着，审讯室内忽然传出一声呼叫："贺鹏飞来视察了！"几个人走出审讯室到楼梯口迎接。我们正躺在水泥地上。"快起来，跪好，低头，手背在身后，头距离地面15公分，不能超过20公分，也不许顶在地上。快！"刚刚"整理"好，贺鹏飞就上来了。我还来得及偷看了一眼，果然很像贺龙元帅，脚踏大皮鞋，手提一条皮带。审讯室里的人像是汇报什么。贺鹏飞从我前面走过时，看见我因为支撑不住他们规定的姿势，已经把头顶在地上，就用皮鞋踩我的头，并且厉声说："不许顶在地上！"他这一踩，我头上已经结了疤的伤口又滴下许多血。虽然贺鹏飞是当日"红色恐怖"行动的指挥者之一，但是从来没有人提起过这件事。也许，大家对贺龙元帅的冤死十分同情，不愿再提他儿子的事。粉碎"四人帮"以后，他很快当了少将，病故时已是中将。

半夜三四点钟的时候，又把我们这批"劳改犯"转移到生物馆，要求天亮以前转移过去，不许有声音。天亮以后，先安排校医院的医生、护士给我们这些人上药。校医院的护士小杨见到我大声惊呼："哎呀！怎么打成这样！"他们上药的时候，手直发抖。我只穿了件背心，成了件血衣，身上多处打伤。可我看不见头上的伤。后来我照镜子才知道，头上多处有血块，脸上也有伤，所幸不在要害处。

排好位置，我左边是1号钱伟长教授，我是2号，3号是建筑系党委书记刘小石[10]，4号行政处长李思问……。排好以后，我们都坐在光板地上。这时来了许多人，每个"黑帮"有三个人押着，回家去拿铺盖、梳洗用具和换洗的衣服。看样子，在这里不是一两天的事了。我走在三个押送我的人的前面。我家离生物馆很近。在路上，其中一个人轻声对我讲，"我们是力学系的，我们认识你。他们不应该这样打你们。"我无言以对。

到我家门口，他们敲了门。鸿文正在房内，开门看到我，一脸惊恐！押送的学生说："梁老师，别紧张，你们有十分钟。"不知为什么，他们认识鸿文。说完就退出去并轻声关好门。经过昨晚"恐怖之夜"后，他们的举动让我们感到一些温暖。鸿文两眼发直，但含着眼泪。几分钟之后，才说出一句话："你伤得重不重？有没有内伤？"我告诉她，都是皮肉伤，没有内伤。我觉得她一个女人家，碰到这种情况，真是很难面对。这都因我而起，我实在感到歉疚。以后整个十年大动乱中，由于各种原因和机缘，我多次被整肃、绑架、关押。这种让家人因我而感到不安、无助、恐怖甚至丧命的歉疚的心情，一直纠缠着我，比我自己挨打，受刑讯逼供更加难过。我宁愿皮肉受苦，甚至伤筋动骨，也不愿受这种残酷的精神折磨。

十分钟后，我估计实际上不只十分钟，我被带回生物馆。大家将褥垫铺在水泥地上，坐在地铺上等待。这时肚子饿了。从昨晚搬运二校门的垃圾到现在，连水都没喝一口，可以说是饥渴交迫。这时，由几个"革命群众"押解，几个"黑帮分子"到教工食堂取回吃的。虽然只是馒头加一块咸菜，但饥肠辘辘的我们，老远就闻到馒头的香味。可是接下来的事，使我们一点胃口都没有了，我宁愿不吃了。

黑帮分子们排成一排，一个学生在前面训话："你们要吃饭吗，那就听好，你必须说：'臭黑帮王八蛋兔崽子狗崽子×××感谢毛主席给饭吃。'听清楚了吗？试一下。"第一个是钱伟长教授。他说完了那段侮辱性的话语以后，那个学生又喊："你还得加一个'大右派'，

---

10 刘小石是土建系总支书记。当时清华的系级党组织是总支，没有党委。（胡注）

重来！"于是钱先生又来一遍，加了一顶帽子，领了口粮，站在原地等候。这时我认出这个学生好像是化学工程系的。以后化工系的辅导员告诉我，他姓杨，是个大个子。"第二个！"他喊。第二个是我，我没有多加什么就过了关。第三个刘小石，也过了关。第四个是行政处长李思问，他是个山西人，乡土口音非常重。他说"王八蛋"时，口音像"王八党"。这个学生忽然有所发现说："他有创造性，他说王八党，你们要学他，都说王八党。"这时，几十个共产党党员都低下头，沉默抗议。我实在忍不住，低声说了一句："这不合适。"这个学生扭头瞪了我一眼。我也不眨眼地看着他。几秒钟的对视，我发现他的眼神在变化，变得柔和一些了。我听出他的声音也柔和了一些，不知别人是否听得出来："那就还王八蛋吧！"

下午，又有了新花样。一个叫马楠[11]的学生带了两个"随从"，来到生物馆，审问我们这些人。听说这马楠是军人后代，绰号叫"马楠将军"，到处打人抄家。第一个叫走了钱伟长。这时，我听到门口嘈杂吵闹，不知是出了什么事。过了一会钱伟长回来了，我看他后背被抽打得全是紫色淤血，惨不忍睹。因为第二个被叫到审讯室的不是我，还有时间和钱先生说两句话。钱先生说："门口一些人在闹，要求把'黑帮'交出去给群众处置。这里的看守说，你们不老实，就把你们交出去。"钱先生说："那些无组织的'群众'，可能情况更糟，更危险，我宁愿关在这里了。"

不知是第几个，叫到我。我走进审讯室，马楠嘴里叼着烟卷，两条腿放在桌子上，一付十足的兵痞模样。一边站着一个瞪圆了眼睛的大汉。审讯室里放着一张凳子，其中一个大汉叫我坐下。马楠提了几

---

11 马楠，水利系九字班学生，当时是"清华大学红卫兵"（即八九红卫兵）的总部及"临筹"负责人之一，分管保卫与行动。他对罗书中的这一段有长篇解释。但对"八二四事件"中的一些重要问题基本上没有涉及。他说："砸二校门当天早晨，我们筹委会和红卫兵的负责人联合会议制定章程，突然有人打到甲所电话，说有些人可能要砸校门，问我们头头知道不知道？我们立即就此事研究阻止方案，并要我立即赶到现场阻止、并下达总部命令。"而同为红卫兵总部委员的阎淮的回忆则完全不一样。（参阅附件二：阎淮：关于"八二四事件"的回忆。）（胡注）

个一般性的问题。然后拿了本毛选第一卷，叫我读几段《湖南农民运动考察报告》。其实，当时我们大多数"黑帮"都可以背下来的。念了几段，马楠说："我问你，你说文化大革命是好得很还是糟得很？"我当然回答"好得很"。"你真是这样想的？"我说："是。"突然，马楠问："你认识蒯大富？"我答"我知道他。"马楠说："听说你早就认识他，还查过那个'蒯'字。"我说："我小时看《三国演义》时就查过这个字，不是早就认识他。"我又把 1964 年到部队当兵的情况简要地说了一遍。我心想：我今天见识到的马楠，没有传说中那么凶恶。另外他的问话说明，他了解我带队当兵时的情况。时间不长，马楠就放我出来了。

9. 左右夹攻，两面不是人

马楠"将军"审问我时，提到蒯大富。其实，早就有好多起"提审"的主题，就是蒯大富。

开始时，比较多的"提审"是追问我和蒯大富的关系。有的态度很好，讲道理。有的态度恶劣，甚至粗口谩骂。他们追问我的一个根据，就是我当兵时就说过"我早就认识他"。然后，一直关心照顾他、培养他。我屡次解释，我从来没有说过"早就认识他"；我只说过，我早就查过那个蒯字，是因为看《三国演义》里面荆州刘表下面，有个人姓蒯，如此而已。我比他大十岁，他 63 年入学，我怎么会"早就认识他？"一般经我解释后，这些人就语塞了。但是后来有两次提到"艾知生为什么选蒯大富作为学习'九评'的典型？"还有一次提到《人民画报》，我有点莫名其妙。但在工作组撤走以前，工作组的人有一次和我谈话时，也提到《人民画报》，搞得我一头雾水。

大约是在七月底的一天晚上，文工团的一个政治辅导员赵燕秦冒着很大的危险找到我，向我通报了一个情况："工作组查到 1963 年的一期《人民画报》，封面上有清华大学 1963 年入学新生座谈会的照片，其中有蒯大富。你是负责对外宣传的，那么这照片必经你手。联系到当兵、广播台、学习'九评'、批三家村，你自己讲过，艾知生叫你注意培养这个人,说是能说善写,是个宣传干部的料,所以工作组逐渐形成一个看法:蒯大富是前党委留下的一根反工作组的钉子。这根钉子与前党委的联系,只能是通过你罗某人了!"这话虽不是事实,但拨开了我那一头雾水。以后,我就知道如何小心应对了。赵燕秦同志许多年前就因病去世了。我必须写下这一段。虽然我们经过残暴的迫害,血腥的"群众专政",但是,在那兵荒马乱的日子里,仍然有许多人性的关爱和不顾个人安危以救助他人的同志友情,我永远不会忘记他们。

工作组撤走了。听说蒯大富平反翻案了,恢复了自由。我以为,那个捕风捉影的"钉子公案"可以休矣。然而,正好相反,这时又换了一批人来"提审",态度更凶恶。不过,我已大体上明白了他们的疑点和意图。这些人多是同情和支持蒯大富,并且反对工作组的。他们认为,是前党委会和工作组沆瀣一气,抛出蒯大富,打成反革命,以成为镇压群众运动的借口。而前党委和工作组的联系,又是通过我罗某人了。后来许多情况证实了我的想法。虽然,这一段历史现在没什么人提起了,但在蒯大富们的潜意识里,可能还埋藏着对党委及党员干部尤其是对我本人的一些"恨意",直至引爆"罗文李饶反革命集团"这一清华园里的一大冤案吧。

从工作组开进清华园,到蒯大富翻身掌权这一段的历史,常常被忽视,甚至有意的遗忘掉。好像清华园在大动乱的十年中所遭受的破坏,所有的一系列的血腥暴行,都源于蒯大富。这是不公平的。打砸抢烧杀,是从这个时期开始的。我们深受其害,我们记忆犹新。

"四人帮"倒台以后,清华清理文革中抄家物资的小组通知我们去认领自己的东西,我没有去。有人去了,回来告诉我,别去了,去了更失望和生气。经过抄家,又经过后来工人解放军宣传队时搞的一次"分浮财",即把抄来的东西打了个低价,让"革命群众"——很可能就是抄家的人——买走了。因此我不去认领。最后清理小组给我退回一个皮箱。因为打不开锁,所以用刀把箱子割开,东西全拿走了。因为丢下有我的一两张照片,所以退还给我。我的全部衣物被洗劫一空。多年以后,在江西鲤鱼洲农场劳动时,有位工人告诉我:他所在连队有个工人，床上铺的盖的都是抄我家得到的，其中现在铺在床上的一幅油光油亮的藤制凉席就是我家的。他是北方人，怎会有这种南方的东西呢？我也没有去"认"。

这些，都是在蒯大富被打成反革命时出现的事，不应由他负责。即使有些是蒯大富掌权时代发生的，我认为前面的这些"红色恐怖行动"就已经开始了，后来的只是前面的延续。根子缘起都是《湖南农民运动考察报告》。

无政府主义是对机会主义的惩罚。《湖南农民运动考察报告》是否适合湖南当时的情况，我不知道。但拿来套在今日的城市和高等学校，则肯定是错的，即机会主义的，所以必然要受到惩罚。请注意当时所发生的一切恐怖行动，其理论、路线、政策的根据都在这份报告里。

以我自己来说，"反右"时我执行了"左"的扩大化的政策，我对建筑系学生中划的23名右派负有一定责任，我应该受到后来这些"红色恐怖"的冲击，也就是惩罚。但是，无政府主义也是一种机会主义，谁又来惩罚无政府主义呢？这样惩罚来，惩罚去，中国就一定不能平静，要七、八年来一次。《湖南农民运动考察报告》体现的就是这一斗争哲学，是一切动乱的总根子，现在根子还没有挖出来，没有得到批判和惩罚。希望不会永远得不到惩罚。领袖也是人，也会犯错误。但如果领袖犯错误得不到应有的纠正或惩罚，那么就会使整个民族和国家遭受灾难。这是民族和国家的悲哀。我们常说日本人不认错，还修改历史，以误导国民，这的确可憎可恨。可是我们自己呢？我们自己就可以忽略某一阶段的历史，隐瞒历史吗？

每当我回忆起这一阶段历史时，内心就会有不可抑制的伤痛。希望历史永不再重演。

附件一

关于"八二四"的回忆

刘 冰

初次上书毛主席（1）

"八一八"大会后，北京的红卫兵响应林彪的"破四旧"号召，从8月20日开始走上街头，张贴"破四旧"宣传品，发表"破四旧"的演说，学校里也出现了"破四旧"的大字报。

就在这个时候，我国著名建筑学家、清华大学建筑系主任、全国人大常委会委员梁思成教授被大学红卫兵揪斗。一些红卫兵强行用旧戏装的蟒袍玉带乌纱帽把梁思成同志装扮起来，用绳子牵着，打着锣鼓，喊着"打倒反动权威"的口号，在清华园内游行示众。过往的人们看着这位年逾花甲、体弱多病的老人，被推搡着、拖拉着、东倒西歪、跟跟跄跄、挣扎着行进都目不忍睹，许多人低下了头，有的人愤怒，有的人流下了同情的眼泪。这不只是对梁思成同志个人的侮辱，简直是对清华大学这座最高学府和中国共产党的知识分子政策的亵渎。谁能相信这是"革命！"

第二天的晚上，我被职工中的一个群众组织揪斗。会场设在西大操场原校医院门口，会场中央摆了两张桌子。我和校医院党支部书记张寿昌同志被一群人簇拥着推到桌子上，有两三个人摁着我的脑袋，扭着我的胳膊，还有人在后面狠劲地打我的两条腿弯子，要我跪在桌子上。周围的人叫骂着、呼喊着，要我交待所谓迫害校医院几个护士、医生的"反革命事件"。我拒绝交待，并据实申辩。没等我说完，就劈头盖脸地打了下来，又是打耳光，又是用棍子打脊背，把我从桌子上推到了地下。我挣扎着呼喊:"抗议侵犯人身自由!"有两个人抱住我的脑袋,不准我动,强行用推子给我推了"阴阳头"。然后,他们把挖空了的半个西瓜扣在我的头上,让我站起来,几个人扭住我的胳膊,其他一些人叫喊着,一边用棍子打我的脑袋,一边推着我在马路上转悠,从西大操场旁边绕过大礼堂西边的小桥,一直游到第二教室楼才放了我。最使我气愤难忍的是,有些人这天晚上不仅揪斗了一些女干部,还给她们都剃了"阴阳头",第二天我看到那些用毛巾揸着头的女同志,心里实在难过:为什么这样不讲文明,侮辱人格呢?

8月24日晚上,在清华发生了一场罕见的肆虐事件。白天我扫马路、拔草,劳动了一天,直到下午6点半才下班,累得腿都软了。我拖着疲倦的身体,走到工字厅已是7点半,晚上再来上班实在受不了,便向值班的小任同志说明了情况,请求晚上不再上班。小任同志非常同情我,立即表示同意,并且提出要我一定待在家里,哪里也别去,一切由他负责。

从小任同志的亲切嘱咐中我会意有什么事要发生,但不便细问。告辞了小任我回到家里,身体虽然得到了休息,但脑子仍在不停顿地思考,总担心要发生什么事。

大约9点钟,我住的九公寓后面的马路上有人大声嚷嚷:"大家快去看,一些学生在拆二校门。""有什么好看,那是破坏!"一个声音有点嘶哑的人吆喝着。我从房间北面的窗子向下看去,马路上行人匆匆,朝教学区二校门方向涌去。大约11点钟,有几个工人模样骑自行车的人从七公寓门前往西南门走来。八公寓门前有几个乘凉的人问道:"二校门是咋回事?"那几个人停住车说:"嗨!是一些大学生押着大批校系领导和机关干部,强迫他们拆二校门,不拆就用棍子打,已经拆了一半了。"那几个乘凉的人说:"这叫什么?"骑车人回答:"破四旧呗。"乘凉人问:"这也叫四旧?"骑车人说:"瞎胡闹呗。"从这番对话中我了解到当晚"二校门事件"的基本情况,也了解到人心的向背,群众不赞成这样的"破四旧"。

拆二校门的具体情况当时我无法了解,我只是担心,这种行动不要发展到去拆除其他"旧建筑"。那天夜里,胡健同志被抓去了,后来他告诉我："那些造反的人，用皮带抽打着被抓去的干部拆墙背砖。背砖不是量力而行，而是给多少，就得背多少。因为背不动，倒在地上，拉起来用棍子、皮带疯狂地抽打，背不动也得背。一直折腾到凌晨以后，累得人们骨头快要散架了，许多同志累得走不动了。每个人都被他们打了。"工会的刘泰同志说，那天夜里他连打带累回到办公室摔倒在地，失去了知觉。

初次上书毛主席（2）

一波未平一波又起。这天夜里，我站在北面房间的窗子前观察马路上、院子里人们的动静。直到12点钟，听到马路上有人说："二校门快拆完了！"这时我才怀着悲愤的心情，拖着疲倦的身躯躺下休息。心中有事难以入睡，辗转反侧总睡不着，吃了安眠药，冲了一个冷水澡，迷迷糊糊渐渐睡着了。

大约凌晨2点钟，有几百名清华附中的学生来到大学教职工住宅区，分别把几个公寓楼团团围起来，呼喊着林彪讲话中那几个打倒一切的口号，谩骂着、叫嚷着，冲进了九公寓。我被惊醒了，迅速地从床上爬起来，还未来得及穿上长衣裤，学生冲进了我的卧室，几个人架住我就往外走。在楼梯上，几个电机系的大学生拦住了他们，大声恳求着："附中的同学们，你们要注意政策，别这样！你们把刘冰交给我们好吧？""你们是干什么的？为什么干扰我们的革命行动？""我们是大学电机系的同学，负责看管刘冰的。""不行！你们让开路！"双方大声地对着话，相互争着来回拉我，中学生人多，把几个大学生挤在一边，架起我走出楼去。在楼门口他们把我的眼睛蒙了起来，几个人扭住我的胳膊，抓住脑袋往下摁，推着我往前走，并且用皮带抽打我的脊背，前后左右都是人，喊着口号，边走边打。往什么地方去，我不知道，走的什么路，我也不知道，只感到时间很长，走了很远。打我的时候，开始感到疼痛，后来感到麻木，最后什么感觉也没有了。他们都还是十七八岁的孩子不懂事呀！我大声呼叫："你们违反政策！"他们全不听。无可奈何！只有任其宰割了。

就这样走啊、打啊，大约有一个小时，我估计可能是在校内的马路上转悠，搞"游行示众"。后来走进一个房子里，不打了，让我跪下，去掉了蒙在眼睛上的毛巾，我才发现这个房子是大礼堂西侧的阶梯教室。各系的党总支书记、校党委各部正副部长、校行政各处的处长都集中在这里，成行地跪在地上。水泥地坚硬而不平，两个膝盖觉得有点凉，后来感到痛；最难受的是腰部，又痛又酸，因为在路上有几个人用脚踢了我这个部位。我请求坐在地上休息一下，但不允许，只好就这样跪着。我看着面前一片跪在地上的同志，想起林彪在天安门城楼上的讲话，仿佛他那尖厉的声音又在我耳边响起："开展猛烈的进攻！彻底打倒打垮！使他们感到威风扫地，永世不得翻身！"我心想难道跪在这里的清华党组织的骨干们就是这场"革命"要进攻、要打倒的对象吗？这样的行动就是响应"副统帅"的号召？这真是出奇！真是可笑可悲！

　　天将拂晓的时候，不知道从哪里传来了号令，把我们先转移到了科学馆，后又到了生物馆，然后宣布纪律：不准回家，不准乱说乱动，一切行动都要听从红卫兵指挥，如有违犯，要严厉制裁。在生物馆，每天让我们背毛主席语录，向毛主席表忠心，早请示，晚汇报，接受红卫兵的训话。最使我反感的是一个戴着红袖章、穿一身旧军服、一只眼睛还有点毛病的年轻人。这人说话粗野，开口就骂，带着一帮人，把我们按在地上，用棍子抽打，然后又强迫我们互相打。谁打的我，打了多久，我不知道，因为我的脊背8月25日凌晨被打麻木了，已经不知道疼痛。后来别的同志告诉我："你的脊背上都是血，汗衫沾在肉皮上，全变成红的了。"

　　强迫我用棍子打的是校医院院长谢祖培同志。他是一位留学德国的专家，为人直爽、忠厚，1957年虽然也被批判过，但在我的印象中，他是个好人，他已是六十多岁的老人了，我实在不愿意打，也不忍心打。不愿打，因为我是个共产党员，怎么能动手打一个非党的老专家呢？不忍心打，因为他是个老人，是个好人，我怎么能打这样的人呢？况且我从来没打过人。但那位年轻人硬是逼着我非打不可，我拒绝打，他就打我的耳光，还用棍子打我的脊背，骂我招降纳叛，包庇坏人。一直纠缠不休，无可奈何，我只好用棍子在谢祖培同志的屁股上打了几下。虽然只是几下，但一直到现在，我都感到内疚，因为我失掉了共产党员的党性原则。

初次上书毛主席（3）

这场打人的闹剧和悲剧过后不久，生物馆又发生了一件事。一位炊事员，因为不满意红卫兵的所作所为，被抓了起来，他思想不通，在被关的房子里自缢身亡。那个年轻人命令艾知生把这位炊事员背出去送到医院太平间。过了两天，学生会的一个干部又被逼跳楼摔死。又是这个年轻人，要我和胡健去把那位学生会副主席的遗体背送医院太平间。因为我的脊背被打破，整个背部都成血染的了，有人看不下去，向他提出："你看他的脊背，恐怕不能背了。"我的脊背已开始恢复疼痛感，也向他要求免去这个任务，他同意了。后来换成艾知生同志和胡健同志两人把那位同学背送到太平间。一位日日夜夜为大学生的伙食辛勤操劳的炊事员和一位学生会干部，该不是"走资派""反动权威"吧？他们有什么罪？为什么要把他们逼上绝路？这就是文化大革命要"革"的对象？实在令人费解！

我们从生物馆被放出来，已是9月下旬了。

胡鹏池选自刘冰著《风雨岁月》

附件二

回忆"八二四"事件

阎 淮

作者自画像

阎淮，1945年产于淮安。中学在圆明园，1964年就近潜入清华窃得物0班长，次年混进党。1970年发配凉州，后在煤炭部当差，再到中组部听喝。"风波"后游走欧美亚，卖方块字为生。中国公民暂居美国，从心所欲不逾矩时，叶不落归树。

"八一八"后，毛泽东"炮打刘少奇"的大字报已私下流传，学生们思想大解放。清华出现大量批评领袖的大字报，主要是针对刘少奇的，少量其他人的，可以说除毛泽东外中央领导几乎一网打尽无一幸免。校外群众大批涌进清华，把这些"反动"的大字报传抄到全北京乃至全中国，我忧心忡忡。

22日，清华反工作组的"八八派"成立"毛泽东主义红卫兵"，他们贴领袖的大字报较多，我们保守派中也有人贴了。

22日晚，周总理冒雨参加清华万人大会，针对批评领袖的大字报说："中央的问题，在中央全会上已经基本解决了。贴大字报，必须是增强团结，采取惩前毖后、治病救人的方针。"总理讲话的精神我特认同！他淋着雨不让给他打伞的平易风范更令我敬仰。

23日，校内批评领袖的大字报和校外观看传抄者都急剧增加，最让我愤慨的是《周总理8.22讲话是个大阴谋》等攻击总理前一天讲话的大字报。我们红卫兵总部通过王任重，向中央紧急反映事态的严重。

黑暗的八月二十四日降临了！

晨5时，陈伯达在北大说，给刘少奇提意见可以写小字报，大字报要贴到室内的"内部馆"。我们如获至宝！上午"临筹"和红卫兵在清华甲所召开联席会议，讨论形势商议对策。贺鹏飞拿出"高91班"孙某某的被制止未贴出的给毛主席写的大字报底稿，我们义愤填膺。会议决定采取强制行动，处理"反中央领导的大字报"。此决定通过常驻清华的王的秘书，征得王任重的同意（有回忆文章说，是王指使我们干的，我没有确切证据。）

中午，"临筹"广播，希望把大字报贴到内部馆。有人问我，内部馆在哪里？我答，不知道，管它呢！

下午，清华附中红卫兵要求外校人员离校，封锁校门。

14时，按计划，我们总部委员分别秘密通知本系红卫兵分散到附中集合。我私下让我系的红卫兵先用大标语覆盖住自己写的批评领袖的大字报。

15时，十个中学的红卫兵被清华的汽车拉到清华附中。同时广播，让对立的"毛泽东主义红卫兵"退出附中，否则责任自负！

16时，清华和附中及外校共12所学校的红卫兵，在附中召开誓师大会。贺鹏飞动员："清华有一股妖风，我们要保卫党中央、毛主席，只许左派造反、不许右派翻天！"我首次感受贺的鼓动才能。

17时，12校红卫兵2000余人从附中跑步进入清华（我带领工物系约百人），封锁大礼堂前的大字报区。同时广播《最后通牒》，勒令作者一小时内撕去自己有关领袖的大字报，移入内部馆。否则后果自负。我们还广播了《安民告示》，它除了语气强硬外，还提到"我们牢记三大纪律八项注意"。（在"破四旧"的风暴中，此时此地"纪律和注意"能起作用吗？）

18时，对批评首长的大字报拍照。同时在贺鹏飞指挥下推倒"二校门"。

19时，几乎所有的大字报被撕得精光，贴上"只许左派造反，不许右派翻天"的大标语。清华园笼罩在（红色？白色？）恐怖中，史称"清华八二四事件"。

我的严重错误

8月24日下午5点半，12校红卫兵控制形势后，清华派出所负责人来到大礼堂前的"指挥部"。他说，家属院中旧社会的残渣余孽很多，应该顺势彻底清理。贺鹏飞和刘菊芬让我去了解详情。到了照澜院派出所，我才知道：清华园里大中学的师生2万人，家属3万人；其中戴"地富反坏"帽子的几百人，派出所可随时管教；（右派归单位管理）还有几百个"残渣余孽"，派出所平时不宜轻举妄动，请我们重点清理。我回去汇报讨论后，决定晚饭后行动。

晚8时，在派出所设立"破四旧指挥部"，我和所长共同负责。各系红卫兵陆续到来，由民警和居委会的大妈指引，到"重点户"去抄家。我们强调"三大纪律八项注意"，由于都是大学生，当时可能有但指挥部未发现打人和"贪污"行为。有同学提出要抄"走资派"和"学术权威"，所长对我说："他们今天倒了，明天可能又起来，咱惹不起，还是整死老虎保险。"我对共产党的大小官员和理工科的各种权威，还是有点感情的；对国民党的社会基础就不留情了。

据《清华文革亲历》48页记载，查抄出"子弹、刚开刃的刀、北洋军阀中将军服等"。我记得还有大量解放前出版的"反动书籍"和印有"国民党国旗"的各种证书，好像金银财宝不多。查抄的物品堆满了派出所的两三间屋子。我们主要是带回"赃物"，"坏人"让居委会纪录在案，以后严加管束。一个例外是，我高中同学郭某的母亲曾在国民党军队医院任职，在她家发现一些子弹壳，人赃并获被带到指挥部。她说是儿子在工厂实习时的劳动纪念品，我见是熟人让放了。（多年后我已忘却此事，郭见面还感谢我，令我羞愧不已无地自容。）午夜前抄家结束。

当时我认为抄家和批斗是文革题中应有之义的革命行动。文革后认识到，这是侵犯人权，是犯错、也是犯法。最近为写此文，看了一些清华师长的回忆，得知他们当时被毒打的情节。我更感到清华红卫兵罪孽深重，我作为总部委员应该向所有被我们虐待的师生和家属真诚地再说一声——对不起！

第一章 被遗忘了的"红色恐怖"

刻有"清华园"三个字，古典优雅的二校门是 1911 年清华建校时的校门。1933 年，清华扩建，修了西校门，原校门便成了"二校门"，是清华标志性的文物建筑。在世界教育史上具有重要地位的二校门，就在那晚被我们清华红卫兵彻底毁掉了！我绞尽脑汁也回忆不出拉倒二校门的具体情景，以为是老年痴呆。日前听王克斌说那天他在现场，想找我劝阻，没找到，还挺奇怪。现在确认，其实我在干另一件坏事——抄家，一个人不能同时在不同之处干两件坏事，尽管当时我很想！克斌还说，你没参加毁二校门，这段的"我们"应改为"他们"。我不改！尽管"毁门"没有事前讨论，是临时起意（否则爱凑热闹的我不会缺席），但事后我也赞成，同样有责任！文革中杀人与毁门都是对公民和文物最彻底的消灭，人死不能复生，文物不可复制，同样罪不可赦，都应受到法律严惩。在清华，杀人者坐牢，毁门者无恙！若现在谁再毁掉颐和园的重要文物，不杀也得判个无期。我们可以上推领袖下卸群众，现在谁也不可能再追诉惩罚我们。但是我的灵魂还在被煎熬被惩处！现在的二校门是文革后复制的。根据《文物保护法》，我们不但犯了错，而且犯了法，是清华的罪人，历史的罪人！

现已查实，北京在"红八月"打死万人，抄家近 10 万户，逐出京城 12 万户。主要具体施暴者应该就是以我们干部子弟为主体的老红卫兵。我在 2011 年曾写道："（文革前）社会上有多少个阶级阶层，学校中就有多少种子弟。在众多子弟中，被经常自称和他称的只有干部子弟——这个肩负特殊重大使命的群体。革命干部要打击阶级敌人，干部子弟就要帮助出身不好者，与家庭划清界限。革命干部要改造知识分子，干部子弟就要帮助高知子弟改造思想。

在以阶级斗争为纲的愚昧荒唐时代，这是天经地义的铁律，这是年年、月月、天天重复的残酷悲惨的现实。"（《回忆与反思、感恩与忏悔》香港《明镜月刊》2011 年 9 月，页 114）十七年的毒树，结出文革的苦果。文革伊始，干部子弟又充当"破四旧"的打手，重现 28

年前，前辈纳粹党卫军"水晶之夜"[1]的"悲惨世界"。

清华校友中对"彻底否定文革"有异议，但"彻底否定老红卫兵"应该是共识。在中国的"水晶之月"，近百万皇城"贱民"，家破人亡妻离子散、背井离乡无家可归之时，我还沉浸和陶醉在上天安门、毁二校门，抄家"破四旧"的神圣感和幸福感中——可耻可悲！

曾参加党卫军的诺贝尔文学奖得主葛拉斯说，"我曾被纳入一个策划、组织、实施了对千百万人屠杀的体制。即使能以没动手干坏事为自己辩白，但还是留下一点世人习惯称为'共同负责'的东西，至今挥之不去，在我有生之年肯定是难脱干系了。"这就是我现在的心情，更何况我还是干过坏事！

8月26日，《人民日报》及时地发表了清华红卫兵（刘菊芬执笔）的文章《清华园必须大乱》，被公认是中央对"八二四事件"的肯定。29日《人民日报》发表社论《向我们的红卫兵致敬！》，说"红卫兵把旧世界震动了，斗争锋芒所向披靡。一切老寄生虫都被红卫兵揪出来，他们隐藏的金银财宝和杀人武器被红卫兵拿出示众。这是我们红卫兵的功勋。"我当时更自认"抄家"和"毁二校门"的正确。上有中央支持，下有恐怖支撑，清华成了我们"清华红卫兵"的一统天下。当然，还有沈如槐讲的因素："清华红卫兵斗黑帮是符合总理指示精神的，也得到清华大多数师生的认同。八八派没有听总理的话，仍然揪住工作组不放，是中央文革的讲话起了巨大的作用。"（《清华大学文革纪事》30页）

当时，要在总理和中央文革二者之间选边站，群众大多选总理而弃中央文革。几天内就有万余名师生员工报名参加清华红卫兵（当时

---

[1] "水晶之夜"又被译为"砸玻璃窗之夜"，指的是1938年11月9日夜里，德国和奥地利发生的疯狂的反犹事件。这天晚上，在纳粹领导集团的怂恿和操纵下，德奥各地的纳粹分子走上街头，疯狂地捣毁犹太人的店铺和私人住宅，烧毁犹太人的教堂，公然迫害和凌辱犹太人。据统计，有36人被杀害，36人受重伤，267座教堂被焚烧或夷为平地，在德国和奥地利7500家犹太人商店被捣毁，3万多名从16岁至60岁的犹太男子在自己家里被捕，押往达豪、布痕瓦尔德和萨克森豪森集中营。"水晶之夜"是犹太人从被歧视、凌辱到被非人看待，直至从肉体上消灭的转折点。（启注）

在校学生一万，教工六千），我们精选八千，号称"八千子弟兵"。《清华文革亲历》第 53 页记载，"毛泽东主义红卫兵要和清华红卫兵联合斗黑帮，清华红卫兵不答应，说他们必须承认大方向错了，并要服从清华红卫兵的领导。"我们自认为的正义和正确，所表现的蛮横和霸道可见一斑。

八月底至九月初，清华红卫兵和"临筹"组织多场阶级教育会（如请全国劳模、淘粪工时传祥等工农忆苦思甜）和批斗黑帮会，双方各出一个头头主持，我曾分别与贺鹏飞和乔宗淮同台主持，文革后我们仍有私人情谊和工作交往。我在红卫兵总部中与刘菊芬和数力系的高晓红，在外系的红卫兵中与工化系的刘延东等三位鸽派女性观点同、私交好（因观点一致也因我本性懦弱），至八十年代仍继续来往。

毛主席接见红卫兵后，开始了"大串联"，中央文革支持北京造反派到各地去"炮轰省市委"。为建立红色中国许多革命先烈都流血牺牲了，先烈们的那些流了血没牺牲的革命战友，即几乎所有的革命领导干部都要"摊上大事了"，要倒霉了！我们红色的革命接班人，革命烈士和革命干部的子弟应该义不容辞地保护革命老干部。你说是"保爹保妈"，我一不在乎二不服气，反正中国基层不能乱。

八月，我们"老兵"以保工作组的名义在北京保了众多派工作组的中央部委领导。九月，我们要主动出击，造反派可以到外地串联"造反"，我们当然应该去串联"保皇"，能保一个省算一个。我向红卫兵总部请假，说咱们红卫兵已掌控了清华，我要到西南去保皇。贺鹏飞和刘菊芬都很支持。

胡鹏池选自阎淮著《一个老红卫兵的回忆与反思》

第二章　昙花一现八百天

——1966年10月至1968年底清华的文革动乱

一提起清华的文革岁月。人们就一定会想起蒯大富，自然也就会想起清华园的"百日武斗"。其实，文革十年，蒯大富在清华掌权只不过两年多，大约八百天。[1] 但是不仅在清华园，在全国，他都是很有影响的角色。他是文革极左思潮和无政府主义的代表人物之一，而且是出头露面的急先锋。也许到文革晚期，我们大家和他自己才明白，他只不过是被利用来冲锋陷阵，搅乱政局，打击既定目标的马前卒，和最后承担罪责的替罪羊而已。

美国作家韩丁先生写了一本著作《百日战争》[2]，主要是介绍从1968年4月23日电机馆攻防战开始，到7月27日工人解放军宣传

1　这句话与史实不相符。蒯大富于1966年9月24日成立清华大学"井冈山红卫兵"。成立之初，人数很少，并不掌权。直至1966年12月下旬"三总部"合并前后，蒯大富才开始掌权。从1966年12月21日"三总部"正式合并算起，至1968年7月27日工宣队进校，后来实现了大联合，成立了革委会，蒯大富个人在名义上虽占有一席之地，但清华实际权力已经完全掌握在宣传队手里。因此，将蒯大富掌权时间说成是"大约600天"或"两年不到的时间"是可以的。但不能说"800天"，也不是"两年多"。（胡注）

2　韩丁（1919--2004），美国记者。原名威廉·辛顿（Willam Hinton），美国宾夕法尼亚州雷丁镇人，在中国居住多年，曾任美中人民友好协会第一任主席。1971年，应周恩来之邀重返中国，先后5次与周会面。当时，周恩来总理建议韩丁到清华这个文化大革命中武斗最厉害的大学去看看。于是，韩丁来到清华，与师生举行有关清华文革为主要内容的座谈，长达一月之久。经常参加座谈的人有工宣队指挥成员吕方正、414总部委员、科学馆卫戍司令王永县、414土建系分部负责人周坚、团派吴伟钰、朱同学等。《Hundred Day War》（百日战争）就是韩丁在清华参观访谈的一个重要成果。韩丁在该书《序言》一开始明确指出："该书是根据当年清华大学文化革命的部分参与者的座谈会的粗略笔记而做出的汇编。至今在世的那些当年的清华人，肯定会发现某些事件的描述有重大遗漏和出入。"（胡注）

队进驻清华制止武斗为止的一百天中，发生在清华园的"团"与414两派的斗争。其实，"武斗"，或者"战争"，都不会无缘无故地发生，总会有前因后果的。战争是政治的继续，战争也需要有发生的土壤和气候。这一点韩丁先生在他的著作中并没有讲，至少并没有讲清楚。但是他的这本著作却是第一本描写清华文革的著作，贡献是重要的。如果说他还有些问题没有讲，或没有讲清楚，那可能是因为当时的时机不成熟，或政治气候不允许。

现在四十多年过去了，时机成熟了吗？政治气候允许了吗？我认为，还有一个最根本的问题没有解决，这就是发生在上世纪六七十年代清华园的大混乱，罪魁祸首是谁？难道是蒯大富吗？

1980年暑假，我奉命到中央党校第一期中青年干部培训班学习，清华校长兼党委书记刘达亲自送我去报到。他的夫人汪琼是我所在学习班的班主任。他家就在中央党校大院内。一天，我去拜访两位老人家，刚好看到刘达在家门口发脾气。原来是北京市公安局派了两部车，一位副局长来请刘达在正式逮捕蒯大富的逮捕证上签字。刘达大骂吴德："你市长不签，哪有叫我当校长的签逮捕证的，我不签！"公安局的人说，吴德讲了，逮捕蒯大富是邓小平的指示，你回来传达的，我们没有见到文件或邓小平的手令，只好请你签字。刘达想了想说："这点事都不敢担当，还当什么市长！签就签吧！"

两年之后，刚好我又去刘达家里请示工作，刘达的秘书王乐铭与我同去的。正好又见到刘达接个电话在大发脾气。说蒯大富被判了十七年徒刑，但是法院要从1970年算起。1970年，蒯大富被送到北京西郊东方红炼油厂隔离审查，跟班劳动，不许离厂。刘达说："他有啤酒喝，有鸡蛋吃，他是在休养，哪里是审查？正式逮捕令是我签的，应该从1980年正式逮捕时算起。十七年太少了。我认为应该让他们过了六十岁才出来。他们是一群疯子，他们的能量是很大的。他们出狱之后，很快就能上去，我们还得倒霉！"

这时，王乐铭说："刘达同志，就按法院的意见办吧。"我接着说："1970年以后，他到底是没有自由了，不能随便走动，也是受到惩罚了。"刘达满脸怒气，正言厉色地说："人说不要'好了疮疤忘了疼',你罗征启疮疤还没好就忘了疼,我就不同意你把杀死你弟弟的那个学生放了。我正好出国不在家,我如果在,我就不同意你这样做。我再说一遍,他们是一群疯子,搞乱了我们的国家,不能宽恕他们!"我看着刘达,慢慢地说:"刘达同志,我们好端端的一个共产党,好端端的一个共和国,又是谁给搞乱的,是蒯大富吗?他有这么大能量吗?刘达一时语塞,瞪着我半天不说话。过了一会儿,刘达似乎气已消释。

过了一会,法院的车到了。刘达没说什么,不声不响地签了字。

于是,蒯大富和少数几个有血债的学生被定了罪,判了刑。似乎,至少清华园那段历史已经解决了,可以画上一个句号了,实则未必。武斗、战争是政治的继续,两派的政治和武斗是什么政治的继续?表面看,两派都忠于毛主席,都坚决贯彻无产阶级司令部的战略部署,两派都叫井冈山,都"打倒刘少奇",都反对"二月逆流",都"批林批孔",伟大领袖指到哪里,两派就立即打到哪里。两派都抓人,从冷兵器到热武器都用。似乎分歧只是到了7月27日,一派用长矛步枪、手榴弹镇压手无寸铁来清华制止武斗的工人解放军宣传队员,而另一派则立即缴枪,拆除工事,听从救命恩人工人解放军宣传队的指挥和安排。[3]难道727两派截然不同的表现,就不是政治的继续了吗?

---

[3] 对于"414派""立即缴枪,拆除工事"的行为,归结为"听从救命恩人工人解放军宣传队的指挥和安排",也是不准确的。校友周家琮也指出:罗当时在汕头,对这一段不清楚,可能也不知道老四当时正多次请愿,强烈要求中央和北京市制止清华武斗,宣传队开进可谓一拍即合。但必须指出:一、当时被围困在科学馆内的100多名414人员和6名团派俘房的安全撤离问题并没有解决。二、工宣队入夜后何去何从?接下来如何行动?当时这些问题都不明朗。如果工宣队入夜后撤离清华,第二天也不来了,那么已经撤除工事、交出武器的414就会直接面对全副武装的团派武装,只能全部当俘房了。以上两点是414的重大风险所在,对此,当时的414总部负责人也想好了退路。对于解救科学馆人员的问题,在沈如槐与东区工宣队负责人柳一安的谈判中,柳作出了口头承诺。虽然口头承诺的份量比较轻,但沈如槐不可能要求工宣队签字画押。何况,解救被困人员也是工宣队七二七行动的题中之意。所以工宣队的口头承诺是可信的。对于工宣队入夜后何去何从的问题,414总部同时做出了与工宣队共进退的决策,通过414"文攻武卫"代总指挥但燊通知每个据点作好准备,工宣队在我们也在,工宣队撤离我们随同工宣队一起撤离。(胡注)

这是研究清华大学文革历史一定要解答的问题。

1. 没有历史，何以为鉴

首先，我要说明，虽然在清华文革混乱的十年里，我处在"风口浪尖"上，几起几伏，大起大落，侥幸活下来。与我有关联或直接因我的牵连而死的就有好几个人[4]。但由于我所处的环境和地位，我所知道的也只是一鳞半爪，并不了解全面的情况。手头上也无任何资料可查。我看到现在有许多人在写"回忆录""纪实""亲历记"等等。他们贡献出自己的日记、札记、照片，查阅当年的报刊、文件或私人的笔记，整理出大本大本的"大事记"。我敬佩和尊重他们的劳动和成果，他们提供的资料，使得我可以查阅核对，找回我的记忆，尽管这些记忆可能是残缺不全和支离破碎的。更重要的是，我们要把这段历史留下。如果整个民族失忆了，或者连我们这些当事人都没有留下点亲身经历的记录，那么后人又何以为鉴呢？

文革中，我在清华的"家"（其实就是宿舍——荷花池第一宿舍）和我父母在北京的家，都多次被抄。最后，我所有的书籍、信件、手稿、文件、照片等等几乎全部被一扫光。甚至把我和妻子的通信也抄成大字报张贴示众！这实在难以容忍。当时我曾经发誓：今后再也不写笔记、日记，不留任何个人的生活、学习和思想的蛛丝马迹。于是，今天我就只能靠记忆。这样当然就难免有不准确。

比如说，蒯大富的人到北京站我父母的家中绑架我的日子。现在，所有的记载都说是1月30号。称为"1.30事件"。直到最后，

---

4 因"罗征启案"致死的有：罗征启的弟弟罗征敷，罗征启妻子的同学的母亲、印尼华侨林婆婆，清华统战部副部长刘承娴。与罗案同案受到残酷迫害而致残的有文学宓、饶慰慈、李康。所以，致死致残共6人。稍后（5月份）发生的"12人反党集团案"也是"罗文李饶反革命集团案"的持续发酵的结果。团派制造"罗文李饶"案的目的，是为了捏造出一个"操纵414"的反革命干部集团；制造"12人"案的目的，是为了进一步制造414领导核心及其主要领导人沈如槐的周围都是反革命分子的谎言。两案路径不同，目的相同：彻底摧毁414。（胡注）

我自己在回忆此事时，也还说是"1.30"。我们全家人都记得这一天是农历年三十。我记得我带女儿回到我父母的家，我母亲问："回来干什么，有没有危险呀！"我说："年三十越南和美军都停战呢，我们打派战不至于比越南前线还紧张吧！"然而，我的"专案组"负责人孙耘[5]却说那天是年初一，他正在天津，接到通知，说抓到罗征启了。我查对过日历，的确是年初一。

又如我自三堡疗养所成功跳楼越狱之事，我的记忆一直是3月27日凌晨。在原蜀育、邱心伟主编的《清华文革亲历——史料实录、大事日志》上说："3月27日凌晨，罗征启不堪受折磨，跳楼逃出关押点三堡。"但我仔细排演当日的细节，发现从我逃出三堡到被解救回到科学馆，这中间少了一天，可能正确的时间是3月27日深夜，即3月28日凌晨。

陆小宝同学为唐金鹤同学的《倒下的英才》所作的序，写得非常好。他认为唐金鹤作为一个工程师的工作方式是：有所不言，言必由实。事事都得有可靠的事实根据。不能模棱两可，更不可臆造发挥。他认为："任何一件重大的历史事件都是由真实的细节组成的，凡是事实，都有核查的价值。任何事情，只要说的是事实，就富有历史的意义。"这讲得很好，但是我得补充一句："事实"也不一定是完全"真实"的。

同一事物我从左边看，它偏右，你从右边看，它偏左，都是事实。但是个人感觉，可能不同。你我一起都从正中看，他不偏了。但是我们只能看到他的一面，那另一面如何？不知道。因此，我们不能说，我是绝对真实的。比如在已完稿并印刷出版的一些"纪实""大事记"等等，总的说来都是"真实"的，都是非常负责任的工程师之作。但是我看到关于我本人的一些文字，则尚有错漏缺失。

---

[5] 孙耘：又名孙毓星，清华大学无线电系学生。在"罗文李饶发革命集团"专案成立之前，即为罗征启专案组的负责人。主要负责对罗的绑架及刑讯逼供。罗征启逃脱以后，又抓捕绑架罗父及罗弟。致使罗弟被殴打窒息而死。命案发生后，孙耘及王庆章投案自首，十年中一直在狱中或在边境劳动。详见后文。（胡注）

所以，我决定不写"回忆录"，不写"历史实录"，尤其不去挑别人的错，去辩论谁是谁非，谁不真实，或谁更真实。工程学和社会学的真实是很不同的。工程师们为社会学的一些问题争论，其实大可不必。用工程师的眼光去观察社会上发生的事和变化，常常是看不清的，因为不是一加一等于二那么简单。我只想记下我看到的、感受到的、思考、胡思乱想，甚至是我的梦幻，我肯定是负责任的。但有些细节，如发生的时间、地点、条件、有关联的人物等等，则未必都非常准确。我会认真听取所有人的批评，但我不解释、不辩论，有错一定核实改正，欢迎大家批评、斧正。

2. 盘根错节，顷刻瓦解

1966年7月，毛泽东点燃文化大革命之火，引发全国开始大乱之前，他却"才饮长沙水"，又到武汉"食武昌鱼"，在"畅游长江"之前（即1966年7月8日），从武汉给正在上海的江青写了一封信。尽管现在一些知情人认定，这封信是张春桥和姚文元代笔，但无论如何，这是毛泽东的思想、文风。是他认可的，以他的名义下发的。毛泽东的这封信内容隐晦，意图深不可测，似乎透露了他关于整个文化大革命的战略部署——又是一场阳谋，非常恐怖。但这封信的内容是很久以后才公诸于众的。

信中关于北大、清华的几句话是这样写的："北大清华，盘根错节，顷刻瓦解"。这就像布的一道咒语，把北大、清华的文化大革命套牢了，把清华、北大十年大动乱的整体轮廓描绘得清清楚楚，一切都在"伟大领袖"的掌控之中。

当时，我们只知道，十多年来，清华由蒋南翔领导的党委，苦心经营，建成一部"不漏气的发动机"。清华一直被认为是一贯正确的，牢不可破的堡垒，确实是"盘根错节"的。但是1966年6月的两篇社论，一篇大字报，一个工作组，堡垒就"顷刻瓦解"了。

"蒋南翔党委"瓦解之后，以王光美为主的工作组，又带着一些高干子弟在清华掌了几天权,还没来得及"盘""错"好,就顷刻瓦解了。然后经过短期的争论混战,蒯大富夺权上台。前党委已经"彻底砸烂"了,蒯大富又"盘根错节"起来。清华园经过百日武斗,用了真刀、真枪,真炸药。到7.27[6]两三天工夫,蒯大富又顷刻瓦解了。

然后,迟群[7]、谢静宜[8]又盘根错节起来。他们也和蒯大富一样,都有毛泽东的公开和半公开的支持。他们手中有圣旨、圣谕,有芒果[9],也有尚方宝剑,连中央文革和毛泽东本人都"盘""错"在其中,但还是"顷刻瓦解"了。毛泽东布的这个咒语,在他弃世之后,才被

6　7.27:1968年7月27日,毛泽东为解决清华的两派旷日持久的武斗,派了8341部队的干部战士,新华印刷厂等工厂的干部及工人组成"工人、解放军毛泽东思想宣传队"进入清华大学制止武斗。414派立即缴枪,拆除工事。而团派则在蒯大富领导下,武力抗拒,向手无寸铁的工人、解放军开火,造成五死,七百多人受伤的惨案。(胡注)

7　迟群(1932—1999):山东乳山人。8341中央警卫团政治部宣传科副科长。1967年随解放军毛泽东思想宣传队进入清华大学。后任清华大学革委会主任、中共清华大学党委书记、国务院教科组副组长、教育部负责人,"梁效"写作小组主要负责人。1976年10月被免除职务,1983年以积极参加反革命集团罪、反革命宣传煽动罪、诬告陷害罪被判处有期徒刑18年,剥夺政治权利4年。1999年患癌症死。(启注)

8　谢静宜(1935—2017),女,河南商丘人,中共党员。1958年进入中央办公厅机要学校进修。1959年任毛泽东主席的机要员,被暱称"小谢"。1968年,被毛主席派遣来到北大与清华了解校园文革情况,后任北京大学党委常委,清华大学党委常委、副书记、清华大学革命委员会副主任、北京市革命委员会副主任;中共十大中央委员,第四届全国人大常委会委员。1976年10月被免职,1983年以积极参加反革命集团罪、反革命宣传煽动罪、诬告陷害罪被捕。因认罪态度好,积极揭发,被作为宽大的典型而免于起诉。2017年3月病亡。(启注)

9　芒果:1968年8月5日,毛泽东将巴基斯坦外长埃尔沙德·侯赛因送的芒果,转赠给首都工宣队。《人民日报》报道:"这不仅是对首都工农毛泽东思想宣传队的最大关怀,最大信任,最大支持,也是对正在以毛主席为首、林副主席为副的无产阶级司令部领导下团结战斗的全国工人阶级和广大工农兵群众的最大鼓舞,最大关怀,最大教育,最大鞭策!"(1968年8月7日《毛主席把外国朋友赠送的珍贵礼物转送给首都工农毛泽东思想宣传队》)。全国掀起了迎接毛的礼物的个人崇拜热潮。电影厂以此为题材,拍摄了故事片《芒果之歌》。影片中的主角,工宣队的政委夏彩云向队员们发表讲话:"前不久毛主席向清华大学的工宣队赠送了珍贵的礼物——芒果,这是对我们全体工宣队员的最大支持。有了毛主席的支持,我们一定努力去学,努力去做,绝不辜负党和毛主席的希望。"(启注)

解开扔掉了。

不仅清华园里的厮杀争战,而且全国范围的大混乱,在毛泽东给江青的信中,似乎都定了调子:"右派可能利用我的话得势于一时,左派则一定会利用我的另外一些话组织起来,将右派打倒。"全国各地,两派都高喊着"誓死捍卫毛主席的革命路线"而冲锋陷阵,拼死搏斗。他们受伤了、残废了或死掉了,他们能叫烈士吗?他们打赢了,或者顶住了,没垮下来,又能叫胜利者吗,要盘根错节,还要顷刻瓦解,而且还要"七八年来一次","尔后还要有多次扫除",这不正是建国后第一个三十年的真实写照吗?

3. 红卫兵"勤王"乱政,蒯大富趁乱夺权

这是一出悲剧,一出闹剧,也是一出荒诞的恶作剧。毛泽东发动这场文化大革命到底是为了什么,谁也说不清楚。

如果他还在世,他会说什么呢?恐怕仍会像57年错划这么多右派分子,59、60、61年饿死四千多万人那样,说成是成绩是主要的,斗争是必要的、及时的,形势是大好的等"三七开"之类的话。但是我们从他的所言所行、所作所为来看,还是端倪可见的。尤其他给江青的那封信,意图更加明显。

在清华园,工作组"顷刻瓦解"了。由高干子弟老红卫兵组成的临时革委会[10],也不声不响地烟消云散了。文化大革命向何处去?这

---

[10] "临时革委会"的说法有误,应是"校文革临时筹委会"。工作组撤走前,根据中央指示,经工作组组长叶林提议,将各系文革主任联席会议作为校文革临时筹委会,简称"临筹",代替工作组领导学校的文化大革命。"临筹"的主要领导成员是以刘涛、贺鹏飞为代表的干部子弟。研究清华文革史的校友们一般都认为"临筹"执行了"没有工作组的工作组路线"。"临筹""临总""临主",史称清华文革"三临"时期。时间长达3至4个月。其中,"临筹"是最早出现的;"临总"是指1966年8月19日成立的清华大学红卫兵"临时总部";"临主"则是指1966年9月16日,由"临筹"主持召开校文革代表会第二次会议,通过决议,成立了由各系选举代表组成的校文革临时主

时全国红卫兵开始大串联，北京天安门一次又一次地上演接见百万红卫兵的闹剧，"破四旧"造成的大破坏刚闭幕，又换演"大串联"造成的大浪费。

　　清华园内每日接待数以千计，各地来京的串联群众。刚刚建好尚未正式启用的主楼，开放接待红卫兵。霎时间主楼的门、窗、五金件等被盗拆一空。作为原校领导办公用的工字厅也开放接待。当时工字厅没有暖气，只烧煤炉，我们这些"黑帮劳改队"多被分配去管理烧煤炭，要二十四小时保持旺火，保证室内温度高过二十度，要使睡在水泥地上的"毛主席请来的客人"感到舒适温暖。夜里要加三次煤，"黑帮劳改队"要日夜排班保证供暖。

　　我们看见这些"毛主席的客人"真是大丰收，有的人走时竟用枕头套当口袋，装走两三袋馒头。

　　我的妻子梁鸿文和建筑系的一位教师一起被分配在主楼接待站服务。有一天中午回家吃饭的时候问我，你知道"烽火戏诸侯"这个典故吗？我吃了一惊，因为我正想到这个故事。我估计鸿文并不知道这个故事，她一定是从建筑系老师那里听来的，更不会理解谈论这个故事的危险性。我对她说："你注意点，这事千万不要再说了，别人说就当没听见，别答，走开好了。"她追问我"为什么？"我说，这是章回历史小说《东周列国志》第二回讲的故事，题目是"幽王烽火戏诸侯"。

　　她还追问是怎么回事，我于是告诉她，西周末代君王是周幽王，非常宠爱一个褒国的女子，姓褒，史书称褒姒。但是这个女子从来不笑。幽王于是悬赏，有能使褒姒笑的人，定受重赏。有个大臣就出了一个馊主意：让幽王下令击鼓举烽火。诸侯听鼓声见烽火，以为王室有难，纷纷驰兵来救（这在古时候叫"勤王"）。到了都城，不见有敌寇入侵，只见幽王与褒姒正在城楼上饮酒作乐，诸侯才知道上当受骗，而褒姒果然笑了。后来西戎真的入侵时，虽然多次击鼓举烽火，

席团（简称"临主"），由其领导清华运动、主持学校日常工作。清华"8.24事件"后，"临筹""临总"完全控制了清华的局面，9月16日，"临主"产生以后，"三临"开始在清华"斗黑帮"。（胡注）

诸侯都不来救，结果幽王人死国亡。

在一次次接见红卫兵，耸人听闻地说身边有个赫鲁晓夫，又让江青上台出镜的时候，谁议论这个故事，很明显是非常危险的。后来，我知道清华有的师生就是因此被打成反革命的。

可以不准大家讲，但是无法不准大家想。几百万红卫兵一批又一批到北京来，是为了观赏北京的名胜古迹吗？当然不是，他们是"勤王"。因为伟大领袖击鼓举烽火，说身边睡着赫鲁晓夫式的人物，于是大家都是来誓死捍卫领袖的。在北京，经过领袖接见，经历几百万人山呼万岁那震撼人的场面，加足了油，打足的气，回去好造反。于是全国大乱，几乎所有的开国功臣，老干部，甚至被誉为领袖的亲密战友的共和国的缔造者们，一个一个地被打倒了。

刘少奇是死定了。可谁来操刀？谁来开炮？谁当先锋？谁来喊出第一声"打倒刘少奇"？——蒯大富受命出场了。

将近四十年后的一天，我和唐伟等几个人陪同清华来的专门研究并在撰写清华文化大革命历史的唐少杰老师一起与蒯大富座谈。我说："老蒯，咱们今天不要老生常谈了，谈点我们不知道的，或者你没说过的。"老蒯一口答应。不知是谁提了个问题："就说说到底是谁给你平反的？谁把你捧到学生领袖的位置上的？过去，我们听说和猜测的什么都有，有的说是中央文革、陈伯达、戚本禹，或者江青等等，但是都没有能解开一个谜团，就是你蒯大富哪里来的这么大的胆子，横冲直撞，甚至连周总理都不在话下，难道……？"

蒯大富的回答语惊四座："是毛主席，是主席叫周恩来到清华甲所单独和我谈的。"

工作组通知他到甲所，说有人要找他谈话。等到半夜，只见来的是自己想也想不到、也不敢想的周总理。总理说："毛主席指示我来找你谈话的。"[11]

---

11 周总理找蒯大富谈话一事发生在1966年8月1日凌晨和晚上，分两次进行，每次约3小时。受蒯大富宣传影响，校友们原都以为第一次只有蒯一人。现已证明，两次都有其他同学参加。参加第一次谈话的还有刘泉和刘才堂。谈

接下去，工作组撤走了，以干部子弟为主的临时筹委会也散架了。蒯大富乘乱夺了清华大学的行政大权。接着建立了井冈山兵团，兵团总部下令清华的党员到井冈山的总部去登记，遭到党员的抵制，没有结果。十二月二十五日，蒯大富搞了一个"12.25"行动，拉上几千人上街，在北京，也就是在全国，第一个喊出了"打倒刘少奇"的口号，并贴出了第一张点名打倒刘少奇的大标语。

我曾问蒯大富，"12.25"行动，是不是有人叫你这样做的？他说："没有，真的没有。当时的情势是非常明显的，我不干，也会有别人出来干的。"[12] 我想，这是真的，这就叫"落实毛主席和无产阶级司令部的战略部署"吧！

4. 两派争论始于"彻底砸烂"和"什么彻底砸烂"

"彻底砸烂"是一典型的无政府主义口号。在清华，是谁第一个提出来的，已经无可考证。但是，蒯大富无疑是个代表人物。他可把这个口号叫响了，发挥得淋漓尽致。由于要彻底砸烂，所以引出两个估计，第一是建国后到文革前，我们的国家是红线主导的还是黑线主导的？第二是我们的干部队伍，大多数是好的，还是大多数已经烂掉了？对于蒯大富来说，这两个问题的答案，当然都是后者了。而且很明显，中央文革，乃至毛泽东本人，实际上都是支持和力行"彻底砸

话开始时，周总理曾说"毛主席指示我来找你谈话的"。无论原话如何，这句话的意思是有的。但除此之外，在将近6小时的谈话过程中，周恩来只听汇报，没有任何实质性的插言，连一句肯定的、鼓励的话都没有。（胡注）

12 蒯大富这里是习惯性撒谎，他揪斗刘少奇是张春桥授意的。据许爱晶《清华蒯大富》一书披露：1966年12月18日，张春桥在中南海西门值班室单独召见蒯大富。张春桥说："中央那一两个提出资产阶级反动路线的人至今仍不投降，你们革命小将应该联合起来，发扬鲁迅彻底打落水狗的精神，痛打落水狗，把他们搞臭，不要半途而废。"蒯说："我立刻明白了"，"听张春桥说这段话，当时我心里热血沸腾，等于是特别机密大臣来交给一个御林军最光荣、最高尚的任务。……所以我很得意。"见《清华蒯大富》页155-156，香港，中国文革历史出版社，2011。（胡注）

烂"的。最高领导虽没有明白地喊出这个口号，却放纵、利用这些红卫兵去冲冲杀杀、乱批乱斗，到一定时候（1968年7月27日）再来收拾这批年轻的无政府主义者，乱党乱国的罪责，却要这些年轻人来承担。

在清华，有几千人明确反对"彻底砸烂"（还有不少人不敢明确表态反对，但实际内心是倾向反对的），其代表人物和领袖就是沈如槐。

和蒯大富一样，沈如槐也来自苏北的贫困农村。能考上清华大学已很不易，现在能在文革乱军之中，举起大旗，成为清华，甚至全国的反对蒯大富的学生领袖人物，更是不简单了。我认为，沈如槐比蒯大富更精彩。这不是因为沈如槐是党员，而主要是因为他没有任何"后台"，却能顶着巨大的政治压力，坚持到最后。甚至毛泽东和中央文革的批评、不满，也没有能使沈如槐退缩或垮下来。在"7.27"蒯大富下令开枪，武装抗拒工人、解放军宣传队进清华制止武斗之后，7月28日凌晨，毛泽东召见和批评五大学生领袖时，还不忘记捎带骂了立即交出武器、拆除工事的"414"几句。这样明显地偏心和拉一派打一派，可以想象给沈如槐造成的压力有多大。

文革之后，我和一些"414"的战友，时时回顾在那十年大动乱中，蒯大富有强硬的后台，可以有恃无恐，走错了路，而沈如槐没有后台，却成就为一个基本上没有什么瑕疵的学生领袖人物，真不容易啊！

一九六七年，当"彻底砸烂"甚嚣尘上的时候，沈如槐贴了一张大字报，反驳"彻底砸烂"论。题目是《什么'彻底砸烂'？》大字报一出，各种议论都来了。即使414内部，也不尽一致。有人说，这题目不醒目，不针锋相对。当时我曾和原统战部副部长文学宓，原党办副主任饶慰慈一起讨论。我们一致认为这个命题非常聪明睿智：第一，不应当和"彻底砸烂"论针锋相对。"砸烂"的对立面是"保护"，这样就自投"保皇"的陷阱了。第二，在当时的辩论中，反对"彻底砸烂"的论据是红线主导，而把建国以来的一系列政治运动如"反右""三面红旗"等都说成是"红线"，这在当时我们心中疑虑甚多。

第三,"彻底砸烂"这个杀气腾腾的口号,明显是倾向于暴力的,这也是 414 所反对的。然而,用一个什么样的命题能够把这三个方面的内容涵盖进去呢?

沈如槐很聪明,用《什么"彻底砸烂"?》为标题,问你蒯大富:你要砸烂什么,怎样砸,你的目标,你的方法,请你自己说清楚吧!

文学宓还告诉我,他曾参加过几次 414 总部的会议(我们几个干部,除文学宓家庭出身是城市贫民以外,其他几人出身都不好,所以,我们都怕给 414 引来麻烦。因此都不出头露面,只推文学宓去参加 414 的活动。)他说沈如槐、汲鹏、宿长忠、陈楚三、孙怒涛等总部头头都思想敏锐,品德好,敢于承担,讲话逻辑严密,很有煽动性,将来都是将帅之才。很可惜,在这场史无前例的荒诞的大革命中,虽然沈如槐和他的战友们,在极其艰难的环境里,一直坚持正确的方向、方针和策略,基本上是无懈可击的,但是终究英雄无用武之地,他们的才能没有得到充分的发挥。

其实,何止是 414 的这些头头,"团派"的头头们,哪个不是将帅之才呢?虽然现在大家都成熟了,但终究,时过境迁,都已年逾花甲,时不我待了。

六十年代反修防修学习时,有一条语录说:"无政府主义是对机会主义的惩罚。"无政府主义也是机会主义,谁又来惩罚它呢?蒯大富的"彻底砸烂"是很彻底的,最后已经砸烂了他自己。这是惩罚吧?

5.《414 思潮必胜》功不可没

一九六七年四月,在长期争论之后,井冈山兵团总部终于渐渐分化,分裂成了两个阵营。一个是以工程化学系 69 届学生蒯大富为首的"团派",骨干都是曾经反对工作组、受到工作组执行的"反动路线"压制的学生。其核心战斗组是以林彪指挥的 28 团命名,故自称及被称为"团派""老团儿"。另一派是以数力系学生沈如槐为首的

414总部，自称及被称为"老四"或414。

"团派"因为有中央文革和毛泽东的撑腰支持，很"牛"，是清华园的主流派，是掌权的、强势的和比较激进的一派。414是一九六七年四月十四日正式从井冈山兵团总部分裂出来的。但出自策略上的考虑，还叫井冈山兵团，不过改称414总部，是在野的、比较温和的一派。当时学校大部分党团干部和许多教师都是倾向或支持414的，我也支持414。

刚开始，两派争论是漫无头绪的，似乎只是权力之争，争清华大学文化大革命的领导权，争将要成立的革委会的席位。不仅清华，看全国各地、各高等学校大都如此。有所谓"天派""地派"之争。实际上有些人自己也闹不清是哪一派的。北航"红旗"应该是"天派"的。第一把手韩爱晶[13]经常同蒯大富争论，韩经常当众说他赞同414的许多观点。

但是逐渐地，清华的两派争论脱颖而出，演变并上升成有明确理论依据的思潮之争。"团派"那边的情况我不知道，414这边有许多干部群众已经在紧张地翻阅马克思、恩格斯、列宁、毛泽东的著作，寻找理论根据。

一九六七年七月中旬，两位支持414的政治课教师范德清、魏宏森告诉我，汽6班学生周泉缨写了篇文章，题目是《四一四思潮必胜》（后简称《必胜》）。文章很有新意，但比较粗糙，需要加工，让我帮助修改。我请了李兆汉、万润南和孙敦恒三个人和我一起进行修改。

李兆汉是建筑系教师，当时在校刊《新清华》任编辑，思维敏捷，笔锋犀利，尤其擅长写辩论文章。我在建筑系任团总支书记时，他是政治辅导员。后随我调到党委宣传部，一直和我在同一个单位工作，是同事、战友。

万润南是建工系给0的学生，文艺社团集中住宿的文艺社的成

---

[13] 韩爱晶：北京航空学院的学生。与清华的蒯大富，北京大学的聂元梓，地质学院的王大宾，师范大学的谭厚兰共称五大领袖。粉碎"四人帮"后韩也被判刑入狱。出狱后曾在深圳工作，现退休留住深圳。（罗注）

员。文艺社的支部书记印甫盛有时会带万润南去我家闲聊，我们叫他"阿南"。1965年0字班学生到部队当兵，又是我带队，当政委。团长及排以上干部正职由部队派干部担任，副职由校方派人担任。团长给我派了个勤务兵，刚好就派了阿南。我问他"谁派你来的？"他说，"报告首长，我们排长派我来的。""派你来干什么？"他微笑着答"报告首长，排长说，第一，当好首长的通讯员；第二，给首长打洗脚水；第三，……"

当兵返校后，文艺社团党支部组织委员找我商量，让我当阿南的入党介绍人，我同意了。经支部大会表决通过后，按规定介绍人要跟入党对象正式谈话，这就引出了万润南在他的《清华岁月》里讲到的：我约他到我的宿舍去谈话。他说我并没有讲什么共产主义的大道理，只是放了一曲莫扎特的小提琴协奏曲，用唱片当伴奏，拉了一段小提琴。这次入党谈话，只是启蒙了对莫扎特的音乐的欣赏和理解。后来，有一次他打长途电话来祝贺节日，我说："你也太过分了，入党谈话怎么可能一点共产主义的大道理都没讲，只拉了段小提琴？难怪有人看了你这段回忆对我说，你可能本来就是个另类的党员，开除你出党是迟早的事。"他大笑说："我确实只记得那段音乐了。要不这样，罗老师，你说你当时讲了什么大道理？"我只好挂免战牌了。

他们是我的学生，非常尊敬我。但是，在许多方面，他们也是我的老师。在荒唐迷乱的十年当中，有许多问题，由于过去的经历，我曾陷入极度的迷惘混乱之中，是他们——不只他们两人，还有许多比我年轻很多的学生，"开导"了我。当然，他们两人是离我最近，对我最了解，使我得益最多的学生。他们两个，老印是咄咄逼人，思维敏捷，逻辑缜密。阿南则是文笔轻松，但又有足够的份量，而且藏锋不露，幽默潇洒。老印的特点是想人所不敢想，说人所不敢说。而阿南则是，想人所没有想，说人所没有说。我没有见他们两人争论过，我记得他们也没有跟我争论过。这次我叫阿南来帮我写东西，肯定也请过老印。但为何这次就没有老印，我记不得其中的细节了。

孙敦恒是校刊的编辑、政治课的教师。他不大讲话，但是如有不同意见，他会直率、中肯地提出来，是个忠实可靠的第一读者。

就这样，四条汉子开始修改《必胜》，地点是在学生宿舍一号楼一楼的一个大房间。第一次修改讨论会，作者周泉缨也参加了。但他主要是听，很少说话。

我们很快研究了《必胜》这篇文章，并取得共识：认为这篇文章的确有新意，主要体现在以下三个方面：

第一，文章通过对河南的"二七公社"和"河造总"的分歧与清华的"团派"和414的分歧的分析，说明大学和社会上的争论及分歧一定是中央内部矛盾的反映，与中央内部存在着争论和分歧是密切相关的。现在大学和社会上这样混乱，中央绝不可能平静。但中央的极左派不敢挑明自己的观点和公开暴露自己的面目，而让蒯大富出面。蒯大富只是个傀儡，将来是要倒霉的。文章应该针对蒯大富的"彻底砸烂"理论。这是有清华和蒯大富特点的理论。周泉缨说，中央文革是个大杂炒，他们拿不出或者不敢亮出像样的、系统的、极左的、无政府主义的理论，还需要我们在和蒯大富的论战中厘定，说清楚。

第二，文章认为全国各地、各大专院校里虽然各种思潮都在表演，百家争鸣，争论很激烈，但究其实质无非是两种，一种是以蒯大富即"团派"为代表的极左思潮，将解放后到文革前的十七年说成是黑线主导的，是要"彻底砸烂"的。这一派当时的势力是比较强大的，因为有中央文革和毛泽东的撑腰和支持。而另一种是以414为代表的比较温和、也比较实际的思潮。这一派没有后台，处境很困难。这样，就把清华及全国看似混乱的"派性"争论，上升到了思潮甚至于文化大革命的目的、方向、前途等原则的、理论的分歧这一层次上了。这也是《必胜》这篇文章的一大功劳。

第三，文章还指出："团派"思潮因其以极左的面目出现，而且有中央文革以至于最高领袖强有力的支持，所以很有可能取得一时的胜利，能掌权。但掌权以后必然要乱，是不可能长久、稳定掌权的。这或许就是毛泽东和中央文革批判《必胜》关于"造反派只能打天下，不能坐天下"的"要害"。

其实，经过和周泉缨多次讨论，我们认为，《必胜》还有一组潜台词，就是毛泽东发动的这场文化大革命是极左思潮的，是引起混乱、挑动群众斗群众的罪魁祸首。因此，虽然《必胜》文中并没有明写，但毛泽东和张春桥多次说：《必胜》"是右的"，"是否定文化大革命的"，"四一四思潮必胜，我就不高兴，说打江山的人不能坐江山，无产阶级打天下，不能坐天下。"他们是很敏感的。

然而，毛泽东虽然多次批评《四一四思潮必胜》，但他始终没有把"414思潮"定性为"反动思潮"，使得414能存活下来，没有垮掉。为什么是这样，这始终是414人的一个不解之谜。

我们还决定，文章在修改时应尽量保留原文的大框架，不要改动太多。原文的风格也尽量保存。原文共分四大段。我们分了工，阿南一段，李兆汉一段，我两段。李还负责找有关的马克思、列宁的语录。我还负责研究和处理那些太露骨、容易让对方抓住小辫子及易引起中间群众动摇不定的文字和内容。规定了交稿时间，最后由我统筹修改。

后来，李兆汉找到了一些很合适的语录，作为文章的理论依据，增加了理论色彩。阿南偷懒，说是都交给我统一改好，需要的话他再上手。

周泉缨很急，我们刚把稿子顺了一遍，他就拿走了，当晚就请文工团的几位干部抄成大字报贴了出去，立即引起了很大震动。

几天之后，《必胜》被"团派"大批特批，上纲越来越高。尤其是他们知道毛泽东也批判这张大字报之后，特别高兴。传出消息说，"团派"要抓周泉缨和他后面的黑手。最滑稽的是江青可能看不懂《必胜》，就骂周泉缨是"小丑"。从此，周泉缨就得了一个绰号"小丑"（不仅"团派"叫，414派也叫）。我们有时还开玩笑，说江青是他的"教母"。

一天，周泉缨请我们几个改稿子和抄大字报的人，一起到二号楼二楼一个大房间开会。他说，"'老团'扬言要抓人，我正希望他们抓我，事情越闹大越好。"我看，周泉缨完全处在一种亢奋状态。还说"毛主席都看了《必胜》，这说明这篇文章的份量。"然后他"郑重宣布"："这篇东西由我来承担责任，也确实是我写的，是我的思想、我的专利。我是红卫兵小将，不怕。你们是教师、党员、干部。今后，一概不要说你们参加了，至死也不要说！"他那神气，就像要上刑场就义似的。当晚，他又带我到新水利馆三楼一个小房间，里面挤满了人，门外还站了不少人。周泉缨说，这是"东方红战团"正在开会，讨论《必胜》，希望取得一致的意见。他说："你看见坐在门口那张桌子旁的那个大个子吗？"我点头表示看见。他严肃地说："这个人很好。如果我被捕，他就是我的接班人！"接什么班，他并没有说。不过，那的确是个忠实可靠、精明强悍的青年，他的笔头很快，而且一边写，一边口中念念有词，辩论口才也很好。当时我没记住他的名字，后来认识了、熟悉了。直到我离开清华前，我们一直在一起工作，他就是后来调到北大任党委书记的任彦申。

周泉缨是位传奇人物。据说，他离开清华后，先被分配到邯郸附近一个机械厂工作了一段时间。一次干活时，机器把他的右手食指切了下来。他不声不响，捡起那段被切掉的食指，到自来水里冲了一阵，用手帕包好受伤的手，又回去干活去了。那些工人得知此事，都十分钦佩，说他是条好汉。

1974年，有几个414的人找我说："周泉缨来了，带来一份抄好的大字报，内容不清楚，说是要贴在清华，因为清华影响大。我们觉得，无论内容如何，迟群、谢静宜是不会允许在清华园里又掀起风浪的。现在他们正愁找不到414的毛病，这个节骨眼上，他如贴出大字报，不正好将把柄送给他们？请你劝他一下，我们估计，现在只有你能阻拦住他。"我便借用科学处章征文家后院一个小房间（在胜因院），请周泉缨来会面，用了一小时，终于说服他当场把大字报烧了。周泉缨很不高兴，嘟囔了一句："你们都变了，都不革命了。我以后要搞什么，绝不会找你商量！"

此后，他真成了一位大理论家，出了好几本书。果然，他没再找我或其他人征求意见、或讨论修改、或协助出版、发行等。但他出的书，一定会送给大家人手一册，多要就多送。说句老实话，他的书，我看不懂。

附件

414思潮必胜（节选）[1]
——给河南造总一战友的一封信

清华井冈山414总部东方红战团一战士

1967.8.1

二、派别的规律性

列宁说过："知识分子之所以叫做知识分子，就是因为他们最有知识，最彻底最正确地反映了社会阶级利益的发展和政治派别的发展。如大学政治派别的划分和社会的政治派别的划分不相适应，那他们就不成其为大学生了。……所谓'适应'，并不是指大学生的派别和社会上的派别在实力上和人数上完全相等，而是指社会上有哪些派别，大学生中也必然而且不可避免地有哪些派别。"

文化大革命中的情况也正如此，社会里的阶级矛盾，各派政治势力的矛盾，首先最明显地反映到学校中来。清华大学414派与团派的原则分歧和组织上的分裂是具有全国性的普遍意义的。不仅全部成立革命委员会的城市中造反派分成了两派，而且几乎95%的地区的造反派也分成了两支。

尽管不同地区两支造反派各有其特色，其自觉程度不相同，其取得的成就以及所犯的错误的性质程度各有不同，但是他们都具有规律性的共同点。为了方便起见，我们给予各地两支造反派一个统一的称呼：414派和团派，代表这两派政治主张的政治思潮则是414思潮和团派思潮。

---

[1] 此文共五章，本书节选第二和第五章。删掉了第一章阶级关系的变化，第三章斗争的复杂性和第四章，军区问题。

414派和团派在解决和党内走资派这个主要矛盾时是统一的,因此他们在摧毁反动路线的战场上是同一战线的战友,在走资派的白色恐怖下尤其是如此。当然两派在战斗中都可能犯有这样那样的错误,比如有的团派炮打了无产阶级司令部,有的414派在一定程度上保了军区的反动路线,但是一旦无产阶级司令部点明,一般地都能改正错误,在大敌面前重新统一起来。今天河造总改正错误的表现就是一个例子。当然个别地转向反面的也是有的。

但是在"夺权"问题上,即由谁来掌权,依靠谁、团结谁、镇压谁这个阶级阵线的问题上,两派的原则分歧就急剧地爆发、激化、发展到组织上的分裂,有的地方甚至发生激烈的武斗。几乎在每个地区,当文化大革命的主要矛盾稍一下降时,414派和团派在思潮上的分歧就会迅速地上升。

由此可见,414派和团派的分歧是有规律性的,而且是非常原则的,不可调和的。

从历史上看,414派几乎都是从白色恐怖中最早杀出来的造反派,她的历史最久,在和刘邓血战中功勋最大,当团派的很大一批骨干力量外流、躺倒,甚至向保守组织提交悔过书的时候,往往都是414这批造反派挺立在白色恐怖下,坚持斗争,争取胜利,尽管他们当中的一部分由于认识问题也犯有这样那样的右倾错误,但是比起溜走、躺倒,甚至倒戈来总要好上千万倍!退一万步说也为造反派积累一些经验和教训。

从组织上看:414派的队伍是比较整齐的。造反派中大多数的工农兵基本群众和劳动人民家庭出身的知识分子,以及大多数的党团员和干部,都是"铁杆"的414派。而团派的队伍是称不得整齐的,而且还经常地混杂着走资派,特别是没有改造好的地富反坏右以及代表他们的知识分子。更重要的是这批人往往在组织上占据部分以至于主要的领导地位。

从政治观点上,414思潮是比较符合毛泽东思想的。他们比较深刻地理解毛主席关于防修反修的伟大理论,不仅牢牢地记住当前的主要敌人,坚决地打倒他们,为强化无产阶级专政而奋战,而且能够看到大革命以后的全面的阶级关系以及长远的防修反修目标。对待受蒙蔽群众，努力团结他们，热忱地帮助他们回到毛主席革命路线上来；对犯错误的革命的和要革命的干部，414能够勇敢地保，热情地帮，大胆地用……所有这些都是长远防修反修所必需的。

而团派，由于他们的革命性是小资产阶级的，因此比较容易接受资产阶级反动路线所散布的打倒一切，怀疑一切，排斥一切的无政府主义思想的影响。他们要"大翻个儿"，妄图根本变更十七年来的基本阶级关系，而重新划分什么"老保阶级"和"造反阶级"，由"造反阶级"来压迫"老保阶级"，实现什么"财产和权力的再分配"，所谓"再分配"即是说，要把"财产和权力"重新分配给据说是"对再分配有最激进要求的那一部分人"。这一部分人又是谁呢？是工人阶级和全体劳动人民吗？不是。他们是国家的主人，是有权的，对他们来说是如何掌好权，用好权的问题，是如何巩固和加强无产阶级专政的问题，而绝不是什么财产和权力再分配的问题。在社会主义里，在毛主席的革命路线占统治地位的新中国，在无产阶级专政的条件下，什么人没有权力和财产呢？什么人妄想再来一次再分配以重新获得失去的财产和权力呢？是什么人对此具有最"激进"的要求呢？只能是被推翻的剥削阶级，只能是已经失去了生产资料的资产阶级，以及被取消了政治权力的地、富、反、坏、右。这样的"再分配"干脆改名为反动阶级的"反夺权"，不是更能够说明它的实质吗？

这种"大翻个儿"，重新划分"老保阶级"和"造反阶级"，"实行再分配"等等团派思潮的实质是十分反动的，这也是团派在如何正确对待无产阶级司令部，如何正确对待受蒙蔽的群众和犯错误的干部，如何正确对待战友和同盟者，如何正确对待自己等等一系列问题上"屡犯错误"并且"屡教不改"的根本原因。

总而言之，造反派的两个派别、两种思潮向往着两种根本不同的前途，因此尽管他们在当前对付党内、军内一小撮走资派的问题上是暂时统一的，但是一旦这个主要矛盾得到了初步的解决，两种思潮谁战胜谁的问题就会迅速地提到议事日程上来，这是不以人们意志为转移的规律。可以肯定，团派作为一种思潮是一定要退出历史舞台的，其顽固的代表人物会滋长成为新的资产阶级代理人而被历史淘汰，而团派的多数优秀分子在毛泽东思想的抚育下，将会抛弃这种极左的思潮而布尔什维克化或劳动人民化。

五、414必胜

有些团派的同志，企图以暴力把一年多来和刘邓浴血奋战的414派打下去！扫除夺权中的"隐患"。

可是，他们不知道，全部阶级斗争的历史证明，任何一种即使是日趋没落的政治势力，在未完成其历史使命时，都不可能人为地将它推出历史舞台，何况一个真正代表工农兵最高利益的无产阶级造反派呢！414派是压不垮、吞不掉的。暴力有时候看起来是万能的，但是，暴力一旦脱离了广大群众的最高利益，就会被新生的暴力所消灭，个别的414派也许会被走资派所操纵而走向反面或被压垮，但从整体看，414派必胜！

为什么414派必胜？

首先，在当前的各派别、各思潮当中，414派是最符合毛泽东思想的。列宁在分析布尔什维克的历史时说：革命准备年代"三个主要阶级的代表，即自由资产阶级派、小资产阶级民主派（它挂着'社会民主派'和'社会革命派'的招牌）以及无产阶级革命派，这三个主要政治派别的代表在纲领观点和策略观点上进行着最激烈的斗争，预示着和准备着行将到来的公开的阶级斗争。凡是1905—1907年间以及1917—1920年间引起群众进行武装斗争的一切问题，都可以（而且应当）在当时报刊上找到它们的最初提法。……各阶级都为未来的战斗锻炼着自己所必需的政治思想武器。"从阶级成分、一贯表现，特别是从无产阶级文化大革命中的全部历史和全部工作来考查，414派是最接近列宁所说的无产阶级革命派，即布尔什维克派的。如果说414派还存在着这样那样的缺点错误，那么，克服这些缺点错误，就将使414派无产阶级化，布尔什维克化，使414派在纲领观点和策略观点上更加完善起来。414派在克服着种种困难，在各种批评、指责,甚至高压打击下"锻炼着自己所必需的政治思想武器"。这是为了迎接历史赋予的重任而必须经历的痛苦的过程,困难和曲折的后面,胜利在等待着符合毛泽东思想的414派!

而团派虽然也有许多真正勇敢的造反派,他们完全能够布尔什维克化。但团派思潮作为一种社会思潮,更接近于列宁所说的"小资产阶级民主派"即极"左"思潮,这种思潮当中不可改造的真正的代表人物的政治目标并非为了防修和反修。因此作为思潮而言,当它发现自己的弱点的时候,它已经完成历史交给它的冲锋陷阵的任务了,到那时候这个思潮的顽固的代表人物,也将被无产阶级铁的手腕捏得粉碎。

更重要的是,无产阶级革命派要从一小撮走资派手中把权夺过来,并且稳固住这个权,就必须由414派这样一支真正最符合毛泽东思想的革命派作为核心。现在全国已经成立的六个革命委员会中,有哪一个是镇压了相当于414派而夺权,又有哪一个是不依靠相当于414派而使政权稳固的!事实证明,团派夺权以后,常常不能正确地对待受蒙蔽的群众和犯错误的干部,不能正确地对待自己的战友和自己的缺点错误,甚至不能正确地对待无产阶级司令部,这就使得政权不能稳固,这也是他们和414派的根本分歧所决定了的。因此,成为政权的稳定的基础的、成为大联合的核心的,只能是414派。

只有414派能够团结95%以上的群众和95%以上的干部,组成一支浩浩荡荡的革命大军,实现革命的大联合,414派必须也完全能够做到正确地对待团派,团结团派和一切可以团结的力量,组成"统一战线"共同对敌。但是这种"统一战线"的领导权,必须掌握在符合毛泽东思想、符合无产阶级长远的最高利益的革命派手中。414派当仁不让地应当担负起这个历史任务。

革命化的414派必胜!

选自周泉缨著《文化大革命是历史的试错——对毛泽东主席公开点名评判我的回应》第339-342,350-353页。香港,银河出版社,2005.

第三章　矛盾升级，414高调登场

夺权以后，蒯大富日益嚣张，不可一世，渐渐失去人心。清华的党员干部队伍里，大多数并不了解蒯大富，因为他受压当反革命时，这些干部其实都在劳改，并没有参加运动。蒯大富翻身夺权以后，多数人还是支持他的。但他横冲直撞，到处以暴力或接近暴力的行动夺权时，许多人有所怀疑了。更主要的是以下两件事：

第一，12·25行动。蒯大富们在全国第一个贴出大标语、大字报、第一个喊出口号——"打到刘少奇"。还有，有些大字报造势说要支持蒯大富进党中央！这使得"修养"和"组织性"很强的共产党员们瞠目结舌，感到晕头转向了。据我所知，党员干部队伍中，曾经有不止一个人说过这样的话：蒯大富是中央文革支持的，中央文革又是代表毛主席指挥文化大革命的，所以，蒯大富的话，我们理解也要执行，不理解也要执行，在执行中加深理解。——这样的论调，在"12·25"行动之后，就再也听不到了。

第二，"党员重新登记"。[1] 大约在1967年初，那时，我们"黑

---

[1] "党员登记"的首创者是"北航红旗"与韩爱晶。1967年1月9日，北航红旗战斗队发表"夺权声明"："北京航空学院各级党团组织必须由我红旗战斗队及其他革命群众组织进行审查或重新登记"。于是，非党员的韩爱晶领导实施了北航的党员登记。北航的做法传到清华，有的战斗组贴出大字报：《论清华党权必须归井冈山》。1月31日，井冈山兵团冶金系教职工分团率先夺取冶金系的党、政、财大权，宣布"立即解散冶金系党总支和所属的教职工党支部，所有教职工党员三日之内向井冈山兵团冶金系分团登记。"2月7日，井冈山兵团主要负责人之一刘泉贴出《党员登记倡议书》和《党员登记条例》，并在广播台反复广播。宣称清华党员参加的是刘少奇的修正主义的党，要对党员进行重新登记，引起了很大震动。当晚在全校整风大会上，沈如槐跳上讲台，呼吁所有共产党员坚决抵制党员重新登记。许多战斗组和广大党员也

帮劳改队"每天上午学习，下午劳动。劳动是在基建处修整上下水管道零件，或在仓库翻倒水泥。忽然传来一个爆炸性的消息：井冈山兵团总部通令所有共产党员要到兵团总部重新登记，有的系的党组织被解散。党员干部们议论纷纷，有人私下里问我的意见。我说："我不登记，他蒯大富连党员都不是，要我去他那里登记？""那么，如果中央下令到蒯大富那里登记，你去不去？""不去，中央下这个命令，说明这个党完了，这个党员我不当也罢！"据我所知，当时持我这种态度的大有人在，但我们都不敢公开明确地表态。

结果，据说中央很快表了态，这事就平息下去了，但是蒯大富的威信大大下降。

也正是这个时候，我们听到了一个名字：沈如槐，他是力学系低年级学生，是共产党员。在蒋南翔经营十多年的清华党委垮台后，又在强势的造反派头头、受到中央文革甚至最高领袖支持的蒯大富高压之下，团结越来越多的清华师生，另立门户。而且非常策略地没有完全脱离井冈山兵团。只是1967年4月14日开始由千钧棒、战地黄花等战斗组成立一个"414串联会"[2]，接着又成立了一个井冈山兵

在会上发言，强烈反对进行党员重新登记。2月11日，有人在大礼堂前面贴出中央的指示：党员问题一般在运动后期由党组织处理，群众组织无权处理。这样，清华的"党员登记"也就不了了之。（罗注）

2 "414串联会"成立于1967年4月14日。全称是《彻底批判干部问题上的资产阶级反动路线、实现革命三结合串联会》。"414串联会"一开始就有相对明确的政治纲领和理论纲领。其政治纲领是，彻底批判干部问题上的资产阶级反动路线，解放干部，实行革命"三结合"。理论纲领是，反对形"左"实右思潮。简要说来，"414串联会"所举的两面旗帜是解放干部和批判形"左"实右思潮。当时并没有认识到所谓的"形'左'实右"就是"极左"；也没有将"思潮"之争上升为"路线"之争。串联会发起单位共23个战斗组：千钧棒（力03班，沈如槐）、战地黄花（陈楚三）、从来急（刘万璋）、翻腾、第一湘江（孙怒涛）、轮机兵（汲鹏）、不怕鬼（黄瑞和）、八八探照灯（张雪梅）、人民万岁（李良寿）、第一红五星、1356、争朝夕、鹰击长空、暴风骤雨（力05班，郭仁宽、周忠荣等）、曙光初照（王莲芝等）、八八春雷、开新宇、第一靠舵手、第一换新天、第一高举红旗、二万五千里（倪振伟）、云水怒（周衆缨、杨继绳）、刺刀见红（任彦申、尹算声）"414串联会"成立大会的时间：4月14日下午3时；地点：西主楼3区208室。与会人员700多，代表250多个战斗组。会议通过了《414串联会001号公告》《414串联会第一次大会决议》等文件。（胡注）

58

团414总部。顶着极大的压力，保存实力，一直坚持到蒯大富垮台。我虽不是原清华党委的校级高层领导，但还算比较了解学校上层的内情，比较熟悉原党委领导干部的。我敢说，原清华党委中没有一个人能够和有能力与沈如槐较量一下的。不但和沈如槐，就是他的一些战友，如孙怒涛、汲鹏、陈楚三、宿长忠、周泉缨、张雪梅等人，也都具备领袖的才能。如果没有这样一批人在清华坚持发出不同的声音，清华的文革历史又将写成什么样子？毛泽东又会怎样来结束由他发动的、由蒯大富领衔主演的闹剧呢？

而蒯大富及其战友和部下，也并不简单。至少，他们是敢想敢干，敢于承担。比起他们的前任，靠"英雄"的老子在背后支撑的老红卫兵和"临筹"（临时筹委会）们有骨气。他们也坚持到底，不会一有问题就作鸟兽散。他们管理这部漏了气的"不漏气的发动机"两年之久，也不容易呢！

不记得什么时候，"黑帮劳改队"取消了。不管怎么说，这也是蒯大富的"德政"之一呢！我们这些劳改犯也可以出来看看大字报，组织个小组之类——我们不敢自称"战斗组"，只敢叫"学习组"。我们看到许多大字报的署名很有意思。许多是以毛泽东诗词起名的，如千钧棒、追穷寇、战地黄花等等。有的教师和干部就署名"粪土"（当年万户侯），或"嗡嗡叫小组"（小小环球，有几个苍蝇碰壁，嗡嗡叫），甚至有人干脆叫"几个苍蝇"。

我们的学习小组，没有名字，也没有组长，只是大家公推文学宓为召集人。我们取得了几点共识：（1）不公开表态支持哪一派，或公开批评和反对蒯大富。（2）不介入两派的矛盾斗争。（3）对414总部多次邀请我们参加414的活动，我们还是慎重谢绝为好，因为我们几个人除文学宓家庭出身是城市贫民之外，其余的都不好，不要引起误会。只由文学宓负责与414总部联系。而且我们知道，414总部也有东方红战团和三七战团两大派系。东方红战团比较激进，三七战团比较温和。而文学宓和两个战团的关系都比较好，所以由他来联系414总部是较为合适的。但他较倾向三七战团，我和饶慰慈则较倾向东方红战团。其他人还不是很明朗，但在重大问题上，两个战团还是很一致的。

414 总部正式成立的前几天，我们学习小组基本上没有明显的活动。即使是 4 月 15 日抢占广播台，局势顿时变得非常紧张，我们也坚持没有表态。但是 414 的力量明显在逐渐增强。团、四双方，几乎天天在开会，互相攻击。大字报也非常热闹，双方都有一些水平很高的大字报。

4 月 23 日傍晚，我们小组正在工字厅统战部的小办公室里一起学习。我们从外面广播喇叭得知，414 正在大礼堂开会。很热闹，但不知道开什么会？

大约八点钟，一个高大威猛的学生敲门进来。文学宓一见他就笑着说："昨天开会跳上台抢老蒯麦克风的人是你吧？"

他笑了笑，开门见山地说："414 在大礼堂里开大会。我们遇到一个难题，总部让我来跟你们商量一下。因为，只有你们才能解这个难题。"

我们都没有做声，沉默着，看着他。文学宓后来告诉我，这位同学姓张（名字我已经忘了）。

张同学接着说："414 成立以后，得到许多干部和教师的支持。但是到现在为止主要还是基层干部的支持，如热能系的'两万五千里'等。所以现在基层干部受到的压力很大，使得他们当中有些人不敢表态。414 成立以后，有一百五十多名干部签名支持，[3] 你们也有签了名的，但是淹没在基层干部中间，不是很突出。而公开信领头签名的谭浩强是团委的，靠近学生。作为学生，我们希望党委的中层干

3　4 月 29 日，146 名支持 414 的干部发表了《致全校革命的和要革命的干部的公开信》。这是清华文革初期的重要事件。沈书中称这封公开信不是 414 组织策划的，而是中层和基层干部们自己搞的。当时清华干部 500 多人，其中中上层干部 156 人，基层干部 350 多人。所谓"中上层干部"是指党委各部副部长，总支副书记、行政各处副处长、各系副系主任以上的干部。其余为基层干部。"公开信"的发表标志着 414"解放干部"的主张得到了广大干部的支持与拥护；同时也标志着团派"彻底砸烂"的观念遭到广大干部的摒弃，团派在这个观念指导下的干部路线的遭到失败。在《公开信》上签名的干部最后达到 331 名，占清华干部的一半以上。（胡注）

部有人站出来亮相，这样，基层干部就解放了。"

房间里顿时安静下来，只听得外面的广播喇叭在吵，我们几个都在思考。

这时，李康说："这叫火力转移，把蒯大富的火力引过来，'引火烧身'，解放广大基层干部，解除他们的压力。"

张同学说："对！就是这个意思。"

文学宓说："这和我们的'三原则'不同了。"

张同学问："什么三原则？"

文学宓简单解释了一下。

张同学说："这只是自保，是保小我。没有大我，何来小我？"

我明白这是很难抉择的。但是我还是说了一句："虽然如此，我们的'三原则'还是要注意的，何必刺激老团，我们还是不点名，保持中间偏四的立场比较稳妥。"

张同学立即说："好、好、好，你们只要上台发言，讲什么，怎么讲你们自己定。你们赶快写个发言，我到总部去一下，马上回来。"他说完转身走了。

文学宓说："老罗你笔头快，刚才你的意思我很赞成，说明你已经打好腹稿了。"

我没有推辞，立即到隔壁统战部的大房间里，用了不到十分钟时间，写了个大约十分钟的发言。我回到小房间时，张已经回来了。

我念了发言稿（大致内容）：一、革命小将应该团结起来，不要互相攻击，做出亲者痛、仇者快的事。干部和教师一定要支持团结，不要分裂。二、清华十七年来成绩是主要的，干部队伍也基本上是好的。即使现在有些分歧，但在主要方面，在大方向上还是一致的。因为我们都是在毛主席和中国共产党领导下走过来的。三、干部和教师一定要和同学们一起批判资产阶级反动路线，批判十七年中校党委和我们自己的错误，在批判中改正自己的错误，不要没完没了地、不实事求是地检讨自己，那样就是继续犯错误。最后照例是高呼口号。我们多次讨论过，认为已经很少人喊"中华人民共和国万岁"和"中国共产党万岁"这两个口号了，这次我特别加上。

我念了一遍，大家一致说行。

张同学说："马上走，大家在等着。"

我说："学宓，还是你去发言吧。"

文说："唉！你写的，你念正好。我说话平淡，你去吧。"

我看了看饶慰慈，她比我们大，我一直像对大姐一样尊敬她和重视她的意见。她说："还是你去吧，我们共进退！"

我被张同学半推半拉地带到礼堂，从舞台西的侧门进去。还没有看见下面的观众，就已经感受到一股热气迎面扑来。再往前多走两步，从台侧望去，人山人海，舞台两边也都坐满了人。前面一个发言刚完，掌声热烈，夹带欢呼声。我到清华近二十年，还没有见过这样热烈的场面。在那一段时间里，在我的思想上，一直有个悬念：群众是真的拥护这场"史无前例的文化大革命"吗？看到此时此刻大礼堂里的气氛，我得到了肯定的回答。

这时，我走上舞台。没注意主持人对观众说了句什么，我只听到他提到我的名字，顿时会场响起暴风雨般的掌声。我不知所措，有点慌了神，左顾右盼，还回头看了看后面。只见后面站着和坐着许多人，我找不到熟悉的面孔。我曾在这个舞台上发过言，作过报告，也作过检讨，还多次参加过管弦乐队的节目表演，可是从来没有紧张到现时这种程度。

掌声停止了，我开始发言："我代表原党委统战部副部长文学宓，原党委办公室副主任饶慰慈，原党委统战部副部长刘承娴，原科学处副处长徐一新，原教务处副处长李康和我本人原党委宣传部副部长罗征启发言。"每说一个名字就是一阵热烈的掌声。接下去我读了发言稿，尽量读得有感情。当中多次被掌声打断。

掌声和大家的欢呼声，使我有时间遐想：张同学的意见是对的。我们中层干部的出现，正是大家所期盼的。基层干部感到解放了，可以大胆地参加运动了，而我自己也有一种"解放"了的感觉，我们也可以上台发言了。从66年6月开始，快一年了，才第一次有这样的感觉。借用京剧的术语叫"亮相"。但是，既然"亮相"了，就再也不能退下去了。

我特别注意到的是,当我喊出"中华人民共和国万岁"和"中国共产党万岁"时,得到了最热烈的响应。

掌声还没有停。我环顾四周,不知道我发完言以后,上哪里站或坐。找不到合适的位置,于是还是向西侧门走去。这时迎面上来两个女同学,一把抓走了我的发言稿,说:"我们给你抄成大字报去!"

我回到工字厅那小屋里,他们正在等我。见到我都很高兴,都说很好,很成功。

饶慰慈眼里挂着泪花说:"你注意了吗?你喊'中国共产党万岁'时,响应很热烈呢!"

我说:"是。我想是因为彻底砸烂的噪音太多了吧!"

她又说:"如果你报完姓名再加上一句'我们都是执行了反动路线、犯了严重错误的干部,感谢同学们给我们一个机会,让我们在这里发言。'那就更好了。"我们大家都同意。

多年以后,文化大革命这场动乱已结束,刘承娴[4]惨死,文饶酷刑致残。我们不敢和饶慰慈再谈论此事,因她一提到这段往事就全身颤抖不已。

我曾对文学宓说:"如果没有 4•23 的发言,我们不至于这样惨吧。我一直感到内疚,你呢?"

他沉默了半天才说:"不要后悔,当初是我们大家共同的决定,不要个人来承担。而且,我们是做了好事的。"

第二天,我看见我的发言已被抄成大字报,贴在第二教室楼的东墙上。上面密密麻麻签满了支持和鼓励的意见和签名。也有批判和骂的,如:"你不要命了吧!我们真想揍你一顿,你等着吧,早晚……"还有一条批语写道:"你这个机会主义分子,你想这样就能躲过广大群众的批判了吗?"署了名的,但我早忘记了。

---

4 刘承娴:统战部副部长,建筑系教师。因对蒯大富不满,参加了罗征启与文学宓组织的"学习组"。当时"革命群众"中都成立"战斗组"。清华大学的中层干部属于"有问题的人",待遇相当于现在的"双规",只能成立"学习组"。1968 年初被绑架,6 月被迫害致死。兵团总部宣布是畏罪跳楼自杀,传说是被迫跳楼,又得不到救治,含冤而去。成为一件无头冤案。1979 年刘达任校长党委书记时平反昭雪。(罗注)

到了晚上，团派的批判大字报开始了！火力非常猛烈。有五六个414的同学一直陪着我们，叫我们不要去看大字报。因为怕团派说不定会搞个现场批斗会，局面不好控制。对我和我们的批判一直没有间断过。我们开始还有点紧张，逐渐就麻木了。

基层干部的压力真的大大减少了。尤其是基层党员干部和政治辅导员。包括我们自己，虽然不能说很彻底，但确实感到呼吸到了自由、解放的新鲜空气。

虽然，在这史无前例的大动乱中，我们受到了严重的伤害，甚至家破人亡，凄惨难以言状。但是，时过境迁，如今回首往事，我们还得承认：无论当时的"团"还是"四"，教师还是学生，党员干部还是广大群众，我们都是真诚地投入而受到一次民主思想的洗礼。

第四章 "罗文李饶反革命集团"是怎么回事[1]

"罗文李饶反革命集团"案件[2]也许是清华在文化大革命十年动乱中，最荒唐、最胡闹的案件了。说它最荒唐、最胡闹是因为这几个受伤害、受委屈最严重的老师，根本就不能算是个"集团"。而且他们之中，除我外，即便以言治罪、以文治罪、以思想治罪都不可能的。何来"反革命"，又何来"集团"？案件的几个当事人有的终生伤残，有的含冤去世，身心受到极大的伤害。我是这个"反革命集团"的首要分子，现在还侥幸活着。我想，我有责任将我在此案件中经历的实情记录下来，以此向清华师长、师兄弟、姐妹们作个交代。

1. 绑架：1968年1月30日

1968年1月17日，"团派"在清华大礼堂开大会批判罗征启、黄报青，罪名是"搞假四清"。正在家里养病的黄先生闻批判声，从五楼窗口跳出，坠地身亡。我也仓惶逃出清华园，一直躲在人民大学新闻系的摄影实验室里。（我姐夫是人大新闻系的老师。人大当时也分两派，一派叫"三红"，另一派叫"新人大公社"，两派的矛盾没有清

---

1 本文原是"昙花一现八百天"的最后一部分，但因块头太大，内容太多，而且和"八百天"有所不合适，故提出单列。（罗注）
2 1967年清华校内分两派：一派是井冈山兵团总部（因其核心的战斗组以林彪指挥的28团命名，故自称"团派""老团儿"）；另一派是井冈山414总部（因成立于1967年4月14日，故简称414或"老四"）。"团派"以蒯大富为首，因有中央文革和毛泽东的撑腰支持，是掌权的。414是比较温和的一派，是在野。因为学校许多党员干部和教师倾向或支持414，"团派"十分恼火，一直想搞点事件出来，用以压制支持414的党员和干部。于是就搞出了一个"罗文李饶反革命集团"。罗是我，文是文学宓（统战部副部长），李是李康（教务处副处长），饶是饶慰慈（党办副主任）。（罗注）

华那么严重。我姐夫是"新人大"的,大体上也是地派法观点的。[3]这个暗室属于他们管。)

我在实验室里安了张床,拉上厚厚的窗帘。暗室里听不到吵闹的高音喇叭声,但是又进入了一个没有声音,没有光亮的世界,也够恐怖的!就这样在黑暗中过了一天又一天。姐夫每天给我送饭,给我讲一些新闻,我的吃喝及与外界的联系就全靠他了。

我的妻子梁鸿文仍留在学校。虽然可以见到天日,但我相信她的处境比我好不了多少。

1月29日,鸿文也到了人大姐夫家,当晚她留住在姐夫家。我们在姐夫家见了面。十几天来,一直比较平静,我们都麻痹了,觉得好像没什么事了。于是商定第二天中午到托儿所接孩子,然后到日坛公园玩一阵,再一起回我父母家吃年夜饭。

晚上,印甫盛、万润南来看我。我向他们说了明天的计划,万没有做声。

印低声说:"有点儿危险。"

我说:"回家吃个年饭,吃完就走。"

他没有再说什么。

1968年1月30日,虽然这天是大晴天,阳光灿烂,但在我的记忆里,却永远是"阴冷灰暗"的一天。

这天中午,鸿文接到女儿,我们一起到了日坛公园。这个公园很大,离我父母家很近。文革以前,我们将孩子放在父母家附近的一个托儿所。平日,由父母接送和照顾这个孙女。鸿文去了四川绵阳建设三线分校后,周末就由我接送和陪孩子过,给我父母"放两天假"休息。我经常带女儿去日坛公园。那里有个儿童游戏场,我们常常玩上

---

[3] 当时,北京的红卫兵运动已经分裂为两派。一派以航空学院韩爱晶、北京大学聂元梓为代表,因航空上天而称为天派。而另一派以地质学院王大宾、师范大学谭厚兰为代表,因地质学院而成为地派。清华蒯大富哪一派都不是,但因和韩爱晶、聂元梓关于比较密切,一般也被认为是天派,而414自然就被认为是地派的了。其实他们都不承认自己是天派或地派,只能是观点比较接近,关系较好。(罗注)

两三个小时。文革开始，这规律就打乱了。有时一连几个星期看不见孩子，好想啊！

1月30日这天比较早接了孩子。我和女儿都很高兴，在日坛公园的儿童游戏场玩了两个多小时，然后一起回家。

我父母本来住在现在的北京火车站附近一个传统的三合院里。大门是一座殖民地式的门楼，进门是以木板为材料的影壁，后面是北、东、西共十几间房子，房子是父亲买下来的。父亲当时在锡兰驻华大使馆（即今天斯里兰卡驻华大使馆）工作，虽然是与我国公安部门联系的，但当时不准暴露。我们家里除了父亲和我以外都不知情。

文革开始，父母就被当地的街道"积极分子"批斗。父亲因在驻外使馆工作，故被认为是里通外国的"汉奸"。母亲虽然和农村毫无关联，却被认定是"地主婆"，每天早上扫马路。家被抄，自住的三合院，被四户"积极分子"分了。全家五口人（我的父母亲、我的女儿、我的两个弟弟。一个59年响应号召，到黑龙江开发北大荒。五年后回来，在第一机床厂当工人。另一个有些弱智，勉强在读初中）被赶到附近农业部大楼脚下一个大杂院里一间半朝北的十几平方米的小房子里。暗无天日，没有厕所……但是，我们知道，我们家的情况还不是最糟的，还有许多比我们更糟。我们还可以苦中作乐，高高兴兴地准备过个年。两个姐姐也全家都到我父母家一起来过年。

我和鸿文各骑了一部自行车。我的车前大梁上放了一个小座椅，女儿坐在上面，这是当年北京最普通的家用交通工具。我们到了大杂院的门口，我推开门，连人带车一起搬过大杂院的门槛。这个动作以往重复过多次了，从来没有发生过什么问题。但是当时，怪事发生了，女儿坐在车上的小座椅上，突然无缘无故地大哭不止。我以为车子的什么地方碰伤了她，或弄疼了她。我仔细检查，没碰着她什么地方。四岁的孩子应该听得懂我的话了，但是不管我说什么，她只是哭。我赶紧把车子支好，把她抱起来放在地上。她抓住我的衣服不放，我只好抱着她，直到她的爷爷奶奶出来接她了，她才止住哭，但一边走一边回头看着我，好像怕我走了一样。我感到很奇怪，是不是要发生什么事情？这是不是一个凶兆？

我站在离大杂院大门口约 30 米的我家的门前，停好了车。我低头看我的车，没有抬头，眼睛却往大门口方向窥探。靠近大门口的第一家是新搬进大院的，这家有多少口人我也不知道，但他们有一个女孩叫小青。这时她正和家里的大人在说话。我进到房间不久，小青就蹦蹦跳跳地进来对我母亲说："罗大妈，我妈让我出去买点东西，您要不要带什么？"一边说一边眼睛滴溜溜地转，扫视我家屋里的情况。我更加怀疑。我母亲对小青说了什么我也没听见，只见小青蹦蹦跳跳地走了。如果我果断地骑上车就走，大概还来得及。而我犹豫了一阵，这正是我性格上的弱点：遇事犹豫不决。

　　以后，我从各种途径得到的信息证明：当我进院门的时候，对面农业部大楼上有三四个人在盯着我家，加上小青这个密探，报告我确实回到家。他们一方面通知清华派车派人过来，另一方面监视我的动向。我虽感觉有危险，但不能准确判断是什么危险，以及危险来自何方？而我女儿则敏锐地感觉到了危险。她还小，无法用语言表达这种微妙的感觉，所以用反常的哭声引起我的警觉，但我没能体会到。

　　我一直心神不安，一句话都没有说。女儿的感觉可能更强烈，一直依偎在我旁边，生怕我跑了。快吃饭了，掌勺的大姐夫已开始吆喝准备吃饭。我没有出声，我不愿惊动大家，尤其不愿惊动两位老人和女儿。心想快点吃完就走。唯一察觉我有心事的是母亲，她靠近我低声问："你回来有没有危险呀？"我说："应该不会，越南前线春节还停战呢！两派吵架，没事，我吃完就走。"

　　我们谁都不知道，危险已近在咫尺了。

　　晚上八点多了，年夜饭还没有开始，突然敲门进来几个人，说是查户口的。其中一个人穿着军大衣，看起来很眼熟，但想不起来在何时何处见过（我立即使劲地想）。后面还有两三个人，他们的眼睛在这间不大的房子里搜索了好一阵子，像是看看有没有其他的通道可以让我逃跑。这时，我突然想起了，这个穿军大衣的年轻人是学校修建队的一个工人，以前我们"劳改"时他看管过我们。他的身份似乎是团派总部保卫组。想到这里，我知道，这下子我完了，他们都是冲着我来的。

第四章 "罗文李饶反革命集团"是怎么回事

这伙人退出去径直向大院门口走去。看见院子里突然来了许多不速之客,大杂院里许多邻居都出来看,也都感觉气氛不对。

母亲急得眼泪汪汪。隔壁一对夫妇,江浙一带人,讲上海话的,平时和我们家关系很好。他们用上海话和我母亲说了些什么。我母亲是上海长大的广东人,会讲上海话。这时她跑过来低声说:"隔壁那位叔叔婶婶说,这些人是冲着你来的!"

我说:"是的。"

母亲说:"他们叫你到他们家暂避一下。"

我说:"不了,替我谢谢他们,我不想连累更多的人。妈妈,以后你们对院门口小青那家人要小心,他们也是监视我们的。"说完我就向门口走去,当时我没有穿棉衣,只穿一件毛衣和一件棉背心。

母亲说:"你穿上棉衣,我给你拿去。"我说:"来不及了,我不想让亲人尤其是孩子看见我被别人抓走!妈,请你替我照看好鸿文和孩子,拜托了。不好意思,给二老增加负担了。"

我加快向院门走去,拉开院门看见外面有四五个人,包括那穿军大衣的人,形成半圆的包围圈,两边各一个人跳上来按住我的胳膊,并且推着我走。

我说了一句:"请等一下,我母亲要给我拿件棉衣来。"

一个人厉声说道:"用不着,我们有棉衣,冻不死你,快走!"

向前走了十几步,从右侧农业部大楼的正门那条胡同里飞驶出一辆吉普车,嘎的一声急刹车,停在我前面。立即,我被几个人从后门扔在冰冷的车底板上。

几个人飞快地上车,几只脚踏在我身上。一个人用块布蒙住我的眼睛,并且阴森地说:"你老实点!不听话,我们就不客气了!"他们还没坐好,车子已经开动了。

我很"老实",一动不动,尽量凭感觉判断方向。北京东城是我读书成长的地方,但是转了几次,我就失去了方向。

2. 先农坛，防空地下室

大约20分钟以后，车停了下来。周围很安静，连公共汽车的声音都没有。他们经过短暂的交换意见之后，把我拉起来，又把蒙住我眼睛的破布扯下来。汽车里没有灯光，看不清这几个人的长相。只听到一个北京口音的人说："老实跟我们走，不管碰到什么情况都不许出声，不听话别怪我们不客气，下去！"

我下车后用眼睛左右扫视，发现这是后开门的吉普，车上连我和司机一共七个人。我们站在车行方向的右侧路边，向左看去正是南长街的牌楼，于是我知道我的位置是南长街的路东，离牌楼约50米。他们发现我在左右张望，其中一人推了我一下："看什么看？走！"我被夹在他们当中向北走去。

一路上没有人说话。路上既无车也无人，可能因为是年三十，周围出奇的安静。本来我很希望碰上巡逻的解放军，我会挣扎着跑向他们求援。但是后来我又想幸亏没有碰上解放军。如果真的碰上，就算我够胆挣脱这六条比我高大的汉子跑到解放军跟前，两三个巡逻的解放军战士也不一定对付得了这五六个大汉。

一行人过马路到了路西。又走了十几、二十步，进了一条弯弯曲曲的小巷。他们敲门进了一个小院，小院的情况没看清楚，两眼又被他们用同一条脏兮兮的破布蒙上。我被推进一间的小空房间，从蒙眼破布的细小缝隙中看到一丝灯光，因而知道房间中悬挂着一盏电灯。但从感觉上知道，房间虽然不大，却是空荡荡的。这时他们又把我两手在背后捆绑起来。严冬时节，没有穿棉衣的我，连续打了几个寒噤。

还是那个北京口音地说："老实待着，别出声，别乱动。"然后他们锁上门，到旁边不远的另一个房间去了。我还能听到他们说笑的声音，时不时传来一阵阵哄笑。我猜他们在又吃又喝，好不惬意。

大约一个多小时以后，有人敲大门。开门以后，听得到他们在房间商量了一会。过来两个人，带来一件棉大衣，他们帮我穿上。这一个多小时里，一方面我被蒙着眼看不见，另一方面又被命令"别出

第四章 "罗文李馆反革命集团"是怎么回事

声,别乱动",我快冻僵了。这件棉大衣救了我的命。穿上棉大衣,还没有暖过来,房间的门响了。走进两人,一边一个押解我出了房间,又出了院门。听他们和里边的人道别。

听到门关上以后,有个人扯下蒙住我眼睛的布。一行人又走上南长街,向着长安街方向走去。没走几步,就看见那辆吉普车。但车停在南长街路西,车头向南。他们让我上车,但这次可以坐在后面的座位上,两只手也没有绑住,只是眼睛又被蒙上了。

我又努力地辨别方向。南长街转右,应该是天安门广场。连汽车的声音都能听出来是在一个空旷的大广场上。远处还有稀稀拉拉的爆竹声,点缀着过年的气氛。

我的女儿,我的亲人们,他们吃过年夜饭了吗?应该是吃不好了。这个年不好过啊!后来我得知,我的妻子和姐夫,我的母亲,分别连夜去到清华蒯大富的总部,给我送一些衣物,并且问他们要人,当然只能无功而返。

之后,车向左拐向前门,又一直向南开去,似乎没有变过方向。最后停下了,应该是还没到永定门的某处。副驾驶座位上的人出去了一会,听到喊了一声:"行了,快点!"

于是我又被两个人左右押解着进了一个可以两向开的摇头门,迎面一股暖气。走了几步向右转,又经过一个摇头门。突然,两边的人喝道:"快点!"把我架起来,两脚悬空了。他们好像在跑一样,气氛很紧张。

奇怪的是,我闻到一股医院的味道。难道我被带到一座医院?这一带没有医院呢!

又进了一个摇头门,我那悬空的脚踢到一步台阶,我知道这是楼梯了。那两个人继续架着我快步跑上楼梯。加上后面跟着跑上来的几个人,在空荡的楼梯间里,脚步声音很大、很急促。刚开始我还默记着"休息板、二楼、休息板、三楼……"后来被这样紧张的气氛打乱了,最后不知在几楼停下。又经过一个摇头门,进到一个空旷的大厅。

他们在大厅的边上找了一间储藏室,把我塞进去让我坐下,并且说:"老实待着,不许乱动。"说完了,锁上储藏室的门就走了。

他们似乎忘了我的两手并没有绑上,过了一会,我偷偷地扒下蒙眼布,从门缝看。外面灯光虽然很弱,但能看到似乎是一个球类练习厅,我看见一个篮球架子,我想可能是先农坛北京体育代表队的大楼。

又过了个把钟头,他们又来了,开了储藏室的门,把我拉出来,走了几十步,我猜大约是储藏室的对面,打开一个门把我推进去,扯下蒙眼布,我看见原来是一间厕所,有便桶、浴缸、洗手盆,相当宽敞,马赛克地上铺了一层稻草。北京口音又说:"今晚委屈你,就睡这里吧。"

我回头,大厅里灯光是昏暗的,我看了看墙上有没有电灯开关。

那个人看见我这个小动作就说:"开关在外面,不许开灯,睡吧。"说完锁上门就走了。

这一夜,我就躺在冰凉的厕所马赛克地上,居然很快就睡着了。

在睡前,我做了一件事,检查我身上的东西:清华的工作证、工会会员证,一张十元和一张五元的钞票。我想他们可能会检查和搜走我身上携带的东西。我下意识地感觉到,我随身必须有个身份的证明,还要有点钱。因此,我把我的底裤脱下,前后反过来再穿上。我的底裤后边右侧有一个小口袋,调过来穿,这个小口袋就在左前方腰带附近,估计他们不是很专业,不会搜到那里的。我把工作证和五元的钞票放在这个小口袋里,把十元钞票和工会会员证等其它物品放在上衣的口袋里。后来,他们并没有搜查,但是借着问我要饭钱时,看了看我口袋中的东西,搜走了那张十元的钞票,说是我的伙食费。我藏下的工作证和五元钱没被他们发现,这在我越狱逃跑时起了很大作用。

我被"嘭、嘭、嘭"打球的声音吵醒了。大厅里的灯全亮了,因此,透过门缝和门上亮子射过来的灯光也多,厕所里亮了许多。

我用洗手盆水龙头的水漱了口,洗了脸。没有毛巾,只好等待自然干。

我真应感谢清华马约翰先生,他在我们一年级开学上课的第一天，亲自到班上讲课，怎样吃饭、怎样洗澡、怎样洗脸等等。我们许多人一直是按照他教的办法，洗脸用冷水，洗澡用冷热水交替洗澡。因为一直按照马先生的教导洗脸洗澡，所以在目前极其恶劣的环境下，也可以保持健康不病。文革中，我是"黑帮"，不许进浴室洗澡，只得改用冷水洗澡，冬天用冷水擦身。

一边等待脸上自然干，一边揣摩着自己的前途命运。

八点半，大厅里有些动静，有打球的声音。从钥匙孔里看出去，大概是因为是年初一，打球的人不多。

突然有人推厕所的门，而且讲的像外国话，又用普通话说："把这个门打开！"过了一会儿，门打开了。我看到四个穿运动衣的人。为首的是少数民族，大概不是维吾尔族就是哈萨克族。他用生硬的普通话说："怎么，这里有人？"没等我说话，他上前来打了我几个耳光，还说："肯定不是流氓就是小偷，打！"那几个人中有两个人也上来打，好在他们手轻。

我马上争辩："我不是流氓小偷，我是清华大学的干部，是昨天夜里井冈山蒯大富把我抓来的，今天他们不知为什么还没有来。"

其中没有动手的那个人（也是少数民族）看了看我，大概看我不像流氓小偷，他们就用他们的语言交流了几句。

为首的对我说："蒯大富不好，但是我们现在也不能放你。如果他们今晚以前还不来，我们就放你走。"

我说："谢谢。"

他们又锁上门，走了。

但是没等到晚上，蒯大富的人就来了。他们给我带来一些吃的，给我约半个小时吃饭。

半小时后，他们进到厕所里，也不说话，又把我眼睛蒙上，还是一左一右两条大汉架着我走。走了几十步，突然喝声："快点！"我又被悬空架起，这次是下楼梯。

我默默地注意着多少层。大约是六层或七层，然后把我放下，向前推着走。突然，一阵阴气袭来，我猜我到了一个阴冷潮湿的地方，可能是地下室。但我因穿着棉衣，感觉比昨天晚上好多了。他们把我向前推了几步，叫我转身坐下，把蒙眼布拉下。

原来是防空地下室。我坐在墙下一条约40公分高的地梁上。小房间黑乎乎的，挂着一盏低瓦数的电灯。在灯下放有一张小方桌，两个人分坐在桌子两边，两侧前方还各站两个人。他们在较亮处，我在较暗处。两边站着的大汉，都歪戴着一顶棉帽，一个护耳在前，一个护耳在后。他们无非是想造成一种震慑的恐怖气氛。实际上，我倒觉得他们所营造的气氛，真像威虎山上土匪窝里的气氛，一点也不恐怖，反倒有点滑稽。

我发现"审问"我的人和昨晚到家里抓我的人不同了。昨晚大部分是修建队的工人，今天大部分是体育代表队的学生。我平日管文工团较多，与体育代表队接触不多，但是大体上能分辨工人和学生。以后接触的代表队学生，多是击剑队、航海队和羽毛球队的。羽毛球队的是几个华侨同学，他们虽然有时会动手打人，但都出手不重，至少对我是这样。

"审问"进行了好几个小时，到八点多钟才结束。在这几个小时里，他们时而急风暴雨、声色俱厉，时而和风细雨、和颜悦色。我知道这叫做变换方式，使受审人心慌意乱，说出他们要的东西。但是他们要的，也问得最多的，是414总部内部的情况。他们没想到我一次总部的活动都没参加过，他们也没有想到，无论交替使用各种手段以施加压力，一个人在巨大压力下，一个半小时以后，就没有什么感觉了，也就不感到恐怖了。

大约八点半以后，他们结束了审问，给我吃了点东西，又把我蒙眼架回到那间厕所。

这段时间里，我想得最多的是默默地祝愿我的亲人、家属，不要受到恐吓、虐待，我宁愿多承担一些。我不信教，所以我不会祈祷或许愿，不会祈求上帝或观音菩萨保佑。但是，我对佛教的因果报应之说却很认同。所以当我独处的时候，我时常在想，我有什么不好的思想或行为，该受如此严酷的报应？思来想去，可能是对我们在思想工作当中，一些"左"的思想和行为的一种过"左"的报复！

次日上午九点，他们送来早餐。吃过以后，又蒙上眼睛，没有上

第四章 "罗文李饶反革命集团"是怎么回事

下楼梯，走了二三十步进了一个门，门里非常热，我感觉至少有二十三四度。

拉开蒙眼布，我看到的是一个很宽敞的房间。我猜想这是先农坛北京体育代表队运动员的宿舍。按当时标准，算是相当豪华了。

为首的一个学生指了一把座椅，让我坐下。因为室内温度太高，他们都除下帽子和外衣。我能看清他们的面目。房间内只有四个人，我预感到又会有什么变化，比如说改换地方之类。我也脱下棉大衣，看着他们，接受审讯。

结果并没有太多的问话。他们提出几个问题，我回答了。其中大部分是前一天在防空地下室里问过的。他们问过以后，让我写成材料。我故意拖延写了很长时间，他们也不在意。天渐渐黑下来，他们又让我看前一天的审讯记录，并在每一页上签上名，按手指印，有改的地方也要签名按指印。看完厚厚的一本记录，天已完全黑下来。他们又给我吃了点东西，穿上棉大衣，蒙上眼睛，又被送回厕所，锁上门就走了。

又过了个把小时，我估计是八点多钟，厕所门开了。他们一句话不说，蒙上眼睛，一边一个人，又把我押出厕所。

突然，左边的人大喝一声："快！"我被悬空架起来，进了楼梯间的防火门，快步跑下楼。我以为又要去防空地下室。但跑了四五层楼梯以后，出了摇头门，到了有医院味道地方。他们像跑一样，跑出这条走廊，出了摇头门，再经过一道门，就闻到室外的味道。虽然冷一些，但新鲜空气还是比较舒适。他们推我上了汽车，我猜大概还是那辆吉普车。汽车启动，我默默地记着转弯的情况，但是不一会，我就失去了方向，不知道这辆车驶向何方。

这时，我思考着另一个问题，那地方是不是先农坛北京体育代表队？这个大楼的平面应该是这样的：进一楼入口大厅以后，正面是楼梯，或者还有电梯，右边是医务室，我猜左边应该是食堂或办公室，二到五楼是运动员宿舍，宿舍东西两边尽头各有一个防火楼梯。医务室东的防火梯通到防空地下室，正面楼梯和电梯直达顶层的运动大厅。我觉得我的设想是相当完善的。

汽车走了个把小时，突然，我捕捉到一股气息，一股味道，是清华园的味道！这是我近二十年学习和工作的地方，不会错的……

3. 神秘的武斗据点

早就听说，设在第一教室楼的前哨广播台是团派的一个重要据点，今日深陷其中，得识其庐山真面目。

这是我们当年三校建委会一工区的最后一个项目。当时，大部分同学都已回去上课，只留下我们少数几个同学再多干了些天。这座第一教室楼，也可以说是"我们盖的"。我现在一点恐怖感都没有，一边走一边在想，这个楼的砖瓦灰砂石说不定还是我买的呢。

进门以后，走过大厅，上了三跑楼梯。楼梯都用课桌和椅子堵住，留下很窄的一条缝，只够人们侧身走过。楼梯不是封闭的，不符合今天的防火规范。在楼梯向着二三层楼走廊较宽敞的空间，还放着许多桌椅。估计是准备发生武斗时就可以随时用来堵塞楼梯，便于防守。在以冷兵器为主的武斗中，这样的防守是足够了。教室的高度与厕所等服务房间的高度不同，所以利用三跑楼梯的休息板作了夹层入口。这个设计我们以前是知道的，我在搞毕业设计时还专门来看过，想不到今天我被关在这里。

我被押送到一个夹层里。夹层的里面是广播台"重地"，当然是"兵家必争之地"。所以我也明白不会允许我进入的。我被命令留在靠近楼梯夹层入口处的一个小房间里。这里没有暖气。里面的广播室有煤炉，我可以嗅到煤火的味道。

我的小房间连门都没有，只用几个小桌子、椅子堵塞。我看不见外面，当然，外面也看不到我。虽然没有火炉，但不算冷，就静静地坐在那里等待事态的发展。我听到里面房间有几个人在说说笑笑，但听不清他们在说什么，也不时有人出入这个夹层。小房间很暗，只高高吊着一盏低瓦数的电灯。

我随便扫视了这个小房间，一张双屉书桌，一把椅子，还有一个空的已经破烂的书柜。我不经意地拉开抽屉一看，里面塞了许多烂

第四章 "罗文李馆反革命集团"是怎么回事

纸,下面露出一本油印的小册子,上面有图像及说明,但是无头有尾,当中还有缺页。我快速翻看,却倒吸一口凉气。原来是本教授怎样打人、挨打怎样防备的小册子。因为没有前面几页,故不知其名。

册子上描述:打人要用拳头和手掌,不要用棍棒等物,尤其不要用铁器等硬物。可以打腹部、胸部等肉厚的地方,不要打头和肉薄的部位,这样可以不留痕迹,否则要闹出大事;如果用铁木等硬物打,最好用厚布包上……

虽然此前对"前哨台"有许多传说,而且后期这里出过几条人命,打死打伤几个同学,尤其后来在蒯大富的指挥下使用步枪、手榴弹等武器杀死、杀伤多名前来制止武斗的"工人、解放军毛泽东思想宣传队",闯下了大祸,造成"井冈山"以至于整个红卫兵运动的覆灭,但是我在"前哨台"短短的两个小时里,却没有感到这个据点隐藏着这么大的杀机和能量。

我听到里面的人在讨论,有时在争论着什么问题。虽然我很注意听,但听不清楚,断断续续听得到一两句话:"反正我不赞成打人。""我们也不赞成打人,但有时情况会失控。"……

两个小时之后,来了几个人,搬开了桌椅,叫我出来。又蒙上我的眼睛。出门以后,走到校卫队门前,推我上了车。车子启动,听声音,还是那辆车。我从转弯的方向和气息判断,车子一直在校内或离学校不远的路上转,转了大约半个小时左右。忽然我嗅到了一股非常熟悉的气味和信息,我立刻就可以断定是音乐室附近。

虽然现在听不到熟悉的琴声,但是从入学第一周起我就开始在这里向一位名叫普洛武罗夫斯基的白俄学小提琴,每天来练习一、两个小时,风雨无阻,除非外出实习,从不间断。可以说,我在清华学习的第一是建筑专业,第二是小提琴了。

车停了。"下车!"一声命令。但我双眼被蒙上,虽有命令,但不敢动。大概还是那辆吉普车。我被两个人半推半扶地从后车门下了车。又被左右架着押解进了门。一股烧木材的味道扑面而来,还有刺鼻的烟味,大概是刚刚在生煤炉子。又左拐右拐了几个弯道,终于停下来,拉开蒙眼布。我看到我在一间没有窗,只有一个大木门的房间。房间里没有火，所以没有烟味，只有一张小木床，上面放着一床被和一床褥。这是哪里呢？

这时，我看见大木门是实木的，而且是精工制造的，门框周围有很好的线脚。我认识这里，我到过这里。再结合音乐室的信息判断，是化学馆。押解我的人开口了："知道这是什么地方吗？"

我很老实，说："是化学馆二楼正门入口大楼梯下的房间。"

"你这老小子，怎么知道的？"

"我毕业设计的题目是清华的土建馆，学校的老房子我都观察过。"

我不敢说我的毕业设计的指导老师是黄报青先生，那肯定会引起新的风波。当时黄先生叫我们参观清华的老建筑，有时带我们参观，边看边讲解：搞设计一定要注意，所有的建筑元件都应该是成一系列的，统一的。不能大体型是中国传统的，小建筑是西洋古典的，线脚装饰是阿拉伯的，室内摆设是埃及的。这就乱套了。黄先生现在已不在了，可是来到这里，我仿佛又看见他站在前面侃侃而谈。

"听着！"一个陌生的声音把我从对老师的怀念中拉了回来。他边说边打开大木门，前面是一条黑乎乎的走道。"现在这里很冷，等会儿我们会给你拿个木炭炉来取暖。过来！"他叫我走出大木门，到了走道上。就在大木门的门口，叫我掀起一块大铺地石板。一股臭烘烘的味道，我知道这是一条管道暗沟，主要是走暖气管道的，向西通到化学馆和音乐室间的一个旱井。到冬天供暖气的时候，那个旱井还冒热气呢。我马上一个闪念：这条管沟到那个旱井可以逃跑呢……

"听着！"他又打断我的遐想。"这是你大小便的地方，我们在前面，有事可以敲走廊左边的门。今晚就这样了，你睡吧，但别关灯。"

在我睡前，我的"监护人"拿来一块 60 公分见方的铁板，上面堆着一些烧红了的木炭和木柴，放在房间中央，转身关上门就走了。

我躺下没多久，就感到迷迷糊糊，出现许多幻觉：我看见我的母亲，我向母亲走去，似乎跌倒了，母亲不见了……这样的幻觉反复出现，为什么，我在哪里？忽然，我明白了，这是八九岁的时候，我不舒服，出现幻觉，我去找母亲，看见她以后，我叫声"妈"！扑过去，没有知觉了。

"煤气！"我惊醒了，感觉心跳加快、头疼、头晕，但思维还清晰，我慢慢起身，披上棉衣，打开门，刚才还觉得臭烘烘的暖气沟，现在却似一股清新的空气。我走到左边一扇门，用力敲了几下。

立刻有人问："什么事？"

我说："煤气、煤气……请你们把木柴和炭拿走！"

他们也没说话，把炭火拿出去，又关了门，捣弄了一阵桌椅家具，又睡下了。我躺了一阵，确信不会有煤气了，才进入梦乡。快睡着时，我想：我又逃过一劫。

4. 被非法刑讯逼供

化学馆是清华早期的一座建筑物，它雄伟孤傲，远离其它的教学行政建筑，紧靠校园的北墙，从校园的西北角，冷眼看着我们，带有一些神秘感。我在清华学习工作多年，除了做毕业设计时来这里观察过，就是这次被抓来关在这里了。许多同学只知道这是化学馆，却从来没有进去过。

现在，神秘感变成了恐怖感，尤其到了夜晚，如果没有"审讯"，那就一点声音都没有，只听到自己呼吸和血液流动的声音。这时才体会到，没有声音——连噪音也没有的世界是最恐怖的。这种效果，可能是连囚禁我的人也没有想到的。如果这种"万籁俱寂"的"静音"时间长了，可能人要发疯的。

我开始面对被刑讯逼供的一段日子。

我承认，我并不十分相信那个阶段我的记忆。因为那时候我的思维是处在一个高度紧张、混乱的状态中，许多记忆可能是相互矛盾的。

最让我迷惘不安的是，打我、骂我的年轻人是大学生吗？是敌人吗？我该如何应对？尤其是当他们用刑越来越重的时候，这样的问题就不断浮现。我知道，如果他们失手致我残、致我命的话，我只好认倒霉，而这种倒霉事不会有结果的。但是如果打你的人是敌人，是日本鬼子，是法西斯匪徒，那就另当别论了，而他们却是我们的学生！

还有一个在"审讯"中经常碰到的问题，他们常说："如果你的态度好，敌我的矛盾可以转化为人民的内部矛盾。而像你这样恶劣的态度，人民内部矛盾也可以转化为敌我的矛盾！"这是一个错误的命题，而且逻辑混乱。后来工宣队和军宣队也经常这样讲。本来没有问题，他们可以乱扣帽子。你不同意，就是态度不好，就可能"转化"成敌我矛盾。

我把老团对我的刑讯逼供分为三个档次：

第一个档次（最轻档次）是一般地刑讯逼供。我遇到的多数是这个档次，也就是说多半是用拳掌打击，不用器械重物。

"四人帮"倒台以后，我见到文学宓、饶慰慈，他们所受的刑罚重得多，有的伤势惨不忍睹，可能多是第二个档次。

第二个档次是重刑逼供。这时他们会换几个人上场，这几个人是打手，残暴无人性。

对我用重刑的一个叫冯家驷[4]（他们称"老四"）的打手就非常残暴，他一般打你后，听到你痛苦的喊叫声，他会露出得意的"狞笑！"他的行为让我读懂了"狞笑"这个词。

我在"前哨台"看到的小册子里介绍说，被打的人大喊出声，就可以将疼痛散开。另外被打时顺势倒下，别硬挺住，也是消散疼痛的办法。我在被打时就用了这一招，还真管用。

---

4 冯家驷：清华电机系电002班学生。（即大一）清华文革中的打手，大概在五六个至十几个之间。冯家驷位列其中，是最残暴的打手。打手们的暴力手段多种多样，不仅有拳脚殴打、棍棒殴打、特制的工具殴打，还有推搡、罚站、灌开水、施迷幻药品，甚至还有将家属、如年老的父亲及未成年的孩子抓起来当人质等等。据说多达20多种。就冯家驷此人，五毒俱全，以"拔牙"为冯氏特色。冯家驷用卡丝钳掰断了文学宓三颗牙，拔掉了贾春旺一颗牙。蒋同学（男）曾问过文学宓，顾同学（女）曾问过贾春旺，均得到过肯定的回复。于是很多校友愤怒而好奇：冯家驷这个冷血动物究竟长了怎样一副的人模狗样？"罗书"后文有描述：其人是"五短身材、小眼睛，留着寸头的小个子同学。"（胡注）

第四章　"罗文李饶反革命集团"是怎么回事

不过几次以后，就被"老四"发现。他狞笑着虚晃一下，我不知有诈，马上大喊一声，然而他并没有出手。他看出我懂防备时，就在我身后2米左右的地上，放倒几张桌子、椅子，并对我说："你看清楚，你如果装着被打倒，也是倒在这些桌椅腿上，你就装吧。"说完，趁我不备，一拳打在我胸上，我就倒在那些桌椅腿上，等于用木棍、铁器等打我。但他说："这不是我打的，是你自己躺下去的。"这样一来，我就必须屏气挺住，而挺住的后果就会伤重些。至今我手腕上还留有当时受伤的疤痕。

有一天，大概是周末，他们放假休息，没有审讯。大约是下午三四点钟，不声不响进来两个人，不像学生，前面守卫的人也不过问。我坐在木板床上，他们站在我面前，命令我站起来。我刚站起来，他们中一个插到我身后，将我两手擒住，另外一个手里拿着类似手电筒包着布的东西，我明白他们是要下手打人了。我来不及思考怎样防范才能减轻伤害程度，他们就下手了。

他们用那个东西直接打在我肋骨之下的腹部，我痛得连喊都喊不出了，肚、肠、肝、胃像被撕裂般痛疼。他们从轻到重大概打了十多下才放开我，我没有躺下，像患佝偻病一样，卷曲着身体……

我听见他们似乎在议论什么……也不知几时，他们走了……

留给我的是难以言状的疼痛和惊恐。我知道这算是重刑了。

一年以后，即1969年春节后，学校组织义务献血，我也报了名。在体检×光时，我被照了很长时间。

医生问："你的肝有什么病？"

我说"据我所知，没病。"

"那你这块是什么东西？"医生又请来几位医生会诊。

一位医生问："你这几年发生过什么事没有，例如肝病、车祸等？"我问："挨打算不算？"接着，我把这次被打的情况说了。

医生说："你命大，你的肝已被打破了，就剩了外面一层膜。如果这层膜再破了，那就会大出血，就完了。"医生还是同意我献血。

两年多后，我被查出患了血吸虫病。从此，我不能献血了。但在检查时，发现那个凝血块已经被身体吸收了，未治自愈。

第三个档次（更高档次）是对身体和精神的双重刑罚。

在化学馆的前几天，虽然也用了刑，但他们的用刑目的不是很明确。有一天冯家驷说："你的态度不好，逼得我们换一种方法对付你。我们准备明天开始罚你站。蒋南翔硬吧，站了三天三夜，怎么样，全招了。看你年轻，比蒋南翔硬，就多站一会儿试试看吧。"

第二天，果然开始罚站了。首先宣布了要求说："我们也不问问题，不提示，你有要交代的就交代，不交代的就站着，给你两顿饭，站着吃，只有大小便允许动一下。我们三班，每班八个人陪着你，现在开始了。"

我本以为很简单。我记得幼儿园的时候被罚站过一次，什么原因被罚可不记得了。老师在地上用粉笔画个圈不许出圈，大概半个多小时就完了，得个教训是要听老师的话。

这次的罚站可不同了。我的手表一直放在褥子下。这天我戴上了，我提醒自己，一定得比蒋校长站得多点时间，他比我大20岁有多呢。

第一天过去了，还可以。脚和小腿有点发胀，但不严重。我很有信心，对自己能挺住很满意。拉撒大小便是到我的囚房门口的暖气沟去，他们并不跟着我。我尽量多耗点时间，用来活动腿脚。

第二天过去了，我觉得还行。腿脚开始发胀。上眼皮老往下掉，但我觉得我能挺住。我无论如何也得站得长过蒋校长站的时间。

第三天，腿脚非常疼、涨，另外就是困，想睡觉。有时候，站着睁着眼就睡着了。有时候他们跟着我说话，我听不见，他们大声喝骂，我才惊醒。有时候会出现白日梦。有一次，我甚至喃喃自语，被他们听到，大声问我是不是交代什么？我摇摇头。但是我觉得自己还行，能坚持这么久也不容易！

第四天早上，我一看表，72小时，三天了。这个"三天"，像咒语一样，一到三天我马上垮下来了。如果他们说蒋校长站了四天四夜96个小时，那我可能站到100小时也没问题。但当时我知道，我就要全线崩溃了。

到80小时了，这时我感觉挺不住了，身体和精神都不行了！

第四章 "罗文李饶反革命集团"是怎么回事

我看到监护和审讯的人在换班了，下一班有冯家驷！这时，我完全不行了，开始出现许多幻觉：我看到蒋校长和冯家驷手挽手一起进来……

值班人拿来我的口粮让我吃时，我对他说："我要上厕所！"

没等他同意，我就跌跌撞撞地往我的囚室跑去，没到已经掀起盖板的洞口，我就失去了知觉！

人声嘈杂，我渐渐恢复理智。我听到一个熟悉的声音："他装蒜，没事！"

另一个反驳道："心跳过慢是装不出来的，已经很危险了。"

这时，有一个人抬起我的头，要用调羹灌一些水给我喝。我无意识地一喝，却是一匙滚烫的水，烫得我立即大叫了一声！

睁眼一看，正是冯家驷狞笑着说："我说是装的嘛，你们还不信。"旁边一位穿白大褂的医生反驳说："心跳过慢，不会是装的，还是要注意。"

从这天晚上开始，我被允许睡一会儿了。他们也没有再提罚站的事。后来，我问过文学宓、饶慰慈等，他们也都被罚站过，文学宓说他站了五天五夜。我说，我不如你。

除了允许我睡一会儿以外，他们还给了几片药让我吃。一种是酸的，我认识是维生素 C，黄色的发苦的则可能是维生素 B，再有一种是白色小片，不知是什么。第一次吃了我睡下不久，冯家驷又"提审"，我昏昏沉沉不知说了什么。

第二天，他拿来一张纸条，上面写着："印甫盛讲过，林彪是极左潮的总根子"，签名是罗征启，字像我的，但我不记得有这回事。

我马上冒虚汗，因为一方面我不记得我写过这张纸条，如果确实是我写的，那有可能还写过别的东西。同时，这说明我已违反了自己定下的"只讲自己，不讲别人"，更不能"揭发"别人以减轻自己的压力的原则。还有，那张写有攻击性言论的字条涉及"林副主席"，我们 414 战友内部还有一条不成文的规定，就是死守"毛主席和林副主席"这条线，现在这条线也破了。我马上说："这话不是印甫盛说的，是我说的。""那你写下来"，一个审问者说。"我写下来可以，这张纸条可要还给我。"得到肯定的承诺以后，我写下了这张条子。但是那张使我终身引以为憾的字条，也没有能收回。

我很难过，如果他们乘势猛追，那可能还有更大的斩获。但是，不知为何，他们却停手了。

我在化学馆一楼"被审讯"了大约10~14天。

一天审讯结束后，他们给我一盒晚饭，并说："快吃，吃完收拾一下东西，我们要换地方了……"

七点多钟，我"被离开"了化学馆。

5. 三堡疗养所的囚徒

三堡疗养院是五十年代末、六十年代初，清华在远郊区修建的一个疗养院。地处居庸关后面一站，八达岭前面两或三站。穿过山沟峡谷有一条铁路，车站就在几条山沟汇合处的一个小平原上。

铁路和公路并行，有时在一个水平面，有时公路在上面山腰俯视着铁路。山沟里潺潺流水声，四季不停。因为冬季不结冰，水生植物很茂盛。山沟里长着许多广东人喜欢吃的西洋菜。以前我和我的堂兄以及几位广东同学常常来采摘西洋菜吃。附近的农民看见，颇不以为然，他们说这菜叫野芹菜或水芹菜，人是不吃的，喂猪的。

疗养院在火车站上方的一条最大的山沟里。在这里，我有一段传奇性的经历。

我被押解出了化学馆一楼北门，还是那辆吉普车，停在旱井附近。我从车子的后门上了车，又被蒙上了眼。从他们谈话声音来看，又换了人。有两个人口音像华侨。后来我撤掉蒙眼布以后，看清是羽毛球队的，我看过他们的比赛。大个子的体力好，技术一般。小个子体力不好，技术较好。[5]我听他们中有人叫"蛮子"。不知叫谁。我蒙

---

[5] 据校友微信披露，羽毛球队的这两位华侨，大个子叫李木松，水利系七字班；小个子叫陈奋光，工物系八字班。二人均为团派专案组的打手，二人均已去世。（详见[附件一]：丁正明、金水高：《夜闯三堡》）其实，这二人的名字在其它资料中也有，如"84人大名单"。所以没有必要为他们保密。（胡注）

眼坐车有点经验了，感觉车子穿过礼堂前广场，向东出主楼前的东校门，再向东过铁路转向北，应该是穿过清河往昌平的方向。

大约行驶了一个小时后，他们扯下了我的蒙眼布。刚刚我感到车子左转弯，现在睁眼看出去，虽然天黑看不大清楚，但大体上看到路两边的行道树和路灯。行道树是迎面倾斜的，所以，这应该是刚转向昌平往西去南口的公路上，应该是1964年我"用心观察"过的地方。

1964年我带学生到部队当兵军训时，部队带队的吴姓少校团长曾对我说："我们带兵的有一条要求，走过什么地方，就要熟悉这地方有什么特点。大到山形地貌，小到花草树木都要记得，到打仗时是很有用的。一会儿到达目的地后，我要考一考你，看你能记住多少。"他虽然没有考我（也许他忘记了），但我一路上却很用心地观察了，从昌平向西转向南口后，我发现沿途只有一个特点：就是路两边的行道树都自西北向东南倾斜，角度一样，非常整齐。这是北京冬季西北风的杰作。

这时，大个子华侨望着我说："喂，知道这是什么地方吗？"我随口应声说："好像是昌平往200号的公路上。"我感觉得到，不仅大个子华侨，车上几个人都有点吃惊。"啊！你怎么知道的？"

我没有回答。因为我说了这句话，立刻就后悔了，我不该让他们知道我熟悉这一带的方位和地形环境。大个子华侨说："还是把他蒙上吧！"

我觉得应该到200号公路了，但是车子没有向北转弯，那就应该向南口走了。又过了十几、二十分钟，向右（也就是向北）转弯了。听到采石场采石机的声音。从采石机的声音判断，该是过了采石场，进南口了。同时汽车的马达吃力地喘着气，一定是在爬坡。这使我更加肯定已经进了南口，方向是八达岭，那只能是去三堡疗养院了。

车子左右摇摆着，这肯定是走弯弯曲曲的盘山路了。大约半个小时，车停了，有人在里边喊话，似乎是叫我们进去。车子又开了几十米的样子，大个子华侨说："下车吧。"同时把那条肮脏的蒙眼布扯下来。我下了车，往前即向北看，就是三堡疗养所无疑。但右手边多了一些没见过的平房。我们站在入口处的大桥上，下面桥洞的流水声依旧清晰可闻。这个大桥，一点也没变，只是在桥的东北角方向修了一座岗亭。

大个子华侨又开腔了："喂！这是什么地方？"

我犹豫了两秒钟。我不能说"不知道"，但又不想说"知道"。最后我说："我应该是来过的，这是三堡疗养院。但是，东北面的一些平房我没见过。"

大个子哼了一声："你今晚就先睡在这边，明天再重新安排。"

房间里没有什么变化，只是多了一个大铁桶，是给我大小便用的。小便没有问题，大便可不"便"，每天要有一刻钟时间练"骑马蹲裆式"，之后，还要在他们监视下，把大铁桶拿到大桥外面一个常年流淌山水的泉眼外，把那个便桶洗干净。在化学馆的时候，我的"监护人"给我一条毛巾，一个牙刷，我认得这些东西是我家里的，一定是家属送来的东西。

第二天，开始了"审讯"，又问了许多问题，大部分是"老生常问"。有时候也有人动手打我几下。但总起来说，没有进展。

第三天，审讯完毕，已过了午夜，这是个月光皎洁的夜晚。

我被送回囚室。关了灯，坐在椅子上冥思苦想：我到底犯了什么罪？为什么那么倒霉？并且，似乎思想上逐渐形成了一个想法，开始还是模模糊糊的，后来慢慢清晰了。

这时，走廊的门响了。我马上躺下，拉上被子，假装睡着了。脚步声近了，走到我的囚室门口，从门上的洞口射进电筒的光亮。我不动声色。灯灭了，脚步声远去，走廊的门又响了，一切归于静寂。这是"三堡"囚室里每夜必演的一个"段子"。

我刚起身，披上棉袄，想继续再坐一会，忽然听到窗外面有些动静。有人轻轻地敲了几下窗子。

这是一层的平房，窗子不高。我的"保镖"们在外窗台上用几块大石头顶住两扇可以向外开启的窗。要从里面搬开石块，开启窗扇是很难的，尤其再想重新关上更是不可能的。

这时我看见窗外的人影，把石块搬开以后又敲了敲窗子，做手势叫我把窗子打开。

第四章 "罗文李饶反革命集团"是怎么回事

我犹豫了一下,还是打开了窗。那人背着月光,我看不清他的脸。从声音上判断不是知识分子,似乎是个文化不高的人。

"你是不是清华的?"那人问。

我点了点头。

"他们打你了?"

我不置可否。心里在想着:这人是干什么的?来者"善",还是"不善"?不能判断,还是小心为好。

"你走不走?你要想走,我们可以带你到南口,或昌平。今晚月亮好,我们骑车带你走。"

"我什么都没有。"我终于说了一句话。

他说:"我明白你的意思。这样吧,我们就是想帮你一把,你肯定没钱也没东西。你随便给点东西吧,你的手表、棉袄,有缘将来见面再说。"

我还是不吭声,我觉得这事有些不合逻辑,应该说,他无非是想要钱,现在我没有钱,他就随便要点东西,似乎不可靠。

我问了一句:"你是干什么的?"

"我在这里做工的。行!你再想想。如果今天你走,就过个把小时再来,或者明天再来也可以。也就这两三天,没月亮时这条沟谁也不敢走。要明天走的话,还是这个时间。"说完他把两扇窗推进来示意我扣好,他在外面把几块大石头又摆好,倏忽不见了。

我一直睁眼躺到天亮,毫无睡意。那人也没有再出现。

我分析了有几种可能:第一种可能,他们就是想要点钱,没钱要个手表也行。但是,如果中间碰到危险,他们会弃你而去,他们没什么义务要帮你。那人几次讲都说"我们如何、如何……"这说明他不是一个人,还有同伙,一个人或几个人,都是不可信的,几个人还会起内讧的。

第二种可能,是我的"监护"人考察我的一种策略。这不论什么策略和什么结局,对我都是大凶的,没有好结果。我当时比较倾向是这种可能。

第三种可能,是团派内部有不同意见,有人想救我出去。但这也不合情理。"团派"这时正是如日中天，形势好得很，不会有这么严重的反叛思想和行为。

　　第四种可能，是"团派"想再搞出点事，比如说逃跑事件，或者出现一些意外伤害，或者借助外力（非学校内部的）伤害事故，没事也会变成有事。

　　这几种可能，都会搅乱我头脑逐渐形成的一些想法，我决定把这事挑开。

　　第二天早晨九点钟，审讯开始，今天是孙耘主审。[6]

　　他还没开口，我就抢先说："我有些事想说！"

　　孙耘似乎有些吃惊。他问我："是有什么东西要交代吗？我们有个安排，你配合我们的安排交代就行了。"

　　我说："不是交代问题。"

　　孙耘有些迟疑，看了我一会，慢慢地说："等一会再说吧！"他的表现，使我怀疑第二种可能性，因为似乎他不知道当中有什么特别的安排。

　　那天上午，"审讯"似乎马马虎虎地过去了。最后，孙耘说："上午到此暂停。你说说，有什么事。"

　　我将夜里发生的事情描述了一遍。当然，我没有说我估计的几种可能。

　　孙耘听了以后，没有做声。

　　午饭以后，下午的审讯又草草收场。孙耘又和我谈了一次话，他说："你昨晚的选择是对的。我是说，你没有选择跟他们走，这是对的。这可能避过了一场大灾难。你知道，从南口到八达岭这条沟，不用说夜晚，就是白天，大车队都得结队而行。除了坏人，还有狼群。你若跟他们走，不定会出什么事呢！"

6　孙耘，原名孙毓星，天津人，1945年生，无线电系八字班学生，团派总部委员，当时是"罗征启专案组"组长。1968年4月3日夜，"罗征敷命案"发生后，主要涉案人员孙耘、张建国、王庆章三人于4月4日凌晨被公安局拘押，4月5日早上被送到半步桥看守所。后来这三人先后离开半步桥看守所，参加公安办的"学习班"。直至工宣队入主清华后，8月29日被公安局送回学校参加毕业分配。（胡注）

我保持沉默，他说的是实话。但是，他的话冲击了我头脑里逐渐形成的计划。我要放弃吗？在以后的审讯中，即使是受刑逼问的时候，有时也会"走神"，想着我的计划。

当晚，孙耘又布置了一个计划，叫我锁上房门和窗户。"无论听到什么声音，也不许动，不许做声，直到我们给你信息。"

这晚，我当然也睡不好。直到夜里三点左右，走廊的门响了，脚步声走到我门口，敲了几下，低声说，"没事了，你睡吧。"

次日，情况有些变化，先是把我调到疗养院西翼二楼一间朝南的房间。后来，他们又发现朝南的房间可以观察到疗养院大部分的活动，尤其是晚上如果有什么动静，他们不想我看到，只好用几只手电筒照射我的窗口，使得我看不到外面。这样当然还是不方便，于是把我调到朝北的房间。囚室在二楼，审讯在一楼西头朝北的一个套间。

最残暴的打手冯家驷又出现了，我认为这意味着他们的审讯又要升级了，至少又要施行一项新的计划了，审讯方式也将有些变化。

他们分成几个组，每组两三个人。这两三个人里通常有一个人是打手。真正动手打人或审讯中用一些恶毒的恐吓性的语言来施加压力的，一般是这个打手。

我曾怀疑冯家驷是不是学生。我认为一个学生对老师下不了这样狠毒的手。然而后来了解到，他是一年级的学生，而且他打我不是最狠的，打饶慰慈、文学宓更厉害。对饶慰慈，根本不能提起此人此事。如果有人提起，她会全身颤抖，精神崩溃。

因为冯家驷又到了三堡，我估计不是好兆头。因此，我重新修订了我的计划，必须加快进度。

6. 基度山伯爵助我逃出三堡

有两本小说是我青少年时就喜欢的书：一本是中国的《三国演义》，另一本是外国的《基度山恩仇记》。这两本小说，我更喜欢的是《基度山恩仇记》，因为它描写的东西和我们现代的生活更接近一些。读《三国演义》，我崇拜的偶像是诸葛亮和赵子龙，而读《基度山恩仇记》，我崇拜的偶像是爱德蒙·邓蒂斯和法利亚长老。

我第一次看《基度山恩仇记》是1948年底。当时，我在北京读高中一年级。解放军包围了北京，每隔两三分钟，市区落一颗炮弹。学校提前停课放寒假。这时我的大姐不知从哪里弄来一套《基度山恩仇记》，一共厚厚的四大本。我们兄弟姐妹轮流看，个个在煤油灯下，开夜车读得津津有味。我就读了两遍。

共和国建立以后，这本书成了禁书。我考上清华后，还曾到图书馆查问这本书的下落。据说是根据上级指示，收进了"黄反书库"。

五十年代，在青年中流行一时的外国小说是《牛虻》等一些苏联的"革命"小说，我读起来总是觉得不如《基度山恩仇记》过瘾。我总是念念不忘大仲马的这部小说。

1959年，为指导学生文艺阅读及文艺创作，学校建立"文艺教研组"，由党委宣传部的常务副部长林泰任主任，由我任副主任，主持教研组的日常工作，从宣传部、团委、文艺社团和政治课调来几个人就开张了。

林泰是我的同班同学，入学时他已是党员，我连团员都不是。但是我一直身不由己地跟着他走，从系团总支、党总支、校团委到党委宣传部。总是他在哪里，就调我到哪里。他离开哪里，我就填补他走后的空缺，然后再调到他手下。但是说实在的，对党团政治工作，尤其是宣传工作，我是最不喜欢的，几乎可以说是厌恶的。此刻，我被任命为他的副手，搞文艺阅读、创作及宣传写作，我也不喜欢。但他在宣传部的工作太多，忙不过来，无暇过问，而我则借口自己看书太少，想利用这个岗位的小小空间，抓紧时间多读点中外文艺作品。

当时，我又想起《基度山恩仇记》，就利用"工作之便"，到图书馆查问。图书馆的一位老师很负责，亲自带我到三楼的屋顶阁楼（即四楼）的"黄反书库"里去查，居然找到两套。我用党委宣传部的名义借出一套，又连续看了几个通宵，把这厚厚的几本书看完了。当然，那段时间我还读了许多古今中外的文艺作品。也许我这一生中，读书最多，密度最大的就是那几年。

"我想请你们帮我审查一下这本书。"我对宣传部的领导和宣传部负责思想工作的几位同事说。"把它列为禁书，关进'黄反书库'是毫无道理的。我认为应该给一批书平黄平反。这样才能使学生群众的文艺阅读走上健康的轨道。"

结果，大家陆续都看了，个个都开夜车，都说大仲马的这本书是本好书，应该平反解禁。但后来因为下农村搞四清和搞文化大革命，平反解禁这事就没人再提起了。

文革动乱中，因为宣传部遭到红卫兵多次清查抄缴，这套锁在宣传部一个抽屉里的书，已经无影无踪。文革后，图书馆的工作人员知道我回宣传部工作之后，曾多次打电话或上门"讨债"，但我没有也无法答复。这是后话。

我认为这部书最精彩的内容是：水手爱德蒙·邓蒂斯被陷害关进孤岛的死牢里，在那里巧遇了正在计划逃跑的法利亚长老，两人还成了忘年交。长老是一位绝顶聪明、很有学问和智慧的人。邓蒂斯在他的教诲下，受益匪浅。他们共同策划好了逃跑的路线和办法，不幸在即将成功实施前，长老重病发作死去。爱德蒙通过他们两间牢房地下挖通的地道将长老的尸体搬到自己的牢房，"睡"在自己的床上，而把自己装进了长老床上的装尸体的袋子里。这样借着"海葬"逃出了孤岛死牢。之后爱德蒙又按照长老生前的指示，找到了一大笔财富，买了地中海中的一座叫基度山的小岛作为自己的领地，当起基度山伯爵，陆续完成了他报恩、复仇的计划。

故事曲折迂回，惊心动魄，含有深刻的哲理。我不管读了多少遍，仍然会有时拍案叫绝，有时掩卷沉思，有时潸然泪下，有时仰天大笑。其中有些情节非常精彩，让我刻骨铭心，一辈子都不会忘记。

鸿文利用产假休息时间，也看了《基度山恩仇记》。她生下女儿才半年，就奉调去四川绵阳建设三线清华分校。

我还把这部小说借给她的同班同学林维南看过（林维南59年毕业以后曾给梁思成先生当过助手，后来调到北京日报当记者，我们当时常常见面）。1966年文化大革命开始，首先是学校这边乱了，接着绵阳那边也乱了。有一天，我带着两岁多的女儿和林维南一起在日坛公园散步，他问我学校的情况，并问我怕不怕？

我说:"怕也躲不开。"

林维南说:"你能挺住,我觉得你挺像《基度山恩仇记》里的基度山伯爵。"我并没有否认。

那天,我刚好收到鸿文寄来的信。她虽人在绵阳分校,也挨了大字报轰击,但她更担心我。我回信说:"你放心吧,我能挺住,林维南说我像基度山伯爵,我也觉得有点像。黑夜过了,天总是要亮的。"

谁知,我这封信被在绵阳分校的学生查获,抄贴出来,而且还寄回学校,抄贴在工字厅前的大字报栏上。质问我要报什么恩,复什么仇。说是地地道道的"变天帐"。搞得我很狼狈。好在没有多久就被新的大字报覆盖了。

被绑架以后,我常常想起这部小说,我会联想到其中的许多情节。有时我会和小说中的人物对话,我会问爱德蒙·邓蒂斯:"我现在该怎么办?"我也问过法利亚长老:"我这样作对吗?"开始,还只是模模糊糊的想法,后来慢慢清晰了,具体了。渐渐地我知道,我常常想从《基度山恩仇记》里发掘的是什么?是"越狱",是"逃跑"!

当我在化学馆一楼被命令掀起走廊里暖气沟的大方砖时,立刻就想起这条沟通到化学馆和音乐室之间的旱井,这是一条很好的逃跑路线。但当时因沟里的屎尿太多了,没有选择那条线路。

后来我被关到三堡疗养所西翼二楼朝北的房间时,一眼就看见房中间系着一条粗铜芯电线,可能是用来晾衣服的。但是送我进此房的人并没有注意。他一走我马上把这条电线摘下来,卷好藏在床板下面。因为法利亚长老挖地道用的铁工具,都是从他睡觉的床上拆下来的铁件改造成的。这条粗的铜芯电线,说不定将来也能派上用场呢。

他们每天晚上审讯我以后,吃过晚饭就在我的囚室正下方的一楼房间里开台打麻将。有时很热闹,甚至是吵闹。每天夜里差不多12点时,有一列火车喘着气爬坡上来,整个山谷天崩地裂地震动二十分钟,我想这是我逃跑的最佳时机。法利亚长老也是这样来选择时机的。

很多偶然的因素碰撞在一起,就会出现一些奇迹,似乎冥冥之中一切都有所安排。

第四章 "罗文李饶反革命集团"是怎么回事

有一天，冯家驷主审。除了随意耍了一会儿拳脚以外，他皮笑肉不笑地说："给你透露两个好消息，一个是李康来了。你不是不承认吗？那我可要你们当场对质，你们互相咬，互相打吧！第二，我们从学校搬了录音机来，给你们录下音，在全校一广播……嘿嘿……。"

听了"老四"这一说，我的确有些紧张。我不怕录音机，因为有没有录音机也是一样的。我担心的是要我和自己的同事、老师和同学对质，甚至如66年8月在科学馆那样，逼迫林泰和何介人对打……我不能揭发，更不能动手打自己的同事，我要提前实现我的逃跑计划。

然而，坏消息里面也有好消息，那就是从冯家驷口音判断，饶慰慈和文学宓现在不在他们手上。

法利亚长老在死牢里会认真研究狱卒们的活动规律，我也研究过我的"监护人"或"保镖们"。我发现他们每天七八点钟起床，在我的窗下大便，所以我窗下大约有十几、二十摊大便，在上面看得很清楚。要是黑夜里在一堆大便上跳下去，我真有些不情愿。

但是，时不我待了。我不知道准确的日期。但是按月亮圆缺望朔，可以估计日期已到了阴历二月底，正是没有月亮的时候。月圆天空皎洁时运输马车结队而行，逃跑是不安全的。如果没有月光，听到有追兵的声音，还可以躲藏一阵。

还有一些没有解决的问题，也都在一些偶然的机会互相碰撞以后，意外地得到了解决。

3月25日早晨，他们叫我："出来，提上你的水桶。"我提上水桶跟着他们从西翼的西门出去。"放下水桶，这里有把铁锹，去把北墙下清理一下。"这正合我意，首先我把那些大便清理了，挖了个坑埋起来。

同时，我发现我窗下的土地是松软的没有散水。二楼窗下还有一条线脚，距室外地面大约有2.8米左右，从二楼窗口出来可以蹬踩。我曾从2.5米的高度跳下过，估计跳下2.8米也不会成问题，何况下面是松软土质呢！

清理完了，放回铁锹。一个人说："上前边小水沟那里洗一洗吧。"

我没吱声,这已经有过两三次了,我就提起水桶向大门口的石桥走去,而他们大约有六七个人离我有十几步远跟着我。

大门口的石桥和疗养所主楼前广场有不到 2 米的高差,用十几步石台阶相连。

机会来了,这种机会常常是可遇而不可求的。我下了几步台阶,我的"保镖们"落后我十几步远,正好有个空档,他们看不见我,或者不能看见我的全部。这时,从下面走上来一个邮差,和我面对面近距离打个照面,但是我后面的"保镖"却刚好看不见。我在和邮差擦肩而过的时候,大胆地问了声:"师傅,这里到南口有多远?"他答:"三四十里地吧!"我赶紧说了声:"谢谢!"我没有回头看我的"保镖",我已经得到我想得到的答案。也就是说,如果我从午夜十二点开始走,三四十里路走四个小时,无论如何都可以走出南口。我会成功的!

于是,我的逃跑计划就臻于完善了。我兴奋不已,开始做最后的准备。

最后,难得的机遇,又助了我一臂之力。

3月27日上午,还是冯家驷主审。除了例行公事的打骂以外,他到中午快结束的时候说:"你还是不肯交代吗?没关系,我们总有办法撬开你的嘴。我不会打死你的,我们要的是活口。你们不是有'攻守同盟'吗?告诉你们,那没用。你看,你们之中不是有人招了吗?那时,有人被动,有人主动,那是你们自己可以选择的。我给你24小时的思考时间,这24小时我们不干扰你。24小时后,明天下午,你再不交代我们就不客气了。"

我不担心什么攻守同盟,我在想这个"老四"所说的时间安排,刚好和我的逃跑计划相吻合。

中午,他们把一天的干粮送到我房间:两个窝头、一块咸菜、一暖壶冷水。这是我一天的标准口粮。这人放下就走了,临走还说了句:"明天见!"

下午,我把整个计划又在心中排练了一次,并默默地问法利亚长老:"我这个计划有问题吗?能成功吗?"我听不见长老的回答,但是眼前出现一片云雾，云雾后面有一片密林的山沟。我明白，那是三堡西翼北面的山沟。那条山沟我知道，这是长老明示我就走那条向下通到车站的山沟。

1965年暑假我们带学生军训后在"三堡"写总结报告时，向武装部借了一支小口径手枪，就曾在那条山沟里练习打枪。

我知道只有从左侧一条土坡走下去，才能最安全最短距离地走出这条山沟，走到公路和铁路上。但这条路线还有几处地形不是很清楚，似乎还有陷阱。这时已无法搞清楚了，只能选择这条路线了。

白天，我从窗口向外搜寻，发现灌木丛中有一段树枝，长约2米左右，粗约2公分，到时可以拣来防身或当拐杖用。

我打开窗向下看，一切都满意。不过，我原计划是将我收藏的电线绑在暖气管上再打上几个结子，从窗口慢慢滑下去。这样做，被发现的可能性大。首先是距离窗口太近，容易弄出声音，或可能从室内看到。还有，这条电线只能留在窗外，早晨他们起床外出大便时，就会看见这条电线，这样我就少了几个小时的时间。所以，我决定修改计划。

晚上十点钟了，我将房内有些文件、草稿纸之类的东西销毁，尽量少留可能成为"罪证"的东西。又将棉大衣塞到被里，弄成像是一个人睡在床上的样子。

我心想，爱德蒙•邓蒂斯是调换了法利亚长老的尸体，自己钻到装尸体的布袋里，而将法利亚长老的尸体放在自己的床上，骗过了狱卒，使他们对长老实行"海葬"时，从悬崖上抛下装尸体的布袋，爱德蒙•邓蒂斯乘机逃了出来。我现在没有他么复杂，但是，我这是真的，他那是小说！

夜晚十二点，窗外天空漆黑，没有一点光亮。近处，我的囚室楼下，人声嘈杂，我的"保镖们"早已开台赌上了。远处渐渐由小到大，火车吐气挣扎费力爬坡的声音越来越近了。我下定决心，把电线盘在身上，把没吃完的口粮包好扔到窗外地上，小心地翻出窗外，双脚踩在外窗下的线脚上，小心地关好窗子。转身看看，一切都满意，自己对自己笑了笑，默默感谢基度山伯爵和法利亚长老！当火车声最大时，我跳了下去。

我完成了逃跑计划的第一步。但是跳下、着地时，右脚腕扭伤了！我必须忍着痛走到南口。

7. 午夜逃亡，与狼同行

在《基度山恩仇记》里，当法利亚长老和爱德蒙·邓蒂斯越狱计划正准备实施时，法利亚长老却第三次发病突然身亡了。爱德蒙·邓蒂斯虽然很悲痛，却突发奇想，……狱卒抬起装着邓蒂斯的布袋走到监狱外的悬崖边，将布袋荡了几下，就扔下了悬崖。"终于，随着一个可怕的冲击，他掉进了冰冷的海水里。当他落水的时候，发出一声尖锐的喊叫，那声喊叫立刻被淹没在浪花里。"

我很喜欢这段描写，但我不希望这事发生在我自己身上。我已下决心逃跑，像邓蒂斯一样，"不让自己有片刻时间来考虑这个决定，真的，要是他仔细想一想，他这种决心或许会动摇的。"

火车在山谷中轰鸣。我赶忙向右滚到黑暗中，看看"麻将友"们打得正欢。我在黑暗中躺了半分钟，活动活动那受伤的脚腕，发现还能动。虽然很痛，但还有感觉。我爬起来，捡起吃剩的窝头和那根粗的树枝，忍着脚腕的疼痛，跟跟跄跄地从左边一个小山沟滑下去。临下滑的时候，我回头最后看了看二楼黑暗的囚室和一楼打麻将的灯火辉煌处。

我对这个山沟并不陌生，1964年和1965年我曾在这里练习打小口径手枪。现在天色黑暗，没有月光，居然还有些光亮，伸手可见五指。我这时才明白什么叫"星光"。如果连"星光"也没有，可能要恐怖得多了。借着星光，我看到早春的残雪。我摸索着慢慢走到疗养所北边的另一条小沟，顺着这条沟就可以到三堡火车站。

五年以后（即1973年），我们从江西鲤鱼洲农场撤回北京，分批到三堡疗养所疗养的时候，我又到这条山沟踏勘了一下。我看到当年逃出三堡所走过的路，实际上是一条极为危险的小山沟，宽不到30公分，左边是一个70~80公分高的坎，右边是山中积雪和已经开始融化的湿地,我居然平安走过,没有掉到坎下或踩到积雪融化了的湿地里!

突然,"呜……"一声拉长了的凄厉声音从右边的山林深处发出。

我明白这是"狼嚎"!同时,远处传来许多不知是山谷回声,还是远处狼群的回应声。以前在疗养所时也常常在夜里听见过,不过没有这么近、这么恐怖。本来狼嚎已很恐怖和阴森,而远处的回声或回应,听起来就更加恐怖和阴森。然而现在顾不上这么多了。怕也没用,也没处躲了。

我立刻把缠绕在身上的粗铜芯电线解下来,摸黑弯成一个约60公分的圆圈。听说狼怕圆圈。五十年代,我和同学们到八达岭玩,看见山上的房子和围墙上常常画了许多圆圈,据说就是用来防狼的。另外,听说狼多疑,你越害怕,它就越凶恶。所以我左手执圈,右手拄着粗树枝,一痛一拐地从北山沟走下去。

走到三堡火车站时,火车已走远了。车站灯火通明,不见人影,安静得可怕。我在一个电灯杆下坐了一会,看了看脚腕,有些肿,吃力时还很痛,但可以动,我知道没有伤到骨头。我下决心继续走,走出南口。我没有选择,只能向前走。我起身,作了几下深呼吸,又艰难地上路了。

我只能沿着公路走,没有路灯,偶尔有几间房子门口有电灯,能照亮前后几十米远,然后又是一片漆黑,只有星光伴我孤零零的一个人走着。

山谷里潺潺水声虽然很有诗意,但是另外还有一些奇怪的、我分辨不出哪里来的声音,还有就是狼嚎声。有时,狼的嚎叫好像近在咫尺。我马上环顾四周,能看见暗红的或暗绿的、恐怖的、阴森的眼光。走到有些光亮的地方时,这些阴森森的眼光就不见了。再走到黑暗的地方,又出现了。如果没有出现,就一定会有一声长长的狼嚎,接着远近又有呼应。有时我虽然看不见他们的身影,但阴森森的眼光告诉我,它们离我很近了。我知道,遇到狼或野狗,都不能逃跑。跑,你就完了,何况我的脚受伤了,还真跑不动呢!所以它们离我很近的时候,我就把弯成的铜线圈和那根粗树枝前后舞动,又在路边借着星光找到几块稍稍大一点的石头放在路中间。狼多疑，不知我搞什么诡计，不敢轻易上前。有时走累了，我就坐在悬崖边的护路石墩上休息，背对悬崖，我想狼群不可能从背后袭击我。

　　大约四点钟，转过一个小山口，突然，前面山里出现一些亮光，同时还传来一些山谷中不应该出现的声音。渐渐地，亮光和声音都大了，我认出来，这是南口采石场的灯光和采石机械的声音。到南口了！我兴奋极了，甚至一时忘记了受伤脚腕的疼痛。当我想起跟了我一夜的狼群时，才发现它们都不见了。我面对那茫茫的大山、星空和长夜，心里默默感谢这些没有找我麻烦、并陪送我一夜的狼群。

　　五年以后，当我再次到三堡休养时，也曾一个人夜访山沟、野林和公路，希望能碰到那些狼群，至少能再听到那凄厉、可怕的狼嚎。可是什么都没有，这就是人们常说的"可遇而不可求"吧！

　　这时，公路分了岔。直走，可能到南口火车站。左拐则可达昌平的一个跨过铁路的道口。守着道口有座小房子，小房子里外都有电灯，所以这个道口很光亮。我刚想找块石头坐下休息，忽然，小房子门开了，有一位铁路工人咳嗽着出来，向路边泼了一盆水。

　　我就势向前问道："师傅，经南口的火车有几趟？"

　　"两上两下。"师傅说："北上去张家口方向的下午一趟，夜里一趟。南下北京城的上午一趟下午一趟。"老师傅说着，又看了看我说："您怎么一个人走夜路啊！这黑里吧唧的，够胆子！"

　　"谢谢您啦！"我不敢多说。

　　我心里算计着，现在唯有经昌平去北京一条路可能最安全。我估计，如果现在休息的话，伤脚就可能再也走不动了。

　　我又迈开那受伤的脚，向昌平前进。我觉得最坏的可能已经过去了。这就是如果半夜里大约两点左右，他们巡查时，发现了我的被窝里不是我，而是棉衣；或者他们早晨打完牌，准备睡觉时巡查一下，发现被窝里不是我，发现这两种情况，他们会开出那部吉普车展开追捕。但当他们追到昌平时，我已到北京了。我藏在北京这么个大城市里，他们要抓我可不是很容易的事呢！于是我坚决地走下去！

　　走着、走着，天渐渐亮了，周围人和车的声音多起来了，还有些部队战士早晨出操了,"提高警惕,保卫祖国!一、二、三、四……"

又累、又困、又饿的我,虽然咬紧牙关,硬挺着走下去,但也渐渐支持不住了。我想,如果我真的走不动了,在南口,我可以去找×××部队;在昌平,我可以去找昌平工程兵技术学校,他们一定会帮助我的。

渐渐地,我出现了幻觉:有很多影像出现,我仿佛觉得自己也在解放军的晨操队伍里,喊着口号……

这时,我仿佛看见那辆吉普车,看见开车的是冯家驷……

我仿佛看见昌平公路上转向"200号"和南口方向的路口,从那里往南一点就是昌平到北京德胜门的公交车站,我到了……

我失去了知觉……

8. 最危险的地方,也许是最安全的

当我恢复知觉,睁开眼睛时,看见几位解放军正在看我上衣口袋里的东西。

"清华的工作证,清华的。"一位解放军说。

"醒了,醒了!"另一位说。

"喂,同志,你是不是要回清华去?我们通知清华来接你,我们是工程兵技术学校的。"

我摇头。

"我们送你上公共汽车?"

我点点头。

他们扶我起来,护送我慢慢走向汽车站。站台上正好有一辆空车待发,他们小心地扶我上车,安排我坐在司机后面第二排的位子上。

他们又问:"你认不认得路,身上有钱吗?"

我又点了点头。

"走好,我们回去了。"他们说完,又跟售票员说了几句什么。

过一会,车开了。我趴在前面座椅的靠背上,昏昏沉沉地睡着了。

"同志,同志,醒一醒,您是上北京还是上清华?清河到了,上

清华在这里转，上北京就到德胜门？"

我好像好久没有说话了，现在低声说："德胜门！"

"您有钱买票吗？没钱不要紧……"售票员说。

我递给售票员一张 5 元的钞票，她给了我一张票和找回的一些钱。我也没注意看，就放回口袋。接着又趴在座椅靠背上，但没再昏睡，并逐渐清醒了。很快，车就到德胜门站了。

售票员对我说："您走好，要不要我们帮您？"

我摇头，并说了声："谢谢！"

下车一看，是德胜门外大街的南端。我慢慢走到护城河边，有一条石头台阶从河岸可以下到水边。护城河水虽然不是"清澈见底"，但至少不是浑浊的。

水面上映出了我的面孔：苍白，清瘦，眼睛无神，须发很长，鼻孔处还有些血痂……很像个逃犯。我手捧护城河水洗了洗脸。

看了看周围，没什么人。我就在台阶上坐下来休息，同时，计划下一步棋该如何走。

首先，我应该决定先和谁联系？是先和家里联系，还是先和学校联系？我想，和学校联系太危险，因为学校所有机构目前都被团派控制，我没办法直接找到我最信任并与我关系最密切的几个人。我逃跑以后，学校会乱一阵，老团会发疯一样追捕，而老四也会乱一阵。老四不乱，那肯定知道我已经安全了。老团就会拼命从老四内部探听有关我的信息。这种局面对我而言是很危险的。

然而，无论如何，我的目标还是要回到学校。虽然回学校相当危险，但往往最危险的地方也许是最安全的。比如我深夜独自从坏人、野狼出没的山沟里走出来，非常危险，但事实证明这也是最安全的逃跑线路。

所以我决定先和家里联系。怎样联系？我脑子里已大致形成了一个计划。

我以前常常骑车从学校回我父母家，或从父母家回清华。都经过这里，对这里很熟悉。1964 年带学生到部队军训时，我记住了解放军团长的教导，走过什么地方，都要记得这地方有什么特点。现在派

第四章 "罗文李饶反革命集团"是怎么回事

上用场了，我现在要用公共电话……

这时，时间已是早晨 8 点多了。我起身，慢慢走到德胜门内大约是鼓楼西街路北的一间小商铺前，我记得这里有个公用电话站。

我走上台阶，掀起厚厚的门帘，走进去。里面两个人，一个女的背着门蹲在地上在整理什么东西，另一个男的坐着，和我打了个招呼。

我平时都讲标准的普通话，现在我却用广东口音的普通话说："师傅，可不可以用一下电话。"

那人说："可以，本市一毛钱一次。"

我拨通了我父母家的传呼电话，我还必须用广东口音。因为那边的管理传呼电话站的正是查抄和占用我家房子的"街道积极分子"。

我用浓重的广东口音说："我找铃铛胡同 15 号院内李曼云（我母亲）家听电话，我姓刘。"

那边接电话的人说："请稍等一下。"

也就两三分钟时间，但我感觉很长、很长。"喂，哪一位？"那边传来的是我父亲的很重的广东口音。

我立即用广东话说："爹爹，是我，阿启，请你一定讲广东话，不要讲普通话。"

"他们放你回来了？"父亲问。

"不是，我逃出来的。请你告诉妈妈，请她放心。我现在去梓哥家（梓哥是我大姐夫何梓华，我大姐一直下放在昌平，经常不在家）。你知不知道鸿文怎么样？"

"她昨天好像进城正在梓哥家，你大家姐周末回来了，昨晚才回昌平。"

"孩子好吗？"我问。

"很好，放心啦。我叫你妈给你弄点吃的送去梓哥家。"父亲说。

"不要，今天中午以后，你们都不安全，他们会下令搜捕我。你们和孩子都要特别注意。如果送吃的东西给我，也不要到梓哥家里。今天中午 12 点以前送到日坛公园儿童游乐场去。"

打完电话，我准备去饶慰慈家。她家在一个深宅大院的最后一层院落，里面不知住了多少户人家。我进了大门，从右侧直巷走进去。我走了一半，连一个人影都不见，感觉不妙，立即停步。我想这样到她家，或被人看见，会不会给她带来麻烦？还是马上回头吧！今天回想起来，我还后悔当时应该到她家，告诉她立即躲藏起来，也许她就可以逃过这一劫。

从大宅院出来，我搭公共汽车，经过三个站，到张自忠路人民大学教工住宅区。

我艰难地走上我姐家所在的五楼。敲了门，是姐夫和他的一位同事开的门。姐夫一见我，吃了一惊，赶快叫我进去。我看见他家三房中最大的一间房里面坐满了人，好像在开会。他们也都看见我了。

我心里暗想："糟糕！"

姐夫看出我的心事，就说："没关系，都是自己人。"

但同时，他又提高嗓门，似乎有意让屋里的人都听到，大声说："这里不安全，快走。"

这时，我看见鸿文走出来了。两个月没见了，我看她面容憔悴，目光呆滞。我很内疚，是我害了她。但现在顾不上这些了。

姐夫拿出两把自行车钥匙说："快走。"

然后似乎是不想让同事们听到，压低话音用广东话（他是广东南海人，和鸿文是同乡）说："晚上七点以前你们在什么地方？"

我小声说："在日坛公园附近。"

他说："好，晚上七点在建国门向西行的马路上见面。"

我们很快下楼，骑着自行车离开人大宿舍。这时我才注意到院里贴满了大字报，许多人在看大字报，因此也没有人注意我们。

出了张自忠路一号（原来是铁狮子胡同一号）大门，鸿文问我："怎么走，上哪儿？"

我说上日坛公园方向。这时已经11点了，我告诉鸿文，母亲可能在12点以前到日坛公园来看我。

她批评我："不应该让老人家冒这个险。"

这时，我才感觉自己很饿。一想到两个月来都是一天四个窝头一块咸菜，而且走了一夜，只吃过一点点干粮。这样一想，我更觉得饿得不得了。我叫鸿文去旁边小食店买点油饼或肉肠之类的熟食,她立即去买了。我也顾不上是否体面,就在大街上吃起来。吃完了,我们就骑车向日坛公园东门而去。

快到东门的时候,我忽然见到清华建四(64年建筑系毕业的学生)的陈书栋骑车迎面而来。我们两人对视了一秒钟,他似乎没有感觉。我则肯定不会认错人,是陈书栋无疑。我们向相反方向走过之后,我回头看他,他没有回头,说明他没有认出我。我曾想过:如果他认出我怎么办?我想我会如实地告诉他我如何被绑架,如何逃出来,蒯大富们正在追捕等等。我相信他听了会帮助我的。

他是清华建四的工农调干生,年级党支部书记,我教过他们,和他很熟。建四还有十几位工农调干学生,都非常朴实。虽然因基础不太好,学习成绩较差,但他们非常努力。他们差不多都比我大,但对我很尊敬。

66年文革开始时,大字报铺天盖地,我们都被打成黑帮,游街戴高帽,每天定时要去看揭批大字报。有一天,我正在工字厅门前看大字报,忽然一个熟悉的身影,我认得是建四的调干生李春生。他见我剃了光头,一副落魄的样子,就笑着说:"罗先生,我是李春生,记得吗?"我苦笑,他说:"没事的,很快过去的。我在东北工作,现在是带领单位造反派来学习经验的。"还有一次是69年,按照林彪一号战令,我们大批教师干部奉命必须全家到江西鲤鱼洲农场劳动并落户。鸿文已先一批去了江西,而我正在收拾行装。有一个很少钱的银行存折,也被查封了,身上一文不名,连饭堂的饭票都买不起,真是穷困交加。这时,我忽然接到两张20元的邮局汇款单,其中一张我认不出是谁寄来的。另一张汇款单的简短留言上写着:"罗先生,感谢您在我最困难的时候资助了我——王。"虽然没有写全名,只有一个"王"字,但就这一个王字,我已经想起是一位工农调干生王福勤。

到了日坛公园的儿童游乐场,鸿文注意到离东门不远的地方有一座较大的建筑物,是肿瘤医院,她说去看看,必要的时候可以混到复诊病人当中,可以躲避追捕。她很快就回来了,她说这个地方必要时可以用。但是，我们后来并没有用这个"避难所"。

母亲来了，带了一饭盒炒饭，我狼吞虎咽地吃个精光。我们嘱咐母亲要小心保护自己和孙女，母亲含着眼泪离开公园回家去了。

差不多整整一个下午，我们在公园里，躲在灌木丛中一小块能照到太阳的空地上休息，我脱了鞋晒太阳。

鸿文欲哭无泪，她感叹说："怎么办，以后的日子怎么过？"

我说："如果市政府或专政机关也说我是反革命，也要抓我，那我就真要反革命了！"

鸿文困惑地看着我说："我不懂你的意思。"

我也没再说什么，我怕她害怕，不敢再说了。

天慢慢暗了下来，公园里已空无一人，这里太静反而不安全。下午六点多的时候，我们商量了一阵，决定先去看看林维南。他住北京日报宿舍，就在日坛公园附近。

我们到他家，停靠好自行车，爬上四楼，敲了几下门，林维南开了门。跟以往不同的是，他家走廊里的几个房门都是关着的，似乎有什么事。他见我们马上说："小杨（他的妻子）刚生了个女儿，住了几天医院，今天才回家。你们别进去了，我妈妈为躲避印尼反华也刚回到北京……"

我把我的情况简单说了一下，他叫我们到里面一个小房间，给我拿了一小瓶广东人喜欢用的跌打伤湿油，鸿文立即帮我涂抹并按摩了一阵。林维南又给了我一些粮票和钱，就催促我们赶紧离开，也没问我们到什么地方去。我们都心知肚明，情势是非常危险的，到什么地方去最好不说，也不问。

林维南送我们出门。但和平时不一样，没有送我们下楼。我们慢慢走下楼。走到一楼单元门口，我开自行车锁时，不经意地看了右边单元的厨房一眼，发现一位男士正在注视着我。我心中有些不安，因北京日报很多人认识我。不只因为林维南，而且因为我负责宣传工作，和北京的几个报社都常有来往，认识不少人。几天以后发生的事情证实了我的担心。

第四章　"罗文李饶反革命集团"是怎么回事

七点钟，我们准时骑自行车到建国门大街，从建国门向天安门方向骑去。

不一会，姐夫不知从什么地方赶上来了。他说："我找到了郁正汶，他答应我们先到他妻子的弟弟的家。他们两口子都姓李，都在五道口商场的一个餐厅工作，人挺好。我们到他们家再商量怎么办。反正你们总不能在街头游荡。你们从这里向西走，在火车站口的方巾巷向北直走，到朝阳门大街向东拐，出朝阳门再直走到三里河口右手边，在那里会面。郁正汶带你去他爱人的弟弟的家。现在，我和你们分开走。"

我们七点二十分到三里河街口。黑暗中似乎有好几个人影。我先看见姐夫，然后看见郁正汶。他是中国青年报的体育记者，是我大姐、姐夫的燕京新闻系的同学。院系调整后，燕京撤销，他们"改嫁"人大。从燕京时起，他们就常在我家聚会、碰头，似乎他们几位男生曾被打成"反动小集团"，后已平反。他在报社两派中很活跃，但他是天派的。不过，这在文革中是个很普遍的现象。正因为他是天派的，与414是对立的，对我而言更安全一点。

我刚和郁正汶打招呼，问声好。旁边闪出一个人，一把搂住我哭了。我吃一惊，这才认出是大姐征敬。她很激动，断断续续地说："受苦啦，挨打了没有？我昨天才回昌平，心里总不是很平静，似乎有什么事，整晚睡不着。今天一早晨我就决定赶回北京，一进门，阿梓（姐夫）就告诉我说你逃出来了。你看，我到现在心还在乱跳。"

姐夫厉声下令道："别婆婆妈妈的，快点！马上随郁正汶走！下一步如何再商量。"然后对大姐说："你回家吧，这里人多了反而不安全，引人注意。"大姐很不情愿地离开了。

我们一行人则随郁正汶骑车进了三里河小区，左拐右拐转到了小李家。他们很热情地接待了我们。

当晚，鸿文帮我从头到脚擦洗了一遍，并在受伤处上了药。

这时，已过午夜十二点，正是我昨晚跳下楼的时间。现在回想起来，有点后怕：如果麻将友当中有一位外出小便，正在这时撞上我跳下来；如果麻将友当中有人听到一个重物坠地的声音，同时还听见有人喊了一声；如果……。

"喂！"姐夫唤醒了我。"现在要有个打算。现在这里虽然安全，但你总不能永远躲在这里！"

我说："我正在想，我应该回学校去。"几个人一起摇头反对。

我说："最危险的地方也许正是最安全的。"大家不说话。

姐夫说："这样，明天我们出去看看形势，看看情况再说。"

郁正汶说："我明天到清华去探听一下，最好能跟你们414的人接上头，听听他们的想法和意见。如果他们也认为你回清华去最安全，那就听他们的安排了，但你得给我一个最安全可靠的接头人。"

我告诉他的接头人是李兆汉。

他随口问我："可靠？"

我说："100%。"

姐夫问："你为什么不找印甫盛和万润南呢？"

我回答："不是不想找。但是将近两年来，学生宿舍变化很大，我没有把握能安全地找到他们。而且老团一定很注意他们，因为他们和我关系很密切。"

讨论完了，我们已困得不行了。

临睡前，我还没有忘记问一问法利亚长老："我这样做行吗？"

我没听见回答，就已进入梦乡。两个月来，我第一次安稳、平静地睡了一夜。

9. 414总部指挥救援，回到学校

次日（三月二十九日），我们以急切的心情等着郁正汶。他去清华探听信息了。

天色渐暗，夜幕降临了，我们都有些焦虑不安了。一直等到午夜才听到楼下有搬自行车的声音，郁正汶回来了。这时已是三月三十日凌晨了。

郁正汶侃侃而谈，仔细描述了他去清华探回的以下信息：

第四章 "罗文李饶反革命集团"是怎么回事

我到了清华,学校里还算平静,大字报栏里的内容并没有关于征启的事,看样子谁都摸不清真相,不愿先发制人。

晚饭以后,我去十七宿舍找李兆汉,他不在。他的夫人廉慧贞老师警惕性很高,盘问再三。我开始没有说谁叫我来的,她也躲躲闪闪。

最后,我说:是罗征启叫我来的,我是他姐姐罗征敬和姐夫何梓华的同学。罗征启逃出来了,他说除了李兆汉,别人都不能说!

廉老师说:"李兆汉在主楼后厅开 414 的形势讨论会,我带你去。"

我们一起骑车到主楼,她很快在后厅找到李兆汉,李立即在后厅的大柱子后面和我见面,我只简单说了几句。

他说:"行了,等一会儿一起说吧,我去通报一下,你稍等。"

我不放心,又叮嘱说:"这事绝对不能泄露出去,要绝对保密。"

他笑了笑:"你放心吧,等一会你见到这些头头就知道了。"

我当时还不明白,后来我参加了 414 高层会议"讨论救援罗征启的事宜",我才知道我的顾虑是多余的。

主楼后厅的会开完了。也许是因为我有事,所以觉得会是提前收场的。

换了一个小房间开会,只七八个人。为了保密,即便总部委员,也不一定都参加。414 的第一把手沈如槐主持这个会,先请我介绍一下情况。我只说了大概情况,连罗征启现在藏在什么地方也没有说,他们也没有问。

沈如槐说:"现在情况很清楚了,我们下一步应该怎样做,罗征启自己有什么意见?"

我说:"罗征启的意见倾向于回到学校,他觉得老团一定认为他不敢回学校。最危险的地方也许是最安全的。现在所有的车站、关口一定有人监控的,可能外逃比回学校更危险。"

讨论进行得很平静,很理性。大家比较倾向接罗征启回学校。于是沈如槐拍板,成立"救援小组",由宿长忠指挥。

沈如槐,宿长忠和其他 414 的头头真的都堪称将才,指挥作战,沉着又灵活。沈如槐拍板以后就叫无关的人退席，我知道这事越少人知道越好，但是这事也不是三五人能干的。这时我才发现，小房间门外已经有几个人在等待宿长忠的命令。

沈如槐、宿长忠分派任务有序而且果断，从派汽车、司机是谁、车长是谁、接头地点、回学校的行车路线、进校以后的路线、校内外几个关键路口各派 414 战士若干守候，等汽车过了再散，到要求从下午起，守卫科学馆的人全部换成和罗征启比较熟悉的人，并且由"二•二三战团"印甫盛负责……宿长忠一口气说完，简直滴水不漏。又指定了和我联系的人，以及指示如果情况有变化，如何联系。大家还对了表，规定行动时间是 3 月 30 日下午 2：30，接征启的地点是朝外大街邮局。十点半左右先去邮局周围看看，如果有变动，会及时通知我们。

然后叫我先走，他们还在商量什么。我离开时已是三月三十日的一点多。

听完郁正汶有声有色的介绍，已快深夜三点了。我们都松了口气，安心休息，准备迎接即将到来的营救回校行动。

上午，郁正汶来了。他说："从我们住的地方到朝阳门外大街邮局骑车来回几次，测得平均时间是 9 分钟。但是，当他十点半钟去邮局联系的时候，414 总部派人来说，情况有变，这个地点不能用，因为邮局里有三个老团，不知为什么，就是不走。虽然看样子不是为了我们，但总部为保险起见，还是决定修改计划。时间不变，地点改在邮局后边，有一个饭馆，门口是三条路，丁字形的交叉口，有情况时比较机动。总部说，汽车早晨已经出动，在市里转，同时注意有没有跟踪的尾巴。我看他们部署的还是很严密的。"

郁正汶说完，又去测新的联系地点到我们住的地方的距离和需要的时间。他昨夜没睡好，又跑来跑去，很辛苦，但看来他很兴奋。新的接头地点离住地的距离稍近了一点，需要五分半钟。这是他午饭前多次实测的结果。

我们一起吃过午饭，时间越来越近了。两点二十分，我们和主人告别。我也和鸿文话别，慢慢走下楼。虽然过了两天，我受伤的脚腕，吃力的时候还是很痛的。因为脚痛，不能跳上自行车后座，只能先坐好，请郁正汶从前面跨上车，我的脸顶住他的后背。

只听他说："还有四分半、三分半、两分半、一分半、一分钟，前面已经看到接头地点了，还有30秒、20秒、快到了……"

这时从后面那条小街里冲出一辆吉普车，"嘎"的一声在我们的前面急刹车，这情形和两个月前"老团"抓我的情况几乎完全一样。我都来不及想，来不及惊慌、害怕，从车上跳下来几个人，一个大个子把我从自行车上拦腰抱起，轻轻放进吉普车后座，车里几位同学轮番拥抱了我，同时，车子几乎没停就加速开走了。司机我认得，是汽车实验室的张德禄。他扭过头来，对我亲切地笑了笑说："受苦了！"

这时我才想起郁正汶，却早已看不见了。事后他说，当他听到急刹车的声音，也吓蒙了，后来看到上车以后互相拥抱，才放下心来。

坐在司机旁的同学是这次救援行动的现场指挥，名字叫尹尊声。他没怎么理我，眼睛一直警惕地注视着道路周围的情况，不停地问"有没有异常？"

坐在我旁边和后面的几个同学都报告说："没有异常。"

尹尊声和这几个同学一直不讲话，很紧张地注视着左右和后边道路上的情况。每到重要的路口，都会报告是否有异常情况。

吉普车在北京市区转了半天没有发现什么异常，张师傅就说："好！那咱们就上三环奔学校东门了。"

过了林学院，快到学校东门外铁路和去清河的公路交叉口，几个同学都说："看见安全暗号了，可以进学校，大家准备。"

一位同学给了我一件工作服上衣，一个帽子，还有一个平光眼镜，并轻松地说："没事，别紧张。"

车子开到东门，尹尊声说："看见我们的人了，看见安全的信号了，别停，中速进校门。"

进门以后，车子径直钻过主楼左侧的过街楼洞口向学生宿舍区开去。这条路要绕道稍远一些，而且经过学生活动区、宿舍区，两派学生都很多，一般人考虑不会选这条路的。

奇怪的是，已是下午 4 点左右，我居然看见不少同学在这个时间里，还在操场上锻炼身体，可惜马约翰先生已经去世，不然看到这一现象会很高兴的。

因为路上人多，车速还是慢下来了。车到大礼堂后边西侧的桥，开过去就是礼堂、闻亭、阶梯教室、科学馆后门。这时，张师傅发话了："准备好，安全到达了！"

我只看见汽车对准科学馆后门前的小路，一位同学用一条大麻袋把我头蒙起来。同时，张师傅一踩油门，汽车冲到后门前，戛然刹住停下。还是那位大个子同学，把我扛进门。

只听得守门人问道："抓了个什么人？"

大个子说："老团三动的。"

守门人说："好呀！"

我被扛着上楼梯，又走了一段，进了个房间。把我放下，扯下麻袋，我看见印甫盛、万润南、沙春元等几位同学微笑着看着我，我这才感到"回到家"了。

这个房间是三楼存放实验仪器设备的，大门上又有小门，是借还仪器设备用的，现在则给我专用。有人敲门，查对是总部头头特许的人，则打开小门，把大门的钥匙送出去，开了大门，再伸手出小门将大门锁上。

没多久，大家就注意到，这里住着一个神秘的人物。"神秘"还在于此人"住"进去后，就没见出来。几个学生每日三餐轮流送饭，每晚总有一个学生陪宿。每晚，当科学馆夜深人静后，这个神秘人才到男洗手间去方便以及漱洗一下。

10. 家破人亡，逃离北京

我到科学馆三楼的"密室"住下以后，陆续就有414里熟悉我的几个头头来慰问，看我。我听得最多的慰问语是："不容易！好好休息。"

在科学馆的"密室"住下的第二天下午大约四五点钟，走廊里传来吵架声，声音越来越大。我听到一个熟悉的声音（应该是414总部委员蒋南峰），他大发脾气："我说多少次了，我不赞成打人，两边互相抓打，迟早有一天出大问题。你们再这样，我不干了。"

有几个人略有争辩地说："我们不能只挨打、受气，吃眼前亏。"

我听他们提到我的名字，还说道"生死未明……等等"。

但蒋南峰还是非常坚决明确地反对打人，搞暴力，反对以牙还牙，以暴易暴。

我想，如果当年掌了权的蒯大富能像蒋南峰这样坚决反对打人，清华的文化大革命或许会少死一些人呢。

有好几位414的同学问我，在老团那边打人最凶的是什么人，我说了冯家驷等人的情况。立即就有人提议采取报复性措施，并主张马上动手。但是沈如槐、汲鹏、宿长忠等坚决反对，他们认为不可以这样。打人和被打的人都是好人。打人者中除了个别人外，大部分人都是为了信仰，只是方向错了。我们不能以错对错，不断升级，这是不对的。

沈如槐他们关心的是另外一些问题，如宿长忠几次问我，有没有发觉或感觉414内部有什么问题？更直白一点就是有没有内奸？有什么应该注意的问题？

我说："没有，老团虽然用刑逼供，但我觉得他们并不太了解414内部的情况。正因为不了解，所以才很急躁地采用刑讯逼供的办法。"

我还提请414总部注意保护文学宓、饶慰慈的人身安全问题。我逃出三堡那天，本想去饶慰慈家告诉她最好躲藏一段时间，并请她通知文学宓，但我怕到她家去引出更大的危险，所以没有去。

沈如槐等告诉我："已经多次通知了文、饶等人，但他们似乎不太重视。"

我请他们注意，现在形势不断升级，不能不重视。

然而，文学宓，饶慰慈等人还是不太重视，终于不幸先后落入团派手中。对此，我颇感内疚。我跑掉了，他们却被捉到了。如果我不跑，他们是否可能避免被捉？

宿长忠还问我是否知道李康的情况。我说："传说他出卖了414

总部和许多同志，这事我不能证实。我不了解总部的情况，李康比我更不了解。他能出卖什么呢？我从三堡出逃前两天，冯家驷说李康已到三堡，说他交代了很多东西，还拿了几叠手写的材料，说是李康的交代材料。他们并没有给我看，只是远远地在我面前晃了一下。书写字体的风格像是李康的，但他们念了几段内容，我觉得根本就对不上号，用李康的交代来攻我和文学宓等，或用我的来攻李康，都是空对空，都正好说明他们并不了解情况，至少并不了解更为深入的情况。"

我向总部报告说："冯家驷他们有一次问我张正权在414起什么作用？我装作没听见，也没表态。因为我认为张正权（校刊新清华的主编）人很正派，基本上没参加两派的活动。他倾向414是清楚的，但他从未表露，也没有得罪过人。"

宿长忠、汲鹏都表示根本不认识此人。后来工宣队证实，冯家驷所指的是科研处的章征文，发音差不多，但不是同一个人，是他们搞错了，这也证明他们并不了解情况。

连续两三天414总部都派人向我通报了我家里的情况：鸿文可能藏在亲戚朋友家；大约4月2日"老团"抓了我父亲，之后又抓了北京日报的林维南。林的母亲因躲避印尼反华的浪潮，回到国内。她只会讲客家话，不会讲普通话，看见有人抓自己的儿子，就上前阻止，被踢倒在地（过不久就去世了）。主要是追查我的去向，但都没得到确实的信息。

听到这些消息，我非常不安，很难过和内疚。我自己逃出来了，安全了，但却连累了家人、朋友。

难道我错了吗？夜深人静的时候，我又向法利亚长老请教。长老说："这就是人生！你跳楼逃出来太顺利了，所以要让你摔一下、痛一下，但你还是没有全明白。要知道，人生总是顺逆交替，苦乐相随的，不可能事事都顺利！而你文革前的路走得很顺，几乎没有受过任何磨难，所以现在你要补上磨难这一课，还要为今后多积累一点。今天多受点苦，今后就可能少受一点苦！"

4月5日上午，我听到两派的广播台所播内容有些不对劲。团派的广播，一个劲地骂罗征启，并且一连说了几个"死"字：死不悔改、死不认罪、死有余辜等等。而414的广播，则一再声明，要贯彻中央关于要文斗不要武斗的指示，武斗伤人要依法处理。

听得我心惊肉跳，我感到一定出事了，因为父亲在他们手里。不会是父亲出事了吧？我心急如焚！

陪我住的几个学生吃过早饭都到"密室"来，他们都感到出事了，也估计最大的可能是我的父亲。他们一方面陪着我，另一方面派两个人去打探一下确切的消息。

十点半左右，打探消息的学生回来了。几乎同时，414广播台播出了414总部的声明：老团于4月3日晚抓了罗征启的胞弟罗征敷，在回学校的路上，罗征敷因反抗遭殴打，并被用麻袋套住头，造成窒息身亡。对此，414严正声明这是犯罪行为，要求政府严肃法办杀人凶手等等。

接着，汲鹏、宿长忠又来安慰我，我一直无言相对。

我的内心被痛苦、自责、压抑、愤怒交替撕扯着，我说不出话。我只能问法利亚长老："这难道也算是'磨练'吗？为什么不发生在我的身上，而要我的父亲、弟弟和朋友替我受罪？我真是后悔，我不该从三堡逃跑，我……"

我记得在《基度山恩仇记》里，当爱德蒙·邓蒂斯知道他的老父亲（老邓蒂斯）因他被陷害入狱而无依无靠，活活饿死时，他非常伤心、悲痛。他当时的心情，我现在感同身受，完全可以理解了。

记得我上小学时，我的铜墨盒上镌刻着父亲亲手写的孟子的一段话："身体发肤，受之父母，不敢毁伤，孝之始也。"我1951年上清华时，父亲又给我一个铜墨盒，上面镌刻着另一段孟子的话："立身行道，扬名于后世，以显父母，孝之终也。"如今，虽然我知道，这孝道之"始"和"终"，都有更深刻的内涵，但是，我实在无颜面对先贤的这两句经典的话。我自己的发肤没有毁伤，却伤害了父母和兄弟，这算什么"孝之始"呢！更不用说"孝之终"了。

弟弟去世以后，据说中央有位领导发话了，说必须依法处理，杀人要偿命。于是团派总部委员孙耘等人就出面自首，承担责任，并且很快放了我父亲和林维南（我直到几个月以后才见到他们）。团派的大字报铺天盖地，广播台也不断叫骂，主要目标是"反革命分子罗征启"。接着又在4月15日左右抛出了一个"罗文李饶反革命集团"，似乎这个"集团"能定性，孙耘等人就可以无罪释放了。

两派的矛盾，如果只是思想观点上的争论，那倒也罢了。而今提高到革命与反革命的高度，伤残致命，甚至殃及亲属，我真无法想象将来何时、由谁、用什么办法来收场！

此后有很长一段时间，我在我父母、亲友面前，尽可能回避这一话题，我不敢面对。

在《基度山恩仇记》中，爱德蒙·邓蒂斯逃出死牢之后，找到了大笔财富，开始了报恩、复仇的计划。我对大仲马关于爱德蒙报恩的描写，非常感动。书中描写他的恩人埃及王号船主摩莱尔因大风导致埃及王号沉没而破产，爱德蒙用他的财富复制了一条一模一样的埃及王号，并装满了货，开进马赛港，挽救了准备自杀的摩莱尔。马赛港的民众惊奇地看着驶进港的埃及王号，喊着：埃及王号！埃及王号！我每次看到这段描写都激动得流下眼泪。但是，我对复仇的描写并不认同，我认为太过残酷，尤其是对待他新婚但被仇人弗南特霸占的妻子美茜蒂斯，以及她的儿子（亦即仇人的儿子）阿尔培，都太过份了。我想，仇是报了，然而，被复仇者的亲友、子女又要复仇……如此冤冤相报何时了？

过了几天，到4月15日，两派广播打仗又升级了。团派广播提出"打倒罗文李饶反革命集团"！并在前一天晚上，捉了文学宓、刘承娴（建筑系教园林设计的教师，时任党委统战部副部长）。当天，团派下通缉令，命令饶慰慈到团派总部报到，而饶慰慈自认为没有问题，就到团派总部问询，当即被扣。团派广播台马上广播说饶慰慈"畏罪自首"，并欢呼"胜利"！414派则受到极大压力，连续发表声明，要求停止非法绑架干部，并要求依法惩办杀害罗征敷的凶手，并交出罗征启。

当夜，我像前几天一样，在科学馆已经安静下来之后，才去三楼的男盥洗室洗漱，却意外碰到楼庆西（他是建筑系的教师，是刘承娴的丈夫）。他看见我吃了一惊，问道："传说你已经死了，你怎么样？"

第四章 "罗文李饶反革命集团"是怎么回事

我说:"我逃出来了。但他们又把刘承娴抓去了,真是无法无天!"

他又问:"你看他们会不会打她,会吃苦吗?"

这个问题,我怎么回答呢?我们的对手当中,有些已经失去理性,什么事都干得出来。但是对家属,我怎能说得出口?只好说:"不会吧!他们打我可以,但是对刘承娴、饶慰慈两位女教师……"。

楼庆西摇摇头,没有再说什么。

然而,从此以后,我们两人都没有再见到刘承娴老师,他们的两个女儿,也从此失去了妈妈!

在所谓的"罗文李饶"这四个人之外,还有两个人,一个就是刘承娴,另一个是科学研究处的副处长徐一新,他受到通缉的时候,刚好不在学校,后来也受到追捕,最后414总部把他救到科学馆,直到7月27日工人解放军宣传队进校制止武斗时,才从科学馆被解救出来。

其实,这六个人当中,我、文学宓和饶慰慈三人关系最密切,但是67年4月23日我在大礼堂414大会上发言时,代表的是六个人。所以,六个人都变成老团围捕的目标。

连续几天,两派广播台的高音喇叭,一直不停地借罗文李饶大做文章。随着广播互相攻击温度的快速提高,武斗的气氛也越来越浓。科学馆里"磨刀霍霍",做"最坏的打算"。我没有出密室,但从听到的声音判断,科学馆里多了很多人。

大约4月20日,忽然,有人敲密室的门,很急促。但是密室里只有我一个人,所以根据平时的约定,没有"暗号",不能开门。但是那个人继续敲门,而且越来越用力,并且说道:"喂!我知道里面有人,我们要检查一下窗户,你们得负责守住你们的窗户,明天要把钢窗焊死,还要发武器给你们。"听到这一番解释,我没有选择,只好把小门打开,并伸手开了大门的锁,把大门打开。

打开大门之后,我看那人并不认识。他一看见我,大概是认识我,吃了一惊说:"没有问题,您好好休息。明天下午,还是我来焊窗户。没事了。"他随后退出房间,问我要了那把大锁,从外面把门锁上。

第二天,还是他来,带了两个人和一些焊接设备。他自己进屋,把窗户焊上。走的时候,他向我鞠了个躬,说:"老师,您安心休息,我走了。"

4月23日,清华"百日武斗"正式开场。当天,414是吃了败仗的,旧电机馆失守,很多人受了伤。

下午,汲鹏和印甫盛等来到"密室"。汲鹏对我说:"和沈如槐商量过,现在科学馆不安全了。万一这里发生大规模武斗,你在这里有危险。我们建议你离开这里。初步考虑,请李衍平陪你到他家乡去躲一躲。他是广东汕头人。汕头交通不很方便,清华同学也不多,老团不容易找到那里。李衍平是414'37战团'的,是个写手,平时不大出头露面,陪你走比较安全,今晚就走。'37战团'还派一个周家琛送你一程。东方红'223战团'的印甫盛、万润南负责送你安全出北京,并负责以后和你联系。"

印甫盛问我:"身上有没有钱?",

我说:"有,很少。"

他说:"李衍平也没有钱。"

我就请印甫盛先去人大找我姐夫联系,要点钱,并且通知家里,我目前安全,但因学校武斗升级,不得已需暂时逃离北京。

当晚,天黑下来以后,科学馆里人声嘈杂,许多414同学跑来保卫科学馆。有些老师、同学或干部躲进了科学馆。每个窗户都安排了两个人守卫,武器是用水管自制的长矛。

大约7点30分以后,汲鹏带李衍平、周家琛和万润南来到科学馆。汲鹏给了我一把车钥匙,告诉我:"等一下你紧跟我背后出去,外面有位同学在等着你。他不认得你,你也不认得他,但他认得我。他看见我,就把车给你,你开了车锁就骑走,什么也不用说。你走科学馆南边过小桥、工字厅、静斋门前,到停车场,然后径直到主楼前东校门。"

他看我的眼神似乎有问题,停了一下说:"是,你一个人,走静斋老团总部门前,他们绝对想不到罗文李饶的首犯罗征启敢大摇大摆在老团总部前胜似闲庭信步!"一边说一边还给了我一身工人穿的工作服、一个平光眼镜。

第四章 "罗文李饶反革命集团"是怎么回事

最后汲鹏说:"你在主楼前广场上和李衍平、周家琮他们会合,出东门走林学院。再往哪里走,你们再商量吧!"

我一句话都没有说。等了两分钟,汲鹏似乎听到什么信号,站起来说:"走吧。"

我站起来,背了一个书包,拿了车钥匙,对汲鹏说:"替我向沈如槐、宿长忠、孙怒涛等几位告别,感谢大家对我的帮助。"

汲鹏说:"我们也感谢你对414的支持。"

我说:"我也是414的。"

汲鹏笑了,说:"对,咱们后会有期,祝你们一路平安!"

我低下头,紧跟汲鹏背后。汲鹏带着我们在众人中挤出一条路来。中间有些人认出他:"汲鹏……"他就说:"等一下我回来找你。"到一楼后门的时候,可能是为了安全,对进出的人实施很严格的检查,所以人很多,很拥挤。汲鹏好不容易挤出去,门外等着进楼的人很多。

汲鹏把我带到他说的自行车前,低声对我说:"走吧!一路顺风!"

我没回头,也没说话,开了车锁,立刻推车向南边的小桥走去。上了桥,我才骑上车,经过工字厅、静斋、停车场、二校门,我按照约定第一个到了主楼前。不一会李衍平、万润南也到了。等了半个小时,周家琮最后一个到,原来是自行车出了问题。会合齐后,我们出东门,经林学院往市区去。

当晚住在政法学院周家琮的一个老同学所在的学生宿舍里。第二天一早就到周家琮另一位亲戚家里,等着上午和印甫盛及我姐夫会合。

突然推门进来一位男士,是清华建筑系刘鸿滨老师。这个世界可真是小,我越不想碰到建筑系的人,以免得人家追问刘承娴的事,就越碰到。打了招呼,我马上说请不要说碰到我,连(夫人)高亦兰老师也别说,以免像林维南一样被追捕。

印甫盛来了,通知说姐夫在北京站和我见面。我们转到北京站,见到姐夫,得知这些天,家里被搞得很惨,孩子也差一点被团派的人抢走,幸好大杂院里一些邻居出面反对,才把孩子保下来。鸿文最近一直躲在人大新闻系的暗室里，姐夫等人想过几天把她送到我妹妹那里（河北省赞皇县），等形势平静了再作打算。于是，姐夫给了我一些钱和粮票，我们就在车站分手了。

按照414总部的安排，周家琮的任务是送我离开北京，于是，我们也在北京火车站道别。

11. 逃难到陌生的故乡

4月26日到广州后，我和衍平商量在广州多住几天，过了"五一"再去汕头。他去找了华南工学院的同学，我们就在他同学的学生宿舍住了几天。

我讲普通话，宿舍的其他同学都讲广东话。他们以为我听不懂广东话，所以讲话也不回避我，让我听了许多新闻趣事，有时听得我几乎笑出声来。最有意思的是十几个人一起骂江青和中央文革，其中一个同学说："喂！喂！喂！不是隔墙有耳，是房中有耳！"另一个说："不要紧，这只耳只听普通话，听不懂广东话，就是江青来听也不要紧。"大家一起哈哈大笑！

我出生和受教育（从幼儿园到大学）都是在北京，只偶尔回广州看望祖父母。家里保持了广东的传统。父亲对我有三条规定：回家要讲广东话；吃要吃广东东西；娶老婆要广东人。我基本上满足了这三条，但我的第一母语是普通话，广东话发音还可以，说话就很慢，不流利。至于许多广东的习俗，就更不大了解。

5月1日，我们在广州汽车站坐公共汽车去衍平的家乡汕头。

早晨7点发车，到汕尾之前，每到一站司机都用普通话和广州话分别喊：到××站，或休息三分钟、上厕所之类。到汕尾时，司机用普通话、广州话和潮州话分别报站，并在汕尾吃的午饭。过汕尾后司机则用普通话、潮州话报站，不再用广州话报站了。

衍平告诉我从汕尾以后是讲潮州话的地区了。

我这才开始对广东的广州、潮州、客家、海南四大方言有了初步的概念。在广州的时候，有人告诉我：潮州帮很厉害，你小心，别惹他们。你看见他们打架也别理，否则他们会觉得你干涉他们的事，打架的双方就会一起来打你，把你打跑了，他们再继续打。但是，我在汕头住了三个多月，觉得人们很平和，很悠闲自得，喝功夫茶是人生第一需要，没见过打架的，连吵架的都很少见。

下午四点多到达汕头市区小公园广场——人们这样称呼。其实没有公园，是一个几条路向外放射的小广场，广场旁边有个百货公司。

衍平说："我妈妈是这家百货公司的售货员，我们先去看看她。"

衍平的妈妈很清瘦，她不会讲普通话，也不会讲广州话，但她能听懂普通话，这就可以沟通交流了。见过妈妈——我此后也称她妈妈，我们就先回家了。家离小公园广场不远，很快就到了。

到吃晚饭时，陆续见了全家人。衍平的父亲是干部，会讲普通话，但讲得不标准。衍平有一个姐姐，已结婚住在外面。有三个妹妹和一个弟弟，他们都在上中、小学，能讲普通话，但不愿意主动讲。我还发觉潮州人中很多人会讲广州话，但不愿意讲，似乎有什么隔阂。

衍平家并不富裕，甚至还相当困难。家里人口多，又都在长身体和受教育的时期，开销很大，但对我却是倾囊相助。而我当时是既无钱、又无粮票，在他们家白吃白喝，真不好意思！

汕头人讲潮州话，我是真的一点都不懂。潮州地区的传统习俗也比广州地区要浓厚得多。比如吃饭、喝茶都尊男性先。每次吃饭都是衍平的父亲、衍平兄弟俩和我，我们四人先吃，吃完撤下去的饭菜才搬到另一房间给女性用餐。这一习俗使我非常不好意思，但也只能入乡随俗了。男人们吃完饭就摆开茶具开始"架"（吃）功夫茶（潮州地区的人每日必"架"）。男人们吃饭、喝茶，可以在敞开的房间，路上看得见的房间，甚至在街上，在广场上，而女人则不可以。我对这种习俗始终不能习惯。

衍平还召集了他的中学同学。其中有一个是清华化工系的，但他不认识我。有一个是华南理工学院的。都因为学校不平静，到处都喊着江青的"文攻武卫"的口号，打打杀杀的，只好"逃难"回来，加衍平一共有6个人。他们都不太关心两派的争斗，认为都是胡闹。

其实汕头又何尝"平静"呢？汕头和整个潮州地区只是比全国各大、中城市相对平静些，原因除了这里的人比较平和之外，还因为这里没有大学，所以总的来说不算敏感。两派也互相对骂，但骂骂而已。一派称"三六"派，另一派叫"二七"派，加起来都是九，广东话"九"与"狗"同音，所以百姓民众以"狗咬狗"来调侃两派之争。

这几个同学来到之后，一起商量怎样消磨"逃难"生活。我的身份是清华的青年教师，他们只知道我姓罗，但叫什么名字、是哪个系、哪个专业的，他们不知道，也不问。因为我年龄和他们相差不到十岁，似乎也没有什么隔阂。他们都随衍平称呼我为"罗老师"。

在一个小工厂当技工的姓陈的同学提出，想学打桥牌。华南工学院的陈姓同学说他会，但只是初学，凑合打可以，但不会教，不会计分。我说我可以，于是花了两天时间把叫牌和计分的规则写下来。他们很聪明灵巧，很快就学会了。从此，每天晚饭和功夫茶之后，就开始打桥牌。我和当技工的陈同学合作打对家，衍平和华南工学院的陈同学合作打对家。从开始不熟练到熟练，渐入佳境。我们在汕头三个多月的大部分晚上，我们都消磨在桥牌上。

汕头属于亚热带气候。天晴时非常热，下午五点天气就开始凉下来。晚上有海风，很凉爽。于是市民都喜欢晚上出来在海边"架"（吃）功夫茶。晚上绝对看不见"狗咬狗"的争吵，只能听见一片"架、架、架"声（一般主人给客人斟茶后都说"请"用茶，客人回敬也说"请"；潮汕人则说"架"）。

汕头青年很喜欢音乐，尤其钟爱印尼音乐，满街都能听到。当时最流行的一首歌曲叫"穿套衣的少女"。他们最常用来弹奏印尼歌曲的乐器是"曼陀林"，一种热带、亚热带常用的乐器。四对琴弦音程和小提琴一样，左手指法也和小提琴一样，只是小提琴用右手拉弓，曼陀林用右手拨片。会小提琴的人，弹奏曼陀林没有问题，不用学。常用来伴奏的乐器是六弦琴吉他，还有一种辅助吉他伴奏的是"尤克里利"，四条弦的音程配置也和小提琴一样，因此左手指法也一样，右手是拨弦弹奏和声，或伴奏另一声部；低声部一般用吉他伴奏就可以，如果想音色再美一些，还可以加一个大提琴的拨弦。

第四章 "罗文李馆反革命集团"是怎么回事

有一天在街上，我们看见一个"流动小乐队"。一部自行车，骑车的人唱出"穿套衣的少女"的主旋律第一声部，吉他手坐在自行车的车把上弹着伴奏，跟着是"曼陀林"手坐在自行车大梁上，弹奏着带伴奏的主旋律第二声部。面向后骑坐在后座的大提琴手用拨弦演奏伴奏的低声部。

这个流动的演出，刺激了我们每个人的音乐细胞，"我们可以比他们更精彩！"不知谁说了一句。

原来，除衍平没学过什么乐器外，其他五位同学中，有一位会拉大提琴，加我有三位小提琴手，还有一位会"曼陀林"，只是没有吉他手。而我玩过吉他。弹伴奏不成问题。于是衍平出去跑了一个下午，居然借齐了各种乐器。并且他发奋努力，很快学习了"曼陀林"的弹奏，弹个歌曲大概可以"充数"了。此后，每天晚饭后，喝过功夫茶，在等齐桥牌的牌友前又多了一个娱乐的节目。

有一天晚上，我们正在合奏，衍平从外面回来，高兴地说："好听极了，街上好多人停步听我们的演奏，都在打听是从哪里来的乐队，有人说是清华大学的。"

"清华大学有个小乐队到汕头了！"这一信息在一两天之内，就传遍这个海滨城市。但我感觉这并非好事，果然……

一天下午，大家接到派出所通知，要求从北京、上海、广州等大城市回到汕头的大学生以及外来人员都限期要报户口、登记。我考虑和衍平商量，并拿出工作证给他看。我说看样子不报户口是不行的，但用什么名义报？如果报"罗征启"，清华团派那边打个电话过来，就不好办了。我想用我们建筑系师生拿手的改图办法，用剃须刀片轻轻削下一层，把工作证上的名字改一下。怎样削改呢？这里衍平的几个同学都称呼我"罗老师"，所以"姓"不改了。然后第二个字是简体字"征"字，整个削掉。第三个字工作证上是繁体字"啟"字，我看工作证上的"启"和"文"分得比较开，可以将"启"字削掉，留下"文"字，那就成了"罗文"两个字。我觉得还满意，衍平说"没意见"。我看他是不在意。我想吃完饭再动手改。

接下去吃晚饭，喝功夫茶，玩了会乐器。打桥牌的人还没到齐，我还没有动手改工作证。忽然，人声嘈杂，进来几个民警，说是查户口。但民警说只查外地来的，本地的不查。结果只是我、衍平和华南工学院的那位同学三人属外地的户口，那位清华同学刚好还未到。

民警说："你们三位带齐证件跟我们去派出所走一趟。"

我心中暗自紧张，心想这下糟了！到那里怎样填报身份资料呢？

到了派出所，民警让我们在一个大房间里等着，一等就是几个小时，也不理我们。过了深夜十二点，民警来了，发给每人两张表格要求马上填写。

我因为工作证上的照片改不了，犹豫再三，没办法，只好硬着头皮填了"罗征启"，工作填"清华大学建筑系教师"，籍贯填"北京……"。

我对衍平说："没办法，只好如此。"

过了十几分钟，民警来了，非常严肃地说："请你们来，是因为你们从北京、广州等地来，那些城市、大学都在闹派性，骂来骂去。我们强调，你们回家、探亲都可以，只一条，不许串联，不许参加当地的文化大革命。如果你们违反规定参与当地的文化大革命，我们会立即赶你们走。如果你们同意，就在所填表格最下面写上：'我保证不参与当地文化大革命，如果违反，甘愿立即被送出境！'"

我们立即写了保证，签了字，交上去了。几个小时以来，那位慈眉善目但是很严肃的民警第一次露出笑容说："你们可以回家了。"

我们当然恨不得马上回到家，妈妈一定还在等着我们。

一出派出所的门，我看见门前这条不太宽的路对面有个大字报栏，我一看几乎昏倒！因为上面仅有一张"清华大学井冈山兵团通缉令"，内容是：最近清华大学正在开展对"罗文李饶反革命集团"的批判，特勒令这个集团的成员立即前来报到自首，争取宽大处理……

这张通缉令中没有提到"罗征启"这个名字，但三次提到"罗文李饶"，且分别在"罗文"和"李饶"上打了红叉。

可能是这边抄写大字报的人不知实情，以为"罗文"是一个人，"李饶"又是一个人，所以按当时的惯例，在反革命分子的名字上打了红叉。

这倒救了我。我想：如果我下午动手把工作证改了，如果我晚上下决心就填上个姓名"罗文"，那情况会怎么样呢？这冥冥中似乎有一种力量在帮我，帮我"趋吉避凶"。我还得到了一个教训，任何事都不要急，慢一步也许就自然解决了。

我们回到家，果然，爸爸、妈妈都还没有睡。衍平报告了经过，他们都讲潮州话，我听不懂，但看见他们眉开眼笑了。

衍平告诉我："妈妈说，你是好人，菩萨会保护你的。"

除了打牌，玩玩乐器以外，还有一个节目就是游泳，到汕头海边游泳。其实，汕头的海实际上是内海，从汕头到对面有一千多米，在当中漂浮着几个水鼓，离岸约 500 米，游个来回就有 1000 米有多。但是要计算好涨潮和退潮的时间。要游出去到水鼓，须在不涨不落的退潮之尾，游出去休息一下就趁涨潮之始游回来。如果计算错误，游出去以后碰上退潮，可能被冲出内海，回不来了。所以我们每次游泳时，这里的人对我强调无数次，要计算好，而且无论如何，一定要有识水性的当地人陪同，否则不准游出去。

还有一件事我永远也忘不了。我在衍平家，是和他同睡一张挂了蚊帐的大床上。这间房间不大，没有窗，只在东侧墙开了个小缺口，做了一个小天井，通风采光都靠它了。我们男人吃饭、喝功夫茶、小乐队、打桥牌和其他活动都在这间黑房间里。

1968 年 6 月 12 日凌晨大约五点左右，天还黑着（每天都是我早起）。这时还不到起床时间，我朦朦胧胧做了一个梦：我梦见刘承娴老师两手各拉着一个她的女儿，从一个楼梯上面走下来，对着我笑了一下。我刚要说话，就醒了。

这时我觉得头脑很清晰。奇怪的是，我知道她有两个女儿，但从未见过，但在梦里面却出现了很明显、很清晰的形象。我一直很清楚地记得这件事。

1982 年，我随刘达出访荷兰。刘达告我刘承娴的大女儿楼虹在荷兰读书。后来通过中国代办处（当时因荷兰政府出售潜艇给台湾使中荷关系从大使馆级降为代办处级）安排，我们见到楼虹。我感到很奇怪，她竟和我梦里见到的一模一样。我想，也许她妈妈临终时把孩子托付给我。但是刘承娴和饶慰慈最好，又和文学宓同在统战部工作，本应将孩子托付给文、饶。但是我和刘老师以及她的爱人楼老师都在同一个系工作，而且她当时可能知道我已逃脱，所以……

我醒来之后，就叫醒衍平，把我的梦告诉了他。

他睡眼惺忪地说："就是个梦吧，快睡吧，还能睡一会。"转过头又呼呼睡着了。

天亮了，吃早饭时，我见过妈妈，道过早安以后，我就将做梦的情况告诉她。我讲普通话，她听懂了，但她说什么我没听懂。后来衍平告诉我，妈妈说，罗老师想家了，你们陪他出去走一走。他心情不好，你们注意他的安全。

衍平叫来两位同学，一位是会拉大提琴的张同学，每次去游泳都是他骑车搭我去海边。他来了以后，大家商量先到公园去打桥牌。张同学又翻了翻日历：公历6月12日，阴历5月17日。算计一下下午还可以游泳。查阴历是因为算潮起潮落，要用阴历。也正因为如此，当天的日期我们都记得很清楚。

6月22日上午，邮局送来一封挂号信。在这之前，我们已经收到来自学校的好几封信，都是报告一些不好的消息，如5·30大武斗，双方死伤多少之类的。收信人都是李衍平。但这次却没有写收信人，寄信人只是写"清华大学"。打开一看，信的内容是：刘承娴同志于1968年6月12日凌晨，因为伤重不幸去世……

看到"6月12日凌晨"，我们都张大了嘴，屏住呼吸，立即想起我的梦！

收到刘承娴的噩耗以后，虽然逃难的生活没有多大改变，可是大家情绪明显低落了。

一天晚上在桥牌局上，有人叹声气说："这武斗要斗到什么时候为止啊！"

另一个说："毛主席说要把无产阶级文化大革命进行到底，什么叫'到底'呢？"

过了些天，又陆续接到学校的几封信。其中有印甫盛的，也有万润南的。他们报道了学校进驻了首都工人、解放军毛泽东思想宣传队。初步消息,蒯大富被夺权了,414的困境初步解除了。

接着,派出所通知我们说:"清华的武斗已经制止,你们该回去复课闹革命了。"并连续两三天,天天来下逐客令。

于是,我和衍平决定立即回广州。我可以去鸿文家,衍平准备先回学校,观察一下形势,再通知我是否及时回校。

当衍平和他的几个同学商量并告别时,那位清华工物系的同学自告奋勇,可以帮我们买公共汽车的票。于是衍平把自己的学生证和我的工作证拿给他。

他看了我的名字,大吃一惊,半天说不出话,最后挤出一句话说:"和我们一起打了几个月桥牌的,其实是个冤死鬼!"

八月五日,我们坐上去广州的公共汽车。妈妈搂着我哭了。爸爸送我们上车。车启动以后,他又骑车赶到汕头市出口的过海大桥的桥头送我们。

我在汕头一住就是三个多月,渐渐对这个城市有所了解,也产生了一些感情。虽然很多习俗我不习惯,但一点也不会影响我对衍平的家人、同学,特别是衍平妈妈(我也称她妈妈)的感恩之情!我祝福他们!

从这时起,广东对我而言,渐渐地不再陌生了。除了在广州我有自己的家和妻子鸿文的家外,我又在汕头多了个家。

我常常想着回家看看老妈妈。局势大体平静以后,我曾寄过几次全国粮票给妈妈。衍平的弟弟高中毕业,正是能吃的时候,我想妈妈一定经常为粮票发愁呢!

1983年,我奉调到深圳大学工作。1984年元旦——我到广东工作后的第一个元旦,我和几个同事一起去看望我在汕头的妈妈。当时,衍平在广西工作,没有回来。我见到已经退休多年的年迈的妈妈,我搂住她叫"妈妈!"我们母子俩和在场的人都哭了。

这一段经历证明:世界上还是好人多。有的人帮助或救助过你,你可能根本就不知道。所以我要报恩的名单,比需要报仇的名单要长许多,而且越来越长。从这时起,我觉得我和基度山伯爵在对待"报恩"和"复仇"的处理和想法上分歧开始加大。

12. 清华，我回来啦！

我们从汕头坐公交车十个小时后到达广州，我到鸿文的家里住下。鸿文已先期自河北赞皇县到达广州，我们也算是团聚了。她们家也是个大家庭。她父亲的兄弟姐妹有十几个，"梁鸿"这个辈份也有几十个。她的妈妈也是个慈祥、善良的妈妈，对我这个身陷困境的女婿，给予了无微不至的照顾。我就在她的关怀照顾下在广州又住了一个半月。

我和北京、学校经常有联系。学校传来的信息还比较好，但许多人认为，老团的势力还很大。而且毛泽东"7·28"接见时对414批评颇多，虽然没有定性的结论，但也是够团派利用来攻击414的了。另外，据传文、李、饶还被关押在卫戍区；也有说并非关押，而是监护。所以，学校许多414的朋友一直主张我暂时不要回北京。

而我按照出逃时与汲鹏的约定，一直在等待印甫盛的通知。终于，9月中通知到了。印甫盛在信中说：蒯大富在清华的势力肯定翻不过来了，我们的意见是你可以回来了，工军宣队也认为你应该回来了。你买好票后，想办法通知我们。为保证安全，你的行踪还是保密为好。

9月21日，我和鸿文上了回北京的火车。我们只通知了在人大的大姐夫和大姐。他们的意见是等安全到达北京后，再设法通知学校。

我们的票是硬卧中、下铺。列车开出广州站时，我们对面的上、中、下铺都空着。过了一会儿，上来两个人，对了一下号，就落座在我们对面。这时，我突然觉得其中一个年轻人很面熟，我拼命去想是在哪里见过。这时我的感觉和1·30事件团派到北京站我家里去抓我时一样。我听到他们两人讲的是普通话，我就用广东话通知鸿文，说对面那个人可能——不是可能，我已经想起来，那是八九老红卫兵保卫组的，似乎也监管过中层干部的劳改队，所以肯定认识我。听说这批人后来大部分被吸收到团派总部的保卫组里。我告诉鸿文，我现在的感觉同1.30事件开始时一样。鸿文惊恐万分。我只好说，现在他们不敢怎么样，到北京时再说吧。

火车到达衡阳。是个大站，上、下车的人很多。这时上来两个人，他们用很标准的广东话和我们对面的那位打了招呼。

这下我知道坏事了，我们的"语言"优势没了，不能无所顾忌地说话了。

我们两人面面相觑，话都不敢多说了。

这时，刚上来一位说："我们在那边已买了卧铺票，离餐车比较近，你们搬到我们那边去，可以打牌啦！"

于是，对面那两个人收拾东西随他们走了。

他们走了，我才感觉到我已出了一身冷汗。

火车到丰台站了，我们整理好东西，我穿上出逃时汲鹏给我的工装上衣，戴上他给我的平光眼镜，做好下车准备。列车在减速进站。我们从车窗看出去，认出站上许多清华的人。我又紧张起来！难道又是为我来的？这时已经过了中午。

列车减速进站时，我从接车的人群中还看到我大姐的身影。她也看见我们了，但没来得及打招呼。

列车停下后，大姐挤到我们这节车窗前说："别下车，我上来。"

说罢，她就拼命向车厢东门挤去。在乘客下车不到一半的时候，她居然挤上车来了。她说："怎么办，站上全是清华的人，老蒯和老团总部的头头都在站台上，是不是冲着你来的？"

我茫然不知所措，脑子里空白了半分钟，等恢复了思考后对大姐说："现在情况不明，但是拖延只能等死，必须马上行动。不然乘客走光了，就不好办了。这样：我和鸿文分头走。鸿文直接回家，在家里等候。如果明天早晨以前没有我的消息，那就到学校报告工军宣队。如果今天下午平安无事，那就通知我回家，明天回学校。我和大姐分头走，到火车站外的公交车站会合，会合以后先到日坛公园……"

大姐插话说："不，去龙潭湖公园，那里僻静。"

"就这样定，走吧！如果吃过午饭情况没有变化，你到龙潭湖公园来会我。"我对鸿文说。

说完我就低下头跟着一位较高大的乘客下了车，向出站口走去。

在出站口两边等候接人的人群中，我认出一个建筑系的学生周坚（他是支持414的，曾写过一篇著名支持414保护干部的政策大字报。他的观点是保护干部就应该像老母鸡保护她的小鸡那样……于是，团派的大字报嘲笑他，给他起了个雅号叫"老母鸡"。虽然他是个粗壮的男子汉，但团派大字报中竟用了"她"字。后来414的同学也亲切地称她为"老母鸡"。）我和他对视了一秒钟，他若有所思，我没有打招呼就径直出站了。

我在火车站外公交车站见到随后而来的大姐，我们上了公交车，直接去龙潭湖公园。

我们姐弟俩坐在公园的一个长椅上等了一个多小时。忐忑不安的心情，使我们没办法相互了解我们南下逃难的情况及北京、家里的情况，我甚至连孩子的情况也没有问一声。两人的眼睛一直盯着一百多米外的公园东门。

这是一个开放不收费的公园。但是除了我们两个人，可看到的地方，连个人影也没有。

"鸿文早就应该到了，怎么还不到？会不会出事？她虽然没来过这里，你把公共汽车多少路都告诉她了，又不需要转车，不会有什么事。"我说。

大姐坐不住了，说："我回去看看，这来回也就半个多钟头。"

我说："好。"

大姐临走又再三叮嘱我，不要到处乱跑，失去联系不好办。又给我一张白纸条，如果发现情况有变，也来不及躲藏逃跑，你就将这纸条扔在这个长椅下面。我们再和学校工军宣队联系。

我答应了，并送她到公园门口，看着她上了公共汽车。

这时，偌大的公园，就我一个人了，够冷清的。

又等了三刻钟，还是没有消息，我有点不耐烦了，就向公园东大门走去。出了门就向他们来的方向望去，车很少，行人也很少。忽然，我看见一辆吉普车，就像"1·30案"中绑架我那辆车一样，也像张师傅开来救我回学校的那部车一样，总之就是很熟悉的一部车，肯定

第四章 "罗文李饶反革命集团"是怎么回事

是清华的车。我马上紧张起来，仔细看一下，不对头！这辆车正以很快的速度朝公园大门开来。我急忙进了公园门，向我坐过的那张长椅走去。我脚伤尚未痊愈，一痛一拐的，好不容易走到长椅前，回头一看，真要命！那辆车已进了公园的大门，且径直向我开来。

情况不妙，我赶紧把那张小纸条丢到长椅下，然后向长椅后面的灌木丛走去。当时，我的思想又是一片空白。

那辆车开得很快，到那张长椅前停下来了，我不敢回头，只听得一个女人用广东话叫我。

"阿启，不用怕，是工人宣传队的师傅听说你回来了，怕有什么事，所以派了一位姓刘的副队长来看你。"是我母亲的声音。这简直难以想象，但这是我的母亲无疑。

我转身走回汽车，妈妈眼含着眼泪跟我解释：工宣队来的时候，我们全家都不信，不肯说你的下落。他们再三解释，又拿出他们的证件，我才答应带他们来。

工宣队的刘师傅一边请我上车坐在母亲旁边，一边看着我一脸狐疑的样子解释说："有人向工宣队报告说看见你回到北京了，工军宣队考虑你的安全，派我们来看看，看你有什么困难。考虑到你离京有大半年了，家里的人都在等着你，所以我们想你先在家里休息一下，过两三天我们再来接你回去。"

这样一说就解除了我的疑虑，安心坐车回家了。

一进家门，第一个迎着跑过来的是我四岁的女儿。从这时起，一直到晚上睡觉，她都不肯离开我。我抱着女儿，在母亲的陪同下，去访问大杂院里的每一户人家，感谢他们关照我家的老小。靠近院门的那"告密"的一户，已经搬走了。

晚上十一点，父母窄小拥挤的一间半房间里，睡了六七个人。我已睡下，还未熄灯，忽然门外有动静，接着有人轻轻敲门。

我离门最近，起身先问："谁？"

门外的人说："我是工宣队的老刘。"

我披上衣服，尽快开开门。

门外一共有三个人，只有刘师傅进得门来。他说："工军宣队考虑再三，还是派我来和你们商量一下。你回到北京，学校已经有所传闻。工军宣队考虑，学校情况还很复杂，有人贴大字报，要求审判罗文李饶反革命集团。也有大字报说工军宣队不应该把罗征启保护起来，应该让他接受审查和批判，就是这个'反革命集团'，挑起群众斗群众，挑起清华的武斗……我们认为现在的情形对你来说还有一定危险，所以才来建议你今晚回学校住，这样比较安全。"

我听他这一说很气愤，蒯大富把我们打成"反革命集团"，现在还不肯放手？

我本想愤然拒绝，但刘师傅和颜悦色，且温和地说："你可以再考虑一下，今晚不做决定也可以，我们是考虑你和你家里付出的代价已经够大的了，不要再大了，不要白白付出这些代价。我们工军宣队付出的代价也很大，五条人命和七百多人的血，我们也不希望白白付出呢！"

我第一次听到五条人命和七百多人受伤，我感到非常震惊。他们为了清华，为了学生，为了我们这些干部，包括我。但是损失比清华、比师生干部还大……

我默默地穿好衣服，告别父、母、妻子。孩子已熟睡了，我请他们替我跟孩子尽量解释清楚。我拿了一点衣物，就出门，跟刘师傅他们的车回校了。

夜里我们回到了清华。刘师傅对我说："带你去见两个人。"他叫车子开到新水利馆，在三楼的一间屋里，里面有一男一女，都披着军大衣。灯光较暗，我看不清他们的脸，只能听到声音。女的还比较和气，男的则傲气十足，有点匪气。

刘师傅小声对我说："这是迟群、谢静宜同志。"

然后接着说："迟主任，这就是罗征启同志。"

迟群拉长了声音说："哦，你就是罗征启？"

之后，他们两人低声商议了一会，抬头对刘师傅说："那好吧，就按商量好的意见办吧。"

汽车又把刘师傅和我送到生物馆。刘师傅和我到了二楼东头南的一间教室，几位工宣队师傅把教师的讲台拉出来，放到教室中央。

第四章 "罗文李饶反革命集团"是怎么回事

刘师傅说:"你就睡在这里吧。这里还住着一些人,你暂时不能和任何人联系。你要上厕所盥洗室,打开门朝楼梯那边打个招呼,我们会给你安排。那里二十四小时有人值班。你这个门平时要从里面锁上,你早点休息吧。"

我铺好床,关了灯,也颇有睡意。但是,几分钟工夫,我身上就起了许多大疱,痒得无法睡。我起来开灯一看,是臭虫,而且多得随便动一下就能碾死几个,翻个身都可以压死一片。我此生还没有见过这么大的阵势。

我开门打了招呼,三个师傅过来看了忙说:"对不起,我去拿药。"

他们拿了一瓶杀虫剂,还有一个喷雾器,留下一位师傅帮我,对臭虫来了个歼灭战,这天晚上才能睡觉。

第二天,我问师傅要了扫帚和簸箕,扫了一堆死臭虫。

我发觉,在二楼当中楼梯附近的一间教室住着二十几个人。他们是集体行动的,我要去厕所,就要把他们关在教室里,等我用完厕所,再放他们出来。每天早晨,他们集体搞卫生,包括走廊的卫生。从第三天开始,他们已注意到我了。他们搞卫生的时候,有人故意在我住的教室门前多逗留了一会,故意咳嗽一下,我听出来是何介人。

我趴在门上轻轻说:"何介,是我。"

听得出来他笑了。"萝卜,我知道就是你。你没死?哈哈!饶慰慈和文学宓有消息吗?"

我说:"不确切,听说送去卫戍区监护起来了。"

何介人又说:"工字厅的人差不多都在这里。行了,再谈。"

以后有好几次,我们都是借打扫走廊的机会说上几句话。

十月中旬,有一天早晨,我感到情况有些变化。首先是早饭后,工军宣队师傅特别来我住的教室看了看。过了一会又有一个海军的领导来巡视一番,工人师傅向我介绍说,这是解放军毛泽东思想宣传队的副总指挥,姓刘,我们都称他刘队长,代表海军派来工作的。

我说:"我不认识他,但似乎见过。他是不是 7.27 前来过?还有几位海军军官,对 414 比较好。当时他们就说是宣传毛泽东思想,制止武斗的。"

工人师傅没有回答。

我想不管怎么样，今天似乎会有什么变化，希望往好的方向变。回校三个星期了，没有人理我，只有一天三次吃饭时听全校广播。

刘队长来过以后，住在楼梯附近的教室的"走资派"们（我对何介人这样称呼他们，何介人也牙还牙，称我为"反革命"）似乎有些动作。不到九点都不见了，生物馆中只剩下几位工宣队师傅和我了。我确定一定有事。

将近十点，生物馆有动静了，一个看着像领导的工人师傅带着几个人到我住的教室。他粗眉大眼，戴个眼镜，看起来正派、严厉，肯定是一位说话算数、毫不妥协的人。

一位师傅对他说："老柳，这就是罗征启。"

同时，扭过头对我说："这是工宣队副总指挥柳一安[7]同志，他来看你。"

我冲他点点头。

他上下打量了我一下，微笑地说："你就是那个什么集团的头头？"我说："对，反革命集团。"

他笑道："瞧你这样，一介书生，说你是反革命，没人信。"

工人师傅们都笑了，说："我们都不信。"

柳一安收敛了笑容，严肃地说："不管怎样，你都该见见群众了，在这里过隐士生活不行。上趟厕所吧，跟我走。"

出了生物馆，上了柳一安的车。他和司机在前排，我一个人坐后座。沿着小河就到了大礼堂后面。我这才发现，礼堂前的广场上坐满了人，大台阶搭了个台，挂了个大横幅，我从后面看不清写了什么。我正胡思乱想：不知开什么会，不知柳一安说的"该见见群众了"是什么意思？

---

[7] 柳一安当时是北京第五建筑公司革委会负责人，具体职务及其职务不详。刘冰书中透露了他是军人出身，罗征启书中描述他是粗眉大眼。在"清华727事件"中，他是工宣队东区队伍的总指挥。"727"后成为工宣队与清华两派谈判的首席代表，后来担任清华大学革委会副主任，党委副书记。1975年，他与清华大学党委副书记刘冰、惠宪君、党委常委吕方正等四人联名写信给毛泽东告迟群的状，在"反击右倾翻案风的运动"中受到批判。（胡注）

第四章 "罗文李饶反革命集团"是怎么回事

台上主持会议的人宣布开会,并说"把反党、反社会主义、反毛泽东思想、清华大学最大的走资派蒋南翔拉上台!"台下一片口号声。

立即,我的思想和注意力被拉回到台上。我看见两个人把蒋南翔校长从台后左边押上台,让他低头站在前面中央。当然,这比66年'斗黑帮'时好多了,他的头没有那时压得那么低。

"把反党、反社会主义、反毛泽东思想的走资派高沂以及罗征启拉上来!"

听到我的名字,下面哄然乱了一阵,然后是一片口号声,我和高沂分别从台后左边和右边押上台。高沂站在蒋南翔的左边前台角上,我站在右边前台角上。台下黑压压一片,两个人各擒住我一条胳膊,头也是押得不太低,我认为至少比以前文明多了。

然后就是批判,具体内容我没多少印象了。发言大体分三个方面的内容:一是批蒋南翔的;二是挂在蒋南翔名下批高沂;三是挂在蒋南翔名下批我,主要是建筑系的"假四清"等等。念一段稿子,喊几十个口号。

在这一片口号和批判声中,我不知道蒋南翔校长怎么想,但是我知道高沂的感受。

好多年以后,我见到高沂,我问:"你当时怎么想的?

高沂苦笑着说:"我当时一点没有听进去,批南翔同志的发言还没完,我已经睡着了,到批你的发言快完的时候我才醒过来。他们批你干什么?而且把你和南翔同志摆在一起,莫名其妙!"

不管怎么说,我的思想迷惘、混乱了一阵子。

上午的批判大会开完后,工宣队送我回生物馆。

午饭以后,一位师傅说:"明天开始,你归队吧。他们那间教室,已经给你腾出了位置,以后吃饭睡觉都跟他们一起了。你今天对大会有什么意见?什么想法?"

我说:"我很不满意,就这样让我去'见群众'?这无异于告诉群众:工军宣队对罗征启已定性。至少蒯大富他们可以利用来欺骗广大群众。"

整个下午,我反复思考,但不得要领。我承认,大会后我的顶牛情绪很大。

　　五点半饭厅的广播开始了,今晚的节目就是报道上午的会。

　　我忽然想起,宣布大会开始时,主持人说:"现在把反党、反社会主义、反毛泽东思想的清华大学最大的走资派蒋南翔拉上来!"接着又说"把反党反社会主义反毛泽东思想走资派高沂以及罗征启拉上来!"这两句话意味深长,不但把蒋南翔和高沂、罗征启都划开来,就是高沂、罗征启也用"以及"两个字划开了。这既很高明,也很巧妙,每个人都提到了,但又有所不同。想到这里,我脑子里消极顶牛的情绪和意见一扫而光了,我非常认真地听广播。

　　我发现这不完全是现场的直播。一是比较简单,二是凡是有明显的"打倒罗征启!""打倒反党反社会主义反毛泽东思想的反革命分子×××!"——这些在大会中我肯定听到的发言或口号,在晚上广播里被删掉了。

　　我自己在听,房间里也没有其他人,我自己笑了起来!我真希望鸿文能听到,我估计今天大会以后她一定又会紧张起来。

　　正在这时,海军刘队长推门进来。他微笑着说:"怎么样,听说你很有意见,两顿饭也没吃好?"

　　我笑了笑:"有点意见,我没有思想准备。我认为蒯大富他们会利用大会说已经把我定性,用来大做文章。但是听了广播,明白了,没什么意见了。"

　　刘队长这时语重心长地讲了一段话,我一直牢记在心,不敢忘记。他说:"你迟早要见群众。但是怎样见呢,在我们的保护下去见吗?等着我们给你平反,做结论?开群众大会,替你解释?这样行吗?你想想。如今在清华,有几千人说你是反革命。414再好,最多打个平手。我们不来,414也得完蛋。我们再强,也不能强迫团派接受我们的意见。你们是不是反革命集团,我是知道结论的。但是要让广大团派同学接受,还要有相当一段时间。让时间来帮助消化吧。清华打成这样,我们很痛心,你们难道不痛心?难道只是蒯大富的责任?你们414没有责任?你们教师、干部没有责任?怎么办呢?可以这样说,清华要和解,还得两派一起努力。而且原来吃亏受压的应采取主动。就像这次工军宣队让蒯大富们打了、流了血、死了人，工人不干了，解放军不干了，要和解只能由工人，解放军采取主动。你很聪明，的确不愧是做宣传工作的，听听广播也可以明白我们的用心。希望你好自为之。行了，再见吧！"

他走了，我后来再也没有单独见过他。但是他那一番话，我永远不会忘记的。

1968年底，我们这个学习班的人都回到自己家里住了。文学宓也回到工字厅了。

接着，有一天，宣传队一位师傅来找我，说："饶慰慈身体好转了，我们觉得她应该回来和大家一起学习生活。但是她常常自言自语地说：'罗征启死了'。我们告诉她：'罗征启没死，好好地在工字厅学习班'。她摇摇头还是说：'罗征启已经死了'。等一下她来了，你做做她的工作。"

她来了，面色苍白，精神有时还有些恍惚，但我们见了面，握了手。也请文学宓过来了，大家相对沉默，面带一点微笑！

大家，尤其是饶慰慈，不能再提起这场噩梦，不能再提起刘承娴老师……回忆这些事，对她是一种痛苦的折磨。

而把"罗文李饶反革命案件"彻底搞清楚、彻底平反，则是粉碎"四人帮"以后，刘达、林克、胡启立等同志来清华主持领导工作之后的事了！

但是，不管怎么样，我已经平安地回到清华了。

13. 清华两派的前途——宽恕与和解必胜

1968年7月27日，以蒯大富为首的"团派"闯了大祸——向进驻清华的工人、解放军工作队开枪，打死、打伤了工人和解放军战士。

按说这一事件的严重性已确定蒯大富为首的"团派"失败无疑了，然而蒯大富居然是"百足之虫，死而不僵"，他在很长时间内没有受到公开、公平、公正的审判和处理，甚至没有见过群众。直到

1976年毛泽东去世后，审判"四人帮"时，蒯大富、聂元梓等"五大领袖"才受到人民法院的审判和追究刑事责任。紧接着，文革中凡能找到主凶的命案，也都陆续依法受到审查和判刑。

"罗文李饶反革命集团"冤案本应随着蒯大富的倒台而得以平反、结案，但当时在清华执掌大权的迟群只是在组织批判"516集团"时，顺带揭批了一下蒯大富为首的个别人搞的肉刑逼供和残暴无人性，并没有进一步公开揭露、调查和追责，对受害人也没有给予公平、公正的结论。

1978年，刘达到清华主持工作，他坚决贯彻党中央总书记胡耀邦关于平反冤假错案的指示，组织人力对清华解放后至"四人帮"倒台期间发生的历次政治运动进行清理，对遗留下的数以百计的冤假错案进行调查和处理。"罗文李饶"案件也是在这时才得以彻底平反和解决。

我也参加了部分清理、平反工作。但到后期总结时，我已奉调去深圳大学工作了，不太清楚详细的战果，但我相信数字是惊人的。

这些冤假错案的影响是深远的！多少家庭已经破碎，多少人受苦遭难，多少人犯错误，多少人葬送了大好前程，多少人背上了"打砸抢"错误的包袱……

可以说，我们这个民族凡经历过解放后至"四人帮"倒台期间历次政治运动劫难的人，每个人的心灵上都留下了难以愈合的创伤！

在一波又一波的政治运动中，没有真正的胜利者，都是失败者；也没有得益者，都是受害者；国家没有进步和发展，人民的生活没有得到真正的改善！

1980年4月的一天，我刚吃完午饭，就有人敲我家门。

"谁？"我问

"是罗征启老师家吗？"

我去开了门，一位女士对我说："罗老师，您还认识我吗？"

"认识，你是孙铮。"我认出了她。

她说："我代表孙耘和我自己来向您请罪。当时我们年轻无知，伤害了您和您的家人，很对不起你们。"

第四章 "罗文李馆反革命集团"是怎么回事

我问她:"孙耘现在在哪里?"

她说:"还关着,在海拉尔公安局监狱。"

"为什么还关着?"我问。

她说:"他是罪犯,这十多年里大部分时间是被关着。"

我问:"判刑了?"

"没有,但案卷上写的是反革命杀人犯。"她的态度很诚恳。

我问她:"你找我,希望我做什么?"

她说:"我们只希望您原谅我们。孙耘如果能出来,他一定亲自来向您请罪!"

当时,我家很小,比较拥挤,我妻子和孩子都在注意听我们的谈话,无法午休。

我就把她带到我在工字厅的办公室,对她说:"你等一下。"我拿出信纸和笔……

我的思绪一下子又回到1968年初:幽灵似的吉普车,寒冷的三堡疗养所,阴森的化学馆牢房等等,一幕幕在眼前闪过。但是,除去那永远忘不了的爱人、孩子和老母亲的恐怖、焦急、无助的眼神,不幸遇害的胞弟的身影以外,在记忆里的孙耘只有一个大致的印象:一个英俊的北方小伙子,他是当时的主审人,孙铮负责记录。但他们问过什么问题,我是怎样回答的,这些都成为模糊的、散淡的、不清楚的记忆了。

我尽量集中精神,很快地给海拉尔市公安局写了一封信。我信中大致内容是:孙铮代表孙耘来向我道歉,态度是诚恳的。我代表被害人家属负责任地声明不再追究这件事了,请你们释放孙耘。

我把写好的信先给孙铮看了一下。她当场泪流满面地说:"罗老师,我没有想到您会这样做。我不知道该说什么,我代表孙耘感谢罗老师。"

送走孙铮后,我还把这封信给我妻子、父母、姐妹都看了,他们都同意我的做法。于是,我将这封信通过清华的办公信箱寄送给北京市公安局,请北京市公安局转海拉尔市公安局。

一个月以后,孙耘和孙铮一起来到我家。

孙耘说:"罗老师的信一去,海拉尔公安局就把我放了,公安局的同志看了罗老师的信也很感动。"

我说:"出来了就好,今后好好干吧!"

他们说:"我们两人想报考哈工大的研究生,不知行不行?"

我说:"我赞成!你们准备得怎么样?"

孙耘说:"专业方面我在监狱里有准备,就怕政治考试。"

我说:"政治好办。"

我立即打电话请政治教研室给我一份研究生入学考试复习提纲,随即转给了他们。

他们参加了当年的研究生考试,孙耘总分第一,孙铮也考得不错。但是,哈工大看他档案里面有"反革命杀人犯"的记录,不敢录取。

他们对我说:"即使哈工大不录取,我们也满足了,是我们有错。"

我考虑了一下,对他们说:"我想再试一下。"

我又写了一封信给黑龙江省招办并转省委(见附件)说明情况。不久省委派了两位干部来找我,查询这封信的事,我说明这封信是我亲笔写的。

后来有人告诉我,省委书记杨易辰看了我的信,不敢做决定,送到中纪委王鹤寿那里,王鹤寿又送到胡耀邦那里。胡耀邦作了批示:这是件好事,责成中纪委第二办公室代中央起草一个文件,给黑龙江省委和哈尔滨工大党委,通知他们这两个学生可以录取,这样的人才应该爱惜,此事可以登报。

我没有看到原文,是新华社一位记者给我看的一份文件的复印件,我只记得大意。

我当时已到中央党校参加为期一年的第一期中青年干部培训班学习,一大群记者拿着有这个文件的复印件找我,要采访我,谈登报的事。

我认真考虑以后,又给胡耀邦写了一封信,信的大意是:感谢您对我的理解和支持。但您关于登报的意见,我认为不妥。当前全国打砸抢的遗留问题还没有完全解决。如果这件事一登报,容易使文革中的问题一风吹。这样可能造成反复。如果您认为必要,是否登个内参就可以了。

信写好了,仍请那位新华社记者带回呈胡耀邦。听说胡耀邦又立即批示同意。后来,新华社"大参考"把我的信摘了几段写了个报道登出来,我在中央党校看到了。新华社还寄了一份给我,被同学传阅时丢失,没能保留下来。

此后,我和孙耘、孙铮成了朋友。他们经常来看看我。我调到深圳工作后,他们还来过几次。

1982年,他们到清华看我,告诉我哈工大有意派孙耘去美国深造,想听听我的意见。

我说:"这样的事还问我干什么?"

他说:"我今天的一切都跟您的宽容有关,我必须听您的意见。"

"你自己的意见呢?"

"我不想去。"他很坚决。

我知道全国当时正开始清理"三种人"[8]像他这样的情况,我估计很难批准出去,即使批准出去也可能半途被调回。因此,我说:"我同意你的选择,你们先干出点成绩再说吧。"

孙耘夫妻二人很明白,如果没有胡耀邦的指示和干预,他们的问题是很难解决的。因此他们每年都到胡耀邦家中看望。尤其是耀邦逝世20周年时,他们到江西共青城耀邦墓前拜祭,又写了一些诗文以为志(见附录)。我看了也深为感动,很受教育。我觉得他们是彻底地卸下包袱了,我也更加体会到胡耀邦彻底平反冤假错案的伟大意义:不仅犯错误的人放下了包袱,受害人得到平反也放下了包袱。

孙耘的问题得以妥善处理之后,清华校内了解内情的人当中,无论是团派还是414的多数是支持的,但也有人说我这是"以德报怨",是"东郭先生"等。

---

8 "三种人",罗书原注:"1983年开始,清理文革混乱中反党反社会主义、反军乱军和打砸抢烧杀等的罪犯,又称'三种人'。"现依中央文件改为:指1983年开始的整党运动中彻底清理的对象,即文化大革命期间造反起家的人、帮派思想严重的人和打砸抢分子。(启注)

我记得小时候，父亲要我背《论语》，当时我能背下来，但不懂。父亲有时也讲解一些章节，但讲解过的现在也忘得差不多了。我模糊地记得其中有一段是关于"以德报怨"的问题。父亲说："孔夫子不赞成'以德报怨'，更不赞成'以怨报怨'。"但是应该如何，我不记得了。

当我听到有人说我是"以德报怨"，我不同意，立即翻阅《论语》。结果因多年不读，一时找不到有关的段落。直到前几年，偶然听到电视节目里讲《论语》，刚好讲到这一段："有学生问孔子，'以德报怨'怎么样？孔子说，'何以报德？'然后孔子解释，'以直报怨，以德报德'。""以直报怨"：应该怎样就怎样，以正直的态度去对待怨仇，这才是正确的。

我不同意有些人说我是"东郭先生"。因为我在对待个别残暴无人性的打手的处理时，并没有手软，比如对冯家驷。专案组曾征求我的意见，我说，他现在哪里，找到他再说，不能轻易放过他。

专案组查找的结果是：他在河北省北部一个工厂里当工人。因为他在文革中那一段不光彩的历史，周围没有人理睬他。老团不理他，老四更不理他，他一直独来独往。后来找了一个女工结了婚。当那位女工知道冯家驷在文革中的暴行时，竟然吓疯了。由于冯家驷知道她是因为自己的问题造成精神失常，所以只能一直守着她，法律也不允许离弃。

专案组的同志问我，"你看怎么办？"

"算了，到此为止吧，上苍已经有惩罚了！"我说。

我脑中立即浮现出这个五短身材，小眼睛，留着寸头的小个子同学。

他凶残地打我的情形历历在目。尤其是他打饶慰慈、文学宓更是残忍，打得他们浑身伤痕累累，惨不忍睹。

我曾无数次地发誓一定要惩罚他！但是现在，我想如果抓了他去坐牢，那么他的妻子谁来照顾？够了，够了！这就是"以直报怨"了！

2009年，在一次聚会时见到汲鹏。汲鹏告诉大家他见到"牙科大夫"了（因为冯家驷曾用老虎钳子拔牙来逼供，所以得到这样一个

第四章 "罗文李饶反革命集团"是怎么回事

外号)。接着，汲鹏介绍了他与冯家驷见面的情况：

我(汲鹏)：说"这不是'牙科大夫'吗？"

冯家驷说："是的，我错了，我现在改行了。我学了针灸，现在为人治病，已经治好了一些人。我要用救死扶伤来洗刷自己过去的罪行。"……

我注意在场的人都很安静地听汲鹏讲，并且都点点头……

这件事更加引起我的深思：我为什么不管冯家驷是否改过自新，是否对自己错误有认识，是否已经受到道义或法律的惩罚，就发誓绝不放过他？这是"以直报怨"吗？当然不是！我认为我还沉浸在谁是谁非、报仇雪恨的情绪里。以德报怨、以怨报怨、以直报怨，都是要"报怨"，是怎样去"报"的问题。"报怨"又是为什么呢？

我对照《基度山恩仇记》中的报恩复仇情节反复思考着，我认为基度山伯爵报仇的手段太狠了，过分了。而我们对冯家驷的态度不是也太狠了吗？

我认为自己这样的思考太浅薄了。我想，我们应该把"和解"的旗子亮出来。这个仇，报还是不报？何时报？如何报？其实都不是我们的最终目的。我们的最终目的应该是和解。两派要和解。清华清理了积累多年的冤假错案，也是为了达到全校的和解。全国也一样，应该和解！

中国自古以来，就不断地演义着各种各样的冤冤相报，不断仇杀的历史。这种冤仇相报的意识和文化，一般分为三个层次：一是有仇必报，以血还血，以牙还牙。有仇不报非君子。报了仇，才够中国人所谓的"义气"。二是怨仇必报，不过报的手段、方法和程度比较理性。三是以直报怨或以德报怨，"报"的目的是"和解"。

孔子在《论语》宪问篇第十四中关于"何以报德？以直报怨，以德报德。"的论述，留了相当大的空间。看来，他并不赞成以怨报怨的杀戮文化，也不赞成不加分析的"以德报怨"的东郭先生的愚蠢做法。他主张的"以直报怨"，似乎概括了中国传统的复仇观：不是不报，时候未到。时候一到，一切都报。也就是说，无论如何，目的是要"报"的。而佛教则主张"以德报怨"。目的是化怨解仇，达到"和解"。

但是在中国传统文化里，很少用"和解""和谐""妥协"等词。尤其是在以"阶级斗争"为纲的文革时期，"和解"简直是"大逆不道"的，而代行其道的是胜王败寇的"镇压"。这种以暴力取得的胜利，只能用暴力来维稳。这样的维稳，只能越陷越深，越维越不稳，不可能持久稳定的。

在中国历史中，多数是第一层次。达到第二个层次的也极少，第三个层次几乎没有。然而世界上许多国家和民族，却有许多达到第三个层次的事例。

如美国的南北战争。从1861年到1865年南北双方打了四年仗，各死伤数十万人。直到南军弹尽粮绝，南军的李将军不得不向北军的格兰特将军请降。李将军在带领部下前去投降时，要求部下穿着整齐。他说，我们打败了，但要败得有尊严。在请降的谈判中，李将军提出希望：我的骑兵和炮兵部下，许多人是带着马匹来参军的，希望这些属于私人的马匹能够还给他们。格兰特将军说：这已经在我们的考虑之内了。如果没有马匹，他们将无法收获下个季度的庄稼。不仅马匹，甚至武器也发还给个人。就这样，没有绞刑，没有屠杀，没有监狱，很快南北和解了。从此美国没有再暴发过内战。和平使美国发展成为当今世界之强国。

再如南非，本是个种族隔离非常严重的国家。曼德拉本人就被白人政府关押了几十年。但他在当选为总统后，立即签署了取消种族隔离。达到民族和解的法令。他自己带头宽恕在种族隔离时期对自己犯罪的人和事。又如曼德拉的第二任妻子温尼，自己是黑人，受过种族迫害，但她自己也犯过错，最后觉悟了，讲出自己的错误，即用真相换取受害方的宽恕，最后达到和解。一个看来绝无可能用和平的方法达到民族和解的南非，他们成功地运用了"真相—宽恕—和解"的办法，确确实实达到和解，实现了真正的和平。

我想，在我们这样一个长期以阶级为斗争为纲，以斗争哲学为自己的主要价值取向的国家，要出现这样感人肺腑的故事，是不太可能的。这难道不让我们这样一个号称礼仪之邦的大国脸红吗？难道我们不应该向这些国家学习吗？！

要化解清华各派之间的矛盾，只能走"真相—宽恕—和解"这条路，这才能真正体现清华人的胸襟，才是对清华校训的最好诠释！

用真相换取宽恕，最后达到和解，希望这种宽恕、和解的文化，能成为我们中华民族的主流文化！

原附件一

我当年写给黑龙江省招办并转省委的信

黑龙江省招生办公室负责同志，并转省委负责同志：

我收到孙毓星（孙耘）同志的来信，得知他通过了哈工大的研究生考试，总分415.75，但因在文化大革命初期所犯打砸抢错误，哈工大决定不予录取。哈工大这样决定是完全可以理解的。然而，我仍想向党组织反映一些情况，希望有关的领导机关和领导同志重新考虑一下是否录取孙毓星的问题。

孙毓星在1968年初，是我的"专案组"组长，他审提过我，搞过一些逼供信，但他本人没有动手打过我。1968年3月27日凌晨，我越狱逃跑。孙作为"专案组"组长参与过追捕我的行动，并于四月初的一次抄家行动中，将我的弟弟罗征敷（第一机床厂工人）绑架殴打窒息致死。实际上，当时直接参加这类行动的（包括绑架和刑讯逼供）是校内一些工人和另外几个学生，但孙毓星作为"组长"，在我弟弟死亡以后，就和王庆章、张建国两个同学一起承担了这起人命案的责任，而且，孙毓星被作为"首犯"。十二年来，孙两次入狱，多次被隔离审查，长期被定为敌我矛盾问题，为自己的错误付出了沉重的代价。而且，我认为，他是承担了较多的责任的。

今年初，孙所在单位及海拉尔市公安局派人来京调查，向我介绍了孙的表现。据说，孙在劳动中、工作中表现是较好的。鉴于上述情况，我想，第一，在文化大革命中，极左思潮泛滥，许多青年人犯了错误，有的犯了严重错误，他们的错误有主观上的原因，但主要的不应由他们自己来承担。第二，他们已经为自己的错误付出了代价，十二年来，他们的日子并不好过，可以说和判处十二年徒刑差不多。粉碎"四人帮"快四年了，应该尽早让他们放下包袱，轻装前进。第三，他们对自己的错误是认账的，在海拉尔市解决了孙毓星的问题以后，他曾给我来过信，并借出差过京之便，到校找我面谈过，我以为态度是诚恳的。同时，这个青年人也表现出有过人的才能。他考入清华时，成绩就不错，这次在狱中复习了功课，能考出较好的成绩，是不容易的。

　　文化大革命的十年动乱，使不少人家破人亡，使同志之间产生不少隔阂，甚至结下冤仇。我想，今天我们的国家在前进，许多历史积案陆续得到解决，文化大革命的真相也逐渐清楚了。现在是化冤解仇，团结一切可以团结的人的时候了。有些青年人，拉一把就可能是个很有用的人才，应该给他们一个改正错误，锻炼成才的机会。因此，我恳切地希望党组织考虑我的意见，重新研究是否录取孙毓星的问题。

　　如果从各方面考虑，目前不宜录取，可否请组织上出面找他谈谈，鼓励他继续努力，来年再考。

　　我并非对哈工大的决定有意见，他们的决定是有道理的，是可以理解的。我只是反映一下我所了解的情况和意见，请考虑。

　　此致　敬礼

罗征启
1980 年 8 月 26 日

　　罗征启同志系我支部党员，罗征启同志现任我校党委副书记。以上意见供参考

宣传部党支部
1980.8.27

原附件二

孙耘（孙毓星）给胡耀邦同志的信

罗老师，您好！

我给您发去的信收到了吗？我最近收不到来信，因为邮箱已满，但发信是可以的，现在经过清理又可以收信了。为稳妥计，有关文档再给您发一次，并增加一份我当时写给胡耀邦的信。收到后请告知。

祝您工作顺利，身体健康！

孙耘

1980年暑假，我为读研究生的事曾想找一些领导申诉，比如通过其女儿（哈工大学生）转信给李昌，通过亲友转信给黄火青等，也给胡耀邦总书记写过信，是通过德华的同学转交的，不知耀邦同志看到没有。我想他看没看到我的信都会做出同样批示的。信的原文如下。

敬爱的胡耀邦同志：

我叫孙毓星，是清华大学无线电系67届毕业生，现在海拉尔电机厂任技术员。今年我报考哈尔滨工业大学自动化仪表专业研究生，考试成绩是415.75分，计：数学100，物理84，电工97，英语79.75，政治55，其总分和数学、英语均为第一名。然而，该校研究生科负责同志告诉我，因为我在文化大革命中有打砸抢问题，经党委研究不予录取。

文化革命中我是清华一派群众组织的总部委员之一。1968年初总部决定对原党委宣传部副部长罗征启同志搞"通缉"。4月3日晚由我带十来个人去罗父亲家抄取照片。在我带人进屋抄家时，留守在车中的王庆章、张建国驱车抓住了偷跑出来的罗征敷（罗征启的胞弟），并将他捆住按在车中。由于王庆章堵口时不慎将棉纱塞住喉咙，使罗征敷同志"窒息而死"（法医鉴定），这是一起致人死命的严重犯罪事件，我应负一定责任。为此，从68年至今我受到多次审查。半年前，罗征启同志亲自表示：并不主张再追究你们学生的个人责任。此后，有关部门才作出"不予追究"的正式结论，彻底解决了我的问题。

12年中我有7年半时间是在审查处分中度过的。十二年来，我时时怀着对罗征敷一家的深深内疚，反复体味"十年浩劫"带给人们的一切。我是先害了别人，又毁了自己。党中央一举粉碎了"四人帮"，祖国大地又迎来了科学的春天。这给了我们新的勇气和力量。

78年10月，我和我爱人一同投考哈工大计算机专业进修班，并分别以182分和160分考取（据说我考第二）。我因被拘留审查没能赴学。但我并不灰心，我相信党的政策，相信总有一天我还要用自己的知识为四化服务。所以，拘留期间（78年11月到80年2月）我一直坚持身体锻炼和业务学习。我学习了高等数学、物理学、电工学、电子学、工程数学和英语，共写了廿万字的笔记和练习。

当时许多同志给与我热情帮助和支持，有人拿出十余元为我买业务书。后来我准备报考研究生，又得到海拉尔各级领导的一致支持和鼓励。尤其令人感动的是，清华党委副书记罗征启同志还寄来复习提纲。他们的鼓励与信任对一颗受过损伤的心来说是多么宝贵呀。在他们身上表现出我党干部的胸怀和远见，从他们身上我感受到党的温暖。我十分痛心的是辜负了党的多年培养。在1962年高考，我曾获得天津市和河北省第一名（约560分），但这十年来却虚度了光阴，无所作为。

敬爱的耀邦同志，我相信党不会抛弃我们、歧视我们，不会让我永远戴着无形的打砸抢帽子（对我个人来说，也是关系到政治生命的大事）。我们愿意，而且正在改正错误，立功赎罪。我十分渴望能继续深造，以更好地发挥自己的聪明才智，为祖国的四化做出更大贡献。

盼您在百忙之中过问一下这个政策性问题，并给以解决。

此致 敬礼

海拉尔电机厂　孙毓星　1980年7月18日

原附件三

孙耘（孙毓星）写的
《清明追思——纪念胡耀邦总书记逝世 20 周年》

清明节，中华民族追思故去亲人的日子。近年来，清明又被赋予极富时代特色的含义。33 年前的今天，百万群众涌向天安门，冲破压城的黑云，愤然喊出自己的声音。二十年前同一个仲春，1989 年 4 月 15 日，一颗伟大的心脏停止了跳动，由此引发了又一场天安门风潮。中国人民第一次忘情地呼唤民主、自由，表达出对高尚人格的崇敬和对美好人性的赞颂。胡耀邦，一个金光闪闪的名字从此载入史册，而且必将流芳百世。

我有幸亲得耀邦同志关照，当然还包括诸位师长友人的帮助，得以到哈工大读研究生，从而改变了我的后半生以及我们全家的命运。

清明节前，我和铮（糟糠之妻）专程经南昌到共青城，搭乘摩托车去拜祭胡耀邦墓。其后又冒雨转赴浏阳，再驱车近百里到敏溪河畔中和镇苍坊村瞻仰胡耀邦故居。在拜祭前的一个不眠之夜，我写下这样的话：

清明将至，又逢胡耀邦总书记逝世 20 周年，特至耀邦同志墓前拜祭，以表敬仰与感恩之情。

　　泱泱中华
　　朗朗乾坤
　　幸生耀邦
　　千古一人

　　心系天下
　　施惠于民

第四章 "罗文李饶反革命集团"是怎么回事

平反冤案
颠倒昆仑

"人才难得
既往不咎"[1]
关爱我辈
将心比心

人格高尚
党之"良心"
人性光辉
巍然独存

胡耀邦墓坐落于鄱阳湖畔，背靠风景秀美的富华山。墓园规模宏大，沿石阶上行，回首遥望鄱阳湖，虚幻缥缈，水天一色。路边绿树丛中点缀着鲜红的茶花，山坡绿草坪上有紫红灌木组成的四个大字：耀邦陵园。再往上就是朴实无华的三角形墓碑，我感觉它像高山，像旗帜，更像大写的人。陵园内设展室，在"先天下之忧而忧"题下写道：胡耀邦是中国共产党革故鼎新时期最具变革精神、最具民主思想、最具性格魅力的领袖人物之一。胡耀邦的个性、风采以及他的品格，都闪耀着大写的独特的人生光辉，魅力永存。这是今天能给与耀邦同志的最高评价了。然而我却以为，胡耀邦的人格魅力，他为民请命："我不下油锅，谁下油锅"的牺牲精神等等，都超越了党派、政治的樊篱，具有普世永存的人性光辉。

---

[1] 录自胡耀邦总书记1980年对我和井冈山读研究生的批示。

附件四

试析蒯大富们制造的清华"两案"(节选)[1]

陈楚三

清华文革中,蒯大富们制造了三大冤案,即"蒋(蒋南翔)刘(刘冰)反党集团""罗文李饶反革命集团"和"十二人反党集团";其中,"蒋刘反党集团"囊括了运动初期就被打倒的校级主要领导,实际上已是"死老虎",蒯大富自己承认:"对于原来的校党委,我们没有过多关注。蒋南翔当时已经被打倒了,在我们那时的眼里,就等于'死狗'啊。"蒯大富们打"蒋刘反党集团",只是陪衬,是为打"蒋刘反党集团"的"第二套班子"——"罗文李饶反革命集团",以及"十二人反党集团"(本文简称为清华"两案")作铺垫,后者才是"活老虎",蒯大富们处心积虑下死手要搞成"铁案"。

陆元吉校友关于"十二人反党集团"曾经发帖称:"四个女生被关近三个月,受尽折磨。近五十年了,却始终不知此事的来龙去脉,无人出来说过真相。好像这事不存在,又好像加害她们的是一群外星人。这类既非小事,更非细节的真相难道不应当追问吗?"[2]

实际上"十二人反党集团"案被关押的不仅是四个女生,而是五个女生,还有一名团委干部和力603班的一个男生被关押四个多月,以及"罗文李饶反革命集团"案被关押的五名干部,他(她)们在蒯

---

1 此文共有七节,本书选取了第一、二、七三节。省略了第三节蒯大富们污蔑414和攻击周总理的卑劣手法,第四节蒯大富制造"两案"的路线图,第五节"两案"抓人的由头及过程,第六节"两案"的组织机构以及逼供手法。(启注)

2 见孙怒涛主编《真话与忏悔》第379页。

第四章 "罗文李饶反革命集团"是怎么回事

大富的黑牢中遭受种种酷刑，一名女干部刘承娴被逼死，因罗征启逃离三堡，其胞弟罗征敷被抓毒打后窒息而亡。陆元吉发帖至今四年又过去了，只有四名受害人（罗征启、谢引麟、邢竞侯、饶慰慈）本人或子女的文章较详细地揭露了遭受残酷迫害情形，而且在近二百万言的清华文革回忆反思及校友讨论文集中，这四篇文章也未被收入；同时，更没有看到清华"两案"加害方的知情人，包括策划者、指挥者、执行者、直接加害者（凶手）和在场者出来"揭露真相"。依然"不知此事的来龙去脉，无人出来说过真相。好像这事不存在，又好像加害她们的是一群外星人。"

本文会告诉读者，"两案"的真相为什么揭不开，并根据所收集到的团派的有限资料，试图分析蒯大富们制造"两案"的目的、手段和方法，至于具体细节，自有受害者和受害者知情人的揭露文字，本文不赘述。

一、"两案"的真相为何一直揭不开？

清华"两案"的总负责人是团总部核心委员陈继芳，她可能不是直接加害者，但肯定是策划者之一和主要指挥者。当诸多原两派校友都在参与到清华文革大事的回忆中时，陈继芳却警告原团派骨干："写回忆录应当写对我们自己有利的事！"[3] 换言之，凡对团派不利的事，都不准写。

什么是对团派"不利"的事？对 414 的谩骂、污蔑、造谣、栽赃，策划搞武斗，抓人打人，反军乱军反总理，这些事都对团派不利，但对团派最不利的，是极其丑恶凶残、灭绝人性的"两案"黑幕。

沈如槐校友指出，从团派制造的"罗文李饶反革命集团"和"十二人反党集团"两大冤案来看，团派抓人打人有四大特征：老蒯决策、头头主持；组织健全、目的明确；私设刑堂、严刑逼供；手段凶残、惨无人道。

---

3 团派朋友披露，蒯大富夫人罗晓波亲耳所闻。

团派抓人打人的共同特点是手段凶残。仅举数例：1967年10月20日，团派保卫组将414总部核心委员宿长忠毒打至重伤，脑震荡，髂骨、肋骨骨折；[4] 1967年12月5日，414总部委员郭仁宽被团派保卫组毒打至肾出血；[5] 同一天，414派的学生唐海山、教师李兆汉被团派保卫组"贴饼子"（几人抬起一人多高使劲往地上摔）；12月6日，团广播台工人师傅卢振义因持414观点也被"贴饼子"并被赶出团广播台；[6] 12月20日，414总部核心委员陈楚三被团保卫组绑架、毒打，钢丝钳夹手指、烟头烫脸、火柴烧脖颈；1968年5月12日，团派打手用钉了钉子的木板毒打被抓的414总部委员周坚，当场打断周坚一根肋骨[7]；5月14日，团派"前哨台"打手更是将414派学生孙华栋活活打死，内脏完全被打坏，全身80%皮下出血，左腿骨折两臂打烂[8]。至于"两案"中人员所受酷刑，更是骇人听闻。

严刑逼供、手段凶残，是在团派主要头头操纵下少数极端分子所为，但这种罪恶行径是广大团派群众并不了解而且坚决反对的、见不得人的，因此是对团派最"不利"的，也是陈继芳等一些头头最忌讳的；所以，陈继芳才下了"禁令"。

陈继芳自己的回忆录，就完全回避对她本人及团派不利的事实。

罗征启的弟弟罗征敷被团保卫组绑架致死，是陈继芳带人把遗体送到北医三院的；孙华栋被毒打身亡后，也是陈继芳，带领四人把孙华栋遗体送到阜外医院，留下假名字和假电话后溜之大吉，可陈继芳的回忆录却"选择性遗忘"，对罗征敷和孙华栋之死一字不提，因为对她本人不利、对团派不利。

5.30团派攻打东区浴室，正是自称"反对武斗""必须尽快结束这场武斗"的陈继芳，推来一桶油，使浴室被燃烧瓶点燃的小火"火上浇油"变成大火，据说陈继芳还找来两袋干辣椒投入大火中，可谓

---

4 见原蜀育、邱心伟编《清华文革亲历史料实录大事日志》第281页。
5 见原蜀育、邱心伟编《清华文革亲历史料实录大事日志》第301页。
6 见原蜀育、邱心伟编《清华文革亲历史料实录大事日志》第302页。
7 见周坚：《犹有傲霜枝》第171页。
8 见原蜀育、邱心伟编《清华文革亲历史料实录大事日志》第347页。

第四章 "罗文李饶反革命集团"是怎么回事

火烧东区浴室的"功臣",但因为对她本人不利,在其回忆录中,她却左一个"不知为什么",右一个"不明白",更不提她本人的"壮举",把自己写成似乎是旁观者。

陈继芳提到团派段洪水和许恭生"阵亡",并说"414抓走了团派干部陶森,还抓走了团派的总部委员陈育延,我们每个人都做好了被抓、被打、甚至被害的准备",好像她"每隔一星期"能去看望男朋友、还能在北京"陪妈妈玩了几天"的陈继芳,处境比414被严密封锁、"死者不准外运、伤者不准医治、生者格杀勿论"的科学馆还危险、濒临绝境了!陈继芳真能装啊!怎么不提陈育延被抓前几天,414的孙华栋被活活打死?怎么不提陈育延被抓十天就放回?怎么一字不提她主管的团派专案组"抓、打"的吕应中、罗征启等十多名干部和学生?怎么一字不提作为414总部核心委员的陈楚三"被抓、被打",一字不提已经"被害"的罗征敷、谢晋澄、卞雨林、刘承娴、朱育生、杨志军、杨述立、钱平华?是陈继芳"健忘"吗?当然不是!是因为指挥和实施抓、打、杀害这些干部和学生的正是蒯大富和她陈继芳及其主管的团专案组!

陈继芳的回忆录提到"罗文李饶反革命集团"案时,说"团派专案组……不时传来惊人的消息""因为他们都是414派的干部,所以团派一些人认为,这是整垮414的最好契机",似乎也和她无关。陈继芳又"健忘"了吗?忘了她自己就是团派"罗文李饶专案组"的总负责人吗?正是她,指挥团派专案组制造出那些"惊人的消息",也是她,根据这些"消息",在1968年4月18日团派的大会上做了长篇发言[9],第一次公开把罗征启等六名干部打成"反革命集团"。她又是"选择性遗忘",企图把这个对她不利的事实向读者隐瞒。至于"十二人反党集团",陈继芳在回忆录中完全回避。

陈继芳提到7.27,竟然再次"选择性遗忘",绝口不提工宣队被团派杀害5人,轻重伤731人的血淋淋事实!虽然她当天不在现场,却硬要言之凿凿地为蒯大富开脱说,蒯大富要求"避免和工人冲突"

---

9 见《井冈山》报135、136期合刊(1968.4.19)。

"无论如何不能伤着工人",却被"扣上了是他下令开枪的罪名"。陈继芳极力为蒯大富涂脂抹粉,蒯的自述却狠狠打了陈继芳的脸!蒯大富自己说,当时的决定是"守住楼,工人攻楼的话我们就抵抗反击""谁进来就打谁,进楼我们就坚决抵抗!"[10]

就连对待迟群的态度,陈继芳也只"写对我们自己有利的事",回忆录说"从我见他的第一面起,我就十分厌恶他""我和陈育延不知暗地里骂过他多少次";但是她在给蒯大富的信中却坦言:"越看迟群(所作所为)越像是我们的人"[11] 这是她的真心话,但讲出来对团派"不利",所以回忆录中当然不能写。

陈继芳如此,蒯大富呢?

蒯大富口头上也赞成写回忆录要留下真实的历史,但实际上和陈继芳一样,力图回避对团派和他本人"不利"的事,实在回避不了时就尽量推卸责任。

例如清华的武斗,蒯大富说武斗的导火索是 414 抓了"团派保护的干部"陶森,却同样"选择性遗忘",只字不提在 414 抓陶森前,他下令抓了 414 保护的干部吕应中,抓了支持 414 的干部罗征启、文学宓、饶慰慈、刘承娴、贾春旺,还抓了 414 总部核心委员陈楚三。

清华武斗为什么停不下来?蒯大富谎称在武斗死了人后就对武斗"后悔""巴不得停止"了,却避而不提他停止武斗的条件"蒯四条"[12];明明是蒯大富们认为"对 414 停止武斗"的问题"根本不存在"[13],明明是蒯大富们认为"彻底摧毁"414 才是"解决清华问题

---

10 引自米鹤都《蒯大富口述:潮起潮落》。
11 引自李子壮:《十年风浪一笔烂账》,见孙怒涛主编《历史拒绝遗忘》页 602。
12 "蒯四条",见许爱晶《清华蒯大富》第 170 页:1968 年 7 月 15 日,谢富治等接见蒯大富,要蒯大富停止武斗、拆除工事、解除对科学馆的封锁,蒯大富提出停止武斗四条件:(1)逮捕罗文李饶;(2)宣布沈(如槐)、陈(楚三)、张(雪梅)、刘(万章)等四头头为反革命;(3)科学馆 414 向团派投降;(4)拆除 414 的工事。
13 见原蜀育、邱心伟编《清华文革亲历史料实录大事日志》第.355 页。

包括武斗问题唯一正确的途径"[14]，蒯大富却栽赃说是因为"四一四的头头坚绝不同意"停止武斗。

再如对团派打死人的问题。蒯大富说"强调过，不准打人"，又说发生罗征敷被抓致死事件后支持孙耘等三人去公安局自首；可是，罗征敷事件发生于4月4日，在此之后，4月29日发生谢晋澄被团派汽车撞压而死事件，5月14日发生孙华栋被活活打死的恶性事件，6月12日又发生刘承娴被迫害致死事件，蒯大富采取什么措施了吗？不但没见蒯大富责令凶手去自首，而且在蒯大富的口述回忆中，也"选择性遗忘"，只对谢晋澄之死表示"难过"（因为他曾在蒯被打成反革命时支持蒯），竟然对孙华栋、刘承娴两起事件只字不提！

又如对他一手制造的清华"两案"，蒯大富不得不笼统地承认"整过很多人"，可又说整他们是因为"他们私下议论的时候，……说了些当时被认为很反动的话"；虽然蒯大富不得不承认"抓人一般都是我下命令抓的""说他们是反革命集团，这是我给定的"，但却强调"那时是所谓革命利益至上，根本不讲什么人道主义""打人、武斗、暴力这个都是很自然的事"。在1983年法庭审判时还为自己辩护说："在1968年我错整过一些干部和群众，我有强有力的证据证明我不是有意陷害""在单位隔离审查某些干部和群众，乱扣帽子，包括有刑讯逼供的情节，也远远不构成犯罪"。[15]他始终把残酷毒刑逼供的结果作为加罪于这些干部学生的"强有力的证据"，不承认是"诬陷"；试问："乱扣"反毛、反林、反革命的"帽子"，横加"反革命"罪名，如果这不是"诬陷"，什么才是"诬陷"？

公平地说，蒯大富对文革中整人还多少有忏悔、有愧疚；而陈继芳，作为直接处理罗征敷和孙华栋尸体的当事人，作为清华文革"两案"的总负责人和直接主持者，回忆录通篇竟然没有丝毫悔恨、内疚之意，确如谢引麟所言，良心的拷问会伴随陈继芳的一生！

清华"两案"的总负责人陈继芳下禁令，团总部一号头头蒯大富

---

14 引自团总部扩大会议《清华运动两个月总结（草案）》，见《井冈山》报149期（1968.6.28）。
15 见米鹤都采写、蒯大富口述：《潮起潮落》。

则对"两案"的逼供信"成果"予以肯定，这是"两案"真相揭不开的根本原因！

二、蒯大富们制造"两案"的目的

蒯大富声称，"两案"涉及的人员有一系列"恶攻（恶毒攻击无产阶级司令部）"言论，团派抓"两案"，就是为了"保卫无产阶级司令部"。

罗征启认为，"团派之所以抓我，是因为他们知道我是《必胜》这篇大字报的主要修改人"；其次是杀鸡给猴看，阻止党员和干部支持 414，"除了《四一四思潮必胜》以外，还有就是干部问题，因为多数党员和干部支持 414，团派十分恼火，一直想搞点事件出来，用以吓唬和压制多数党员和干部。于是就把六名敢于公开亮明自己观点，支持 414 的中层干部打成了'罗文李饶反革命集团'"[16]。罗征启的话没有说到点子上。

其实，蒯大富们制造"两案"的主要目的，一是消灭 414，建立单独的红卫兵政权，实现蒯大富一统清华的美梦；二是企图通过消灭 414，进而"揪出黑后台"，为其反周总理提供"炮弹"。而其根本目的则是为了实现蒯大富们日益膨胀的政治野心。什么"誓为九大立新功"，什么"全国的造反派都在看着我们"，还有那"北航黑会"，无一不透露出蒯大富们赤裸裸的政治野心，那就是以全国造反派领袖的身份挤进九大，挤进中共中央。毛主席早把蒯大富们看透了，批评他们"头脑膨胀、全身浮肿"，直指蒯大富们的政治野心。

蒯大富靠反工作组起家，为打倒刘少奇立了头功，成为名震全国的北京学生文革"五大领袖"之一、中央文革小组的"铁拳头"，但是由于 414 的存在，清华被认为没有实现革命大联合，因而权力机构革委会未能成立；414 成了蒯大富一统清华的最大障碍。

先是把 414 说成"逆流""右倾""老保"，没有压垮 414；后来

---

16 见罗征启：《清华文革亲历记》第 120 页。

说吕应中、罗征启等支持414的干部是"蒋刘反党集团的心腹死党、第二套班子",是"伸进414的黑手",还说414"死保走资派""死保蒋刘反党集团第二套班子"、被"黑手""操纵",这些帽子仍然没有压垮414;王关戚事件和杨余傅事件相继发生后,团派宣传集中火力,大肆编造王关戚和杨余傅与414关系密切、是414后台的谣言,进而说王关戚只是"小爬虫",杨余傅也只是"中等爬虫",还有"尚未揪出的变色龙""大变色龙""更大的后台"[17],要"把谭震林、王关戚林、杨余傅以及414的总后台——陶二世揪出来"[18],把矛头指向敬爱的周总理。

蒯大富当然知道,谣言不能长久,谣言也压不垮414。文革时期,打垮一个群众组织的办法有两手,文的一手,是抓住这个组织"恶攻""炮打"的言行猛批,只要毛、林或中央文革表态即可。武的一手,即武力剿灭。蒯大富两手并用。他以笔名"肖达"发表文章,把"操纵414的黑手"升级成"罗文李饶反革命集团",说这个集团"疯狂炮打以毛主席为首林副主席为副的无产阶级司令部",是"414核心的黑参谋部""414政治方向的重大决策,都是由这个反革命集团根据其黑主子的旨意制定的"[19],蒯大富认为,大造"由一个反革命集团控制着414"的舆论,上可以争取中央文革对镇压414的支持,下可以欺骗不明真相的两派群众。但是,欺骗是不能长久的,蒯大富在团总部会上坦承:"再不搞武斗,革命干部从此就要离开我们,战士们也灰心丧气纷纷不干了,我们的队伍就要分裂、垮台"[20],为了"扩大事态,迫使中央表态",他继1.4武斗之后,进一步挑起了延续百日的清华大规模武斗。

"罗文李饶反革命集团"都是清华干部,而414是以学生为主体,主要负责人是学生,蒯大富还要从学生中、从414头头中抓反革命,以为这样一来414就"死定了"。团派自己整了大量陈伯达的材

---

17 见杨继绳:《罗征启访谈录》。
18 见《井冈山》报130期。
19 见《井冈山》报135、136期合刊(1968.4.19)。
20 同上。

料，414周泉缨反陈伯达众所周知，于是蒯大富们先造谣说414成立了"陈伯达专案组"[21]，后来更进一步，"陈伯达专案组"变成12人"中央首长专案组"（即"12人反党集团"），"罗文李饶反革命集团"也升级为"沈如槐—罗文李饶反革命集团"[22]，沈如槐成了"沈—罗反革命集团首恶分子"[23]，并且"类似的反革命集团在反动流派414内部也不只此一个"[24]；蒯大富是恨不得把整个414打入十八层地狱啊！

直到工宣队进校后，蒯大富们仍然念念不忘消灭414，念念不忘揪"黑后台"，还在叫嚣"誓与沈罗反革命集团及其黑后台血战到底！"[25]

七、良心的拷问将伴随"两案"加害者的一生

"十二人反党集团"受害人之一谢引麟定居美国波士顿，当她得知陈继芳也在波士顿后，曾托人带话给陈继芳希望见面弄清真相，陈继芳竟然回复说"不认识谢同学，也就不必见面了"，为此谢引麟请带话人转告陈继芳："不认识谢同学？如果1968年5月8日之前，你说你不认识我，那之后，你怎么会不认识呢？不认识，你为什么抓我们？""事实上，你是不愿意见面，你无法去面对我们的问题，你回答不了。""我的问题是：你们老团的决策人是如何捏造出十二人反党集团的？这个问题，作为总负责人的你是能回答的。你可能说具体的事情你不知道。在老团监狱的三个月里，我们所受到的肉体上及精神上的法西斯般的折磨，我们自己会向全世界揭露，不要你说细节。你们的毫无人性的暴行，今后我们还会不断地、进一步向世界揭露。"[26]

---

21 见杨继绳：《罗征启访谈录》。
22 同上。
23 同上。
24 同上。
25 见《井冈山》报154期（1968.7.31）
26 引自谢引麟与团派带信人的微信聊天记录250。

清华"两案"的加害方有关人员至今不肯揭露真相，企图让这段历史被尘封、被遗忘。然而，"历史不是任人雕刻的大理石"，清华的文革史上最血腥、最丑恶的这一页如果缺失，就不是真实的清华文革史！

人们都在谈论清华文革两派的"和解""宽容"，实际上对于原两派的绝大多数，"和解"早已是事实，即使对一些问题的认知有分歧，也能"宽容"，唯有"两案"的加害者，隐瞒真相、装聋作哑，怎么可能得到受害者的谅解？怎么可能得到包括原团派在内一切有良知的人们的谅解？

如果说樊思清开枪，也许是扣动扳机时的"一念之差"，那么团派少数人在几十天至几个月长时间内对"两案"受害人的种种惨无人道暴行，只能用这少数人"没有良知""丧失人性"来解释。

谢引麟告诫陈继芳："人难免犯错误。敢于忏悔，上帝是能原谅的。否则良心的拷问会伴随你的一生。"这句话同样适用于"两案"的其他加害者：敢于忏悔，上帝是能原谅你们的；否则，良心的拷问会伴随你们的一生！

选自《记忆》第 311 期（2022 年 1 月 15 日）。此文原载胡鹏池、陈楚三、周宏余编《从生物馆到 200 号——清华文革蒯氏黑牢》（完整版），美国华忆出版社，2022 年。

附件五

我在清华"魔窟"九十二天

谢引麟

现在有些人不愿意提文革史，一提就恼羞成怒，好像有人挖了他的祖坟。正如古语所说："以铜为镜，可以正衣冠；以古为镜，可以见兴替；以人为镜，可以知得失。"作为文革的受害人之一，我认为自己有责任、也有义务、更有权力将这段历史写下来，让我们的子孙后代牢记文革苦难，决不容许文革式的灾难再在中国重演。

一

1968年，毛泽东发动的文化大革命已进入第三年了。全国范围内文攻武斗，腥风血雨。清华园内，以蒯大富为首的清华井冈山团派与清华井冈山414派，都打着"捍卫毛主席革命路线"的大旗，展开了殊死搏斗，校园内再也听不到歌声和读书声。

我原住在文艺社团，担任一些团部工作。文革开始后，文艺社团很快就不复存在了，我便回到班上（冶金系铸七班）。大约在1967年秋，经同班同学黄安妮介绍，我开始与她一起参加"巴黎公社"小组的活动。这个小组与文革中的任何小组一样都会不定期地讨论文化革命的形势。大家基本上支持温和派414派的看法，主张大部分和绝大部分干部都是好的和比较好的，反对团派"彻底砸烂旧清华"的观点。当时的校园内，许多人对中央文革小组的组长陈伯达很有看法，组内有的人把大家共同关心的问题写成大字报贴出去，但我却没有参与写大字报。

第四章 "罗文李饶反革命集团"是怎么回事

1968年年初,团四斗争更加白热化了。团派扬言要抓414内"一小撮反革命",他们先是捏造罪名,抓了所谓的"罗文李饶反革命集团";意犹未尽,又抓了数力系力603班的学生邢竞侯和校团委干部×××老师。

鉴于武斗升级,宿舍已没法住了,许多同学先后离开了清华园。我和黄安妮反对武斗,当然也不会参加,但我家在上海,黄安妮家在湛江,都那么遥远,不是想回家抬腿就能走的。可是不回家,又到哪儿去安身啊?这时候,我们班原来的辅导员张琴心(冶金系铸六班)来清华找我们。她分配的工作单位在山西太原,因太原武斗,又回学校来了。于是,我们三个人商量借住到荷花池第二宿舍的沈老师家里(沈夫妇搬到别处住了),并购买了北京市的汽车月票,计划到工厂去参加义务劳动,在这个越来越无意义的文革中找些有意义的事情做做。

大概在5月初,我们发现我们住的房间的玻璃窗被打碎,我从朋友处借来的自行车前叉轴被锯坏。到后来我才知道,原来这些都是团派针对我们的有计划的骚扰。不少熟人都劝我们快点离开清华,但是能去哪里呢?到处都在武斗,到处都不安生,家又那么远,没有办法,只得无奈地暂时在荷花池第二宿舍住下去。

真正出事是在5月8日那一天。那天下午,张琴心去七公寓串门,临走时她说可能晚上不回来睡觉了。晚十点左右,我和黄安妮躺在床上,准备入睡了。突然,砰的一声巨响,我们的房门被撞开了。四五个彪形大汉一下子就闯入我们屋内,冲到我们的床头,其中一人厉声喝道:"谁叫黄安妮?谁叫谢引麟?"

对于夜半三更、突然破门闯入的这一群凶煞般的男人,我和黄安妮的心中都非常害怕,但是更多的是气愤,我们感到这批人简直就是一伙强盗,他们夜深人静私闯女生宿舍,是一种流氓行为。

于是,我们坐起身来,冷静地质问他们:"你们要干什么?"

他们其中一人厉声喝道:"不许说话!谁要嚷嚷,小心脑袋!"

我们还没有来得及再说话,他们一伙人七手八脚地就把我和黄安妮捆上双手,蒙上眼睛,然后用一床被子一卷,就把我们扛走了。

我和黄安妮就这样被这批匪徒绑架了。

我被带到了一间大房间里（到第二天我才认出这是生物馆三楼），但我不知黄安妮被带到哪儿去了？

不久，进来几个人，他们凶巴巴地盘问，叫什么名？哪个班的？

我一听，很生气，反问他们："你们把我抓来了，你们还不知道我叫什么嘛？不知道我是哪个班的？你们这样随便抓人是违反中央《六六通令》的！"

其中一个人一听我这么说，马上吼叫："你还嘴硬，你这个反革命分子还这么狂！"

接着，又进来一群人，问我张琴心在哪里？

我回答："不知道。"

一个穿黄军装的矮个子，立即逼近我，抄起他的大巴掌连续左右开弓地抽我的耳光，他一边打，一边吼："你说不说，说不说？反革命分子还想包庇反革命分子？"

这是1968年5月8日的夜里，是我有生以来第一次挨打，而且挨打得是那么凶狠，我一辈子也忘不了。

我出生于一个上海的普通职员家庭，家境虽说一般般，但自从来到这个世界上，得到的都是爱，从来就没有人打过我，甚至都没有被人骂过。今天，一个接一个的耳光，抽打在我的脸上，身上、心上满是痛。我感到屈辱，我感到愤怒，满腔的怒火在我胸中燃烧，我瞪大着眼睛，咬着牙盯着他们看，一言不发。

他见我仍不答，就更凶狠地打我耳光，我被打得眼冒金星，头晕目眩。他再用脚绊我的腿，我立刻失去平衡摔倒在地上，马上就有几个人蜂拥而上把我从地上拖起来，拳头如雨点般同时向我击来。

又走进来一个大个子，嘴上叼着一根香烟，面带一脸奸笑地要我坐下。我不明白他笑什么？他怎么能够笑？望着他那张奸笑的脸，我感到恐惧，全身发冷，不由得打寒颤。这个大个子皮笑肉不笑地继续向我盘问张琴心的去向。我望着他那张假惺惺的笑脸，心里明白，这些人全是一伙的，我要识破他们软硬兼施的鬼把戏。

我冷静地一想，张琴心一旦返回寂静的荷花池第二宿舍，肯定也

第四章 "罗文李饶反革命集团"是怎么回事

会落入他们的魔爪，还不如告诉他们张琴心在七公寓，那儿人多，可能会有人营救。我当时认为老四的人不知道我们被抓走了，绝大多数老团的人也可能不知道我们被抓走了，只不过是这几个老团的坏蛋绑架了我们，一旦广大革命群众知道了这件事，我们就会被放出去了。

我多么盼望能有人来救我们啊！

在以后的日子里，我也是天天盼、日日盼，盼我们的救星毛主席，盼亲人解放军，盼我们的414战友，盼团派的善良的群众，盼有人来将我们救出火坑、跳出魔窟。这一盼盼了整整三个月。

后来得知，张琴心也被这同一群暴徒抓了。但她不是在七公寓被抓的，而是在她返回荷花池第二宿舍时，被事先埋伏在那里的老团绑架走了。这之后我再没见过她，直到八月八日被解救的那一天。

我不记得在5月8日深夜至第二天凌晨，这群暴徒对我拷问了多少时间？拷问结束后，我被他们带入生物馆的另一个房间。我记得那间房内的地上有一块木板，木板上面铺一块草垫，一个流里流气的男看守不停地在我周围转来转去，吓得我一夜无眠。

二

第二天，5月9日的上午，我又被转移到一间完全漆黑的小房内，里面只有一张桌子，一把椅子和一盏灯。我开始考虑逃走，但是我逃不了，门被反锁着，外面一直有看守巡逻。我的耳边只听到修筑工事的叮当声，砂轮的飞转声，马达的轰鸣声和审讯"犯人"的怒吼声。

一直到这个时候，我还不明白自己为什么被抓，怎么会顷刻之间变成了一个"反革命"？我想得最多的仍然是团派同学搞错了，我鼓励自己，不要气馁，一定要据理力争。于是，我再次向他们提出抗议，指出他们这样随便抓人就是资产阶级专政，要求他们立即释放我。当然，我做的这一切抗争都无济于事。

下午，进来一个我不认识的男人，他要我交待"十二人小组"的罪行。

什么"十二人小组"？我愣了，我第一次听到这个说法。

那男人阴笑道："你装什么蒜？十二人小组，陈伯达专案组，你还会不知道？"

经他这么一说，我似乎想起了什么。前一阵，听说邢竞候和×××老师被老团抓走了。不久又传出，邢的罪名是跟踪毛主席视察大江南北，整陈伯达黑材料，×××是陈伯达专案组副组长等。可是谁会相信这些话呢？难道谣言重复多次就会变成事实？（我是通过我的同学黄安妮认识邢竞候和×××的，据黄安妮回忆她是在67年7月武汉串联时认识×××的，可能也在那里认识了邢竞候。）直到这时，我还幼稚地以为团派抓我们只是派性作怪，还幻想着他们会很快承认错抓了我们，于是耐心地向他解释："根本不存在什么十二人小组，更谈不上陈伯达专案组，只是一些人聚在一起谈谈时事，关心文革运动而已。"他当然听不进我的解释，所有的解释都徒劳。

当晚，我又被蒙上眼，五花大绑地转押到2号楼东头的另一个房间。从这天起，他们开始对我正式审讯了。审讯的人一天三班倒，轮番干，逼我交待所谓的"十二人小组"罪行。

"十二人小组"本是他们强加的，子虚乌有；我拒绝交待，当即毫不畏惧地写下了保证书，保证没有什么"十二人小组"。

他们见到我写的保证书，冷笑道："你写吧，将来要你自己打自己的耳光！"

接着，他们对我大谈×××是如何如何地反动，并说卫戍区早就点名要他了，是他们不肯给；又说他们已经掌握了我和×××关系是如何地密切；还说"十二人小组"的案已经定死了，这是一个反革命集团，现在，就看你们的态度了。

当时我并未识破他们的险恶用心，还没有想到这是他们所设的一个圈套。我想一个人应该襟怀坦白地做人，于是就向他们承认了我议论过陈伯达。我理直气壮地说："如果说要上纲的话，那就只能在

第四章 "罗文李饶反革命集团"是怎么回事

这个问题上上上纲，别的没有了。如果你们认为对陈伯达有看法就是反革命，那你们就送我去公安局。"

在车轮般的审讯中，他们继续逼我承认"十二人小组"是一个反党集团，还说，十二人小组成员有张雪梅，楼叙真等。我说："首先这十二人小组就是不存在的。虽说我知道张雪梅是414的总部委员，但我不记得认识她；楼叙真是我在文艺社团认识的，文革开始后，从未碰过面；我仅参加过几次"巴黎公社"的小组活动，从未听说过十二人小组。"

我又说："反党集团应该有纲领、有组织、有目的，而我们只是一些学生随便凑在一起聊聊文化革命运动，怎么谈得上是反党集团呢？"

他们说："你们组×××就怀疑陈伯达，说陈伯达会犯错误，这不是你们组的思想？"

他们问："你们说陈伯达在中央作检查了，还有谁在中央作检查了？"

我说："陈伯达在中央作检查的这条小道消息是从团派那里传来的，其他情况我根本没听说过。"

"没听说过？人家早就交待了。"他们一边说，一边不停地翻着×××的交待材料。

有一次，他们干脆把×××的交待材料故意留下了。我趁看守不注意时翻了一下，上面有上纲很高的言论。然后，他们又给我看"罗文李饶"的认罪书和听他们的认罪录音。

我当时想，他们是他们，我是我。他们的事情我不了解，他们要认罪，那是他们的事，与我毫无关系。我了解我自己，我不知道的事情就是不知道，我没有罪就是没有罪，我就绝不能认罪。

从这时起，他们开始整夜不让我睡觉，轮番拷问审讯，拿着×××的交待材料逼我交待所谓的"十二人反党集团"怎么议论"武汉七二零事件"，怎么议论毛主席视察大江南北，议论杨成武，议论接班人等等问题。这些问题都是我闻所未闻的，因此我如实回答没有这些事。他们就说我不老实，要我交待、揭发，可是我根本就不知道这些事情，又怎么交待、揭发呢？

大概是5月下旬，我又被转移到200号（这也是后来才知道的），他们继续逼我交待上述问题。我明确地告诉他们，我没什么可交待的。于是，他们就残酷地折磨我。他们先是令我罚站，必须立正姿势，不能稍息，不能弯腰。我经常连续站几十个小时，站得两腿发麻、肿胀。有一次我觉得受不了了，于是稍为走动了一下。一名看守发现后，他马上叫来一个彪形大汉打手。这家伙嘴上叼着香烟，手持大棍，就往我的身上、手上猛打，还抽我的耳光，打得我两眼直冒金星。

他一边还威胁道："我告诉你，我们不是吃素的，你是嫌这么站着太舒服了？那我先给你尝点滋味。告诉你，这回我拿这根棒子，下回就该拿那根粗的了。"

就是这个凶恶的打手，经常用拳头打我的乳房，用腿踢我的下身。这个暴徒还把我当成靶子，挥动着他的手臂，然后憋足了劲把垒球朝着我身上扔。更可恶的是，他多次把我逼到墙角，然后，在墙角把我往死里打。他满脸横肉，三角眼瞪得铜铃一样大，黑眼珠子闪着凶光，一步步地逼近我，长时间地恐吓我。我像一只在恶狼面前无助的小羊羔，哆哆嗦嗦地一步一步往后退，退到墙角，再也无路可退了，只好用双手蒙住了自己的脸，好几次我感到他的鼻子几乎要碰到我的脸；接着就是例行的拳打脚踢。

我那时还是一个花朵般的年轻女大学生，从小在父母呵护下长大，20多岁做梦的年华，渴望着幸福渴望着爱，现在却在首都的高等学府被一群暴徒关在黑屋子里遭受百般侮辱与毒打。在这个世界上我有众多的至爱亲朋，但他们没有一个人能知道我因何消失了；而我在这里叫天天不应，叫地地不灵；难道这就是文化大革命吗？难道这就是无产阶级革命路线吗？我真没想到，在社会主义的新中国竟有这种法西斯恐怖；在毛泽东思想阳光普照下竟有这样的黑屋子！

我的眼泪已经哭干了，痛苦和屈辱把我的心都撕成了碎片。

这样的折磨几乎天天有，有时几个打手同时来，一个打手在拷打我，另几个打手就站在旁边欣赏，一边指指点点，一边冷冷发笑。

第四章 "罗文李饶反革命集团"是怎么回事

这些人中还有女生，张××和马×。张××表面看是做记录的，实际上她是打手们的帮凶，有时候她也亲自操起棍子拷打我。马×是文艺社团合唱队的，我们曾同住在4号楼，我对她原有的印象也不错，想不到原来貌似温柔的她，现在判若两人了。后来有人告诉我，工物系的王子×是这群打手之一。

我一直想不明白，这些人原来都是我们清华大学生，原来也是很单纯的，究竟是什么原因将他们变成了这样毫无人性的禽兽？为什么这些人在看到别人挨打时，望着那么残酷的、毫无人性的场面，没有表现出丝毫同情心，他们怎么能看得下去？又怎么能笑得出来？

他们继续逼我交待反革命罪行，每天我的心如刀割。我总不能编造谎言啊！没什么可交待，他们就拿别人的所谓交待材料逼我承认，我不承认就是包庇反革命，死路一条。

我已经不再把审讯我的人看作是有理性的人类了，我已经失去了和这批禽兽据理力争的信念，对他们诱导式的审讯只回答说："也许吧，可能吧！"

但是，这样的回答使我的内心十分痛苦，也非常气愤。因此我又收回这些"也许"与"可能"。他们马上就使出更毒的一手，反咬我一口，说我是现行反革命，炮打无产阶级司令部，罪上加罪，罪加一等。然后又调来几个彪形打手对我更残酷地严刑逼供，轮番抽我耳光，打得我鼻子、嘴里鲜血直流，牙齿肿痛，两耳轰鸣，两眼直冒金星。他们强迫我趴在地上，四肢着地，逼我承认对毛主席有刻骨仇恨，我不承认，他们便拷打了我一整夜。

这种骇人听闻、毫无人性的逼供就这样一天又一天，没日没夜地进行着。后来，他们又规定我的回答中不能出现"可能"与"也许"，一旦说了，耳光马上打过来。他们把我推到墙边，强迫我全身紧贴着墙壁站着，规定我的头、后背和脚后跟必须同时靠墙，然后命令我往地下蹲。这是一个连体操运动员也根本就不可能实现的动作，当我试图蹲下去时，立刻就失去了平衡，一头就栽倒在地上，使我整个人趴在地上；他们又强迫我立刻站起来，我刚刚站起来，他们又要我紧靠墙壁站好，然后，又强迫我后背和脚后跟紧贴着墙壁往地下蹲。就这样,他们强迫我再站起来,再蹲下去,我经常连续栽倒在地数百次之多,摔得我全身虚汗淋漓,筋疲力尽,连支撑站起来的力气都没有了。连续的体罚,使我月经不断,小肚子疼痛难忍,向他们要药,他们骂我装病。

几天后,他们又想出一个新题目,逼我交待在学习"联共党史"时的炮打毛的言行。

我说:"学习'联共党史'是为了提高路线觉悟,我们班上组织学习过,怎么也有罪呢?"

"你们是反革命学习,联共党史是赫鲁晓夫写的"。这帮家伙说。

见我不按他们说的交待,就不让我睡觉。我连续站了五天五夜,站得两腿肿胀,实在挺不住了,晕倒在地上。看守发现后冲进来一边骂,一边拖我起来:"不交待,就这么站着!"

他们用棍子狠狠地砸我的肩,砸得我双肩由红肿到血肉模糊,一碰就是锥心刺骨的疼。还用铁棍朝我身上乱打,用鞭子没头没脑地抽我,致使我全身上下都是一条条紫血痕,疼得我全身不能动弹,连上厕所都蹲不下了。他们又逼我趴在地上,两手两腿伸直,用鞭子抽打,逼我承认:"×××说,学习联共党史要结合文化大革命,重点学习斯大林时代大清洗。"我不承认,就骂我"死顽固!"

接着,又逼我交待炮打毛的言论,"九大"的问题,胡说我们讨论了有关"九大"的人事安排等。

每出一个新题目,我就会被毒打一顿。我不承认,不交待,就又不让我睡觉,又连续站了几天几夜,站得我神志昏迷,失去知觉,摔倒在地,额头撞出了血;我站得精神失控,在屋里乱走,直到头撞到墙才惊醒;站得整个小腿一般粗,脚面肿得无法穿鞋,只能光脚站着。几个打手睡够吃饱了,就悠闲地站在一边看着我,说说笑笑,把虐待像我这样一个孤苦无助的年轻女孩当消遣;看到我摇摇晃晃地摔倒在地上,他们笑得特别开心,逼着我站起来,又看着我摔下去,又逼我站起来,冷不丁地在中间往我身上打一拳,踢一脚。这些人还有一丝丝的人性吗?他们只有兽性,所作所为与日本鬼子和德国法西斯有什么不同!

第四章　"罗文李饶反革命集团"是怎么回事

大概是 6 月中下旬，他们又出新花招，逼我交待一个在科学馆开的黑透黑透的黑会，并说："在这个黑会上，你们是多么地得意啊，好像天下都是你们的了。"我答："我没有参加过这种会，不可能的！"他们说："不可能？哼，等着瞧吧，这个问题先留着，以后交待！"然后，逼我交待反毛泽东的言论，强迫我学习毛泽东针对国民党的语录。更恶毒的是用语录向我栽赃。

有一条语录，意思是，国民党要推翻中华人民共和国。他们马上问："你们要推翻什么？！"

"我们不想推翻什么。"我答。

他们立即恶狠狠地说："你敢把'推翻'这词滑过去？交待！你们要推翻什么？！"

他们又强迫我学《南京政府向何处去》《敦促杜聿明投降书》等，问我："你要走什么路？是要走活路，还是要走死路？"

我说："走活路。"

他们说："那好，走活路，你就要交待反毛主席的言论。"

我说："走死路。"

他们说："走死路，你就是坚持反毛主席。"

他们用棍子拼命砸我的肩，打我的腰部、腿部，朝我身上乱打，打够了，再问我走什么路？

我只好说："不知道走什么路。"

我想我绝不能把莫须有的罪名往自己身上加，也绝不能把莫须有的罪名往别人身上加。我当时也没有想到要经受得住什么共产党员的考验，我只是想我不能那样做。

我想进监狱，我想监狱里一定比这里好。为了尽快离开这里，让真正的司法机关来审理我的言行，我就摆出自己身上的一些缺点和错误，例如议论过陈伯达。

但这无济于事，他们说："你只交待了全部罪行的百分之一，还有一整套、一整套反动观点没有交待。"

我却又说："就算这样，这百分之一也是无中生有，是你们逼我说的。"

对此，他们竟然说："你的问题不是编造，而是交待不交待，我们不怕你编造。"

我坚持不按他们说的交待，他们便罚我站着，不让睡觉，一旦看守发现我闭眼站着，会马上拿棍子拷打我全身，还强迫我抽自己耳光。

每次上厕所，均有看守押送。有一次去厕所的途中偶然碰到同时被抓的黄安妮，这才知道她也关在这座楼里。于是，我写了一张小纸条，丢入手纸篓内，简单讲了我每天受酷刑、逼交待黑会等的苦状，希望她能看到。下一次上厕所时，我在手纸篓内发现了她的回复纸团。打开一看，吓一跳，黄安妮在纸上所写的所谓黑会内容和打手逼我交代的几乎完全一样。原来，他们也是这样逼她的。我这才恍然大悟，彻底弄清了这伙人就是要凭空将反党，反毛，反文革的罪名强扣在我们头上，凭空捏造出一个所谓的"黑会"来，凭空制造出一个"十二人反党集团"来，从而将这个屎盆子扣在414头上。

第二天，他们又来逼我交待那个黑会，我便把那张纸条给了他们。我对他们说：这些所谓的黑会内容都是他们编造和逼供出来的。并再一次重申：我没有听到过任何"巴黎公社"的成员讲过这些出格的言论，也没有参加过这些所谓的黑会。从日期上看，那天我没在学校，你们可以去调查。

他们听后气急败坏、暴跳如雷，一边用棍子砸我的肩，一边吼着："你敢说没参加这个黑会？赶快交待！你这个顽固不化的反革命，这些话肯定是你讲过的，你在黑会上的言论比这个恶毒得多！那天你穿什么衣服，坐在谁边上，别人都交待了，你再不交待，只有死路一条！"

"没有！那段时间我根本就不在学校，你们可以去调查。"我坚持道。

于是，两个审讯者，一个用木棍砸我的肩，一个持铁棍打我身体，打得我前仰后倒，摔倒在地。

打手们一边还不断地吼着："有没有？有没有？"

我仍答"没有。"

第四章 "罗文李饶反革命集团"是怎么回事

他们便更凶狠地抽打我，还说："你这个反革命分子竟敢向我们提要求！我们井冈山人说话从来是算数的，不用调查，人证、物证俱在，连'罗文李饶'都证明你参加了，现在是看你交待不交待？！"

"没有！"我坚持道。

他们就一再地残酷拷打我，我感到浑身骨头都在开裂，我的心也在撕裂。

这以后，我彻底绝望了，我不愿意胡编乱造给自己身上泼脏水，但又看不到一丝希望。我是长在红旗下，每天怀着"成长在毛泽东时代最幸福"的信念去上学，现在毛主席还健在，我这个祖国的栋梁、清白无辜的青年学生却在北京城里遭受暴徒的法西斯般残酷的非人拷打，这反差对我来说实在太大，令我无法自解，痛不欲生。

每天忍受着惨无人道的折磨和拷问，还逼我承认反党，反毛，反文革的罪行，我看不到任何活下来的希望。与其每天在地狱里煎熬，还不如以死解脱。

我想到了死，寻找着死的办法与机会。

有一天，我从房门小洞往外看到，外面的看守正在看小说，闲聊天，没人注意我。于是我就悄悄地把凳子叠起来，站上去把灯泡拧下，慢慢把手指伸向电极。

年迈的父母亲的脸晃过眼前，一阵阵痛楚掠过心头："亲爱的爸爸、妈妈，我实在无法活下去了，对不起你们几十年的养育之恩，只好下辈子再报答你们了！"

我自己也不明白为什么，也许是精神恍惚的原因，叠起来的凳子突然倒了下来，我摔倒在地上。事后有人替我分析，因为我的手指已经触到电极，造成手臂肌肉痉挛、抽搐，致使身体失去平衡才摔倒的。

听到响声，一群看守冲了进来，骂我是畏罪自杀，一定隐瞒了更大的罪行。

审问又开始了。"交待所有的黑会！"他们吼着。

见我还不说，就罚我跪在地上，双手举凳子，说是治我的"不交待症"。

他们还说："你不交待，我们不会让你好活的，你想死，没那么容易！到我们手里，没有不交待的！"就这样，我连续跪了数十个小时。

他们见我举不起凳子，就用香烟头烫我的手，用手指弹我胳膊上的穴位，用脚踩我的脚趾；他们见我伸不直腰，就连凳子往上拉，还边拉边骂："你不是腰杆挺硬的吗？挺起来呀，你为什么不挺了？！"我实在撑不住了，他们就用脚朝我的身上随便乱踢。他们见我仍不交待，就又凶狠地抽打我耳光；他们嫌用手打我的耳光自己的手也疼，于是改用折叠扇子的柄来抽我的脸。

三

就这样，在暗无天日的中世纪的魔窟里，我一分一秒地煎熬着渡过了一天又一天，终于等来了"7.27"。

1968年7月27日，工宣队开进清华大学，我也是到后来才知道的。

奇怪的是大概在工宣队进校的第二天，一个男的还来逼我交待科学馆黑会。

我不答。

他发了疯似的吼叫："黑会上，哪个王八蛋递给你一张纸条？"

"我不知道这个会。"我答。

这家伙又死命地抽我耳光，还逼我抬起头来，让我看他那野兽般的眼睛达数分钟，还打了我一个多小时，我的脸被打的烧痛红肿，整个脑袋好像要掉下来一般。

我到后来才明白，原来是工宣队开进了清华大学，他们这批暴徒的末日来到了，所以他们才发了疯。这是我最后一次被打。

7月29日晚上，我被蒙上眼睛塞上卡车，转移到北京航空学院（后来才知），在一个洗澡间的厕所里坐了四天四夜（因为414正在营救我们，老团就急忙把我们转移）。

8月1日他们又把我弄回到200号，继续逼我交待，还威胁说：

第四章 "罗文李饶反革命集团"是怎么回事

"你听听下面的汽车声,这是卫戍区来抓你们的同伙了。卫戍区专抓态度差的,你至今不老实交待,顽固透了,像你这样也快要带走了。进去的,我告诉你,都给带上三十斤重的铁链,把你的脚磨烂,看你受得了不?你赶快交待!"一边不停地用手晃着所谓其他人的交待材料。

工宣队已经开进清华大学六天了,但是这批暴徒对我的审讯仍然在继续着。在他们的末日来到时,他们仍然不甘心就这么失败,仍然在顽强地制造"十二人反党集团",企图临死抓上一根救命稻草。

8月8日,几个男人板着脸进来,阴沉沉地说:"把你的衣服整好,要放你走了。是反革命分子沈如槐(工程力学数学系力03班,414一把手)点名要你回去的。为了拯救我们的阶级兄弟,将你们这些反革命分子放出去交换,让你们出去表演,表演够了,再抓你进来。"

那天傍晚,我和其他难友终于在工宣队的保护下脱离了魔窟。当汽车离开200号时,以刘才堂为首的一帮老团还在高呼"打倒十二人反党集团!"也就是说,在工宣队进入清华第12天,这帮专案组的极端分子仍在垂死挣扎!而我们这些难友,个个被折磨得脸无血色,骨瘦如柴,两眼发直,精神木讷。

后来,我们在主楼的一个房间里见到了许多熟悉的老师和同学,他们围着我们,关心地问寒问暖。这是在92天的单独监禁以后,我第一次见到不是要审问我的人,不是要打我的人,我第一次和不是审问我的人说话。

8月9日早上,这是92天的地狱生活以后,我重新又见到了阳光。

我请同学打电报给家里报平安。后来我才知道,我那年迈体衰的老爸爸,接到电报以后,老泪纵横,颤抖的双手拿着电报,久久不敢打开。他怕呀,他怕看到凶讯啊。我的可怜的父母双亲,女儿的生死安危,令你们牵肠挂肚,使你们度过了多少个不眠之夜啊!现在,噩梦已经过去了,你们的女儿总算活着过来了。

我度过了整整三个月非人生活，被单独监禁；关在黑牢里，和外界完全隔离，没有放过一天风，没有见过阳光，比国民党特务的渣滓洞、白公馆还要黑暗。

在那暗无天日的92天里，前前后后毒打过我的人，不只是几个人，而是一帮人。那些站在旁边，以看我挨打作为消遣取乐的人也是一帮人。现在，我并不能确切地说出这两帮人到底有多少？是10多个还是20多个？但是那一张张狰狞的面孔，深深地刻在了我的脑子里。大家想一想，如果有人用棍棒打你，用鞭子抽你，用巴掌抽打你耳光，那些用我的痛苦来寻欢作乐的人，你能忘记他们丑恶的面孔吗？你能忘记他们歇斯底里的吼叫和幸灾乐祸幸的笑声吗？

我那被刺伤的心，没有一天不在滴着血，40多年后的今天还在滴血。

我被他们打得全身伤痕累累，我的身体被彻底弄垮了，身心受到了巨大的摧残。现在，在我的身上仍可以见到当年被毒打以后留下的厚厚疤痕。在精神上我所受到的创伤，经过了40多年才慢慢平淡。今天，当我动笔写这篇文章，那不堪回首的往事，又使我陷入了极大的痛苦中，不由得泪花飞溅。

我毕业时分配到宝鸡郊区的一个小工厂，结婚生子。80年代初，国家开放，托邓小平的福，我随丈夫来到美国，过着平静、自由的生活。

40多年过去了，身体基本上恢复了，但还是留下不少后遗症，如失眠、神经衰弱、严重的关节炎等，更重要的是精神上的创伤很难愈合。每每想起这一段惨痛往事，心如刀绞、泪如雨下，不能自已。在这里，我要感谢我几十年来相濡以沫的丈夫，是他帮助我抚平了创伤；也要感谢我的两个儿子，是他们给了我温暖、希望与力量；我还要感谢许多老师与同学，是他们给了我理解和支持，使我坚信人间正道是沧桑。

现在的中国已经大有进步了，法治观念不断深入人心。但是文革这一段苦难的历史，我们绝不能忘记。我从小就是个乖乖女，听话，服从领导，做实事，也从没有什么异端思想，即便这样，还难逃在文革中被如此侮辱、被虐待的命运。

　　文革十年是中华民族的浩劫，也是人类的浩劫。要搞清为什么文革会发生？如何防止文革再一次发生，还有极大的阻力，可能仍需要几代人的努力。

2013 年 3 月第一稿
2015 年 10 月第二稿

　　原载《记忆》第 175 期（2016 年 11 月 30 日），在 175 期上，此文的标题为《清华"古拉格"九十二天》。

第五章 没有明确结论的结局

——"7.27"事件和"罗文李饶反革命集团"案件结束了"昙花一现八百天"

1968年底，蒯大富终于要谢幕了。

1968年7月到9月，我不在清华，逃难到广东。对于清华文化大革命最重要的事件，我不能妄加阐述和评论。至于"罗文李饶反革命集团"案件，我已在前文中作了交代。

怎样评价蒯大富在清华执政这八百天的表演呢？有人说他彻底失败了，有人说他虽败犹风光了一阵。在法庭开庭审问蒯大富的时候，他态度不大好，但却获得不少同情。在走出审判场的时候，一位年轻的女记者问我："你是当事人，你为什么不发言？"我没有回答。她又说："我是支持414的。但是，我今天挺同情蒯大富的。你们414赢了，我为你们高兴。你不发言，一定是有什么想法，我想采访你。"我摇摇头说："我不接受采访。"过了一会，我像是自己跟自己说："在这场大疯狂中，没有胜利者，都是失败者，都是输家！"

蒯大富是输了，输得很惨。但是谁赢了呢？414赢了吗？如果工军宣队不来，414恐难支持下去了。工军宣队赢了吗？除了死伤七百多人这巨大的代价以外，只是让迟群、谢静宜赢得了清华大学以及整个教育界九年的领导权。在这九年里，他们胡作非为，把大学师生定为资产阶级知识分子，把大学定性为资产阶级知识分子统治的、只允许办阶级斗争一个专业的所谓"大学"。如果说，红卫兵运动造成的破坏，是自发的，主要是物质上的破坏；那么，迟、谢的胡作非为造成的，则是更深层次的、精神上的、文化传统上的破坏。直到他们倒台三十多年后的今天，这种极左的教育路线的流毒还没有清除。谁也不能肯定，钱学森的担心现在已经解决了。有人说，假如"7.27"蒯大富没有下令开枪镇压，没有七百多人流血死伤，假如蒯大富们炮制的"罗文李饶反革命集团"案没有搞出人命，假如开枪镇压的是414而不是蒯大富，那么清华的文化大革命的结局是否要改写？

研究历史，首先要搞清史实、真相，而不是靠假设。史实、真相是蒯大富下令开了枪，造成几百人的伤亡血案。史实、真相就是蒯大富的"大翻个"和"彻底砸烂"理论必然要发展到武斗和内战。如果这次不开枪，在另外一些时间和机会里，还是会开枪的。即使蒯大富会暂时与迟群、谢静宜结成同盟，最后还得分手。因为极左思潮或无政府主义思潮在思想上是倾向于否定一切的，在组织上是倾向于分裂的。史实和真相就是蒯大富的"大翻个"和"彻底砸烂"理论必然发展到反对公检法和军队。尤其在文化大革命中极左思潮是由毛泽东、共产党的"斗争哲学"孕育成长的，在毛泽东去世以后，肯定要被历史抛弃的。

至于"罗文李饶"反革命集团，也就是因为死了人，又和"7.27"联系在一起，否则，根本算不上什么大案、要案。全国类似的案件很多很多，都处理了吗？整个文革中，非正常死亡有多少人，都搞清楚了吗？刘承娴老师的死，还是个无头案。"7.27"之后，蒯大富还曾抱怨迟群、谢静宜"本是同根生，相煎何太急"，而迟、谢也只是把他送去工厂劳动。名义上是审查，实则拖延，观察形势，再作处理。因为，对蒯大富这样一个钦点的红卫兵领袖如何处理，是个大难题。他有命案在身，而且许多挨整的干部对他是咬牙切齿，恨之入骨。但他却是毛泽东召见五大领袖时，当着他们的面，一再叮嘱中央几位领导"不要反过来整蒯大富啦，不要又整他们。"（许爱晶：《清华蒯大富》，页373）所以迟、谢只是在批判一个更加荒诞的"516"案件时，把蒯大富的"7.27"和"罗文李饶"两个案件挂在"516"案件上揭批一番了事。

直到毛泽东去世以后，"四人帮"倒台了。清华文化革命的案件和解放以后到文化革命所有的冤假错案，才在时任党委书记兼校长刘达的公正、公开、公平的处理下，大体上得到解决。但是，文化革命这场动乱留给我们的疑团和悬念太多了，我们只能说大体上解决了。

至于蒯大富在清华执政八百天的结局，只能是一个没有明确结论的结局。这样也好，没有明确的结论，将来就不必改来改去。没有明确的结论，也许就是最好的结论。

附件一

清华文革中的蒯氏黑牢（节选）[1]

周宏余

一、蒯氏团伙最后的疯狂

1968年初，在蒯氏集团丧心病狂地制造三大冤案，把数十名无辜的清华干部、教师和学生投入蒯氏黑牢进行惨无人道的残酷迫害的同时，又明目张胆在共和国首都，在国内外闻名的高等学府清华园挑起武斗，攻楼掠地，杀人放火，企图以武力剿灭414，实现他们打天下坐天下独霸清华园的狂妄野心。

早在1月4日，他们就调动了上百人进攻414的"红尖兵广播台"，挑起了清华园内的第一场大规模武斗，双方都有数十人受伤，其中414的郭创贤和江道波同学被逼从5楼摔下受重伤。

1月30日，绑架支持414的干部罗征启，毒刑拷打逼供。

3月16日，绑架邢竞侯同学，毒刑拷打逼供。

3月27日，罗征启逃脱；蒯团又绑架支持414的干部贾春旺等人，毒刑拷打逼供；

4月3日，蒯团绑架罗征启胞弟罗征敷，殴打窒息致其死亡；

4月14-16日，蒯团陆续绑架关押支持414的干部文学宓、刘承娴（女）、饶慰慈（女），毒刑拷打逼供；制造"罗文李饶反革命集团"冤案。

4月23日，蒯大富发动对414旧电机馆的进攻，逼使多名414

---

[1] 此文选自胡鹏池、陈楚三、周宏余编《从生物馆到200号——清华文革蒯氏黑牢》（香港，时代文化出版社，2021年）一书。文章标题原为"蒯氏黑牢的覆灭"。（启注）

同学跳楼受伤。并驱赶持四派观点的同学，抢占了 11 号楼，开了武斗中强占学生宿舍楼的先例。

4月25日，团派攻打科学馆。

4月26日，团派攻打 8 号楼。

4月27日，团派追打姜文波致其跳楼死亡。

4月28日，团派再次攻打 8 号楼。

4月29日，团派开汽车撞倒并碾死谢晋澄。

5月2日，团派攻占旧土木馆，抓走周坚等残酷毒打。

5月8日、9日，绑架谢引麟（女）、黄安妮（女）、张琴心（女）三位女同学，毒刑拷打逼供；制造"12 人反党集团"冤案。

5月10日，团派攻打动农馆，并再次攻打科学馆。

5月12日，团派第三次攻打 8 号楼。

5月14日，团派攻打汽车楼，同日，绑架孙华栋，并将他活活打死。

5月21日，团派再次攻打汽车楼。

5月30日，也就是曾经精心策划的蒯团革委会流产一周年的日子，蒯大富旧恨新仇恶性发作，纠集数百人攻打东区浴室，414 战士卞雨林被他们用箭射死；团派火烧东区浴室，414 为救重伤战友，21 人放下武器。蒯团自己的武斗队员许恭生和段洪水也在混战中死于非命。

5月31日，刘承娴在团派毒打后跳楼重伤，手术后还未苏醒就被团派从医院中强行掳走，6月12日不治身亡。

进入 7 月，蒯大富团伙更加疯狂。

7月1日，蒯大富下令用枪封锁科学馆，凡有出入者，格杀勿论。

7月4日，团派从闻亭（为纪念闻一多先生而建）开枪打死在科学馆西门外掩体中的 414 战士朱育生。

7月5日，团派从一教附近的土山开枪打死科学馆外的 414 战士杨志军。

7月6日，团派从一教向运送后勤补给的 414 土装甲车开枪，用穿甲弹穿透10毫米厚钢板,打死杨树立(动农系实验技术员)。

7月9日团派火烧科学馆,反诬是414自己放的火。尤其残忍的是他们明知有自己的几名同伴被关在科学馆,仍不顾同伴死活,开枪阻止科学馆救火。

7月18日,团派开枪打死刚从苏州老家返校的自控系女同学钱平华。

在那个炎热难熬的夏天,蒯氏团伙在清华园制造的遍地狼烟、恐怖枪声和十多名屈死冤魂震惊了北京市民和全国人民,也惊动了文革的策划者和总指挥毛泽东,本是让他们反刘少奇的,现在反到自己头上了,公然堕落成土匪,在离自己十多公里远的高等学府内,在光天化日之下公开杀人放火,不是给自己给文革抹黑吗?忍无可忍,7月27日,在他的亲自策划和指挥下,首都三万工人、解放军进清华宣传落实中央发布的"七三布告"和"七二四布告",要求停止武斗、拆除工事,上交武器。已经杀人杀红了眼的蒯大富竟冒天下之大不韪,丧心病狂地下令抵抗,他们向手无寸铁的工人和解放军战士扔手榴弹,开枪,捅长矛,蒯团保卫部长任传仲一人就用长矛捅伤了7名工宣队员,他所率领的那支长矛队捅伤了130多名工人!一天中团派共打死5人,打伤731人(其中重伤149人),抓捕工人和解放军战士143人,穷凶极恶,血洗清华;在共和国首都造成了震惊中外的7.27大血案。

从4月初到7.27的短短三个多月的时间中,蒯氏团伙在武斗现场和黑牢内外通过枪击、箭射、矛扎、车碾、火攻、爆炸、毒刑等杀人手段致死20人,致残致伤近千人,双手沾满了清华干部、师生员工、首都工人、市民、解放军的鲜血,罪行累累,罄竹难书。

物极必反,蒯氏团伙的最后疯狂为他们的彻底覆灭创造了条件。

二、蒯氏黑牢的覆灭

在7.27以后的十多天中,蒯氏团伙虽然自知罪孽深重,罪责难逃,但还不甘心失败,企图咸鱼翻身,垂死挣扎,在北京市革委会主任谢富治的袒护和支持下对宣传队进校做了顽强抵抗。

宣传队进校两天后，即7月30日，他们才在全副武装的解放军的监督下撤出了最后一个武斗据点9003。他们还多次在校内外召开团总部黑会讨论如何与工宣队争夺学校领导权以及如何保护他们中杀人放火的罪犯。

他们继续处心积虑要将414打成是受"反革命集团"和"反党集团"控制的"变天派保守组织"，以摧垮414，在清华建立蒯氏独裁政权。因此他们继续保存蒯氏黑牢，继续关押"两案"被抓捕的干部和师生。

为了摆脱工宣队的监管，不让工宣队发现并解救"案犯"，他们多次在夜半更深将这些"案犯"秘密转押，倒来倒去，关入不同地点的牢房。在宣传队进校之后的7月28日（或29日）夜间把关押在200号的"案犯"秘密转移到北航，8月3日前后又把部分人从北航秘密转移回200号；同时偷偷将文学宓、饶慰慈、贾春旺和李康送到北京市公安局；将刘冰从北航转移到校内生物馆。为了不让刘冰听到工宣队进校的广播，将刘冰关押在黑暗潮湿的生物馆地下室。

他们同时还将逼供得来的大量纸质材料、录音材料、照片等转移到北航。直到工宣队进校一个多月后的8月底，在一次召开大联委全体会议讨论将材料移交给工宣队时，有人还悄悄地问蒯团专案组副组长王良生："罗文李饶材料是老团的命根子，都交出去以后会不会有事呢？如果后悔就晚了。"王良生说："你放心好了，专案组早就想办法了。"后来知道，他们将材料拍了照片，又将照片秘密地转移到了北航。

不过历史发展的规律是无情的，7.27以后清华园的形势已发生根本变化，在老人家直接掌控的工宣队面前，蒯氏团伙的一切反抗都是螳臂挡车，不自量力，只能一天天走向衰败，一步步走向灭亡，蒯大富经营近一年之久的蒯氏黑牢很快就开始土崩瓦解了。

在5.30守卫东区浴室被俘的王学恭、苏鹏声等17名414同学和吴麒、王竹茹、阎石等老师长期被蒯团关押在12号楼，7.21被抓的周天麒也关押在12号楼。7.27当天，在工宣队进校以后，团派看守们预感大祸临头，惊慌失措，作鸟兽散，18名同学和三位老师趁乱逃出蒯氏黑牢，实现了自己解放自己。

4月初，电机系教师杨津基、顾廉楚和党总支书记王遵华被团派抓捕关押，7月28日在12号楼被工宣队发现，误认为他们是团派的"黑高参"，带到主楼414防区。

7.27后的第8天，即8月4日，在北京卫戍区政委刘绍文的主持下两派达成了八项协议，其中第四条内容是："清华两派要主动接触，为革命大联合创造条件，首先两派立即无条件地释放所有'抓去的人'，不得以任何借口进行破坏，以后也不准以任何借口抓人。"表明此时的工宣队已经把解决"三大冤案"中的"案犯"和武斗中的俘虏问题提上议事日程了。

8月5日，毛泽东把来华访问的巴基斯坦外交部长送给他的芒果转送给清华的工人宣传队，表明了老人家对宣传队进清华遭受的惨重伤亡的抚慰和坚定支持，进一步巩固了宣传队在清华的地位，站稳了脚跟，成为清华园的新主人，预示造反派已经被抛弃。

又经过宣传队几天曲折的争论和协调，8月7日，双方公布了各自所抓的人员名单。双方到7.27为止实际关押人员情况如表一、表二所示。

表一，到7.27当天团派关押干部和师生的处理结果【1】

	姓名	性别	职业	职务	被抓理由	7.27生态与结局
1	文学宓	男	干部	党委统战部副部长	"罗文李饶"集团成员，现行反革命	8.4送公安局，69年初放回
2	饶慰慈	女	干部	党委办公室副主任	"罗文李饶"集团成员，现行反革命	8.4送公安局，69年初放回
3	李康	男	干部	教务处副处长	"罗文李饶"集团成员，现行反革命	8.4送公安局，69年初放回
4	刘承娴	女	干部	党委统战部副部长	"罗文李饶"集团成员，现行反革命	5.31跳楼重伤，6.12死亡
5	贾春旺	男	干部	团委学习劳动部副部长	十二人反党集团，现行反革命	8.4送公安局，69年初放回

6	邢竞侯	男	学生		十二人反党集团,现行反革命	8.9释放
7	董友仙	女	学生		十二人反党集团,现行反革命	8.9释放
8	谢引麟	女	学生		十二人反党集团,现行反革命	8.9释放
9	黄安妮	女	学生		十二人反党集团,现行反革命	8.9释放
10	张琴心	女	学生		十二人反党集团,现行反革命	8.9释放
11	楼叙贞	女	学生		十二人反党集团,现行反革命	8.9释放
12	刘冰	男	干部	校党委第一副书记	蒋刘反党集团,走资派	8.9释放
13	艾知生	男	干部	校党委副书记	蒋刘反党集团,走资派	8.9释放
14	吕应中	男	干部	校党委常委	第二套班子,走资派,漏网右派,特务	8.9释放
15	何介人	男	干部	校党委办公室主任	第二套班子,走资派	8.9释放
16	林泰	男	干部	校党委宣传部副部长	走资派	8.9释放
17	余兴坤	男	干部	工物系总支书记	走资派	8.9释放
18	滕藤	男	干部	工化系总支书记	走资派	8.9释放
19	解沛基	男	干部	数力系总支书记	走资派	8.9释放
20	李恩元	男	干部	校党委组织部第一副部长	走资派	8.9释放
21	李传信	男	干部	无线电系总支书记	走资派	8.9释放
22	邵斌	男	干部	蒋南翔私人秘书	反革命,走资派	8.9释放
23	王遵华	男	干部	电机系总支书记	走资派	7.28误送主楼,8.9释放
24	顾廉楚	男	教师	教研组主任	反革命分子	7.28误送主楼,8.9释放
25	杨津基	男	教师	教研组主任	拒绝"借钱"给团派支持武斗	7.28误送主楼,8.9释放
26	何成钧	男	教授		大右派,特嫌	8.9释放
27	何增禄	男	教授	工物系	特嫌	8.9释放
28	吴麒	男	教师	自控系		7.27从12号楼逃离自救
29	王竹茹	男	实验员	电机系		7.27从12号楼逃离自救
30	阎石	男	教师	电机系		7.27从12号楼逃离自救

31	陶德坚	女	教师	土建系	红教联头头，现行反革命	8.9释放
32	朱启鸣	男	教师	化工系	红教联成员，现行反革命	8.9释放
33	吴 栋	男	学生	原414总部委员	参加武斗指挥	8.9释放
34	李元宗	男	学生	414动农系分部头头	参加武斗	8.9释放
35	周天麒	男	学生	数力系	参加武斗	7.27从12号楼逃离自救
36.52	王学恭 苏鹏声 等 17人		学生.学生		参加武斗	5.30在东区浴室被俘共21人，其中17人关在12号楼，7.27当天逃离自救[2]

表二，到7.27当天四派关押干部和师生的处理结果[3]

	姓名	性别	职业	职务	被抓理由	7.27生态与结局
1	李正明	男	司机		杀人犯	8.9释放
2	马树忠	男	司机		偷运火药	8.9释放
3	李发祥	男	司机			8.9释放
4	吴其章	男	司机			8.9释放
5	刘德荣	男	司机			8.9释放
6	陶 森	女	干部	电机系总支副书记	走资派，右派，阶级异己分子	8.9释放
7	蔡树友	男	职工			8.8逃离主楼
8	裴觉民	男	学生			8.9释放
9	谭小平	女	学生			8.9释放
10	叶志江	男	学生		炮打江青	8.8逃离主楼
11	杨立人	男	学生		现行反革命	8.8逃离主楼
12	贾振陆	男	学生		反动学生	8.8逃离主楼
13	左 羽	男	教师		右派	8.8逃离主楼
14	曾昭奋	男	教师		现行反革命	8.8逃离主楼

2　5.30团派进攻、火烧东区浴室，为救重伤战友，21名414战士放下武器；团派先后将重伤3人送往医院门前；1人（李作臣）被关押在11号楼，7月初从垃圾通道逃出；王学恭、苏鹏声等17人被关押在12号楼，7.27当天夜里趁乱逃离。

3　见陈育延：《第十六章清华两派最后的谈判》。

8月9日一早，工宣队采取了捣毁校内外黑牢，解救被关押人员的行动。这次行动兵分两路：一路由吕方正负责，率领一支300人的队伍和全体团派总部委员乘大卡车去南口清华原子能基地200号，另一路由柳一安负责解救关押在校内的人员。两年多以后韩丁采访了吕方正，吕回忆了捣毁200号"渣滓洞"的经过："我们知道他们在那边有100多人，于是我们就去了很多人。我们派了大约300人跟我们一起去。估计和前几天（指7.27）在校园里一样，他们可能也会用武力顽抗的。我们做了组织准备，如果我们中有人被打死，其他人就接替他的位置。""团派在南口的那些人真够'杆儿'的，他们不参加任何学习班，但他们什么事都干得出来，果然不错。我们到达以后，那里院子周围都是通了电的铁丝网，我们只能派代表进去。蒯大富、陈育延和陈继芳三个团派的头头和我们一起进去。但守门的人想只让蒯大富作为代表进去，而把我们堵在外面。我们不答应，坚持要一起都进去。经过一个多小时的争论，他们不得不让我们进去了，这时已是中午了。"吕方正接着回忆了他当时看到的情景："我们发现里面的情况极为糟糕，这地方比任何监狱更恶劣，每一层的门上都焊着钢板。门口堆着沙袋筑成的工事，所有房间的门窗上都钉了铁栅栏。我们要释放的五个俘虏因为缺乏营养都是面色苍白。其中一个病得厉害，必须由别人抬着上卡车。在7月份这样炎热的天气里，俘虏们只能穿着短袖衬衫睡在地板上，一天只有一个馒头，一碗凉水——通过门上的小孔送进来的。看见我们进去，他们吓得发抖，以为我们是新去的看守，又要带他们去什么地方审问拷打。当他们听说我们是毛主席派来的宣传队，他们欣喜若狂，高呼'毛主席万岁！打倒法西斯迫害者！'我们当面质问蒯大富这些犯罪行为，他说'我一点也不知道，这是群众干的。'当得知'罗文李饶集团'中有两个人被转移到别的地方去了，我们非常气愤。是蒯大富下命令把李康和文学宓当作反革命送到北京卫戍区去逮捕起来了。罗征启已经逃走了————后来我们把他从广东找了回来。因此那天'集团'中只有一个饶慰慈得到了解放（按：这里吕方正关于对饶慰慈的回忆有误，据陈育延的笔记，饶包括在送公安局九处的4人名单中）。她臀部的伤非常严

第五章 没有明确结论的结局

重,她很长时间既不能坐又不能站,她的身体功能受到了破坏,小便不能控制。她的背上的伤也很厉害,所有这些都影响了她的神经,她的记忆变得很差。当北京卫戍区把文学宓送回学校时,他差不多是耳也聋了,牙也掉光了————那是团派在南口的看守拔掉的,他们要他招供,每次当他没有完全照办时,就拔掉他的一颗牙齿。这全部情况说明,这四个人是被诬害的,团派用拷打逼取供词,然后用李康的话去攻罗征启,用罗征启的话去攻李康。他们有20种不同的刑法。每得到一句有用的供词就用答录机录下来,最后修补整理成一个可供定罪的供词,这些句子可能已完全不是他们自己的原意了。大多数群众听我们的解释以后都欢迎我们的到来,我们走的时候,他们还鼓掌欢送我们。"(见韩丁著《百日武斗》)

晚上八点钟吕方正率队回到学校,马上就在主楼前将所有已经掌握的俘虏进行交换,以防两派再生枝节干扰交换的顺利进行。有些两派没有争议,且在校内关押的(例如刘冰等人)已在白天由柳一安解救时放回家了,晚上四派从团派收到10人(多数是"十二人反党集团"的成员):邢竞侯、楼叙贞、黄安妮、谢引麟、张琴心、董友仙、李元宗、吴栋、吕应中、何增禄。释放了8人(主要是司机):李正明、马树忠、李发祥、吴其章、刘德荣、陶森、裴觉民、谭小平。同时,四派还将7.28宣传队在12号楼错抓的,原来由团派关押的王遵华、顾廉楚和杨津基三人还给了团派。(孙怒涛先生解释:此三人团派误以为是414派的,68年4月初抓捕并关押了他们。宣传队在解救双方被捕人员时,以为他们是四派的,就交了给四派,所以四派又把这三个人还给了团派——本书编者)。至此,实体的清华文革蒯氏黑牢就彻底覆灭了。

蒯氏黑牢覆灭以后,工人宣传队进一步在清华站稳了脚跟,两派群众组织就从政治舞台上渐渐式微了。8月16日上午,在工宣队的主持下,两派签订了宣传队进校后的"第四项协议",有八条,其中最主要的几条内容是:取消团派总部和四派总部,成立统一的"红代会清华大学井冈山革命大联合委员会"(简称"大联委");"大联委"接受工宣队的帮助和指导;按系统、行业、班级实现革命大联合，在大联合的基础上筹备清华大学革命委员会。这一协议的实质是在工宣队监督下清华两派的"死亡证书"，1968年8月16日是清华大学井冈山兵团的正式寿终之日，敲响了全国"红卫兵运动"的丧钟！

8月26日，毛泽东借姚文元在人民日报上发表的文章，提出了"工人阶级必须领导一切"的口号，这是文革中毛控制知识分子的一个重大战略决策，强调"凡是知识分子成堆的地方，不论是学校，还是别的单位，都应有工人、解放军开进去，打破知识分子独霸的一统天下，占领那些大大小小的'独立王国'，占领那些'多中心即无中心'论者盘踞的地方，这样成堆的知识分子中间的不健康的空气、作风和想法就可以改变，他们也就有可能得到改造和解放。"到10月份召开的8届12中全会的决议则更明确指出："工人宣传队要在学校中长期留下去，参加学校中全部斗、批、改，并且永远领导学校。"至此，疯狂一时的"红卫兵运动"就彻底退出中国的政治舞台了，学校中所有知识分子再也不能折腾，只能老老实实接受工人阶级的再教育，争取"可能得到的改造和解放"了。

三、对蒯氏暴行的清算

8届12中全会以后，由于文革发动者预定的打倒刘少奇的主要目标已经实现，像蒯大富这些对打倒刘少奇立下丰功伟绩的宠儿很快就变成了弃儿，面临封建帝制下农民革命中开国功臣鸟尽弓藏、兔死狗烹的下场。……

随着红太阳陨落、"四人帮"垮台、刘少奇等一大批老一辈革命家的冤案平反、文化大革命被彻底否定等重大历史剧陆续上演，1981年1月，制造十年灾难和浩劫的林彪、江青两个反革命集团的10名主犯被押上了历史的审判台，江青、张春桥被判处死缓，王洪文被判处无期徒刑，其他主犯也判了16--20年不等的有期徒刑。在此前几年已死的康生、谢富治两名主犯的反革命罪行也被中央彻底清算，开除党籍、撤销悼词、挫骨扬灰，清除出八宝山，遗臭万年。在此背景下,中央对文革中林、江反革命集团在各地的打手和爪牙所犯下的反人类罪行也开始进行了系统和全面的清算。

北京的红卫兵"五大领袖",除谭厚兰因患癌症被免于起诉外,其余4人均被判刑,其中蒯大富在1983年3月被北京市中级人民法院以反革命宣传煽动罪、杀人罪、诬告陷害罪判处有期徒刑17年(见附件:北京市中级人民法院刑事判决书(82)中刑字第1124号)。同时,清华大学党委按照中发【1982】55号文件关于清理"三种人"(指文革中追随林彪、江青反革命集团造反起家的人,帮派思想严重的人,打砸抢分子)的精神,在文革期间工宣队审查的基础上,对两派组织在"文革"期间的问题,又作了进一步清理,并留下一份清华大学文革两派组织被判刑和"记录在案"的84人名单,其中团派有76人,四派有8人。

在团派的76人中又分9类:团总部核心及总部委员16人(其中2人被判刑,14人记录在案);"罗文李饶"专案组19人(其中17人记录在案);文攻武卫指挥部及武斗队3人记录在案;全国联络站12人(其中10人记录在案);军事动态组4人记录在案;保卫部7人(其中判刑1人,记录在案4人);杀人凶手8人均已判刑;宣传部2人;工总司5人(其中判刑1人,记录在案1人)。这76人就是清华文革中沆瀣一气,造反夺权,组织武斗,诬陷迫害干部和教师、学生的蒯氏犯罪集团的核心和骨干。其中团总部核心中就有2人受到刑事处罚:除前面提到的第一把手蒯大富被北京市中级人民法院判处有期徒刑17年外,武斗副总指挥任传仲也被判刑12年。那些在武斗中和工宣队进校时犯有杀人放火等重罪的罪犯受到了法律的严厉惩处,例如那个身负两条人命案(武斗期间用穿甲弹打死动农系实验员杨树立,7.27又用手榴弹炸死工宣队员供电局工人潘志宏)的赵德胜和犯有盗抢、行凶、纵火罪的原团派保卫部值勤组组长邢鹏两人被判无期徒刑,其他7名杀人凶手被判处2到20年不等的有期徒刑。团派76人中受党纪国法惩处的总的情况是:人民法院判刑(2年到无期徒刑不等)12人,定"严重政治错误"2人(其中1人还被单位除名),被"开除党籍"1人,被"取消党员预备期"1人,有犯罪行为但不追究刑事责任 2 人，53 人作"记录在案"处理，其余 5 人做其他处理。

四派记录在案的 8 人中只分两类：四派总部核心成员 6 人，联络站 2 人。8 人中没有一条触及侵犯人权的犯罪行为，没有一人受到党纪国法的处理。

现在看来，清华党委的 84 人材料真实地反映了 1983 年那个时代的法制水平和对文革路线的认识水平。自 1976 年粉碎四人帮以后的 7 年时间中，全党全国人民经过揭批四人帮，拨乱反正，把颠倒了的是非又颠倒过来了，基本恢复了社会主义法制，对文革的路线是非和代表性人物思想行为的评价发生了 180 度的大变化。所以蒯氏团伙中那些策划组织武斗，并在武斗中杀人放火的罪犯们基本受到了党纪国法的应有惩处，伸张了正义。应该充分肯定。

但从这个材料看，当时的处理还是有缺憾的。主要表现在对部分人所犯的严重罪行认识不到位，导致有罪不罚，罚不当罪。例如涉及"罗文李饶"专案的，除了"记录在案"名单中列出的 19 人，包括团总部核心成员陈继芳和王良生在内实际上是 21 人。可是这 21 人没有一个人受到党纪国法的惩处，全部只是"记录在案"。是他们的罪行不严重吗？当然不是。本书前面揭露的蒯氏黑牢中的累累罪行（例如罗征敷被活活用棉纱堵嘴窒息而死；刘承娴被毒打侮辱后跳楼重伤，手术后昏迷中又被抢出医院，折磨而亡；饶慰慈臀部被打烂而终身致残；文学宓和贾春旺遭受酷刑逼供，被用钢丝钳活生生掰断、夹碎多颗牙齿，等等）还不触目惊心吗？像靠刑讯逼供制造了这么多惊天冤案的总策划和总指挥陈继芳，还有专案组的组长王子瑜、副组长王士元，还有那些直接使被害者致死致残的打人凶手，按照他们的罪行接受刑事处罚是罪有应得，一点都不冤枉。结果恰是一点惩罚也没有，甚至他们中有些人连党员的牌牌都还照样扛着。现在想想这个世界上还有这些像康生、谢富治那样的共产党员整人害人专家混在我们的队伍里就会后背发凉、不寒而栗！真不知道当时负责审理这些案子的人是怎么想的啊！

对文革暴行的清理中出现的这些问题表明：到 1983 年时我国对

文革期间一些反社会反人类的暴行的清算还不是很彻底很精准，对文革中的是非罪错还有很多模糊认识。尤其是近年来文革成了这里的敏感话题，对文革的理论和实践没有能得到更深入的批判、揭露和反思。因此我们就不难理解：为什么薄熙来当年在重庆破坏法制，搞文革回归预演还有那么大的市场？为什么在微信和网络中还不断有攻击邓小平，抹黑改革开放政策，呼唤文革回归的鼓噪？为什么不但蒯大富本人，还有很大一批支持者一直不承认法庭判决的杀人罪和诬告陷害罪？为什么"罗文李饶"专案组中至今似乎只有孙耘就致死罗征敷对罗家属表示了道歉，其他没有一个人对他们自己曾经的罪行表示过认错悔罪？尤其是专案组的总指挥陈继芳还下了封口令，教他们的同伙在反思文革中"写回忆录应当写对我们自己有利的事"。所以至今关于蒯氏团伙如何策划和实施三大冤案的细节还是个"黑洞"，本书的材料全是来自受害人的回忆，加害人没有提供一点信息。这当然是非常遗憾的。

四、对蒯氏暴行的一些反思

读了本书前面的章节，现在的年轻人可能产生的第一个疑问就是：在人民共和国建立17年之后，蒯大富一伙人怎么就敢在共和国首都北京，在国内外著名的高等学府清华园以一个群众组织的名义对广大干部和师生员工进行诬告陷害、制造冤案、私设黑牢、刑讯逼供、使数十人致死致残？这不是无法无天，胆大包天，明显犯罪行为吗？答案是：十年文革自始至终就是一个法制沦丧、无法无天的时代。

文革一开始，就砸烂了公检法，搞所谓"群众专政"，所有法律法规（包括宪法）都弃之如敝屣，当时发布了一个"公安六条"，指明只保护统帅和副统帅，反对他们就是反革命，其他所有人都被置于无法律保护的境地下，随时都可能被揪斗、游街、逮捕，甚至枪毙。

林彪、江青两个反革命集团丧心病狂地将国家主席刘少奇，国防部长彭德怀，军委副主席贺龙，中央常委陶铸等几十位老一代革命家迫害致死。将八届中央委员会 123 名中央委员中的 88 人诬陷为"特务""叛徒""里通外国分子""反党分子""走资派"，坐监的坐监，整死的整死。将全国 29 个省市自治区中的 27 个的第一书记、省市区长打倒。据有关资料透露，十年中，中央和国家机关被审查的干部有近 3 万人，占干部总数的 16.7%。其中副部级以上的高级干部被立案审查的达 75%，有 40 人被迫害致死。在人民解放军中有 175 位将军被打倒，占文革前开国将帅总数的 11%。

为了制造"红色恐怖"，掀起了"横扫一切牛鬼蛇神"的狂风恶浪，惨无人道地制造了大兴大屠杀、道县大屠杀、广西大屠杀。

他们宣扬"知识越多越反动"，继 1954 年反胡风集团、1957 年反右派后，对教育界、文艺界、科技界有名望有贡献的高级知识分子再次进行了残酷迫害，像作家老舍，历史学家吴晗，电影演员严凤英，科学家叶企孙等数百位各界名人被迫害致死。到 1968 年底，中科院在北京的 171 名高级研究人员中，就有 131 位被列为打倒和审查对象。上海科技界的一个特务案，株连了 14 个单位 1000 多人，受逼供、拷打等残酷迫害的科技人员和干部达 607 人，活活被打死 2 人，6 人被迫自杀（《科技日报》2008 年 3 月 17 日）。

十年文革中受冲击和迫害的人数超过一亿，非正常死亡数以百万计，那时中国成了一个真实的人间地狱.

正是这个疯狂的践踏法制、毁灭文化、争权夺利的文革大环境刺激了蒯大富团伙的至恶人性和个人野心，使他们迅速堕落成人性泯灭、天良丧尽的魔鬼。文革初期，他们很快就成为中央文革小组迫害刘少奇等国家高级领导人的帮凶和爪牙，连国家主席夫人王光美，还有彭真、薄一波、罗瑞卿等高干都敢拉到清华来批斗，所以就更不会把通过制造冤案、私设黑牢、诬陷迫害清华园中的干部和教师、学生当回事了。

从上述对蒯氏暴行的背景分析我们可以看到，国家的法制永远是维护社会稳定发展和人民幸福生活的基础和保证。基础不牢，地动山摇，一旦破坏了法制，就会天下大乱，民不聊生，社会就会发生大倒退，人民就要遭大殃受大罪，幸福乐园就会变成人间地狱。清华文革的蒯氏黑牢就是在社会主义法制被破坏以后，从高等学府变成人间地狱的最好例证。

从人类社会发展史的大尺度空间看，民主法治的形成和发展是人类文明的巨大进步，是检验一个国家文明程度的重要尺度。从蒯氏黑牢的覆灭中我们得到的最大的教训和启发是，按照一定的民主程序建立起来的国家法律制度是保护生产力发展和人民利益的，我们每个公民都要建立起牢固的法制意识，不仅要保证自己模范地遵纪守法，而且要随时监督社会的各个阶层、各个政党，各个团体、各个成员都要遵纪守法，随时和一切违法行为进行坚决斗争。

清华文革的蒯氏黑牢因社会法制的破坏而出现，也因社会法制的回归和重建而覆灭。我们永远不要忘记这一沉痛的历史教训：当年蒯大富团伙推波助澜，趁火打劫，为虎作伥，充当了破坏社会主义民主法治的鹰犬，在清华建立黑牢，制造冤狱，杀人放火，无恶不作，最后被人民法庭判以重罪，罪有应得！

选自胡鹏池、陈楚三、周宏余编《从生物馆到200号——清华文革蒯氏黑牢》（完整版），美国华忆出版社，2022年。

附件二

清华大学"文革"期间造反组织的情况调查（节选）

中整办调报字【83】3号

根据耀邦同志和一波同志的批示，北京市委段君毅同志派人对"清华"的派系情况和北师大"文革"期间造反组织的情况作了调查。[1] 现将北京市委的调查材料摘要如下：

清华大学"文革"期间造反组织概况

一九六六年八月，先后成立一批红卫兵组织，有"毛泽东思想红卫兵"（称八八派）、"清华大学红卫兵"（称八九派）、"清华大学红卫兵造反总部"。一九六七年四月，由于观点分歧，形成了以蒯大富为首的"井冈山兵团（简称团派）"和以沈如槐为首的"井冈山兵团四一四总部"（简称四一四）两大派。

"井冈山兵团"的头头和骨干，运动一开始大多是反蒋南翔，后又反工作组的学生和少数教工。他们自始至终是反刘、邓，反蒋南翔和前校党委，自称是"一反到底"的造反派。在林彪、江青反革命集团的煽动和支持下，他们中的不少人干了大量坏事：

（一）残酷迫害干部群众，大搞刑讯逼供；

（二）挑起清华大学"百日大武斗"，造成十二人死亡，三十余人残废，数百人受伤；

（三）支持各地造反派，反军乱军，大搞打、砸、抢、抄、抓；

（四）反刘少奇同志和周总理，揪斗迫害老一辈无产阶级革命家；

（五）砸机关、抢档案，造成严重后果；

---

[1] 此件省略了北师大部分（启注）。

（六）武力对抗，驱赶工人、解放军宣传队，造成五名工人死亡，七百三十一人受伤。

"四一四总部"有许多人原是"八八派"。他们开始批判工作组，后来批判刘、邓和蒋南翔、前校党委。他们认为校内解放后十七年红线占主导地位，我们大多数干部是好的和比较好的，反对"怀疑一切，打倒一切"的极左路线。也有抓干部和个别人殴打干部的行为。在校外，他们支持"地派"造反派，也积极参与了围困中南海，"揪刘火线"静坐、揪"军内一小撮"、打砸抢等活动。主要有：

（一）派人出去揪"军内一小撮"；

（二）参与北京地派策划的火烧英国驻华代办处活动；

（三）抬尸游行，造成不良影响；

（四）"四一四"一百余人，被团派武力围困在科学馆，他们炸断三万五千伏高压线，造成严重后果。

"井冈山兵团总部"问题较多的机构有：专案组、文攻武卫指挥部、军事动态组、全国联络站、保卫部（专搞打砸抢抄抓）、宣传部、工总司（专搞武斗）、斗蒋（南翔）兵团。

"414总部"问题较多的机构有：作战部、斗蒋（南翔）作战部、保卫组、专政组。

"井冈山兵团"总部核心组成员有：蒯大富、鲍长康、刘才堂、陈继芳（女）、陈育延（女）、任传仲、王良生、马小庄等。蒯大富、任传仲已判刑，其余人员列为记录在案对象。

"414总部"核心组成员，有沈如槐、宿长忠、刘万璋、汲鹏、陈楚三、孙怒涛、张雪梅、黄瑞和、蒋南峰等，其中有的人犯一些错误，均记录在案。

清华大学党委根据中央有关清理"三种人"的精神，正在对这些人的问题做进一步深入清理。

送：指委会主任、副主任，各顾问，办公室副主任。（印 20 份）

中整办调查组 一九八三年十二月二日

4.2 调查材料

清华大学"文革"期间两大派群众组织的产生和演变

（未定稿）

清华大学"文革"期间群众组织有一个产生和演变的过程。从一九六六年八月初，在批判工作组的"资反路线"的基础上，陆续产生了一些红卫兵组织。一九六七年四月中旬，由于诸红卫兵组织在观点上有严重分歧，形成了以蒯大富为首的"井冈山兵团"（简称团派）和以沈如槐为首的"井冈山兵团414总部"（简称414）两大派组织。其产生和演变过程、组织机构以及他们的主要活动和问题简述如下：

一、"文革"初期（1966年6月9日—8月4日）

一九六六年六月九日，以叶林同志为组长的工作组陆续进校领导学校的运动。自六月十四日开始，相继成立各系各班文革领导小组，指定少数高干子弟担任系级文革正副主任。其中知名的有刘涛（刘少奇之女）、贺鹏飞（贺龙之子）、刘菊芬（刘宁一之女）、李黎风（李井泉之子）等等。其主要任务是揭前党委的盖子、搞各级领导干部"上楼"、批斗"黑帮"。

六月十六日和二十三日，蒯大富（化902班学生）等人贴出《工作组向何处去》《叶林同志，这是怎么回事》的大字报，提出：工作组运动群众，在左派头上挥舞五条大棒。革命的左派首要任务是夺权斗争。真正的革命左派脑子里想的是夺权，两眼看的是夺权，双手做的是夺权。压制群众放，不为左派撑腰的工作组应该轰走。各系也相继出现了反工作组的蒯式人物。

六月二十四日起，在工作组领导下，开始批判蒯式人物，蒯大富按反革命受到批判。

七月二十二日晚九点至十二点，中央文化革命小组关锋、王力在清华学生宿舍新斋 771 房间单独接见了蒯大富。蒯在当天的日记里写道："畅谈了近三个小时。我实在太高兴了，从心底里喊出'毛主席万岁'"

八月四日，周总理来清华，根据中央决定，在全校大会上指出工作组犯了方向、路线的错误，为蒯大富平反，叶林同志在会上代表工作组做了检查后，工作组撤出。原各系文革主任联席会议作为校文革临时筹委会，主持运动和日常工作，筹备选举。临筹的主要成员为刘涛、贺鹏飞、刘菊芬、李黎风、乔宗淮（乔冠华之子）等。

二、红卫兵组织的产生（1966年8月8日—12月18日）

八月八日，以唐伟、陈育延、汲鹏为首的一部分学生搞了一个串联会，其主要观点是要批判工作组的资反路线，认为蒯大富不是反革命，但也不是革命左派。八月二十二日下午正式成立起"毛泽东思想红卫兵"，称"八八派"。

八月九日，以刘涛、贺鹏飞等为首也搞了一个串联会，他们主张批斗"黑帮"，不赞成批工作组的资反路线。八月二十日，这部分人正式成立了"清华大学红卫兵"，称"八九派"。其主要成员为文革初期掌权的高干子弟及"红五类"。

九月二十四日，以蒯大富等十人小组（化902班学生）为核心及各系的"蒯式"人物正式成立了"井冈山红卫兵"。当时他们的宗旨是：

1. 批判工作组的资反路线；
2. 批判"清华大学红卫兵"（即被他们称为"老保"的"八九"派）；
3. 为"蒯式"人物彻底平反。

在其宣言中还指出"毛泽东思想红卫兵"有右倾，但表示愿意与之合作。自此，其他的红卫兵组织及其所属的战斗团也相继成立。但当时影响最大的是"毛泽东思想红卫兵"和"井冈山红卫兵"。

八月二十四日晚,"清华大学红卫兵"和清华附中等中学红卫兵毒打校、系主要领导干部和所谓"牛鬼蛇神"共计数十人,并关押劳改。一时所谓"红色恐怖"笼罩了清华园。接着又抄了一些"黑帮""牛鬼蛇神"和教授的家。此后,"清华大学红卫兵"(即八九派)名声不好,刘涛、贺鹏飞等贴出了"自我罢官"的大字报,刘、贺于九月三十日离校外出串联。少数"清华大学红卫兵"要摘掉"老保"帽子,起来造反,支持蒯大富,于十二月十四日成立了"清华大学红卫兵造反总部"。此时,三个影响较大的红卫兵总部同时并存,直到一九六六年十二月十八日。

三、清华大学"井冈山兵团"的成立及其分化演变
(1966年12月19日—1967年5月29日)

一九六六年十二月十九日,在中央文革小组指示下,三个红卫兵总部合并成立"井冈山兵团"。二十一日"井冈山兵团"筹委会宣告成立。成员由三总部协商产生,计有:蒯大富、鲍长康、陈育延、刘才堂、唐伟、朱德明、许胜利、孙怒涛、潘剑宏等20人。

十二月二十三日,兵团总部蒯大富等在张春桥授意下,决定二十五日进城举行统一行动,提出"打倒"中华人民共和国主席刘少奇的口号,把"打倒刘少奇"的口号率先推向社会。原"八八总部"委员唐伟、朱德明、许胜利等不同意蒯大富搞"12.25"行动,于二十四日上午贴出"辞职书",要"自动退出总部筹委会"。他们认为刘少奇还是人民内部矛盾,不能打倒。

一九六七年一月二日唐伟、朱德明、陈家国等,为了抵制"井冈山兵团"总部的领导,成立了"毛泽东思想纵队"。一月五日,沈如槐、宿长忠、张雪梅等成立了"八八纵队",陈楚三等成立了"东方红纵队"。以上三个纵队是后来"414"的基本队伍(此外还有以黄瑞和为首的"天安门纵队"等等)。

一月六日,"井冈山兵团"经过精心策划,以电机系的"捉鬼队"

为基本力量,联合28团的"雪莲花"等战斗组骗揪王光美同志。"1.6"行动在全校引起了激烈争论:蒯大富、刘泉等人和"捉鬼队"认为是革命行动,好得很。而三个纵队认为"1.6"行动是反动的,糟得很。

一月七日,周总理针对"1.6"行动在接见七机部两派代表时说:这行动确实不光明磊落,共产党不这样。蒯大富等人对周总理的批评极为不满。一月二十日"28团""捉鬼队"发表"严正声明",说总理"说出了王光美不敢说的话,发泄了刘少奇不敢发泄的恨",并强硬要求总理做检查。一月十九日以后,"揪要害"等战斗组曾相继贴出三论《清华党权归井冈山》的大字报,要搞党员登记。井冈山广播台于二月七日广播了刘泉等人起草的《党员登记倡议书》。这些大字报,激起了广大干部、党员群众的义愤,加剧了三个纵队同蒯大富等人的分歧,纷纷要求蒯大富整风做检讨。

二月二十三日,《红旗》杂志第四期发表社论《必须正确对待干部》。三月三十一日,《红旗》发表了调查员和评论员文章:《打击一大片、保护一小撮是资产阶级反动路线的一个组成部分》《在干部问题上的资产阶级反动路线必须批判》。文中讲了清华大学的干部情况,校内师生员工大多数表示赞同。广大干部,纷纷写大字报"亮相"。在干部问题上三个纵队同蒯大富等人的分歧更趋尖锐化。

蒯大富等人认为清华大学是烂掉了的单位,旧党委大量提拔使用坏人,解放后十七年执行的是修正主义路线。清华的党员、干部大部分是假党员,刘、邓的党员。因此,要彻底砸烂旧清华。《井冈山兵团》总部干部办公室(即二办)对清华干部做了"阶级"分析,认为:(1)十七年是黑线,干部基本上执行的是修正主义路线;(2)干部有一大批是资产阶级世界观;(3)群众运动对干部的冲击批判是完全正确的;(4)本质的问题,是对待砸烂旧清华的问题。要砸烂旧清华,愈彻底愈好。《红旗》评论员文章发表后,以兵团总部委员、二办主任陈继芳为主要头头的"金戈铁马"战斗队贴出的大字报《"红旗"调查员欺骗毛主席罪责难逃》,系统地阐述了上面的观点和主张。

三个纵队不同意蒯大富等人的观点。他们认为十七年清华大学红线占主导地位,毛泽东思想的阳光也照进了清华园。干部的大多数是好的和比较好的。"千钧棒"战斗组主要头头沈如槐和"不怕鬼"战斗组主要头头黄瑞和联名写大字报,题为《革命小将要勇于为革命干部平黑》。他们的观点集中地反映在七月五日沈如槐、黄瑞和的联名大字报《什么"严重错误"》和七月十六日贴出的《什么"彻底砸烂"》两篇文章中。文章认为对"旧清华必须一分为二!""彻底砸烂旧清华"是"毫无阶级分析的无政府主义口号!""清华是社会主义中国的清华,是光焰无际的毛泽东思想照耀下的清华,这个清华是社会主义大家庭的一部分,无疑为社会主义祖国立下了不朽的功勋","在我们学校,大多数干部是好的和比较好的,他们基本上执行的是无产阶级革命路线"。主张对广大基层干部和他们的工作应加以肯定。

以上是双方在干部问题上有代表性的观点。

四月十四日下午,以沈如槐、陈楚三为首的三个纵队的主要战斗组"千钧棒""战地黄花"等发起了名为"彻底批判干部问题上的资产阶级反动路线,实现革命三结合"的串联会(简称"414串联会"),到会约700余人,陈楚三为执行主席。十二个战斗组代表发了言,批判了在干部问题上的资反路线,指出蒯大富继续打击一大片,搞形"左"实右的一套,阐明对"三结合"的观点和主张,通过了第一次串联会决议。

"414串联会"就干部和三结合问题共召开过十一次大型辩论会。但此时三个纵队和"井冈山兵团"在组织上尚未分裂。

四月三十日,经谢富治批准蒯大富成立了校革委会筹备小组。

五月下旬,蒯大富一伙得到谢富治的支持,决定于五月三十日在革筹小组的基础上正式成立校革委会。沈如槐、陈楚三等于五月二十九日晚在圆明园谋划成立"414总部",以抵制蒯大富为首的校革委会的成立。从此,在组织上正式分裂为"井冈山兵团"(简称团派)和"井冈山兵团414总部"(简称414)两大派组织。

周总理在蒯大富关于五月三十日成立校革委会的请示报告上批示:"清华大学革命委员会要在革命大联合的基础上召开,才合乎毛泽东思想的指导原则。现在,听说你们革命派还没有联合起来,就在西大厅外面等待宣布开会,我们就不好参加了。"周总理的指示,使蒯大富成立革委会的企图未能得逞，蒯大富认为是对他的"当头一棒，又加一盆冷水"，大为不满。

四、两大派组织的主要问题

（一）以蒯大富为首的"井冈山兵团"

以蒯大富为首的"井冈山兵团"校、系两级组织的头头和骨干，大多是运动一开始就反蒋南翔，后又反工作组的学生和少数教工。他们自始至终是造刘、邓的反，造以蒋南翔为首的前校党委的反，自称是"一反到底"的造反派。在林彪、江青反革命集团的煽动和支持下，他们中的不少人干了大量坏事。其主要问题如下：

1．残酷迫害干部群众，大搞刑讯逼供。

一九六七年初，在清华大学生物馆关押了刘冰、胡健、何东昌、艾知生等校、系主要领导干部，把他们打成假党员、叛徒、特务、走资派、反革命修正主义分子，进行批斗和逼供。

一九六八年一月，蒯大富一伙经过精心策划，诬陷原党委宣传部副部长罗征启、党委统战部副部长文学宓、刘承娴、教务处副处长李康、党办副主任饶慰慈是"蒋南翔第二套班子"、"反革命小集团"，诬陷原清华大学团委干部贾春旺及邢竞侯等六个学生是又一个"反革命小集团"，先后抓捕关押了干部、群众21人，进行刑讯逼供。他们采用粗方木毒打、老虎钳拔牙、烟头或火柴烧脸、往鼻孔里灌氨水等残酷手段严刑逼供。刘承娴被迫害致死，饶慰慈被打成重伤，一度精神失常，留下脊椎神经严重损伤等后遗症。情节恶劣，后果严重。

2．挑起清华大学"百日大武斗"，造成严重后果。

一九六八年三月，蒯大富一伙一方面策划制造所谓"罗文李饶"案件，揪"414"后台，另一方面策划挑起大规模武斗，妄图以此压垮对立派组织，逼中央表态。白一九六八年四月二十三日到七月二十六日持续近一百天的大规模武斗是蒯大富一伙一手挑起的。武斗期间造成12人死亡，30余人残废，数百人受伤，烧毁了东区浴室和科学馆，毁坏国家财产达数百万元。后果极为严重。

3．插手各地，支持各地造反派，反军乱军，大搞打、砸、抢、抄、抓。

一九六七年三月底，蒯大富一伙在林彪、叶群和王力的授意下，成立了"井冈山兵团军事动态组"，四月初向全国各地派"记者站"30余个，400多人去搜集军队干部情况。七月底、八月初又向全国各地派40多个联络站，支持当地造反派，与军内造反派勾结，揪"军内一小撮"。他们先后在南京抄了许世友同志的家；在福州抄了韩先楚同志的家；在广州，多次揪斗南海舰队司令员、政委，并抢枪支弹药，支持当地武斗；在沈阳，两次冲击军区，占领军区大楼达10天之久，并抢军火库的枪支弹药，参与并支持抚顺大武斗。在北京，积极策划和组织打倒中央政治局委员、中央军委副主席徐向前同志的活动。六七年七月二十七日，"井冈山兵团军事动态组"在军事领导机关附近贴出了"打倒徐向前"的大标语，二十八日在"井冈山兵团"小报上发表了"打倒徐向前"的"严正声明"，并于二十九日晚派人抄了徐向前同志的住所和办公室，绑架徐向前同志未遂，抢走了装有绝密、机密文件的档案箱五个和其他零散材料及日记本。三十日，在清华大学"井冈山兵团"总部召开的有全国大部分省、市和一些军事单位造反派头头参加的"全国形势讨论会"上进行煽动，把"打倒徐向前"的活动推向全国。蒯大富一伙还派出200余人到二十二个省、市和地区，进一步搜集"打倒徐向前"的材料。

4．反对刘少奇同志和周总理，揪斗迫害老一辈无产阶级革命家。

井冈山兵团在率先把"打倒刘少奇"的口号推向社会以后，又参加了围困中南海，"揪刘火线"的静坐。

由于周总理批评蒯大富一伙骗揪王光美的行动不光明磊落，不同意他在六七年五月三十日成立革委会，蒯大富一伙一直对周总理不满，团派某些战斗组多次张贴大字报谩骂攻击周总理。

一九六七年四月十日，以蒯大富为首的"井冈山兵团"召开揪斗王光美大会。彭真、陆定一、薄一波、蒋南翔等同志被揪来陪斗。在批斗大会上，肆意侮辱、丑化王光美同志，在近四十万围观的群众面前，造成很恶劣的影响。

一九六七年八月一日下午，清华"井冈山兵团"勾结"北航红旗"、高等军事学院"红联"、新北大公社、体育学院等造反组织，召开了批斗彭德怀、罗瑞卿大会。会前他们私自审讯彭德怀同志，会上，让罗瑞卿同志坐在筐里。"井冈山兵团"总部代表宣读了通牒令，勒令彭、罗于八日前交出"认罪书"。八月一日到二日，清华园内贴满了批判、打倒彭德怀、罗瑞卿和徐向前的大字报。

此外，早在一九六六年十二月二十九日，"井冈山兵团"就派人抄了薄一波同志的家。

5. 砸机关，抢档案，泄露党的机密，造成严重后果。

"井冈山兵团"一些人，撬了党办的保险柜，抢去了全部前党委的会议记录等机要文书档案，先弄到清华的丙所，后转移到北京体育学院；前党委组织部和监委的档案柜被撬，有关的干部材料、保密本、会议记录本被弄到"井冈山兵团"专案组所在地生物馆；原党委保卫部政保科的绝密档案材料被"井冈山兵团政保组"某些人弄走，造成一些有历史问题的内控人员被关押揪斗，保卫部长以"包庇坏人"的罪名惨遭毒打。

支持清华"红教联"冲击公安部十三局和秦城监狱等打砸抢活动。

6. 武力对抗、驱赶工人、解放军毛泽东思想宣传队。

一九六八年七月二十七日上午，首都工人、解放军毛泽东思想宣传队进入清华大学，宣传制止武斗，收缴武器、拆除武斗工事。蒯大富等人紧急策划，决定武力"对抗、还击"，不许宣传队进楼。他们带领手持长矛、枪支、手榴弹的武斗队向赤手空拳的宣传队员进行袭击，造成王松林等五名工人死亡、七百三十一人受伤的严重后果。

（二）"井冈山兵团414总部"

"414总部"中有许多原"八八派"，即"毛泽东思想红卫兵"成员。他们开始辩论工作组问题，批判工作组的方向路线错误，后来批判刘、邓和以蒋南翔为首的前党委。在校内这个局部问题上，他们认为解放后十七年红线占主导地位，学校的干部大多数是好的和比较好的，反对"怀疑一切，打倒一切"的极左路线。但对亮相到团派一边的干部也批判上纲过高。也有抓干部和个别人殴打干部和群众的行为。在校外，他们支持"地派"造反派，也积极参与了围困中南海、"揪刘火线"的静坐，揪"军内一小撮"、打、砸、抢等活动。其主要问题如下：

1. 派人出去揪"军内一小撮"。

一九六七年"八一"社论发表后，在林彪、江青反革命集团揪"带枪的刘邓"的煽动下，"414总部"于八月十日左右成立了"全国动态组"，派出一些人到外地去串联，支持当地造反派，揪"军内一小撮"。据初步掌握的材料，昆明联络站参与策划冲击昆明军区，福州联络站参与策划并直接参加了抄韩先楚同志的家；长春联络站参与冲击省军区和抢军械库的活动。在北京，支持军事单位造反派炮轰肖华。八月十五日，"414"广播台大喇叭广播说"肖华是党内走资派，是刘邓司令部的人"，要打倒肖华等等。

2. 参与北京"地派"策划的火烧英国驻华代办处活动。

一九六七年八月二十二日，"414总部"委员蒋南峰带领200余人，参加了"地派"策划指挥的火烧英国驻华代办处的活动。蒋南峰等人，不顾周总理的指示和批评，带领20人翻墙冲进代办处，参加了砸汽车、抢录音带等打砸抢活动，造成了恶劣的国际影响。

3. 抬尸游行，造成不良社会影响。

在百日武斗期间，"414总部"被围困在科学馆，处于被动防守状态。四月二十九日"414"成员谢晋澄被团派抢粮的汽车压死。不久，孙华栋又被团派抓到第一教学楼被活活打死。"414"要求严惩凶手，把尸体抬到市公安局去验尸。对此，周总理曾批评"暴尸于市"。之后，又连续发生了3人被无辜打死（非武斗双方对刺而死）的事件。"414总部"要求市革委会谢富治正视清华武斗的严重局面，采取措施制止武斗。谢拒不接待。总部头头沈如槐等人决定把尸体抬到市革委会大楼前，经天安门广场绕东交民巷，游行一圈。这一行动在社会上造成了不良影响。

4. 炸三万五千伏的高压线。

"414总部"100余人，被武力封锁围困在科学馆。从六月份起，团派就对科学馆断电断水，重伤员不能治疗，伤口溃烂；两具尸体停在地下室已经腐烂。白天有团派机枪封锁，晚上四面有探照灯监视，难以突围。曾挖突围地道，被团派发现破坏。沈如槐、但粲研究策划，认为突围的唯一办法是炸断高压线以搞掉探照灯。六七年七月七日凌晨三点多钟，派人带炸药炸坏了高压线，造成清华园和中关村部分地区停电4小时零五分钟的后果，影响很坏。

五、两派的组织机构及主要人员情况

（一）"井冈山兵团"总部

清华"井冈山兵团"总部经过一九六七年"一月风暴"夺权后，就成了学校掌权组织。它仿照原学校党政机关职能部门的设置，根据"运动"的需要，建立了庞大的组织机构。在不同时期，其机构设置都有一些变化。一九六七年三月，要插手军队运动，先成立了"军事口"，后发展成"军事动态组""对外作战部"；武斗时成立了"文攻武卫指挥部"等等。总部成员也有变化或者叫分化。但其总部核心成员变化不大。

总部核心组是其决策机构。其成员有蒯大富、鲍长康、刘才堂、陈继芳（女）、陈育延（女）、任传仲、王良生、马小庄等。蒯大富、任传仲已判刑；其余人员在这次清理中已列为记录在案对象。

几个问题较多的机构分述如下：

1. "罗文李饶"专案组

蒯大富一伙要揪斗并搞垮所谓"蒋南翔第二套班子"，从六八年一月开始，先后抓捕、关押了原校党委和行政机关五名中层干部，即罗征启（现为清华大学党委副书记兼深圳大学党委书记、第一副校长）、文学宓（现清华大学党委委员、电机系党委书记）、李康（现中国环科院科研处处长)、饶慰慈(现清华大学党委常委、统战部长)、刘承娴(被迫害致死),以及原团委干部贾春旺(现北京市委常委、海淀区委书记)、学生邢竞侯等21人。为了对他们进行刑讯逼供、残酷迫害,组成了100余人的专案组,并按人头分成六个小专案组和专门打人的凶手班子,即专案组内的"保卫组"。采用极为凶残的手段毒打、用老虎钳拔牙、烟头烧脸、灌氨水等残酷手段,严刑逼供,造成2人死亡,数人重伤致残的严重后果。该专案组的直接主持者为团总部核心成员陈继芳,组长王子瑜,副组长王良生、王士元;"罗征启专案组"组长王子瑜(兼),"文学宓专案组"组长李天麟,"李康专案组"组长朱以文,"饶慰慈专案组"组长阎德成,"刘承娴专案组"组长夏毅,"贾春旺及邢竞侯等六个学生专案组"组长王士元(兼),以及保卫组的打人凶手李木松、陈奋光、冯家驷、唐元时、肖元星等十七人问题严重,情节恶劣,这次清理中记录在案,有些要给以党纪、政纪处理。

2. 文攻武卫指挥部

此机构成立于一九六八年四月二十二日,是专门挑动、策划、指挥武斗的机构。由蒯大富亲自挂帅,鲍长康任武斗总指挥,任传仲、刘才堂等为副总指挥,其重要成员有邢晓光、周大卫、李康群、李白茂、吴慰庭、张世杰、高季洪、谢德明等。蒯大富、任传仲、吴慰庭、张世杰已判刑,其余记录在案。

3. 第五动态组,即军事动态组

此机构是在叶群、王力向蒯大富、史复有授意要搞军队的问题的背景下成立于一九六七年三月三十一日。其主要任务是搜集部队领导干部的材料,插手部队运动,支持军内造反派造反夺权、反军乱军。武汉"七·二〇"事件后,"军动组"以贴大标语、在《井冈山》小报上发表"严正声明"等方式大造反对和打倒叶剑英、徐向前同志的舆论,并于六七年七月二十九日晚抄了徐向前同志的住所和办公室,情节恶劣。军动组组长为史复有,副组长为章和邦。骨干成员为刘西拉、李怀珠。史、章、刘已决定记录在案,李拟记录在案。

4. 全国联络站

全国联络站也是在"搞军队问题"的背景下成立于一九六七年六月。是同派往全国各地的 40 多个联络站联系、传递信息的机构，传送各地联络站搜集的军队材料，传达蒯大富、任传仲一伙支持外地地方和军内造反派揪"军内一小撮"的"指示"。其核心头头为俞善乐和罗维崑。根据现已掌握的材料，南京联络站头头黄杰、骨干鲍浪（女）都有严重问题；东北联络站头头孙熙然、副组长李凡，团总部委员、对外作战部副部长彭伟民亲自坐镇指挥，骨干为王庆云；武汉联络站头头张闻；常州联络站头头谭健；杭州联络站重要成员林刚；福州联络站重要成员陆军、吴锋等均有严重反军乱军问题，予以记录在案。

5. 保卫部

"井冈山兵团"总部自成立起，就设立了保卫部，为专事打、砸、抢、抄、抓的机构。校内许多干部、群众被抓捕、抄家等，都由保卫部执行。如抓罗征启、文学宓等中层干部和对立派学生。其中设有"政保组"，专门搞所谓特务、间谍问题。利用原校党委保卫部政保科的档案材料，将原来一些内控人员如谢××、程×× 及其夫人××× 和留美归国教师高联佩、王振通等作为现行间谍，于六八年一月十八日在大礼堂揪斗，扭送公安局关押。

此外，还组织了"一科"专事清理教职工内部的"叛徒、特务"。

保卫部的主要头头是崔兆喜、李国柱。问题严重的骨干有学生张建国等，后勤部门的职工肖德龙、马晋恒、邢鹏等。

保卫部专事在校内的打、砸、抢、抄、抓。在校外的打、砸、抢活动，主要由"捉鬼队"执行。如六七年一月六日"骗揪王光美"、七月二十九日抄徐向前同志的家等"大行动"都是以"捉鬼队"为基本力量干的。"捉鬼队"的头头是郝雷、李振言、李国柱。

6. 宣传部下属的"井冈山"和"前哨"两个广播台以及《井冈山》小报、《井冈山》杂志等，

是蒯大富一伙造反夺权煽动派性和武斗的舆论工具。宣传部负责人是团总部委员刘泉。"井冈山"广播台

头头是翁文斌；"前哨"广播台头头是吴慰庭；《井冈山》骨干编辑是吴炜煜。

7. 工总司

工总司是学校后勤部门一部分工人组成的造反组织，专事武斗、打、砸、抢等活动。其主要头头是何光永，副司令是刘宗友，骨干是韩启明、张世杰。何、刘、韩均已结论处理，张世杰作为坏分子逮捕判刑。

8. 斗蒋兵团

斗蒋兵团是一部分教师干部和学生组成的，专事打击迫害前清华党委书记、校长蒋南翔同志。曾诬陷蒋南翔同志是假党员。主要负责人是曹维涤。

（二）"414总部"

"414总部"成立于一九六七年五月三十日，其机构设置与"井冈山兵团"总部大体相似，但比较简单一些。

"414总部"核心组是其决策机构。其成员有沈如槐、宿长忠、刘万璋、汲鹏、陈楚三、孙怒涛、张雪梅、黄瑞和、蒋南峰等，全部是原"八八"派成员。其中沈如槐、蒋南峰、刘万璋、汲鹏、陈楚三、孙怒涛等六人，作为"414总部"主要决策人，有的还有一些错误，按中组发【1983】6号文件规定，予以记录在案。

问题较多的几个机构分述如下：

1. 作战部：主要负责校内外运动。其中校内外运动常务组起具体决策作用，例如六七年八月份派人出去"揪军内一小撮""抬尸游行""炸三万五千伏高压电线杆"等等，其主要决策人为沈如槐、刘万璋、汲鹏及教师傅正泰（"414总部"核心成员）等。

2. 斗蒋作战部：主要任务是批判所谓蒋南翔的修正主义路线。

3. 保卫组、专政组：根据所谓"抓两小撮"的理论，揪斗了陶德坚、俞善乐，并抄了他们的家；对所谓"资产阶级反动权威"进行批斗；对一些他们认为有问题的干部如原清华大学副校长李寿慈、教务处副处长邢家鲤、无线电系党总支书记李传信等同志抓捕关押，进行所谓审查。个别人有殴打干部的非法行为。其主要负责人为"414总部"核心成员蒋南峰。

六、对两派组织的清理情况

一九七零年底开始的清查"516"运动，曾对两派组织的重要头头和有严重问题的人做过一次清理，将一部分有问题的人调回学校审查。审查结果：蒯大富、鲍长康、任传仲等三人定为敌我矛盾，不戴帽子，以观后效；崔兆喜、李国柱、孙耘等三人定为敌我矛盾，作为人民内部矛盾处理；史复有、章和邦、鲍浪、郝雷、刘泉等十二人定为严重政治错误，余者为一般政治错误或排除。一九七四年复查"批、清"运动时，把全部"严重政治错误"改为"一般错误"，材料全部销毁，实际上是一风吹。由于当时历史条件的限制，一些大的是非仍被颠倒，除六个杀人凶手逮捕归案依法判刑外，不少有严重问题的造反头头和打砸抢分子没有受到审查和追究。

一九七四——九七五年，原团保卫部头头之一邢鹏、工总司头头之一张世杰作为坏分子逮捕判刑。

一九七八年四月，蒯大富、任传仲以及长期逍遥法外的杀人凶手胡远、李正明等四人逮捕归案，已依法判刑。

从一九八三年一月，按照中发【1982】55号文件精神，对两派组织在"文革"期间的问题，又作了进一步清理。初步确定除上述已判刑的12人外，记录在案的58人。清理情况简述如下：

（一）对"井冈山兵团"的清理

1. 有严重问题的核心成员刘才堂、陈继芳等14人记录在案，有的拟建议其现所在单位给予党纪、政纪处分。

2. 搞刑讯逼供、残酷迫害干部、群众的王子瑜、夏毅等17人记录在案，情节严重者拟建议其所在单位给予党纪、政纪处分。

3. 反军乱军、揪"军内一小撮"问题严重者史复有、章和邦等13人记录在案，少数情节严重者，拟建议给予党纪、政纪处分。

4. 武斗的策划者、指挥及武斗队骨干造成严重后果者邢晓光、李白茂等 6 人记录在案。

以上共计 50 人记录在案。

（二）对"414 总部"的清理

"414 总部"核心成员记录在案的有：沈如槐、蒋南峰、刘万璋、汲鹏、陈楚三、孙怒涛 6 人。

此外，汪大培、高仰义 2 人是参加外地反军活动造成一定后果者，记录在案。

"414 总部"列为记录在案者共计 8 人。

根据中央有关清理"三种人"的精神，我们正在对"文革期间的问题做进一步深入清理。

选自《记忆》第 311 期（2022 年 1 月 15 日）。原载胡鹏池、陈楚三、周宏余编《从生物馆到 200 号——清华文革蒯氏黑牢》（完整版），美国华忆出版社，2022 年。

第六章　高等教育扫地出门，知识分子理想破灭

——迟群、谢静宜统治下的清华大学

1968年7月27日，蒯大富闯了大祸，灰溜溜地走下清华大学文化革命的历史舞台，但是他并没有就此消失。一个曾经对历史有过一定影响的人物，是不会随着他的下台，他的影响就会倏忽消失的。蒯大富在思考，他也不愿意就此消失。沈如槐也在思考。两派的群众，不论是否参加过武斗的，许多都在思考。清华的这段历史，给大家留下了许多悬念和问题：

首先，为什么"7.27"这么大的动作，却没有人给老蒯先"通个气"，"打个招呼"？为什么一向明确支持老团而欲置414于死地的中央文革，也突然步调一致地收声沉默，不接电话，不对老蒯作任何点拨，由得老蒯钻进死胡同，闯下大祸？从"7.28"召见时毛泽东的口风判断，他一点也没有甩掉老蒯的意思。相反，却不失时机地"插空子"敲打一下414。而召见以后，虽然"最高指示"说"不要整蒯大富啦"，但结果还是整了。这又是为什么？很多人在思考，也有很多个不同的答案。但是谁也不能找到一个能说服自己和清华大多数师生的答案。不仅老团，就是老四也百思不得其解：在走投无路的危机时刻，突然救兵不请自到……

第二，毛泽东动用了他最后的一张王牌——8341部队。这是否说明他已感觉到，由于他发动了这场"大革命造成的大动乱"，已经使他筋疲力尽，山穷水尽，再没有可以相信的，可以动用的力量了？抑或他错误地估计了形势，以为和过去几次危机一样，只要他发个"最高指示"，只要他随便说几句话，青年学生就会一拥而上，誓死捍卫，坚决拥护？而现在他发现，经过这几年的"大乱"，已经没有

可能回到"大治"了，所以，他动用8341部队作最后一击。结果，没有成功。

第三，从"7.28"召见的情况来看，毛泽东和中央文革一定有个估计，认为过去414胆敢顶撞中央文革，甚至连最高领袖的批评也不听，这么大的压力，还坚持抵抗了一百天，这次"7.27"的行动，首先起来反抗的必定是414，而且必定抗战到底，绝不会首先缴枪，拆毁工事。至少414是要等团派先缴了枪，拆毁了工事，才会有所行动。"7.27"当日两派的不同表现，是完全出乎中央许多领导人的意外的。

大家都在思考。但是，历史总是要向前发展的，是要前进的。历史是不会等待所有人都想清楚了才前进的。这时，清华园的两位新权贵——迟群、谢静宜强势登场了。

从68年7月到76年10月，迟、谢这两个完全不懂高等教育、甚至根本不懂教育的、文化不高的人，手执同样不懂高等教育的"最高领袖"的尚方宝剑，统治了清华、北大等高等学府和教育战线长达八年，对教育和高等教育的破坏，其结果就不言而喻了。

迟、谢统治清华这八年，我基本上生活在体制之外，所以对他们的办学理念，办学的路线、方针、政策及方法，没有透彻的了解，只能在外围冷眼旁观。现将我在迟、谢时期所见、所闻、所经历、所感受，记述如下。

1. "两个估计"是极左思潮的根源！

迟群、谢静宜在清华和教育战线上的罪过，最主要的是贯彻"两个估计"。如果说，蒯大富给清华留下的是硬伤，那么，他们留下的伤痛比蒯大富留下的深得多，痛得多。

1971年4月15日到7月31日，在北京召开了长达三个半月的全国教育工作会议，最后通过了张春桥、姚文元修改定稿，并经过毛泽东同意的《全国教育工作会议纪要》（简称《纪要》）。这个《纪要》全面地、集中地反映了毛泽东的教育理念，不仅对解放前的高等教育给以否定，对建国以来 17 年的教育工作也给予全面彻底的否定。

《纪要》宣称：建国以后 17 年，毛主席的无产阶级教育路线基本上没有得到贯彻执行，教育制度、教学方针和方法几乎全是旧的一套，资产阶级专了无产阶级的政，大多数教师和学生的世界观基本上是资产阶级的。这就是长期成为广大知识分子精神枷锁的、影响极为恶劣的所谓"两个估计"。

为实现无产阶级专资产阶级的政，迟群、谢静宜首先对校、系两级领导层进行了改组，其主要领导由工军宣队的领导出任。学制缩短为二至三年。废除过去大学报考"统一考试，择优录取"，实行"群众推荐、组织审查"的办法。于是教育质量，尤其是高等教育的质量一落千丈。影响所及，直至现在不能恢复。

但是，无论是蒯大富还是迟群、谢静宜，他们对教育的摧残和破坏，都不是他们的发明，解放初期已经有之。1951 年底镇压反革命运动，1952 年初的三五反运动，接着下来是学习苏联高等院校系调整和帮助知识分子洗澡的思想改造运动，1953 年开始的反对建筑设计上的复古主义的学术批判运动，批判电影《武训传》。1954 年批判胡风反革命集团，由此引发了又一次镇压反革命运动，接下来是整风反右运动，三面红旗（大跃进、人民公社、总路线），反对右倾机会主义，整社及又一次三反运动，直至发动文化大革命。所有这些"运动"，贯穿着两条主线：一条是领导权问题，另一条是知识分子问题。后者还是领导权问题，就是走一元化大一统的路线。大学就是要办成在共产党领导下的、只有一个阶级斗争专业的大学。这样，解放后的大学，就一定是一无是处的资产阶级专了无产阶级政的大学了。所以蒯大富就一定要"彻底砸烂"了。蒯大富在给迟群的一封信里说"本是同根生，相煎何太急？"

这种一元化大一统的办学思想和路线，至今仍然是教育改革的主要阻力所在。从幼儿园到大学，都是千篇一律、整齐划一的要求，就如同军队整队出操一样。学术上则是专制主义的。学术政治化，外行专了内行的政，出现了一片越来越严重的衰落腐败现象。

2. 第三次隔离审查

蒯大富垮台了，"罗文李饶"案件也应该结束了。但是，工军宣队对此案却讳莫如深。自从全校在大礼堂前开了万人大会批判蒋南翔校长同时让我和高沂陪斗以后，工军宣队将我"放回到群众中，让群众审查批判"，同时将我安排到生物馆二楼大房间和刘冰等校级领导干部住在一起，继续隔离审查。

于是，一时间校内师生传言：一则毛主席指示，不要整蒯大富；毛主席又不喜欢 414，现在抓不到 414 什么把柄，那就把"罗文李饶"拿来开刀，另一则说"罗文李饶"确实有问题，工军宣队已经掌握了一部分材料。所以现在"罗"的待遇比刘冰他们还高，而文李饶则与蒋南翔一样，在卫戍区监护审查。对此，一位军代表找我谈话，问我听到点什么没有？我如实回答。他问："你是怎么听来的？"我说："提审我的群众提问时说的。"军代表说："你别信那个。"

在批判的同时，要我写一些材料。我向工军宣队提出：要我写材料，只能由工军宣队提出要求，并且材料只交工军宣队，而且重复的我可以拒绝。工军宣队都同意了。这样，要求写材料的，甚至提审问话的越来越少，一两个星期后就没有了。

十二月中了，天气进入寒冬。到冬至前后，工宣队陆续遣散了生物馆监管学习队，基本上所有的人都回家住，参加本单位的学习。最后只剩下我。有一位工宣队师傅送我到工字厅报到。从生物馆到工字厅没多远，这位师傅（人都称他为李师傅），是新华印刷厂的工人。7.27 进校时，新华厂是主力，死伤也较多，对蒯大富很痛恨，对 414 较友善。一路上和我闲聊，向我解释，这次这样安排和上次批斗蒋南翔让我和高沂陪斗一样，主要是考虑我的安全和群众的情绪，希望我能理解。又说最近我态度较好，较合作。

到工字厅，我被安排在第一进大院的坐东朝西的厢房。一共三间，我住在北边一间，从当中一间进门，住着我的两个"警卫员"——都是团委的同志，也都是老团。我要经过两个警卫员住的房间，才能进到我的房间，另一间则空着。我用的厕所则是东侧院里最东面的一个厕所。当然没有热水,我就是利用清晨工字厅的大门尚未开值班的人都没起床时使用厕所,用冷水擦身,然后在院里活动一下,开始我一天的生活。在这荒唐的文化大革命以前,我虽然在工字厅工作,其实,很多房间,包括现在我住的东厢房,我从未进去过,甚至不知是干什么用的。现在变成我的卧室、牢房、冥想室、静思室或隔离室。

一切都差强人意,至少比前几次红卫兵的牢房要好。除了一件事:每日三餐饭要在"警卫员"的监护下,自己到一员工食堂去买。这还不算,进了一员工食堂,要在众目睽睽之下,对着毛主席像鞠躬,然后挥动小红书——毛主席语录,大声喊叫说:"感谢伟大领袖毛主席给我饭吃,我一定认真改造,早日回到人民的队伍。毛主席万岁,万岁,万万岁!"然后再鞠躬,再去买饭。我宁愿不吃饭,也不愿表演这乞讨的丑剧。环视周围,发现在我"表演"的时候,我前面直到买饭台之间(毛主席像在买饭台上方正中),很多人避开,形成一个20平米的空地,周围有些用餐的人站起来观看。我在一员工食堂用餐许多年,许多人包括炊事员都是认识的。这时引起小小的轰动。我发现,有不少老师用几乎看不出来的微笑和点头和我打招呼。一位买饭的老师低声对我说:"老罗,保重。别搞那请示汇报那一套,我们搞了一天也都不搞了。"一个在卖饭的炊事员大声说:"老罗,我是414的,到我这边来,没事儿!"那天,我买了什么菜我记不清了,但是有一点我记得清楚:他给了我一大勺,明显地多给了我不少。

正要离开饭堂的时候,看见吴良镛先生领头,带了一小队人进饭堂,集体做了一次表演。不过他们可能表演了几次了,我感到似乎没有我那么轰动。但我没有看到汪坦先生和梁思成先生。吴先生、汪先生和梁先生在两次生物馆的监管队里都没有出现。汪先生还可以理解,他的名气和地位不如吴先生,但梁先生则不知为何,一定是生病了,而且是重病,我心中十分惦念。(梁先生病故于1972年,终年72岁。汪先生病故了。吴先生现健在,高寿已93岁。)

吃过午饭后,我在隔离室里静思了一整个下午。我想过去的一次又一次的政治运动,无非就是要这些知识分子,在巨大的政治压力下,公开承认自己错了,自己是反动的资产阶级知识分子,还要互相揭发批判。这样，几乎每个人都说过过头话，都说过谎，说过违心的、甚至违背道德良心的话。每个人都背上一个大包袱，而且不敢反悔，即"翻案"。我虽然也十分缺乏政治经验，但总比吴先生、汪先生等老知识分子知道的多一点。记得1967年8月的一天，二校门北第一教室楼前的大字报栏上有一张大字报，署名我忘记是什么人了，标题是"先专后红比白专更危险！"从内容上看，大概是建筑系的人写的。详细内容不记得了。一眼看过去，我发现上面有我和黄报青先生的名字。大字报说："清华的教师和干部大部分是先专后红的，比只专不红的更能迷惑人。"所以引起我的注意。更加引起我注意的是下面有吴良镛先生的一小段批语（大意是）："是的，罗征启和我都是先专后红的，但是现在罗在党内是个领导干部，因此，他的迷惑性更大，比我更具有欺骗性，危险性。"这说明，在政治运动的巨大压力下，许多知识分子都被整糊涂了。今天在一员工食堂见了一面，虽然短短地对视了两三秒钟，不能说话，也不能打招呼。他是我的老师，我微微点头以示敬意。

新年过后，大约在一月底，全校又开了一次"清理阶级队伍"的落实政策万人大会。这次最突出的是汪坦先生上台亮相，承认自己是美国中央情报局和蒋介石属下的中统和军统的双料特务。甚至空投敌后，因天气不好，无功而返。我们很多人都不相信这是真的，但这确实是他自己上台讲的。"四人帮"倒台以后，由于推倒冤假错案的需要，我曾找汪坦先生谈过一次。我直截了当问他"双料特务"的事。他也直截了当地回答我："全是假的！全是他们要我这样讲的。我是准备空投敌后，那是日本鬼子的'敌后'，而且也没有投成。那时虽然心里很矛盾，不说不行，说也不对。我不如黄报青，他能坚持，坚持到底。而我受的压力比他小多了。"

我说："我也不如黄先生。"黄先生的追悼会后，蒋南翔校长对黄先生的夫人吕俊华说："黄先生的品质，我们应该学习。但是，也不必太过坚持。邓小平不是也说'永不翻案'吗！我自己也喊打倒蒋南翔嘛！也喊过打倒刘少奇！在那种情况下，最重要的首先是保存自己。黄报青被打死了，谁打的？谁负责？现在是无头案。我们只能追

第六章　高等教育扫地出门，知识分子理想破灭

悼一下而已。"汪先生说："这讲的很深刻。但是在当时，我们是很难掌握的。"

春节快到了，我预感到，这一次的"隔离审查"快要结束了。

一天，工字厅生产处的一位姓刘的工人找我谈话。这很奇怪，这次不是工军宣队的宣传队员找我谈话，这是否意味着，审查结束了？可以回家了？我暗暗高兴。这位刘师傅在两派斗争时似乎是团派的，当然一定是较温和的，而且，一定没参加过武斗。但实际上，他和我谈话前后不过三次，以后也没有再谈过什么了。而且态度很和善。

他开门见山："快春节了，想家了吧？"

我说："当然，主要是担心梁鸿文。"

"还想女儿吧？"他笑着说。

"女儿嘛！想是想，可女儿有爷爷奶奶照看。老婆身体不好，孤零零一个人……"

"是呀！其实，老罗，关键在你这里，你争取主动，早点把问题交代清楚，不就早点回家了吗？！"他讲得很轻松。

我沉默了一会，微笑着答道："请问，我有什么问题没交代清楚？外面的大字报，说这个那个的，基本上都是胡说八道，你们让我怎么交代？我已经没东西可交代了，干脆我住在工字厅不走了！"

我们两人一起笑了。他说："这可不是我说了算的，工宣队说话才算数。但是，老罗！工宣队让我跟你谈话是让你回家的。你爱人身体不太好，你回家照应一下会好一点。"

听这话风，我有点紧张了。不知出了什么问题？在我追问之下，刘师傅说："有天晚上，你的邻居发现梁鸿文把蜂窝煤炉搬到房间里了。又在枕头下面发现一百多片安眠药片！你回去注意一下。今天下午就回去，你现在收拾一下，等会儿我送你回去。"

下午刘师傅送我回家——荷花池单身宿舍（又叫第一宿舍）。我身上带着钥匙。见我开了门，他就走了。周围邻居还都在学习班上没有回来。宿舍里比较安静。计算一下，我离开这个"家"已有整整一年了。走廊里还看不到什么变化，仍然是那样乱七八糟。我推门进我的家，却倒吸一口凉气！

房间里清冷得很。有好几个窗户玻璃碎了，看来是从外面用弹弓打的，现在用包装箱的纸堵住，只能说是大体上堵了一下。回头看看窗户对面的墙体上，更加可怕。弹弓射进来几块黑乎乎的拳头大小的石块，力量太大，居然都嵌在墙上或天棚上。房间像很久没有人住了一样。鸿文这几个月就一个人住在这样一个环境里，难怪她想把蜂窝煤炉搬到屋里面，她太冷了，真难为她了。

我正搬椅子放在桌子上想把那几块石头拿下来，鸿文回来了，面上毫无表情，只是说，工宣队师傅通知她，你已回家了。怕你没房门钥匙，所以赶回来。我抱住她说真对不起你。两人相对泪如雨下。她指着放在桌子上的椅子问这是干什么？我说想把几块嵌在墙上和天棚上的石头抠出来。她赶忙说：不要不要，这个是窃听器，是工宣队监听房间里动静的。工宣队还叫周围邻居都监视我们家。我说，邻居都在关心我们。工宣队也在关心我们。没有工宣队，我们根本回不了家呢！她默然，坐在床上低声抽泣。

她两次阻止我去抠那几块石头。我终于说服她在一旁看着我把石头抠下来，给她看过，就是石头，不是什么窃听器。

第二天，邻居把我的小提琴送回来了。他们说："我们商量，你家里大概也没什么值钱的东西，你可能最宝贝的是这把小提琴了。所以冒险从你房间偷了出来，现在完璧归赵了！"

至此，第三次隔离审查终于结束了。我们终于回到了这个空空如也的家，并且开始重建这个家了。同时，鸿文继续在建筑系的学习班学习。我则编入工字厅宣传部、党办、团委的学习班学习，开始接受另一种形式的"被政治审查"。

3. 学习班——另一种形式的政治审查

隔离审查，肯定是非法的，但这早已有之，不是文化大革命的发明。记得五十年代初，当时正在搞"三五反"，我们刚刚入学，是一年级学生。师兄、师姐们就教我们："清华这个地方，山高林密必有虎，而且是大老虎。经管钱财的，随便抓一把，肯定就有几只。"受教以后，就分配我们工作。我和另一位同学被分配夜班看守老虎，还有看守日记。我记得在一篇看守日记上写道："这只老虎很狡猾，不交代问题，整天装着唉声叹气，一会儿要喝水，一会儿要上厕所。我们两人商量了，今天早饭不给他吃，也许饿一下会老实点。"

1954年由批判胡风开始的肃反运动，我也跟着师兄、师姐们"审问"过几个"反动分子"，学着师兄师姐们拍桌子瞪眼睛，凶神恶煞地"审问"过人。我当时已是三年级学生党员。我还单独"审问"过一位土木系一年级学生。一位师姐告诉我此人极不老实，装着听不懂普通话，说也不说清楚，好像是故意的。后来我知道他是香港人，讲广东话的，讲普通话很紧张。我就让他讲广东话，我发现他放松以后态度很好。但是我已经骂过他，后悔莫及。后来土木系和建筑系合并，系团委和系学生会都合并了，我是系团委书记。我想找到这位同学，向他道歉。但已找不到了，听说已经退学回香港了。

反右派运动也是一样。建筑系600个学生中划了23个右派。掌生杀大权的不是我，但最后学生中的右派一个个都是我签字的。对此我十分内疚。有一次在男生宿舍三号楼入口旁的会议室里召集所有右派分子开会，按上级指示，要安抚他们，让他们好好学习，不要放弃。我当时问他们："共产党和你们有什么仇，你们为什么反党？"室内安静了一会，突然一位女同学说："罗先生，我没有反党！"说完号啕大哭，室内则哭成一片。我都不记得那天是如何收场的！

苍天在上，这世界还是很公平的。我常常想，在这荒诞的文化大革命中，我们每个人都得到了大体公平的报应。有些人，伤害了别人，也受到了伤害。有的人伤害过人，也道了歉。有的人到如今仍未认错。我相信，他们的良心永远会受到谴责，而且迟早会得到报应的。

政治审查，其实就是整人。现在的学习班，其实也就是整人，还有互相整。我整过人，也被整过。个中滋味，我是很熟悉的。整人术最厉害，也是最可怕的一招，就是在威逼高压之下，要你没完没了地检讨，直至挖出"私"字一闪念，挖到体无完肤，尊严扫地。还要你揭发检举别人，还要大义灭亲，揭发亲友。这种精神上的摧残、迫害，比逼供时的用刑，打你几拳，踢你几脚……更可怕。一旦你的精神被打倒了，他们要你说什么你就会说什么。于是到处是坏人，到处是反革命。你只能乖乖地听党的话了。总体来说，在这方面，清华还算好的。据一些老同志讲，过去在延安的"抢救运动"等几次运动，比这厉害多了。说你有问题，拉出去就枪毙了！看来，整人在我们队伍内是有传统的。

第一天上午休息时，突然，团委的两位青年同志（就是在工字厅监管我的那两位），从外面冲进来，凶神恶煞地喊着口号："打倒张慕津！""打倒反革命分子张慕津！""谁反对毛主席我们就打倒谁！"喊完就把张慕津带走了。张慕津文化革命前是团委书记、党委委员，是青年团干部中级别、职位最高的一个。

后来知情人告诉我们，张慕津在学习班上发言批判刘少奇时，很激动地挥舞着小红书喊叫："你这个全国最大的走资派，反革命修正主义分子，你这个中国的赫鲁晓夫……"没想到他的面前正是毛主席像，被认为是"借机恶毒攻击毛主席！"

两天以后，张慕津回来了，作了一个"沉痛"的检讨。我估计，这两天他就住在我隔壁室里。大家互相打招呼："以后各方面要小心点。"

又过了几天，在学习班休息的时候，忽听得有人说工字厅西侧的新华书店有毛主席像章卖，于是有的人就跑去买了。我没有去，上了趟厕所以后，就在学习班休息喝水。有几个人回来了，正在谈论像章的事。曾经看管过我的那两位团委的年轻人突然又冲进来，大喊："打倒反革命分子林泰！""谁反对毛主席，我们就打倒谁！"林泰满面惊恐，呆呆地站起来，摸不着头脑，就被这两个人带走了。有人说，看见林泰从新华书店走出来，就问："还有吗？"林泰说："回去吧，别去了，差不多卖完了，就剩下几个两毛钱一个的破玩意了！"

过了两天，林泰和张慕津一样，也作了一个"沉痛"的检讨，回到学习班来了。林泰和我是同班同学，文革前是党委宣传部的常务副部长。部长是党委副书记艾知生兼任的，第二副部长是陈圣信，我是第三副部长。

第六章 高等教育扫地出门，知识分子理想破灭

我自己碰到的既滑稽又让我紧张的一件事是：工宣队给我一个任务，要我画一幅蒋南翔校长的肖像。这难为我了。工宣队一位师傅找我谈话说："许多单位都在批判蒋南翔时，因蒋南翔不在场，情绪上不来。于是他们画了一张蒋南翔的肖像，对着肖像批判，情绪就上来了。我们考虑，想请你画一张像。你们学建筑的都会画，而且你是高材生，又跟蒋南翔工作过，对他很了解，肯定可以画好，给你两天时间。咱们周末开批判会，怎么样？"我面有难色，解释道："不是学建筑的就能画人像，我就不行！"那位师傅说："你不行，在工字厅里也算最行的。听说那时候工字厅劳改队每人一个黑牌子都是你画的，不是也挺好吗？"我只好说："我试试吧，尽力而为啦！不过得给我一张照片，我凭空可画不出来。""行！"师傅一口答应。

搞了一天半，前后五稿，总算完成，工军宣队很满意。他们除了万人批判大会上，远远地看上一眼，基本上没有见过蒋南翔，所以满意。清华的员工，尤其是在工字厅工作，比较熟悉蒋南翔的，大约一半人笑一笑说："还可以，难为你了。"另一半人只笑一笑，不说什么了。他们怎样想，我是可以猜到的。

会也开过了，大家都发了言。有的人跳到主席台前，对着画像，挥动红宝书，激动地批判一通。我觉得很可笑，但是不敢笑。我知道如果我一笑，可能立刻就会带回隔离室去。我因从三堡休养所逃跑时，摔伤了右脚，这时还未痊愈，走路时有点瘸，站着的时候，有时会发抖，工宣队师傅注意到这一细节，认为我画了像，又发言批蒋，心里害怕，所以发抖。

在学习班上总结批蒋成果时，李师傅说："立场不稳，所以腿就发抖。"他看看我，又说："能够全力投入，努力完成任务，也算有很大进步啦！但是还是要注意站稳立场。"

跳忠字舞，和早请示、晚汇报一样，是学习班里最丑陋、最让人难堪的一件事了。本来，强迫人跳舞，就够糟糕的了。五十年代解放初期也有过"扫舞盲"。当时，跳交谊舞还有些顾虑，所以发动大家都跳，顾虑就小了。有强迫性，但不跳只是有些压力而已。每次我遇到周末有舞会，我就拿上小提琴报名去参加乐队伴舞，都能混过关。

而如今，跳忠字舞带上浓重的政治色彩，不跳或跳不好就是对伟大领袖毛主席不忠！我很晚参加学习班，所以，能不能跳忠字舞，还要经过工军宣队的批准！我小心翼翼地过了忠字舞这一关。

从各方面比较来看，新华印刷厂的工人师傅水平比较高，比较宽容，允许你讲话。当然如果是铁板钉钉，上级下了结论的东西，就不允许你随便讲了。几位师傅常常找我个别谈话。

这时陆陆续续有几个学习班的学员，学成"毕业"，"干部解放"了，也恢复党组织生活了。有的干部级别比我还高，按理应该排在我后面的，但他们都陆续"解放"了，好像把我撂在一边，没人过问了。我有点急了。这时有两位好心的同志给我打了个招呼：他们出身好，两派矛盾时没有什么问题，现在就吸收在专案组里工作。他们说："你千万别着急。这里有个计划，有个程序，有个次序。轮到你了，你不想解放也不行，你检查肯定通过。没轮到你，你检查多么深刻、多么沉痛也不行。你老罗现在还没有排上计划，老实等着吧！"如他们所讲，从他们打招呼起算，到我得到"解放"，差不多又过了近三年时光。

一位工宣队师傅对我说："你不要急，你知道毛主席讲两类不同性质的矛盾是可以转化的。原本是人民内部矛盾，你态度不好，就可能转化为敌我矛盾。而原本是敌我矛盾，态度好也可以转化为人民内部矛盾。"我说："李师傅，问题是：什么叫'态度好'？""那当然是首先彻底交代问题啦！'放下屠刀，立地成佛'，你首先还得放下屠刀吧。""你这里有个假设，就是人人手里都有把屠刀。也就是说，我手里也有把屠刀，不放下就态度不好。这种说法，在违法私设的'罗文李饶'的刑堂上，是最常听到的。你承认反党、反毛主席，你就是反革命。你不承认，你就是态度不好，那矛盾就会转化！你还是反革命。"李师傅笑了，并且说："你们知识分子好想问题，好辩论，我说不过你们。等我请示一下上级再答复你！"过了好久，他对我说："工宣队领导叫我转告你，好好学习，不要'拉二胡'：胡思乱想，胡说八道。"我无言以对，只好唯唯而退！

又一位可能是专案组的李师傅找我谈话，问我一个问题："工字厅学习班有个你们都很熟悉的成员，在肉刑逼供的压力下，交代了一些问题。现在有人认为，一个共产党员在压力下，丧失原则，交代问题，应该开除党籍，你认为怎么样？"这个问题，我考虑过，也和一些同志交换过意见，因此，我立即回答："我认为不应处分。这种事例在文化革命中很多，关键问题是有没有泄露党和国家的机密，有没有伤害其他同志。如果没有，那就没有错误，不应处分。如果有，那首先是审问方的问题。受审者是被动的，是不应追究的。我不知道您说的是哪一位同志？（其实，我是知道的，是一位很好的同志。在逼供情况下，精神上肉体上受到严重摧残。再处分，无异于伤口上撒盐。）我相信他是个好人，而且到如今也没有证据证明他有错误。"师傅沉默了一会儿，低声说："我也赞成你的意见，到此为止，不说了。"以后的事实证明，他确实是位很好的同志，官至正部级以上，口碑很好，没有瑕疵。

工军宣队与红卫兵相比较，虽然都是一个"左"字，但工、农、兵和青年学生到底不同，要讲理得多。而且工军宣队由于进驻学校时付出了惨重的代价，所以也比较同情和理解学校师生前阶段所受的苦难。因此，学习班使师生多少松了一口气。

毛泽东的"五七指示"等新的一轮教育革命的指示，使中国的教育碰到了新的一轮危机。基本意思是大学不办了，要办也是工厂、农村、兵营式的"大学"。正在这时，林彪的一号战令，打着备战的旗号，把大学都搬去农村，把单纯政治学习的学习班变成专与工农兵相结合的、边劳动、边思想改造的学习班。

4．扫地出门，大学不办了！——举家迁往江西鲤鱼洲

1968年从"7.27"以后，到1969年，毛主席陆续发了一系列关于教育革命的指示。主要是说：高等教育是资产阶级知识分子统治的阵地。培养出来的也是资产阶级知识分子。这就很明显，大学就不要办了！虽然后来又补了一下说："大学还是要办的，我这里主要说的是理工科大学还要办。"怎么办？"学制要缩短，教育要革命，走

和工农兵相结合的道路。"要学工、学农、学军,也要批判资产阶级。"这哪里是办大学?还是不办了。

这些抽象的、莫名其妙的"最高指示",使高等学校师生如入迷雾之中,前途渺茫,走投无路。这时,中国的经济已经走到崩溃的边缘了。大中学毕业生找不到出路,毕业就是待业——不能说"失业",只好称之为"待业"。于是再发一个指示,让大中学毕业生上山下乡,走与工农兵结合的道路。对大学教师们——这批资产阶级知识分子们——如何安排?这成为一个大难题。

林彪的一九六九年"第一号战令"暂时解决了这个问题。但是落实第一号战令——准备打仗,因而将高等学校砸锅摔碗,搬到农村,似乎说不过去。因而改为"落实毛主席的'五七'指示,走与工农兵相结合的道路"。这样,清华先后连带家属有三千多人去了江西鲤鱼洲农场,"劳动锻炼,走五七道路。"

对鲤鱼洲这段生活的回忆,是十分沉重的。但是,如果没有血吸虫,没有累死人的、艰苦的体力劳动,没有那可怕的、持续不断的政治运动,知识分子的一生中,有这么两三年,甚至更长的时间去到工厂、农村,和工人农民作朋友,一起劳动,和牛、羊、鸡、鸭生活在一起,也是蛮有意味的。这里有血吸虫,但没有非法绑架和恐怖的逼供。我宁愿多点艰苦的劳动,也不愿在学校里坐在学习班上,无休止地"斗私批修"。什么事情都不是绝对的,我们也不必把鲤鱼洲的生活说得一无是处吧!

传达过第一号战令后,就开始紧锣密鼓地动员起来。1969年上半年,就去了两批,算是先头部队,作住房、吃饭等生活上的准备。土建系是先去盖房子的。鸿文很快就出发了。我对鸿文一直不放心。她身体、精神一直不很好。用现在最常用的词,就是"忧郁症"。但是从她到鲤鱼洲后写回来的两封信看,似乎好了很多。她说,在蓝天白云下,在新鲜空气中,在劳动时不会去想那些乱七八糟的事,所以感觉很好。

这时陆续传来,鲤鱼洲地处鄱阳湖畔,有很多血吸虫。毛主席著名的诗《送瘟神》,就是写鄱阳湖畔余江县这个地方消灭血吸虫的情况。清华、北大的师生还是有些害怕。工军宣队的解释是：第一，已经治理过了，有毛主席的诗为证。第二，已经有了预防的办法。第三，知识分子就应该到这样艰苦的条件下锻炼一下。当地农民就可以长期生活在那里，我们为什么就不行？于是，毛主席的语录"下定决心，不怕牺牲，排除万难，去争取胜利"以及解放军英雄人物王杰的口号"一不怕苦，二不怕死"就成为当时最为响亮的口号。有许多这样的故事：一小队人行军碰到一潭水，估计是有血吸虫的。但是大家挺起胸膛，高呼那两句口号，"下定决心……"，大踏步地趟着水走过去！直至两三个月以后，陆续查出一些血吸虫病患者，才使领导清醒和注意起来。清华比北大"左"，因此患血吸虫病的就多很多。

走五七道路的第二个高潮很快到来。这次比第一个高潮要犀利得多。首先是举家迁走，扫地出门，老人、孩子一样要走五七道路。我女儿才四岁，也要去。我本想提出把孩子留在北京我父母身边，但是还未开口，就得知建筑系吴良镛先生的夫人刚刚生了个儿子也必须去！再看看，在"罗文李饶"案件中被打的浑身伤痛的饶慰慈，被打得至今走路还一瘸一拐的文学宓也都要去，我也就不敢开口了。

其次是下决心不回头了。虽然这样决定，心情很迷茫。我以为远离政治，远离阶级斗争，倒不是一件坏事。谁知当时的清华大学已经只剩下一个专业——就是阶级斗争了。因为扫地出门，绝不回头了，所以家里有什么东西都抖落出来，这是个机会，可以检阅一下这些资产阶级知识分子都有些什么家当。原来都是一些旧的衣物家具，相当一部分家具还是借学校的。工宣队决定大家一律轻装上路，向学校借的家具还给学校，多余的东西自己找地方存放。工宣队找来两辆平板三轮，要选两个人，身体较好，会蹬三轮的，把这些要寄存的家具和衣物用三轮送进城。在工字厅宣传部的学习班中，艾知生和我身体较好，66年和67年"劳改"时，也都蹬过三轮，因此我们两人被选中。我问艾知生，"你行吗？"他笑笑："不行也得行。如果我不行，你就得送两次，你不行我就得送两次。还是咱们结伴一次送完吧。我看了，东西不少呢！而且经过西四、后海、地安门内大街、八面槽、王府井、东单、崇文门、花市、……等等，都是闹市区。任务很重呢！"

我说："我蹬过三轮，但没出过学校。"他说："我也一样。试试吧！"第二天，我们完成了任务。

我父母亲当然不愿意我去，担心我身体受不了，而且身上的伤痛尚未痊愈，又是血吸虫疫区。尤其不放心四岁的小孙女到农场没有人照顾……。能不能再等两年再去？能不能等一些机构比如说托儿所、幼儿园建立起来再接孩子去？能不能至少你先去看看，再回来接孩子？……等等，一系列的"能不能"，我很为难。其实这些也都是我的问题。我能说什么呢？父亲刚从蒯大富的囚房里放出不久，余悸犹在。他只说："算了，听天由命吧！说了也没用，还惹事！"母亲更开明一些："既然如此，你就带孩子高高兴兴地去，锻炼身体，也锻炼意志。孩子在你们身边，也许比我们带更好！"

再一个问题是，经过几次抄家，我家里什么都没有了。生活本已十分拮据，现在要举家搬迁，更是困难。鸿文走的时候，已经把最后一点点积蓄用掉了。当时学校工宣队通知说，有一批文革中的查抄物品，经过两次拍卖，现在还剩下一些，你可以去认领。我去看了看，原来是还有一个皮箱，质量非常高的，是我母亲陪嫁的，箱子里面残存有两张我的照片，因此找到我。但是我看到这个皮箱时，简直哭笑不得，原来抄家的人撬不开那把高质量的锁，就用刀整个割开，把东西全拿走以后，留下这个残破的箱子。我只好买了一个质量很差的箱子给她用，但这也用完了我仅有的一点积蓄了。当时我已穷困到连饭票都没钱买了。现在轮到我和孩子要走了，要修理这个皮箱也没有钱。我找到一个存折，大约有三十几元。银行看了以后说，你是有问题的人，因此已经暂时封存，要等问题解决以后才能启封。

天无绝人之路！我忽然收到两张邮政汇款单，每张20元，汇款人姓名、地址都不详。仔细研究，其中一个汇款人一栏有个王字。我左思右想，似乎记得，这可能是一个1958年入学、1964年毕业的工农调干学生，叫王福勤。当时工农调干生已有家室，负担很重。不知家里什么人生病，急需用钱，我帮助过他20元。估计现在寄钱来的，一定是他。我含泪到邮局取出这救命的20元，用19元修好了破皮箱，给我母亲那里也有个交代。另外的20元也取出了，买装被褥的行李包和打包用的绳子等物。

孩子那里，几乎不用动员。我只说，"威威：爸爸要去江西了。"她立刻说："去江西找妈妈啦，那我也去，我也去！""好，我们一起去找妈妈。你看你有什么东西要带去的，你自己收拾一下，别麻烦爷爷、阿嫲。（广东话称祖母为阿嫲）"我父母亲看见小孙女很高兴，就把眼泪藏起来，什么都没有说。

就这样我们父女就上路了。我两个姐姐都到车站送行。大姐带了一包大蒜头，叮嘱一定每顿饭吃一瓣。这在当时卫生条件极不好的情况下，起了很好的作用。二姐则塞给我十五元钱。我推辞不过，只好收下并说："我走了，不知什么时候回来，爸妈年纪大了，也只靠你们来照顾了。"不太懂事的女儿，总是高高兴兴地，嘴里总是念叨着："我要去江西找妈妈了！"而家长们心里默念着的是："血吸虫！"

5. 农场生活散记

（1）团聚·盖房子·安家

火车顺利到了南昌，改乘汽船，沿着鄱阳湖大堤向鲤鱼洲进发。车厢或船舱里不时有孩子的哭闹声。总的情况还算好。我们父女俩则形影不离。女儿跟着我，左手提着小铁桶，右手攥着我的衣服。不时问我："什么时候到，我是不是很快能见到妈妈了？"

进入到清华的地段了，我看见一小队人在大堤上和我们船同方向跑。最后一个女同志，我看像鸿文，我指给女儿看："你看那些人里有没有你妈妈？"她看了看说："好像最后的那个是我妈妈。"船到码头，好多人来接，笑语喧哗，好不热闹。鸿文也到了，她证实我和女儿看到的是她。

带家属的暂编为九连，工字厅为一连，建筑系为八连。鸿文很想把孩子接到八连跟她一起，她觉得我带个女儿住在大统舱里不方便。但是总领队已经讲了，暂时按出发时的编制不变，农场正在安排。因此前两三个星期我就带着女儿了，包括吃饭，洗澡，睡觉，换洗衣服，等等。第二天天刚亮，就有人轻轻地叫醒五六个男同志说："洗脸水要到 200 米以外的水井去打。这里有个大水缸和水桶，你们做做好事，趁大家没起，把大小缸担满水，谢谢啦。"我注意到工字厅又是我和艾知生每天早晨担三至四担水。

　　第一天就开始劳动，任务是担砖，盖房子用的砖，距离约 400 米，每块砖约 6 斤多。第一次，我前后各装了 14 块。一位工宣队师傅看见了就说："那位老师，你装这么多，半路上就得扔下，少装一点，慢慢来。"旁边有个人跟他说了几句话，他笑了说："你是罗征启呀，你的伤还没好，少装点。"我笑了笑，前后各拿下两块。就这样，我担了 24 块砖。走了一半路就后悔装多了，又不好意思卸下几块，只能咬着牙担到目的地。离我们住的大统舱没多远，我忽然听到我熟悉的声音，是几个四、五岁的孩子，在地上摆了几杯水，大声说："叔叔阿姨们，你们辛苦了。喝点水，歇一会儿。"我们几个满头大汗的劳工都眉开眼笑了："快到了，回来再喝啦，谢谢你们，小朋友！"我们感到步子轻快了许多！那天下午，我一共只担了四趟，第二、三趟我前后只各装 11 块，最后一趟前后只各装了 10 块。晚上脱了衣服，看到肩膀压得通红，而且有点痛。右肩用得多，也红得多，痛得多。晚上睡在大统舱的通铺上，数着又红又痛的肩膀上血管的跳动，我笑了，这就是劳动锻炼！

　　担砖的活，只有三天就干完了，然后就是盖房子，砌砖。是基建队的一位卢师傅带我们干。在 1966 年和 1967 年我们"劳改"时，我曾在卢师傅手下干过。这位师傅对"劳改犯"们非常好，这次又碰到他，我很高兴。第一天，卢师傅叫我出列，对大家说："工字厅的干部只有老罗一个人会砌砖，其他人分成两部分，一部分供灰浆，另一部分填心填灰浆，我和老罗把角砌外皮。"一天下来，我累得半死，但是总算完成任务。到农场后的前两个星期，都在砌墙盖房子，没见下田搞农活。我暗自庆幸，远离血吸虫也很好嘛！

　　第三个星期接到命令，连队调整。原基建队的工人师傅，完成主要的基建任务以后，就返回学校。余下的基建任务由八连——即土建系的连队完成。八连离工字厅的一连很近，走路不到 10 分钟，主要

第六章　高等教育扫地出门，知识分子理想破灭

任务是盖房子。家属都跟所属的连队，我的女儿就跟妈妈到八连，并且分到一间房子。在这样艰苦条件下，有这样的待遇，已经算是很满意的了。我入编在一连，主要任务是务农。

从九连到八连直线距离不远，但经过泥泞的田野，步行要走近半个小时，车行要十分多钟。我把她们母女的衣物以及我暂不用的东西打包送上机械连的拖拉机，送去八连。我则带孩子穿过田野走过去。我和孩子看到新分配到的房子，很满意，比清华的荷花池一宿舍还大三分之一呢！孩子送到，我就回九连了。临走，鸿文忽然问我："你脚上的伤好了吗？干活时小心点。"虽然只是两句很平常的话，但是却使我感觉到了久违了的温馨。而且最难得的是她的身体在劳动中有好转。第二天，随工字厅的大队人马一起行军到一连驻地。

(2) 当了牛倌儿，干上农活

指导员是原校团委的一个部长，连长是科研处的一个科长，都很和善，安顿我们住下。我们这个连队没有家属，有一两个男孩子就跟爸爸睡通铺。连长又说，我们连队分配到三部拖拉机：一部丰收 27 型（轮式 27 马力），一部丰收 35 型（轮式 35 马力），一部手扶拖拉机，两头水牛，一头黄牛。拖拉机我们动农系、机械系的人都会开车，不成的话我们派人去学。因此，我们成立一个特务班，专管牛、机械、仓库等。我们都不喜欢"特务"这两个字，因此实际上一直叫牛班、机械班等等。连长点我的名字，要我去管牛，从此我又多了个名字叫"牛倌"。但是连长单独向我交代说："分配你去养牛和使牛。理工科大学没人会养牛，更不会使牛。我们一连有个老头王世敏，六十多岁，马上退休了。他是赶大车（马车）的，几十年了，就让他带一带你。我跟他谈了，说叫罗征启跟你学学行吗？他说，就是罗文李饶那个罗征启吧？我是赶马车的，牛没使过。而且这里是南方牛话，和北方马话不一样，还得现学。"

我去见这个老王头之前，有人告诉我，这老王头有严重历史问题，生性狡猾，你得小心点。我见到他称他为老王师傅，我说："我什么都不会，您多指教。"他说："我也不会，咱们一起学吧！"他又

说:"咱们这两条水牛,一个五岁,一个六岁,咱们就叫他们小五、小六。他们都干过活,所以你得搞清楚这里的牛话怎么说。今天你先到附近农村去问问他们怎么说,我们北方叫他走是'架'!叫停是'余'!你就问清这两个就行。我刚才试了,用咱北方话不行。"于是我就去学江西牛话。我一边走,一边想:怎么这么多人"有严重历史问题"?这老王头给我的印象还不错,他很详细地给我讲了他赶马车的经验。但是他声明,说了半天都是马的,不是牛的。而且没有用马耕田的。咱们还得从头学。江西话我实在听不懂,你去学,回来教我。他还说:"我有个毛病,早起得一暖壶水,沏茶喝。没喝早茶我一天没劲,所以这放牛也得劳驾你了。"

我在一连附近看到:有个老乡用牛耕田,两条水牛用一条,另一条休息,那牛非常听话。但我听不到老乡说什么,几乎一直安安静静不说话。后来,那位老乡看我不走,就笑着用很重的方言口音问:"哪里来的?""北京来的,清华的。"我说。"看什么?有什么问题吗?想问牛话吧?"他笑着问。"是呀,农场给我们两条水牛,怎么吆喝它都不动,我看你用牛耕田根本就不说话呀!"

他得意地笑了。"先要养好、喂好。然后才能用好。早晨你要比别人早起一个小时,带它到青草长得好的地方,放开它让它吃个饱。然后你吃早饭的时候,让他有时间反嚼,叫'反刍'。然后带它去干活,你不说话它也乖乖地给你用。中午、晚上你吃饭时也带它到水草好的地方让它吃饱。这样牛就好用了,让它走喊'嘿'!或'哈'!叫停就轻轻地叫'啧啧'!初时一边喊一边动缰绳,以后只动缰绳牛就懂了。最重要的是喂好,让它吃饱。"他指着牛的脊椎骨旁后腿上方肚子的地方说:"肚子这里塌陷下去就是肚子空了饿了,这时你强迫它干活,它就不高兴了。这里鼓起来都平了,就饱了,吃饱还要给他时间反刍。所以,中午不要让他吃太多了呢!"

最后,我感谢他教我这么多,他才说:"你们农场从我们这里买过牛。从小养大的,不愿卖呢,它们也不愿走呢,已经干了几年活了。最难的是教牛干活,以后我再教你吧!"但是此后我再也找不到他了。以后我们一连发展到十头水牛,一头黄牛。我在假日休息时常到附近

第六章　高等教育扫地出门，知识分子理想破灭

农村去看，重点是看牛，看老农干活，自己也琢磨着，学会了许多东西。以至后来教牛干活，用牛干犁、耙、耖、耱等农活，拉车，给牛穿鼻孔，教小牛上套等，我都比较熟练了。有两头母牛生崽了，队里谁也不能走近，只有我可以。

有一次，有个连向我们一连借两头水牛和牛车，说是要借一天。连长同意了，就让他们连牛带车牵走了。到十点多钟打电话来说："你们的牛生病了，不肯动。我们想换另一头牛，结果套不肯上，两头牛都躺在泥潭里不肯起来！"连长叫我赶快去把牛和车牵回来。我赶过去一看，两头牛躺在泥潭里，两对狡猾的眼睛看着我。我轻轻地说："起来！"它们立刻站起来。我给一头牛套上车。另一头跟着。我坐上车，两头牛不用下命令，自动向回家的方向走了。兄弟连的人说："老罗你怎喂的，这牛欺负人！"我笑着说："这牛是我喂的，一直跟我干活的，当然听我的！"

一个军代表在从八连回一连的路上，看见我在犁地，坐在田边看了半天，笑着说："这犁地最难的，老罗你怎么整的，这牛这么听你的？"我随口说："我听毛主席的话，牛就听我的话。"这句话被作为"五七战士的豪言壮语"登在连队的墙报上。虽然并没有写明是谁说的，但是关于牛的肯定是我说的了。与我有患难之交的文学宓笑着对我说："老罗！这话可不像你讲的！"

1971年秋农场撤回北京了，提前几个月就把牛卖掉了。附近农民来牵走时，我的'小五''小六'、小公牛等都流眼泪了，我也流眼泪了，心里十分难过。从此，我就不吃牛肉了！农场生活逐渐安定下来，还办起了小学。一连和八连合办一个，请了土木系的一位老师，叫孙元，带着这两个连队的几个孩子。孙老师整天笑眯眯，对孩子们很和气。有一天，早晨广播电台说：日中友好人士"西元寺公一"到访。孩子们说："广播说孙元是公鸡！"一时传为笑谈。一次我的女儿跟我说："爸爸，我知道朱伯伯的妈妈叫什么名字了。"她说的朱伯伯是原科研处的副处长朱成功。大我十岁，因此孩子们称他为"伯伯"。我问她："叫什么？我还不知道哩！谁告诉你的？"她说："孙老师说的：失败是成功的妈妈！所以朱伯伯的妈妈一定叫朱失败！"

有一天下午，我正在使小"牛精"耥一块地，这时几个孩子顺着田埂跑过来。女儿问我："爸爸，你这条牛是牛爸爸还是牛妈妈？"我知道这又是孙老师跟孩子们讲的。就回答："它是牛爸爸。"她就拍手笑着说："它是小牛的爸爸，所以叫牛爸爸，就像你是我爸爸一样，所以我叫你爸爸。"

我们带着孩子的老师在一起交换意见：大家认为，农场生活还是有许多值得回忆的东西。如果没有血吸虫，让孩子在农场生活一段时间，是很有好处的。苦中作乐，这成为中国知识分子在巨大的政治压力下还能够坚持活下来的一剂良药。三千多鲤鱼洲战士（包括家属），有一千余人患上血吸虫病，不能说凯旋而归，但总是保持原来的建制，班师回校。

（3）"八七风暴"——1971年8月7日立秋日

四十多年过去了，如今在报纸上、电视上一提起风暴、台风、龙卷风等字眼，我就会想起"八七风暴"了。那天是立秋，在江西，可以说正是最热的日子。早上毒热的太阳高悬天空，一点风都没有。午饭以后，天气更闷热了。下午四点左右，东北方向，也就是鄱阳湖方向，天边一大堆雨云，慢慢升起来。但见云层中电光闪闪，上下攒动，真有点恐怖。这时，接到连部的通知："可能有风暴，迅速撤到安全的地方。"所谓安全的地方，我们知道是指砖、瓦的建筑。像我们住的茅草房很可能大风一吹就散掉。但实际上，我们认为最结实的食堂，却是第一个倒塌的！我赶快收拾农具把牛赶回连部的牛圈。那天跟我干活的是"小五"，这时看见天气有变，也急着回家。经过一连食堂南边的池塘时，"小五"迫不及待地跳下去。这时"小六"也到了，也跟着跳下去。我把栓缰绳的铁钎插好，就跑去牛圈查看。牛圈新盖的，比较矮，估计比较安全。碰见一连的战友，互打招呼着去食堂吃饭。我不放心水塘里的两头牛，又去看一下，检查一下缰绳，都没有问题。这时，茶炉房的老陈师傅（他眼睛不好，因此分配管茶炉房，外号陈瞎子）打开茶炉房的门。风已经很大，他用身体顶着门叫我："老罗，大风到了，快上来！"我马上跑上来。水塘在食堂的南边，

第六章 高等教育扫地出门，知识分子理想破灭

食堂的入口在北边，从水塘到食堂入口经过茶炉房，陈师傅迅速开着门用劲顶着门。这时已天昏地暗，飞沙走石。风太大，我走不动。陈师傅说："老罗！到茶炉房来，这里安全，吹不动这锅炉。"我来不及想什么，使劲向茶炉房靠拢了两步，被陈师傅一把抓进茶炉房。这时天黑不见五指，只电闪时能看见东西。茶炉房里已经有人了，连我和陈师傅算上已经有四个人了。我趴在茶炉房的小窗房看外面。忽然我听到外面有人喊叫，喊叫什么听不清楚。借闪电的光亮看外面似乎有些不对，再闪一下我大叫说"食堂塌了，快救人"。我打开门看，风雨已经小了，但屋顶塌下来的砖瓦木块散落一地，有的还在滚动。雷鸣电闪还在继续。因为停电，整个连队漆黑一片。有几支电筒在扫来扫去，并且有人喊："有人吗？食堂有伤员，快去抢救！"我正要去食堂，有个熟悉的声音问："你是谁？""我是罗征启。"我答。那人说："我是方惠坚，你帮个忙，食堂塌了，有很多人受伤，我也伤了，现在去缝针。在厨房里面的办公室里，有个书桌，应该是锁着的，里面是账目，你帮我看住别让人动，最好交到连部办公室去！"方惠坚文革前是校团委的第一副书记，当时似乎是一连的食堂管理员或者司务长之类的。我很感动，他受伤了还想着工作。我立即去食堂，只见一片残砖败瓦，整个顶棚没有了。砖砌的烟囱倒塌了，砸到屋顶上，屋顶也就塌了。我按方惠坚的叮嘱，找到他的办公桌。看到连部已经派了两个人正抬着那张办公桌，我就没有吱声。

农场各连队陆续传来消息：各连的食堂的烟囱全倒塌了。伤员有几十个，大部分是房屋倒塌砸伤的，也有几个雷击伤的。较重的伤员有三十多个，所幸都没有生命危险。农场的驻南昌办事处已派了农场的游艇来接重伤员到南昌治疗，较轻的就留在农场医治，要各连抽调一些没有受伤的抬送伤员去南昌。天亮时，游艇到了。我们戏称之为"鲤鱼洲号巡洋舰。"

我们一连派了几个人抬送伤员，有我一个。我们虽然一夜没睡，但接到命令都很兴奋。各连都派拖拉机把伤员送到一连，在一连码头登船。在抬送机械连的一个伤员上船时，刚刚安置好，他忽然说："这不是老罗吗？怎么着，你不认识我了？"我一看，马上认出是汽车实

验室的张德禄师傅。我说，"怎么会不认识呢？我从三堡跑出来，您开车把我接回学校的。张师傅您怎么啦？"他说："我让雷打了，那是跨步雷击。雷雨的时候你不动就没事，你走动就有形成一个跨步电压，就有可能被雷击。我这算轻的，可是还有可能落一个半身不遂或全身瘫痪。"我说，"不会，不会，好人得好报，您是大好人，会有好报的。"他笑了说："那可难说，说不定没劈死我也就算是好报了。"我说："张师傅，您救了我，我连谢都没说一声，真不应该。"他爽朗地笑起来，并且说："这不？我救过你，你现在来抬我，一还一，打平了。别再说了，哈哈。"

船到了南昌，我们把伤员送去医院。忙乱之中，我们忽略了一件事：因为天气热，我们都习惯了光着膀子干活。平时只穿一条短裤衩，脚踏人字拖，有时光着脚，不穿鞋。工宣队师傅说过我们多次，大家互相尊重，讲点礼貌。但是，实在太热了，顾不得这么多了。开全连会时，如果哪位多穿一件线背心，他今天肯定有发言。这次我们忙了一夜，船一到马上走。没顾上穿件"礼服"，一个个光着膀子就到南昌来了。抬着伤员还好，在街上，就这样走，活像一群要饭的，谁也不会相信是一些大学老师。南昌办事处也通知我们，没事不要上街，等回家取回衣服再出去。据说已经有人被南昌市公安局扣查过了。

过了几天还是乘我们的"巡洋舰"回到农村。虽然风暴过去才个把星期，但已收拾得差不多了。我还没顾上回家看看。风暴那天，我碰见八连的人，请他告诉家里，我没受伤，现送伤员去南昌，过两天就回来。

我先去看我的十多条牛，它们都很好。那条两岁的小公牛，跑过来欢迎我，我叫它小"牛精"，广东话是"蛮子"之意。我已训练它干各种农活，拉车，都能干，但就是不让人骑。有一次我试着骑上它，它发起牛脾气，把我颠下来。我摸摸它的头："这回我得训练你让人骑上。"旁边老王头搭话说："不必了，这次风灾加速农场撤离，我们的牛已经全卖了，过几天就牵走。连部已经通知，让我第一批撤。你什么时候撤，我不知道。都很快了。"我没说话，心情很复杂。离开血吸虫疫区，固然值得高兴，但我舍不得我的牛，也有点舍不得这个农场。

（4）农场收摊，撤回北京南郊团河一区赶上"913"事件

有人说，林彪的第一号战令，把我们都分配到农村。而"913"事件，林彪葬身温都尔汗草原，我们才有机会回来。这并非很确切，可能有点巧合。农场的收摊、撤退，有些在"913"以前已经在安排。"913""八七风暴"和血吸虫合在一起，起了一个加速的作用。

一连大部队"913"以前就撤离农场了。我是留守部队，做收摊工作。牛卖了，连长叫我改行，开拖拉机。任务是抢收地里的粮食，和各连队撤退以后留下的物资。9月初，天气闷热，政治空气也非常沉闷不透气。我去给文学宓送行时说："你经过上海、回到北京时到市里走一走，到新华书店走一走，看看有什么变化？"他说："好！我也觉得可能出问题。"我问他："你觉得这次该谁了？"他笑笑问："你说呢？"我说："咱们学周瑜和诸葛亮吧！写在纸上。""好！"两人亮开一看，都是个"林"字！但他走后，很快就接到来信，说北京、上海都没有什么变化云云。直到9月底，"913"事件正式传达。我因为尚未"解放"及"恢复组织生活"，不能听传达，只好约文学宓传达以后再给我传达一下。当然，我们都很高兴，尤其是因"罗文李饶"一案，我还有一笔账，就是说"林彪是极左思潮的总根子"，现在这块压在心底的大石头也就放下来了。无论这话是不是我说的，也无论这话是对是错，总之不会再追究的了。

农场撤回北京了，但并未撤销，在北京南郊团河继续办，只是编制缩小了。原来鲤鱼洲农场有九个连队，每个连队有百余人。现在只有一个连。连长是个解放军连长，姓王。指导员是林泰，每两周放假两天，学校派车接送。原来鲤鱼洲撤回来的人，大部分归队了。只有我，还是那句话：前途渺茫。一个星期一早晨，我刚回到农村，忽然接到通知说学校有电话找你。吓了我一跳，以为家里出了什么事。我用连部的直线电话，接通以后，知道打电话的，就是前次通知我不要急，时候到了一定可以解决的那两位专案组的同志。他们说："已经

到时候了，下周学校通知下达，下周以前解决。你注意，不要乱检查。"我放下电话，王连长问："什么事？""没事！"我答："家里来了人，我说下周末才能回家。"

下一周的周二下午，军代表王连长找我谈话，说：你的问题也该解决了吧！这星期开个会，你作个检查，得到大家理解就了结了。我说："连长，请您指示一下，怎样检查才好？"王连长说："还是那几句话：抓住重点，深挖私字一闪念。"我问："文化革命以来，我已经检查过无数次了。我也不知道怎样才算是抓住重点？"连长说："还是首先看你的态度：态度好不好，一听就知晓！抓住重点才是态度好，你的重点就是对无产阶级司令部的态度问题。"他又要我回去好好想一下，明天下午再来谈谈。

第二天（星期三）下午，我又到连部。王连长似乎有点急，但是我已经得知：所谓对无产阶级司令部的态度问题，无非就两个问题：第一，议论过江青的"文攻武卫"论。第二，说过文革中立了很多毛主席塑像，让毛主席风吹雨打，看门站岗，很不恭敬，都应该砸掉。专案组认为，还是应该提高认识，否则，解放干部和恢复党组织生活都拖到全校倒数的冠亚军了，结果什么问题都没有，说不过去呢。

王连长问我："怎么样，有什么想法？"我说："我对无产级阶司令部的态度没有什么问题。"连长有点生气，又说："你这个同志怎么这样，连一闪念的东西都挖不出一点？我就不信。我就有过一些想法，说了不就没事了吗？"我说："连长，这态度问题可不是小问题，尤其应该实事求是。比如，我对江青同志说的文攻武卫很有意见，现在她也没收回，我也坚持我的意见，她讲这话，不代表无产阶级司令部。她讲了以后，报纸文件上和其他领导同志讲话里，对'文攻武卫'都没有肯定过。现在我还认为我没错，您说，让我怎样检查才是？"连长有点不耐烦，摆摆手说："回去好好再想想，别钻牛角尖哪！"

第二天上午，我正在喂猪。连部通知我："下午到连部，连长和指导员一起找你谈话。"午饭的时候，我在食堂碰见林泰。我问他："指导员同志，找我谈话呀？"他说："别开玩笑，说正事。连长让我参加跟你谈话。本来你我是同班同学，又都在宣传部工作，我应该回避。所以前两次谈话我都没有参加。现在他说你态度生硬，他没办法，所以要我参加。这可难为我了。我得想个办法让大家都有台阶下才行。"

周四下午，在连部，连长、指导员正襟危坐，一副严肃的样子。我不知如何开始，就低头看地，不说话。连长打破静寂说："怎么样，老罗？有没有什么进展？"这时，林泰抢先说话了：

"罗征启，你我同学、同事这么多年，总算是比较了解的。连长已经把这两天跟你谈话的情况告诉我了。我说点意见跟你商量：我们党的干部，包括中央领导干部为人处事，不可能不犯错误，没有缺点。比如说吧，周恩来总理，工作这么繁忙，能一点缺点错误都没有吗？却从来没听你说过什么。可是对江青同志就不同了，说一句话就意见一堆。当然，这不是你一个人的问题，我们大家都有这问题。这说明：你对个别无产阶级司令部的领导同志缺乏无产阶级的感情！"

不知道林泰是在帮我找台阶下还是在批我。根据我对老同学的了解，他确是在帮我分析问题。我来不及多分析了。于是来个顺杆爬说："你这么分析对我有启发，我确实是对某些中央领导同志缺乏无产阶级感情。谢谢你。"连长大喜说："还是你们知识分子老同学互相了解，这不就解决了吗！明天开个会，老罗作个检查。指导员，怎么样？通知开会吧！"

第二天晚上开了会，我的问题算是解决了。全校大概还剩下一个人没解决，就是蒋南翔校长。到1974年，蒋校长才解决。那天晚上，阔别很久的党组织生活算是恢复了，但我一点也没有"回家""归队"的感觉。挨过无数次的批判，做过无数次的反思和检讨，到头来没有进步，甚至不是原地踏步，而是倒退。这次的检讨，和66年文化革命开始时我作的第一次检讨比较，没什么变化，我自己也觉得好笑。有的同事、朋友问我，"老罗，你入党这么多年，折腾来、折腾去，后悔吗？"我说，"我还没闹清楚，这无产阶级文化大革命把我们党、国家、社会到个人搞得一团乱到底是为什么？！还不到后悔的时候。"

周末回到学校，接到人事处通知："下周一到政治部报到。"我说，"我不想在政治部工作了。"人事处的同志说，"这你去找政治部谈吧！"周一，我还没有回农场收拾行李和辞行，就到政治部去，见到政治部主任胡宝清。是解放军海军的一位大尉。他说："欢迎你回政治部工作，刘队长跟我提起过你。"我立即表明不想再搞政治工作。他沉吟了一下说："这样吧，你找副主任艾知生同志谈谈吧，他对你们都了解。另外宣传组组长胡大昕同志你们都一起工作过，我们本来安排你回宣传组工作的，现在你不愿意，就先找他们谈谈再说吧。"

艾知生同志是我的老领导了，他直截了当地对我讲："我已经和胡宝清主任谈过，征得他的同意，给你三个月或更多的时间，你可以到处走走，到处看看。这样安排有两点考虑：第一，你的安排要迟群同志定。他很关心你，前天团河农场的王连长来向他汇报你的恢复组织生活问题，让他大骂了一顿。我不知你说了什么，只听说迟主任骂那个军代表，人家骂你、玩弄你，你还表扬他！真是笨蛋！所以，我们想安排一段时间让你离开工字厅远一点，可能好一点吧！"他看我点点头，知道我同意了，才接着说："第二点，农场上星期汇报，血吸虫问题，我已过关，检查阴性通过，校医院还把你列为'嫌疑犯'。因为你整天和牛一起在水塘里，有时要下河拉牛，而且上次农场普查作'环卵试验'，你有问题，所以你还要查一次，有问题就要治。"

所以，农场生活还没有结束，还要过血吸虫这一关。

（5）血吸虫

办农场的初期，由于对血吸虫问题不太重视，再加上当时提倡"一不怕苦、二不怕死"，所以感染血吸虫比较多。然而大家仍跟着毛泽东"送瘟神"的诗句："华陀无奈小虫何？"称之为"小虫"和"小虫病"以表示藐视。但是，不好的信息越来越多，感染的人也越来越多了。有的人"二进宫""三进宫"，治疗的办法是打一种针叫锑剂，这是一种剧毒的针剂。它对人身体的伤害，甚至不比血吸虫小。在鲤鱼洲农场里，甚至有谈锑色变的感觉。已经有人拒绝这种治疗了。学校和农场都紧急研究有没有毒效小一些的办法。另外对检查定案也较仔细，不轻易下定论，同时也比较尊重病人自己的意见。

三月底，校医院通知，鲤鱼洲一连的同志要普检一次。按规定时间排队等候登记，还是要重作"环卵试验"。依顺序先登记，发张表填上各种数据。都是农场一连的熟人。有人打招呼说："老罗！你不用查了，准有！整天跟牛一块在水田里还能没有？"这时一位负责登记的护士喊了一声"罗征启！"我应声答"到！"这护士低头迅速写下我的名字，然后抬起头问我："是这三个字吗？"我说："是！"她又抬头看看我并且问道："咱们学校有几个罗征启？"我一时不知所措。排在我后面的印刷厂姜师傅笑着说："就一个罗征启还不够呀！"全屋的人捧腹大笑，那位护士也笑了，说："对不起，我们校医院都以为罗征启是个老头呢！"这样的笑话在鲤鱼洲已经有过几次了。一次在担土修大堤时，我担完一担，再去装土时，一位工宣队师傅看见我就喊："罗征启，这里来，我给你多装点。"在我前面铲土的一位校医院护士听见"罗征启"三个字，像听见鬼叫一样，扔下铁锹，转身瞪大眼睛对我说："罗征启！在哪儿，在哪儿？！"搞得在场许多人哈哈大笑。那位工宣队师傅笑着说："远在天边近在眼前，你前面那个就是。"她说："我们校医院都以为怎么着也得有五十来岁了。来，来！我给你装吧。"工宣队师傅说："还是我来装吧，他腿上有伤，没完全好，不能装多。"

一个星期以后，"环卵试验"的结果出来了："阳性"！我陷入"治，还是不治"的迷茫之中。校医院通知：为了安全，已经联系请中日友好医院给这次检查阳性的同志再检查一次。这个医院可以说是血吸虫的专科医院，比较权威。检查方法是用直肠镜检查，看直肠里有无虫卵。查过之后，可以请医生咨询治疗办法。那里的医生都比较有经验。初步商定，这次治疗不用锑剂针剂，准备用口服锑剂和口服乳酐粉，这个药毒性小，对身体的影响小。校医院还通知说已经安排了床位。四月中以后可以入院治疗。在我不知如何是好的时候，我想起一个人，就是承宪康。当天下午，居然在校园里就碰见很久不见的承宪康。他原来也是校团委的，文革前，当过团委副书记，分管体育代表队。文革中，他没有介入两派矛盾。有一段时间不知所踪。后来知道他找到一个工厂去劳动了，因此口碑很好。可能是第一批或第二批到农场的，也就是血吸虫患者的先头部队。据说他已经是"三进宫"（即治疗三次）了。我认为这些"二进宫""三进宫"的战友都是血吸虫病的权威，最有发言权，他们应该是咨询小虫病的最佳人选。

我说明为什么想见他，他说他也正为此想找我谈谈。他已经听说我查出了小虫病。我们在校园里边散步边谈。谈了一个下午。

他首先问我的想法。我说："我查出了，但我不想治。"他问："为什么？"我说："我看你们几进宫，太可怕了，我情愿不治了。"他摇摇头说："不对，你这个想法不对！"接着他说了一番道理。"第一个是'戴帽子'的问题。什么'帽子'？'血吸虫病患者'的帽子。你要知道，这病是很厉害的。我们几进宫的人当时就吃这个亏。重伤不下火线，结果把身体搞坏了。注意：宁愿没病错戴上'帽子'，不要有病不肯戴'帽子'。你看，你、文学宓、饶慰慈身上都有伤，但是有哪个医生肯开个证明说是几度伤残？结果你们还得去农场劳动。听说69年你还献了一次血，所以血吸虫病患者这项帽子一定要戴上！

"第二个是戴了帽子就得治。这锑剂是毒药，可不认人的。虫病没害死人，治小虫病的药可能害死人哩！我告诉你，现在药物有改进了。首先针剂改口服的了。其次，即使是口服的，那你自己就一定程度可以控制的了！针剂的主动权掌握在医生手里的针管上，你没办法不打，打多少也由不得你，而口服的药基本上是掌握在你的手里。"

我发现我听了这段话以后，眼前一亮！

"还有第三呢。"老承继续说："我们每个人的体质是不同的，每人身上有多少条小虫也是不一样的。你能从三堡跑出来，饶慰慈就绝无可能。你使牛的整天泡在水里，接触疫水的机会多。他们盖房子的，开拖拉机的就少些。但是治疗时用的药和剂量都是一样的。这也给你自己一个选择的机会。"

这一番话给我开了窍。我明白对身体的问题切不可大意。也不可以简单化处理。我又找了几位同事商量，大家一致意见：第一，你即使中日友好医院检查找不到虫卵，也要治，因为你是牛倌。第二，小心用药。第三，治疗过程中请承宪康多去医院看看。

四月上旬，开始治疗。

第一天，平静无事。

第二天，大便稀烂。身上开始有锑剂的味道。

第三天，混身都是锑剂味道。承宪康来看了，说他们打针的第二天就是这个味道。我开始减药。

第四天心跳减速，医生开始紧张，每天检查好多次。

第十四天心跳降到 40 以下，最低 38 次。承宪康来看，意见停药。

第十五天，停药一天，心跳恢复到 52 次，继续服药。

第十六天心跳持续 50 次，最后一次服药。

总结我的半个月服药过程，算是比较顺利的。我自己减药将近一半，是否太多了，影响疗效？我和承宪康都认为，从服药倒数第二天心跳降至 38 次的情况来看，如果不减药，肯定会出问题。出什么问题，多么大的问题，那就很难讲了。服药以后要静卧 20 天，以便将药的毒性排出。而我也没有静卧，每天都偷偷溜出去到荒岛、气象台一带散步呼吸新鲜空气，甚至偷偷跑到气象台顶上玩了一次，这是我在清华园几十年来心底里的一个愿望。另外我看到校医院发给每个病人每日三粒维生素 C 片剂，还有一些维生素 B 片以及酵母片、钙片，大家都不吃，只有我天天吃掉，自己还买一些来吃。我劝大家尽量都吃掉，结果基本无效。我把周围病友的多余不吃的维生素片都拿来吃掉。到 20 天期满检查身体，全体病友，只我一人肝功能正常，其它指标也都正常。校医院医生说："我们收治了这么多病友，只你一人是这个情况。"但是，承宪康不许我把自我控制的情况说出去。他说："你这样自己控制是否肯定全是正效果，没有负效果？很难说哩！医学这事，没有经过大量试验证明，是不能随便说的。"我遵照他的旨意，现在才第一次公布此事。我现在已加入"80 后"的队伍了，仍然基本健康，

这不能不感谢承宪康对我的帮助。他比我小几岁，却于前年因肝癌不治离我们而去。"肝癌"！听到这可怕的病，我们鲤鱼洲的战友都会立刻想起血吸虫病。我也会立刻想起承宪康同志。老承，你现在在哪儿？

6. 迟群、谢静宜的"政治部"

治疗血吸虫以后，休息了两个月——如果不治血吸虫，这两个月份就没有了。这验证了承宪康的意见是很实在的。然而，两个月时间倏尔而逝。我又去见我的老上级——艾知生。他笑脸相迎。我听说迟群对他还好，很信任他。因为他处事谨慎，不乱讲话。又听说胡宝清要回部队，艾知生就是接替政治部主任的最佳人选了。他问我，"怎么样，小虫病算治好了没有？"

"连治疗带休息三个多月了。您上次说，让我休息三个月，到下面走走。我休息完了，就是没有到下面走一下，现在就是来听您安排。"停了几秒钟，我又说："老艾，我说老实话，我不想，甚至很怕回政治部工作。"艾知生微笑着说："可能最后还得回政治部。现在先不定吧！"他又说了一些情况："迟群最近可能听到李兆汉讲了一些情况，对你态度转变了一些。有一次迟群问'罗征启现在在哪儿'，大家说'在治疗血吸虫。'迟群问'治完小虫准备安排他做什么？''还没定。'大家说。'听说他会写文章？'迟群说。刘冰说：'过去帮蒋南翔和刘冰写过一些文章。'胡宝清说：'这人敢讲真话。原来工字厅的人对他反应都不错。'迟群没说什么。我（艾知生自己）补上一句：'工军宣队救了他，这人是会感恩的。'"我说："感谢你们大家为我说好话，但是我还是很不愿意回政治部，尤其是不愿意再搞宣传工作。"他最后说："还有点时间，再看看吧。"

又过了几天，艾知生找我说："我已经和土建系的张凤瑞说过，你可以参加系领导的会，可以把有些情况带回政治部。原来这个系是我联系的，现在就交给你了。"他继续说："这样，你的工作就是土建系和政治部各一半。你离开政治部已多年了，尽跟牛、水田、牛车等打交道。当然，你表现也不错，可是和政治工作就生疏了。有一个过渡期可能好一点。土建系张凤瑞他们都欢迎你，他们甚至想把你调回土建系，但胡宝清同志不同意。"于是，我过了几个月悠闲的生活，继续休息了一段时间。

年底，我还是被召回到了政治部。在宣传组，组长是胡大昕，他文革前就在宣传部工作，排名在我后面。所以胡宝清专门和我谈，问我以前他在我后，现在他在我前，我有什么想法？我说没关系，他能力比我强，能胜任。我们也会很愉快地一起工作。胡宝清就没说什么了。

开始，政治部宣传组的工作并不多。直到有一天，在校刊《新清华》的编辑室里，我正和徐葆耕闲谈，忽然迟群闯进来。他披着一件军大衣，我见过他，但他可能认不出我。他爱搭不理地、一脸轻蔑的样子，然后跟葆耕说话。他忽然注视着我，似乎在问："你是谁，干什么的？"葆耕笑了说："迟主任，您不认识他吧，他就是罗征启。"迟群听了，仔细打量了我几番。点点头，似笑不笑地说："你就是罗征启啊，听说你文章写得好。正好，我这里有两篇文章要写，我来看看你怎么样！第一篇是我在市里的一个发言，等会我叫胡宝清把这任务交代给你。"说完他就走了。徐葆耕说："我看迟群脸色很难看，你可小心。给他写东西很麻烦，改来改去不说，还得经常挨骂！原来宣传部这帮写手里面，他比较喜欢李兆汉，可能因为出身贫下中农。但李兆汉已调到教育部去了。他不喜欢你，还要用你，这样就有机会骂你！"任务交下来了。题目是"当前的主要危险是'左'还是右？我还未动手，迟群又找我和胡宝清单独谈了一次。他说，"'左'和右是个很重要的问题。最近我们有个非常重要的发现：蒋南翔公然讲，'批刘少奇我恨不起来，批林彪我就能恨起来'。在蒋南翔看来，刘少奇是右的，他自己也是右的，因此恨不起来，而林彪是'左'的，因此就能恨起来了。你们把这段话写上，这很重要！"

从迟群的房间里走出来，胡宝清说："怎么样，心里有底吗？有这段话可能生动一点。"我说："未必，我先查一查出处再说。"当天，我打电话给蒋南翔专案组的葛长华、王光伦，向他们查证。他们斩钉截铁地说："没有说过，肯定没有！"

过两天后，我交了一份初稿。当然，我没有写上所谓的蒋南翔那句话。初稿先交给胡宝清看。他看了说："他让你写的那句话，你就铁了心不肯写了？你就照写嘛，反正是他去发言，又不是你去发言。""那让他自己加上去就行了！"胡宝清摇摇头。一连四稿，都打回来，越来时间越短。胡宝清说:"他要问你,你就说我没看过这稿子。"

忽一日,接通知,宣传组、校刊、全体政治课教师十点钟到工字厅东厅开会。什么会?会议内容?主持人?都不知道。我早到,座位很空,我随便找了个座位坐下。胡宝清也到了,他坐在我的左侧隔一个座位。陆续大家都到了。十点整,迟群披着个军大衣走进来。一屁股就坐在我和胡宝清之间的空位上,立刻宣布开会。原来是他召集的会议。他又站起来说:"今天开个会,主要跟你们谈谈宣传工作的问题。宣传组是管宣传的,校刊是管宣传的,政治课也是管宣传的,但是你们干的怎么样呢?叫你们写篇文章就这么难!"话锋一转,对着我来了!"你们看,这是号称清华第一号笔杆子的罗征启写的!"他抖一抖手中的稿子,并且念道:"在伟大领袖毛主席的亲切关怀下,在党中央的正确领导下,……什么什么。你好大胆子,好大口气,你不就是给蒋南翔写过两篇稿子吗?你们知不知道,我们清华大学是海淀区委领导下的!亲切关怀,正确领导,你吓唬谁呢!……"如果迟群他讲话有点水平,我倒要怕他几分,但他这几句的水平太低了,我不禁笑起来。平时他讲话不要人写稿,讲话还有点水平,而且不会很长,今天不知为何失了水准?他讲到这里,忽然说"散会"。又对胡宝清说:"你们回去研究一下。"说完他就走了。他出去后,我看看表,二十分钟。我再看看胡宝清,他没有任何表示。于是我们大家都站起来,安静地走出工字厅。只有原党史教研室主任贾观老师在走出工字厅时轻轻对我说:"你小子好大胆,他都气疯了,你还在那里笑,还摇头晃脑满不在乎,他不就更生气了吗?!"我问他:"你说叫我怎样回他?"他说:"我今天可吓坏了,你看我心跳还快得很。"

我回到政治部,把稿子的开头按迟群的意思改为"在北京市海淀区委领导下……"我到胡宝清的办公室把稿子往桌子上一放,扭头就走。过了一会,胡宝清打电话叫我到他的办公室。他说,"你耍什么小孩子脾气!他气坏啦!"我说:"我也气坏了呢。你今天也看到了。这样高水平的领导,我服伺不了,算了!我不干了!"

胡宝清把我留在他办公室谈了好半天。他说:"你刚回来,好多情况你不知道。你们蒋南翔校长不是要求你们'听话、出活'吗,蒋南翔的重点是要你'出活'，而迟主任则要求的重点是听话，他最烦恼的是你们知识分子看不起他。他常说我好歹也念过几天书，虽然没上过大学，算个知识分子也可以啦。听说你们开始连刘冰也看不起，说刘冰是土包子，经过反右整了一下，你们就老实了。所以他说知识分子就得整，把我们压平了，棱角压平了，就老实了。你最晚回来，还有点棱角。他要'杀鸡给猴看'，明白今天他的用意吗？你看今天参加会的都是什么人，都是理论家、笔杆子，都是你们的老部下。不听话怎么成？"

我听完了胡宝清的这番训斥，就说："要不你亲自来抓这篇稿子？"

他赶快摆手说："别，别，别！我现在还可以暗地里帮你一把，给我留条路，其实也是给你自己留条路。你要我来抓，我们大家都无路可走了！"这话虽然不错，但是这个稿子怎么办？这还是一个很现实的问题。

我回到宣传组的办公室，一言不发。宣传组的人和校刊编辑部的人都过来了，宣传组组长胡大昕也过来了。大家也都不讲话。不知谁先开了腔："组长大昕上吧！"大昕立即说："不行，今天很明显，他要骂的是老罗，你给换了个人怎么行？"又有一位宣传组的成员说："不就是那句话吗？给他写上不就完了吗？"校刊编辑组的任彦申说："不行，将来这事是要查的，一查是老罗写上去的，没有证据可以证明老罗是被迫写上的。'自古欺君者死罪'！不能写。"胡大昕说："我同意小任的看法，还有谁有什么想法？"还是任彦申说："我建议这样：这句话写上，但不写蒋南翔说的，就写'有人说'。将来如果查起来，这'有人'是谁，我们大家一起作证，是迟群！"我说："我十分感谢大家帮我出了好主意，这事就到此为止了，不要再议论了。"这篇稿件终于通过了。改由谢静宜到市委去发言。她发言时，念到这一段："有人说……"放下稿件，脱稿而说："这个人就是蒋南翔。"

据说，粉碎"四人帮"以后，中纪委真的派人来清华查过。所以我们都非常感谢任彦申。蒋南翔校长也专门向我查询此事，我如实地反映了情况。他说："这个同志很聪明，既能够实事求是，又能够保护自己，不容易呀，这是一种智慧。"经过这一役，我多少明白了一点，在极左路线盛行的年代，从最高领导就是极左的，那下面基层就很难实事求是。这不是个人的问题。比如直到现在，还有不少人说起谢静宜，认为她比较和蔼善良，我当年也曾有这样的看法。但是，在极左路线的指引下，从她的教育背景、生活和工作环境来看，她只可能越走越"左"，越来越极端。极左路线掩盖了她的和蔼善良的一面！

我知道迟群是不会放过我的。果然，他动手了。

7. 专业也成为迟群整人的手段

迟群来到清华，感到最烦恼、最自卑的是，他没有专业。刚进校的时候还好，总的倾向是大学不要办了。反正是资产阶级知识分子统治的世界，他进清华的任务不是办学，而是搞阶级斗争，把知识分子整得老老实实，不敢乱说乱动。当这个任务完成以后，毛泽东又说："大学还是要办的，主要是理工科大学还要办……"在清华刚搞完清理阶级队伍以后，迟群慌忙拿出"梁效"的一篇《为创办社会主义理工科大学而奋斗》（以下简称《创办》）的文章，想把毛泽东的极左的教育路线的一大漏洞堵上。结果他们没想到的是：蒋南翔、何东昌的办学思想和路线又抬头了。蒋南翔的"双肩挑"——政治、业务两个肩膀一起挑，何东昌关于教育质量的许多看法都变成清华师生议论的热门题目。如何东昌说现在工农兵学员的质量不好，应该是基础打好专业知识才能好，现在是如烟筒上下一般粗。这话我们都是听他亲口讲的。清华派干部一般都认为何东昌是典型的"双肩挑"干部，比较了解学校的情况。而迟群对"专业"两个字就特别敏感，总感觉这两个字是针对他没有专业知识说的。而且他还发现，"专业"两个字的背后还浮出一个"清华十七年是红线主导的"思想。而且他认为在这里"搞搞振"（原文如此——编者）的，就是一批"双肩挑"的干部。因此他下手了。他发动了一个矛头针对何东昌的，历时三个月的反资本主义复辟或反回潮的运动。对清华师生，这批资产阶级知识分子搞了一个来势凶猛的封口运动！

这一手，虽然也是一个损招，但是并不成功。因为大家已厌倦了搞运动整人。上上下下以提前封口来反制，真正挨整的，只何东昌一人。于是迟群又出一招：把这支双肩挑的队伍彻底打散。工字厅的一个不留，全部遣散。

林泰调基建办，又转调到人防办公室搞技术。我也调至人防办公室，属林泰指挥。他把我安排到水暖工种，跟着几位老师傅搞上、下水道，暖气安装等。我非常感谢林泰，因为这工作不重，危险性也不大，还能学到好多技术。当时地下食堂砖瓦工已经完成，只有水暖电工正在搞。电工对生手有一定危险，所以安排我在水暖工。经过地下食堂的水暖安装工程，我已经可以独立设计安装一个中等大小的建筑的水暖工程。

陈圣信、胡大昕安排回无线电系。我们有时见面，大家都很满意。虽然说是惩罚性的发配，但是回到专业岗位，远离政治，也是幸事。我暗自高兴，迟群这两招没有成功，反而给我们各送了一份礼。欢送我们离开了政治部。

虽然逃离了政治部，然而却始终没有离开过迟群的视线。我们始终是迟群心目中的一批"复辟资本主义的力量！"

8. 在黎明前的黑暗里，迟群做最后的挣扎

连毛泽东都预感到他发动的这场文化大革命即将以失败告终了，何况迟群，这个8341部队的一个宣传科长，制止了武斗，恢复了上课，使清华师生振奋了一下。然而，清理阶级队伍和所谓的"教育革命"，却使师生大失所望。迟群又急忙搬出白卷英雄张铁生和朝阳农学院的"教育革命"的典型，但是都不奏效。批了何东昌，教育质量却越来越差。毛主席的这"两个兵"，越来越暴躁，已到了失控的地步。迟群最恨"双肩挑"干部。据说他已开始策划要像考教授一样考倒他们。前一批"双肩挑"干部下放到基层，反映还不错。迟群就很不高兴。他曾经咬牙切齿地说："我就不信弄不动这批人。"但是

基层是要用人的。所以，胡大昕、陈圣信等人很快就成为技术骨干了。

我在人防工地将地下食堂的水暖工程安装完毕以后，学校决定要上一个地下粮库。林泰当时已是人防工地的高层管理人员。他找我谈，问我能不能承担建筑设计和工程技术工作。我一口答应下来。很快从系里调来几个人，每个专业只一个人，校对、审图都是互审、互校。我不但完成了设计任务，同时还研究了防水、防潮、防冻等技术，学了不少东西。

我调离工字厅到人防办公室工作这段时间里，工字厅又发生了一件大事：以刘冰和工宣队柳一安、卫戍区惠宪钧、防化兵吕方正为首的四个高层领导干部，联名写信给毛泽东反映迟群、谢静宜的问题。信到毛泽东手里，他批示"矛头是对着我的"！这样引发了一个揭发批判刘冰等人的政治运动。政治部通过人防办公室通知我和林泰回政治部开批判会。林泰工地有事没出席，我出席但未发言。却暗自庆幸有机会离开政治部这个大陷阱。在毛主席有批示以前，校内已有些传言，听说有人告状，有些人就想参加联署签名支持。但这个莫名其妙的批示下达以后，许多人又是一个大失所望。

1976年初，周恩来总理逝世引爆了中国民众的不满情绪。由于迟群、谢静宜在清明节时期下令不准悼念，不准上天安门广场，不准送花圈等等，清华的工农兵学员愤怒地抬着自制的花圈在校园内游行，把抗议的大字报贴到迟群办公室的门上。迟群马上发动又一场整人的运动，除去少数工农兵学员如土建系的张家林，电子系的周为民等成为整肃对象以外，他又推出以教职工为主的一批人来，如附中附小的何惠莲老师等。又因为何惠莲老师和文学宓只一墙之隔，直线距离很短，常有往来，所以开列了十来人的一个大名单，认为是个反动的裴多菲俱乐部，而这个俱乐部的领袖当然就是何、文两人。工字厅内有人通知我，内定我也是俱乐部的主要成员之一。但因我大部分时间都在人防工地工作或劳动，很少参加活动，他们掌握的证据不够。所以"内定"我的"级别"和文学宓一样，但处理上有点区别。

我立即约了文学宓到饶慰慈家商议对策。他们也都听到了风声。

我们都认为应该勇敢面对。文学宓说:"蒯大富的罗文李饶专案都熬过来了,这次就不会害怕了。"

我认为有三条原则一定要守住:第一,勇敢乐观对待,绝不自己伤害自己,也不伤害自己的同志。即便是与我们素有嫌隙的人也不要伤害。第二,大部分工宣队师傅和军宣队军代表都是好人,虽然有时表现"左"了,也是受了"左"的影响。"7.27"当时的表现,是真情的表露,我们永远都要感谢他们。现在无论他们如何表现,我们都不可伤害他们,以免有人利用他们的不慎重去挑拨是非,去伤害他们。第三,尽量抓紧机会锻炼身体。

文学宓又加上一条:注意教育好子女,小心不要讲错话。他又说,"我真希望他们早点动手。"我说:"这就像我们周围的丛林里有人拿枪或弓箭瞄准你,子弹或箭没有射出来,但随时可以射出来,你总得小心。如果射出来,却没有射中,这就放心了。"文学宓又说:"我估计这一次他们是先从我和何老师处动手,但你们也得小心。"

我在清明节后的第三天中午,骑自行车到天安门广场去了一趟。来回不到三小时。广场上的情况真是感人。我当时想,能参加到这样一个伟大的运动当中总算是不虚此行了,即便这次出了问题被捉住,也横下一条心,不承认,反正我上班时间都在办公室。

清明节之后,迟群们就动手了。首先是全校动员大会,迟群在会上杀气腾腾点了几个人的名,会后立即隔离审查!我以为他要点我的名哩!等了半天,没有!

当晚,接到土建系总支的通知,明天到土建系党委办公室报到。我作好思想准备——可能是又一次隔离审查。

9. 第四次隔离审查——这次是"日托"不是"全托"

次日早晨,我依旧到土建系党委办公室报到,又转到学生宿舍一号楼报到。两位工宣队师傅和我谈话。他们开门见山说:"罗征启,有啥问题快交代,咱们别浪费时间。交代完了,该干什么就干什么去。别跟我们玩小聪明,玩小聪明我们可玩不过你。'1029'清理阶级队伍的报告是你写的吧？"我吓了一跳，赶快说："不是不是，我哪里写得出这样的报告呢，而且这文章见报的时候，我还没'解放'，更没有恢复组织生活呢！"他们马上转了话题："跟你讲一下，这次你回到土建系来接受审查和教育，现在给你宣布几条规定和纪律。"说着拿出一张纸，上面密密麻麻写了一片字。我说："能不能给我一张纸，我记一下？"工宣队师傅说："别记，也没什么好记的！"

这规定和纪律大致是：

（1）你的监管由暖通专业党支部和学生负责，支部书记是吴佩罡。下面则指派两位学生负责。班上有学习和批判活动，你就跟学生一起活动，没有活动你就在暖通生产实验室劳动。晚上学生有什么活动你也参加，除非他们通知你不必参加他们的活动。你没有活动时，无论白天、晚上，都到暖通实验室自己学习。暖通实验室归教研组管，暖通教研组的负责人是吴增菲老师。

（2）一般情况下不准离校。如有特别情况，离校必须向吴增菲老师或监管的学生请假。

（3）一般情况下，未经吴增菲老师或监管的学生同意，不得参加校内外的任何活动，不得与校内外的任何人联系。

宣布完了，就问我有没有意见和问题。我说："没有，但我原来负责人防工程的设计工作，走时并没有交代。如果工地有什么问题，能不能和我联系？"那位师傅似乎是有准备的，马上回答说："你不必管，他们有问题叫他们来找系里，找我们。你别管。"

就这样，开始了我在文化革命中的第四次被隔离审查。这次审查，可以说是最轻松的一次，也是最"无厘头"的一次。前几次，好歹也拿出一两条罪名来，这次，从头到尾，没有拿出一条罪证。这次审查，白天非法限制自由，晚上可以回家睡觉。因此，我们戏称之为"日托"，非"全托"也。

10. 迟群的覆灭

这次"审查"完全是没有一丝一毫道理的，是完全非法的。但根据我们几个人商议的意见，我坚持给他们一个平和的态度，不急不怒。这样真难为了这些文化水平不高的工宣队员了。我的专案组由一个工宣队员和两位老师组成。整了几个月，整不出任何像样的东西。迟群倒台之后，系党委副书记刘小石在党委会上问："到底你们整出点什么东西了？"一位专案组成员说："很难。要他自己承认，还有举报人和证明人。三头对证才能落实。"刘小石问："那罗征启的案子你们有没有落实什么？"答："只一条：文学宓揭发一件事，罗征启也承认了。梁鸿文在场旁证也有了。"刘小石再问："那是什么事？""在罗征启家，罗征启对文学宓讲怎样做广东叉烧肉！"引起哄堂大笑。

1976年9月，毛泽东去世。10月的一天晚上，忽然有人敲我家门。开门一看，原来是两个清华的学生印甫盛、万润南。他们脸色凝重、却又暗含微笑。我问："怎么回事？出了什么事？"他们两个本身都是很红的家庭出身，尤其是万润南，先和刘少奇的女儿刘涛结婚，离婚后又与李昌的女儿结婚。他们在这么紧张的政治气氛里来看我准是有什么事。而且看他们的脸色，一定是好事。果然，他们带来了"四人帮"倒台的大好消息。同时，迟群、谢静宜也被捕了。

天亮了，中国有希望了！

我如常一样到暖通班同学那里。同学们还没有动静，似乎他们并没有得到什么消息。下午，刘小石到学生宿舍来看望，我估计他肯定是知道"四人帮"倒台的消息了，因为他的爱人是外交部系统的肯定已经知道了。我觉得刘小石在找机会向我通报这个大好消息。但是很多学生在场，找不到机会。接着到了周末，我把这消息送到尽可能多的朋友那里，大家都很兴奋，也有个别人听了很高兴但又害怕是谣言。又过几天，确实天亮了。我和文学宓，在天安门广场庆祝"四人帮"倒台的全市大会上见面了。十年来，我们第一次真正笑逐颜开了！

附件一

全国教育工作会议纪要[1]（节选）

伟大领袖毛主席亲自批准召开的全国教育工作会议，四月十五日到七月三十一日在北京举行。这是无产阶级文化大革命的伟大胜利，是毛主席无产阶级教育路线的伟大胜利。

参加会议的有各省、市、自治区，国务院有关部、委，军委各总部，各军、兵种主管教育的同志和一百九十八所高等院校（包括军队系统院校）的代表，共六百三十一人。

（一）

会议分析了当前教育战线的形势。一致认为，毛主席亲自发动和领导的无产阶级文化大革命，摧毁了刘少奇资产阶级司令部在教育战线的反革命专政，粉碎了他们长期推行的反革命修正主义路线，夺回了教育战线上被他们窃取的那一部分权力，开始从根本上改变了资产阶级知识分子统治我们学校的现象。伟大领袖毛主席对教育革命发表了一系列新的光辉指示，亲自抓清华大学、北京大学的斗、批、改，为教育革命树立了样板。在毛主席教育革命路指引下，全国各地工人、人民解放军毛泽东思想宣传队领导广大革命师生，活学活用毛泽东思想，开展革命大批判，建立三结合的权力机构，清队，整党建党，使斗、批、改的群众运动不断深入发展。大学开始招生，出

---

[1] 这个纪要毛主席批示：同意。中共中央一九七一年八月十三日批："中央同意全国教育工作会议纪要，现发给你们，望各级党委认真讨论执行。"（此件发至公社党委，大、中、小学党委或党支部）。（启注）

现了工农兵学员上大学，管大学，用毛泽东思想改造大学的新局面。原有干部和教师到三大革命运动的实践中锻炼，接受工农兵的再教育，阶级斗争和路线斗争觉悟得到程度不同的提高，精神面貌发生了很大变化。无产阶级知识分子的队伍正在成长。全国各地广大群众沿着《五七指示》的道路，创办各种类型的社会主义学校，积累了许多生动活泼的经验。毛主席"教育要革命"的伟大思想已经在全党各级领导和广大人民的心坎里生根。崭新的无产阶级教育制度通过各种试验，正在逐步建立和巩固起来。

长期以来，在教育战线上，始终存在着两个阶级、两条路线的激烈斗争，即无产阶级和资产阶级争夺教育战线领导权的斗争。这个斗争不是孤立地进行的。它是整个社会阶级斗争的一个重要组成部分。在我国新民主主义革命取得基本胜利，在全国范围内建立了无产阶级专政，开始了社会主义历史阶段以后，这条战线上的斗争更加尖锐起来。

历史事实证明，解放后十七年，在毛主席革命路线照耀下，教育战线上的广大共产党员、共青团员、革命干部和革命知识分子对刘少奇修正主义教育路线，对旧教育制度进行了多次抵制和斗争，教育方面也有一些进步。但是，由于刘少奇一伙网罗一小撮叛徒、特务、走资派，把持教育部门的领导权，疯狂推行反革命修正主义教育路线，毛主席的无产阶级教育路线基本上没有得到贯彻执行，教育制度、教学方针和方法几乎全是旧的一套。从这些学校出来的学生，有些人由于各种原因（这些原因大概是：或本人比较好，或教师比较好，或受了家庭、亲戚、朋友的影响，而主要的是受社会的影响）能同工农兵结合，为工农兵服务，有一些人则不能。甚至有的工农子弟，进了大学，受到资产阶级的腐蚀，"一年土，二年洋，三年不认爹和娘"，变得同工农兵格格不入。在无产阶级专政的国家内，在教育战线上，这种资产阶级专了无产阶级的政的严重现象，引起了全国广大工农兵的强烈不满。一九六六年，毛主席在《五七指示》中一针见血地指出："学制要缩短，教育要革命，资产阶级知识分子统治我们学校的现象，再也不能继续下去了。"毛主席亲自发动和领导的无产阶级文化大革命，从文化教育阵地开刀，是非常及时的，完全必要的。

无产阶级文化大革命中，教育战线上的阶级斗争仍然是尖锐、曲折的。在毛主席革命路线指引下，广大红卫兵小将和革命教职工奋起造了刘少奇资产阶级反动路线的反，造了旧教育制度的反，夺了走资派的权。一小撮阶级敌人不甘心失败，他们极力煽动右的和形"左"实右的反动思潮，疯狂破坏毛主席的伟大战略部署，操纵"五一六"反革命阴谋集团，插手学校，挑动武斗，镇压群众运动，造成了学校长期"一不斗，二不批，三不改"的严重局面。一九六八年七月二十七日起，在毛主席"工人阶级必须领导一切"的号令下，工人阶级和它的巩固的同盟军贫下中农配合人民解放军战士，组成工人、人民解放军毛泽东思想宣传队，浩浩荡荡开进学校，打破了资产阶级知识分子独霸的一统天下。这是一个伟大的革命创举。为工人阶级掌握教育阵地的领导权，用毛泽东思想从根本上改造教育阵地创造了条件。

（二）

在当前教育革命斗、批、改深入发展的大好形势下，必须进一步贯彻执行毛主席的无产阶级教育路线、方针、政策，着重抓好以下几方面的问题。

一、实现无产阶级教育革命，必须有工人阶级领导。这是无产阶级把文化教育阵地牢固地占领下来，用毛泽东思想把它们改造过来，彻底摧毁剥削阶级教育制度，建立社会主义教育制度的根本保证。

现在，有些学校领导班子很不健全，应当加强，特别要注意配备得力的主要领导干部。有些干部缺乏办学经验，又受到资产阶级散布的教育工作"危险"论的毒害，因而不敢大胆领导，这是不对的。没有经验可以从实践中取得经验。无产阶级不能巩固地占领教育阵地才是真正的危险。只要我们"认真看书学习，弄通马克思主义"，深刻领会毛主席的教育革命思想，又能坚持走群众路线，遇事同群众商量，谦虚谨慎，多做调查研究，抓好典型，不断总结经验，我们一定能够逐步学会领导学校工作。党委要坚持民主集中制，实行党的一元化领导。毛泽东思想宣传队要长期留下去，在党委统一领导下充分发挥政治作用。校、系两级领导班子要有宣传队员参加。革委会是党委领导下的权力机构，实行军干群、老中青三结合。要继续认真落实党的干部政策，充分发挥学校原有革命干部的作用，并大力培养新干部。要加强党对共青团的领导。

工人阶级也应当在斗争中不断提高自己的政治觉悟。宣传队要经常开展批评与自我批评，发扬成绩，纠正错误，始终保持无产阶级旺盛的革命意志，防止资产阶级思想的侵蚀。应当记取无产阶级派到文教战线去的人，在不长的时间内被资产阶级腐蚀的许多历史教训。要克服"临时"观点，树立牢固占领、彻底改造教育阵地的决心。宣传队员轮换不要频繁。结合进领导班子的要相对稳定，对这一部分人的调动，要经地方上级党委批准。各省、市、自治区要加强对宣传队的统一领导、管理，派出单位要保证宣传队员的质量和一定数量，关心他们的思想、工作和生活。

二、坚持《五七指示》的道路。毛主席指出："学生也是这样，以学为主，兼学别样，即不但学文，也要学工、学农、学军，也要批判资产阶级。"在"七二一"指示中又指出："要无产阶级政治挂帅，走上海机床厂从工人中培养技术人员的道路。要从有实践经验的工人农民中间选拔学生，到学校学几年以后，又回到生产实践中去。"各地的实践证明，毛主席指示的这条道路，是彻底破除脱离无产阶级政治、脱离生产劳动、脱离工农兵群众的旧教育制度，把教育同阶级斗争、生产斗争和科学实验三大革命实践紧密结合起来，避免修正主义和教条主义，培养无产阶级革命事业接班人的正确道路。

建立教学、生产劳动、科学研究三结合的新体制。教育同三大革命实践结合，应以厂（社）校挂钩为主，多种形式，开门办学。"文科要把整个社会作为自己的工厂。""农业大学要统统搬到农村去。"医药院校应坚定地把重点面向农村。各级领导和有关单位要统筹规划，组织好厂（社）校挂钩，使学校与社会互相促进。校办工厂（农林院校的农场）应把培养人放在第一位，贯彻自力更生、艰苦奋斗的方针，结合教学和科研，以小型为主，既有一定批量生产，又要搞研究试制。防止贪大求全、片面追求科研生产指标的倾向。各省、市、自治区和有关部门应把校办工厂的供、产、销纳入国家计划，配备一定数量的固定工人，并认真解决劳保福利等问题。要重视实验室的改造和建设，开展科学研究。

各地遵照《五七指示》和"七二一"指示，已陆续创建了一些厂办工人大学，遵照毛主席给江西共产主义劳动大学指示信中关于"半工半读，勤工俭学，不要国家一分钱，小学、中学、大学都有，分散在全省各个山头，少数在平地"的教导，在农村创建了一批"五七"大学或"五七"学校。这些学校已经多、快、好、省地为当地培养了一批人才，受到群众欢迎。各省、市、自治区要抓好典型，总结经验，逐步推广。同时要大力办好各种业余教育。

三、要批判资产阶级。教育阵地过去被剥削阶级长期垄断，封、资、修的流毒年深日久，资产阶级的偏见和它的传统势力十分顽固。它渗透到各个学科领域里，形成了根深蒂固的旧体系。剥削阶级遗留下来的这些旧思想，总是以新的形式顽强地表现出来，阻碍教育革命的深入。因此，我们必须遵照毛主席关于"不破不立"的教导，深入持久地批判资产阶级。

现在，摆在我们面前的一项重要任务就是开展批修整风，这是毛主席的伟大战略部署。要结合教育战线上两条路线斗争的实际，深入批判刘少奇一类政治骗子所鼓吹的唯心论的先验论、反动的唯生产力论、地主资产阶级的人性论和阶级斗争熄灭论。这些反动谬论是修正主义教育路线的理论基础。"全民教育""天才教学""智育第一""洋奴哲学""知识私有""个人奋斗""读书做官""读书无用"等等就是它的突出表现。在各个学科的资产阶级理论中，这些谬论更是普遍。这是资产阶级统治学校的精神支柱，只有用马克思主义、列宁主义、毛泽东思想的精神武器把它彻底摧毁，才能为无产阶级教育革命不断开辟前进的道路。

四、教改的问题，主要是教员问题。工农兵、革命技术人员和原有教师三结合，建立一支无产阶级教师队伍，是创建社会主义学校的重要任务。

工农兵教师是三结合教师队伍的骨干力量。要采用多种形式广泛吸收工农兵参加教学活动，主要是就地聘请。要从工厂、农村、部队选调一批工农兵和同工农兵结合较好的革命技术人员充实教师队伍，也可以选留工农兵毕业生担任教师。各级领导和有关单位要积极支持选送教师的工作。

对原有教师队伍要继续坚持团结、教育、改造的方针，认真落实党的知识分子政策。原有教师队伍中，比较熟悉马克思主义，并且站稳无产阶级立场的是少数；大多数是拥护社会主义，愿意为人民服务的，但是世界观基本上是资产阶级的；对我们的国家抱着敌对情绪的知识分子是极少数。经过无产阶级文化大革命，知识分子的大多数在政治上、思想上有了不同程度的进步，涌现出一批决心把无产阶级教育革命进行到底的积极分子。因此，必须继续抓紧对原有教师的再教育，引导他们走同工农兵相结合的道路，自觉地改造世界观，着重解决为谁服务和怎样服务的问题。防止只使用不改造和只讲改造不敢使用的两种倾向。要正确区别和处理两类不同性质的矛盾。对原有教师队伍中凡属人民内部矛盾，包括有一般政治历史问题的人，都应重在教育，加以团结和任用。凡是敌我矛盾按人民内部矛盾处理的，就要严格按人民内部矛盾正确对待，在使用中继续考察、教育和改造。对于资产阶级反动学术权威，或一批二看，或一批二用，或一批二养。

知识分子的问题首先是思想问题。他们在教育革命的实践中暴露出一些旧思想是正常现象，"只能用讨论的方法、批评的方法、说服教育的方法去解决"。要耐心帮助他们纠正错误，继续大胆实践。要贯彻百花齐放，百家争鸣的方针，对科学中的是非问题，要通过讨论和实践去解决。在教育革命中要提倡各种不同意见的讨论，允许不同方案的试验和比较。

要创造条件，让原有教师分期分批到工厂、农村、部队，政治上接受再教育，业务上进行再学习，尽快地适应教育革命的要求。年老体弱的，可分配他们力所能及的工作，需要退职、退休的，应根据国务院规定妥善安置。

五、工农兵学员是教育革命的生力军。要充分发挥他们上大学，管大学，用毛泽东思想改造大学的作用。遵照毛主席关于"学校一切工作都是为了转变学生的思想"的教导，工农兵学员要认真读马、列的书，读毛主席的书，坚持以阶级斗争为主课，始终把坚定正确的政治方向放在第一位。

要坚决地改革旧的教学方法。学员和教员都要执行毛主席指示，"把精力集中在培养分析问题和解决问题的能力上"。是充分发挥工农兵学员的主动性、创造性，还是把学员当敌人那样管起来？是培养一批善于分析问题和解决问题的人，还是培养一批书呆子？这绝不是小事。教学方法不改革，一批生动活泼的工农子弟仍然有学用脱节或者啥也没真正学会、身体搞垮了的危险。因此，必须废止注入式，采用启发的、研究的、实验的方法。开展"官教兵、兵教官、兵教兵的群众练兵运动"，教师应发讲义或讲授提纲，提倡自学。

根据初步的经验，大专院校招生的主要对象是具有二至三年以上实践经验的优秀的工农兵。年龄在二十岁左右，身体健康，一般是未婚的。一般应有相应初中以上文化程度。有丰富实践经验的老工人、贫下中农和革命干部入学，可以根据情况放宽年龄和文化程度的限制。选拔工农兵学员要严格坚持自愿报名，群众推荐，领导批准，学校复审，坚决反对草率从事和"走后门"。五年以上工龄的工人，或者学制在一年左右的进修班、短训班学员，学习期间工资照发，其他学员发生活费，家庭生活困难的，由原单位给以适当补助。

大学学制暂以两或三年试行，进修班为一年左右。学员毕业后，一般返回原单位、原地区工作；特殊需要的由国家统一分配，待遇由国家另行规定。

六、教材要彻底改革。这是教育革命的一个重要方面。要积极编写新教材。应当深入实际，学习和总结工农兵在三大革命运动中的丰富实践经验和发明创造，使教材适应社会主义革命和社会主义建设发展的需要。大破唯心论、形而上学，坚持政治和业务、理论和实际的统一。教材内容要少而精，要便于学员自学。

对原有教材要根据不同情况，加以分析、批判、改造，推陈出新。

适当选编一些反面材料，供批判用。要办好图书馆。

对改革教材的工作，必须加强组织领导，坚持群众路线，有工农兵参加。教材由各地编写和交流。

七、高等院校调整和管理体制问题。根据社会主义革命、社会主义建设和加强战备的需要，经各省、市、自治区和中央有关部门协商，对全国原有高等院校（不包括艺术院校）提出了调整方案，会后继续试行。要逐步改变院校布局不合理状况，撤销专业要慎重。

根据中央指示精神，多数院校由地方领导；部分院校由地方和中央部门双重领导，以地方为主；少数院校由中央部门直接领导。原部属院校下放后，在中央统一计划下，实行以"块块为主"的管理体制。地方党委应加强对学校的一元化领导，中央有关部门应积极协助地方把学校办好，既要反对"条条专政"，又不要撒手不管。充分发挥两个积极性。

八、为了使学生"在德、智、体诸方面生动活泼地主动地得到发展"，必须全面落实毛主席关于"以学为主，兼学别样"的指示。要组织学生学习毛泽东思想，学习社会主义文化科学知识，保证上文化课的时间，打好基础。要让学生学工、学农、学军，批判资产阶级，参加三大革命运动。青少年正是长身体的时期，要注意他们的身体健康，课程和作业不应太重，生产劳动要安排适当，社会活动也不要搞得过多。

要加强中小学教师队伍的改造和建设。采取多种形式提高原有教师的政治思想和业务水平。教师任务过重的单位，应适当增加公办教师的指标和民办教师的数量。要选调优秀的工农兵担任教师。借调作其他工作的教师应调回。要清除中小学教师队伍中的反革命分子、坏分子。对道德败坏、不宜留校的人，要坚决调出另作处理。

"除了国家办学以外，必须大力提倡群众集体办学"，大力普及教育，扫除文盲。争取在第四个五年计划期间，农村普及小学五年教育，有条件的地区，普及七年教育。要采取多种形式办学，把学校办到家门口，让"农民子女就近上学方便"。城市要进一步搞好厂矿、企业和街道办学。民办公助的学校和民办教师,国家补助应是主要的。

九、中等专业学校和技工学校是我国普及科学技术、文化教育的一支重要力量,必须认真办好。

十、军队院校的教育革命,根据全国教育工作会议精神结合军队院校的具体情况贯彻执行。

一九七一年七月二十七日

选自国防大学党史党建研究室编《"文化大革命"研究资料》中册,第540-547页。1988年。

附件二

清华大学"教育革命"述评（节选）

唐少杰

清华大学是文革"教育革命"的首要基地，也是"教育革命"首屈一指的样板。清华大学"教育革命"在文革中的地位和影响不仅超过了其他任何大学，而且其本身就是毛时代思想文化取向的标志物。即使在其破产四十余年后的今天，追溯并评析清华大学"教育革命"这一典型个案，依然有着重要的历史价值和深切的现实意义。

一

文革的"教育革命"既不是凭空产生的，也不是一蹴而就的。它与1958年的"教育革命"有着千丝万缕的联系，前者的许多现象和经验，都孕育于十七年。1958年和1960年，清华全校进行的为时数月的"教育革命"，就是文革"教育革命"的前驱先导。

例如，以"大跃进"的群众运动形式来办教育，盲目扩大生产劳动在教学中的比例；师生停课"大炼钢铁"；在教师中大搞"拔白旗"和"送西瓜"，批判"反动学术权威"，压制正常的学术争论，禁锢不同的教学主张；鼓励学生以"大跃进"的速度自编教材、讲义，贬低教师在教学活动中的地位和作用；倡导"阶级路线"，强化以"血统论"为特征的"出身论"和"唯成分论"，注重以"阶级斗争"来干预和统率教育问题；不断强调政治标准高于学科知识标准；时常打乱正常的教学秩序，降低教学质量；越来越趋向激进而荒唐、狂热而粗暴的教育理念和教育政策；等等。

尽管文革前的与文革时的"教育革命"不能等同，但是人们对于清华乃至全国"教育革命"的直接由来和历史根源所作的分析和批判，其实远远不够。1971年8月颁发的《全国教育工作会议纪要》中称赞1958年"教育革命"，指责1961年以后这一革命"夭折"，就清楚地说明了文革"教育革命"实质上是把文革前"教育革命"所带来的片面和纰漏推向了极端。

然而，文革开始之际，由于打倒"走资派"和群众性的抢权、夺权等是当时的主要任务，"教育革命"还没有成为文革初期"狂飙曲的主题"。不过，这时延续着文革前教育改革的思想"惯性"，清华内外关于"教育革命"的许多讨论已经非常引人瞩目。例如，1966年7月14日，《人民日报》在连续多期关于"彻底改革教育制度"的讨论中，发表了清华大学电机系电72班全体学生的来信。信中提出：（1）工科大学一律实行半工半读。（2）学制缩短为二、三、四年，现有大学生提前毕业。（3）以阶级斗争为主课，以毛主席著作为首位教材，并参加社会阶级斗争、生产劳动和军训，教学以生产实践为主。（4）改造教师，今后工科大学教师应该同时是工人，是生产者。（5）废除研究生制度。（6）大学招收工农兵，不必具备高中毕业生水平。

文革第二年，尽管"教育革命"的实践还没有排上主要议事日程，但是造反派已经把这个问题纳入讨论和规划之中。1967年11月9日，清华"井冈山兵团"总部为了响应毛泽东关于"教育革命"要依靠革命派群众的最新指示，在《井冈山》报第96期上用三个版面论述"教育革命"，发表了"招生工作研究小组"的一篇题为《关于改革大专院校招生工作的建议》的文章。该文提出：为了贯彻党的阶级教育路线，对各阶级按一定的比例招生，工人、贫下中农子女应占新生比例65%以上，剥削阶级子女不超过5%。招生必须贯彻以群众推荐为主、考试为辅的步骤进行。推荐应占招生人数的60%左右。为缩小城乡差别，农村推荐学生应占20%－25%。对五类学生不予以录取：（1）家庭直系亲属中有被专政机关杀、关、管者；（2）走资派、牛鬼蛇神子女未与家庭划清界限者；（3）文革中参加过反动组织且又屡教不改者；(4) 刑事犯罪者、反动言行者；(5) 长期不参加文革的逍遥派、书呆子。对于大学招生，"今后要彻底废除单纯分数考试制度"，"实行开卷考试。"[1]

清华文革"教育革命"真正开始的时间是在 1969 年初。显然，文革头两年的群众运动中的论战和武斗无法使"教育革命"开展起来。1968 年 4 月 23 日至 7 月 27 日，清华大学发生了"百日大武斗"。[2] 毛泽东以此为契机，终止了红卫兵造反派的"气数"，结束了文革初期的群众运动，而其中最为引人瞩目的就是给教育界派出了新的领导力量——"工人、解放军毛泽东思想宣传队"（以下简称工宣队），并从总体上把大学师生列入文革的对象。

工宣队进驻学校，为"教育革命"的全盘实施提供了基本的政治领导保障，换言之，大学师生不可能在"教育革命"中当家作主。工宣队进驻清华后，首先是在政治上对清华做出了一番变革。

从毛泽东 1966 年 5 月 7 日给林彪的信（"五七指示"）中不难看出，改革旧的教育制度，改革旧的教育方针和方法，是文革的一项极其重要的任务。因而，工宣队首先要做的就是否定和推翻文革之前的所谓旧清华。工宣队进驻之初，全国文革正进入"清理阶级队伍运动"阶段，在这一阶段，每一单位的成员都要从家庭出身、生活经历和社会历史关系等方面接受政治审查，以确保文革"正统"阶级队伍的纯洁和统一。工宣队领导的这场重点清查个人历史问题和政治问题的运动中，致使清华共有 24 人自杀身亡。1968 年 9—10 月，清华先后召开 6 次全校万人大会，揪斗了 91 人，还召开了其他形式的批斗会。全校举办各种"学习班"，开展政策攻心和立案审查。12 月和次年 1 月，又召开两次"坦白从宽，抗拒从严"全校万人大会。在持续了两三年的"清理阶级队伍"等一系列运动中，清华全校被立案审查的有 1120 人，定为"敌我矛盾"或"专政对象"的有 167 人。[3] 这

---

1 红代会清华大学井冈山报编辑部：《井冈山》，1967 年 11 月 9 日，第 96 期。
2 参见唐少杰：《清华文革"七二七事件"》，载《南方周末》2001 年 3 月 22 日。
3 清华大学校史研究室编：《清华大学九十年》，页 275，北京，清华大学出版社，2001。

种人人过关甚至人人自危的运动，使得一些当事者今天回顾起来还心有余悸。相比较清华整个文革时期约有 1228 人被立案审查、178 人被定为"敌我矛盾"或"专政对象"，可以想象，"教育革命"是在一种什么样的异常恐怖、严峻和残酷的形势下来临的。

　　清华工宣队把自己的斗争经验加以总结，写成《坚决贯彻执行对知识分子"再教育""给出路"的政策》的报告。1969 年 1 月，中共中央、中央文革小组向全国转发了这个报告。这个报告是对 1949－1966 年清华历史的否定和为随后清华乃至全国的"教育革命"所作的铺垫。它认为，清华大学"解放后在修正主义路线毒害下，资产阶级知识分子统治学校的现象十分严重"；清华各级干部大都是"犯了走资派错误的人"，要他们"承认错误"，才能"给予适当的工作"；清华教师"世界观基本上是资产阶级的"，要"进行再教育"；清华著名教授刘仙洲、梁思成、钱伟长是"资产阶级学术权威"，"给予出路"，"留着作反面教员"；父母在文革受到审查和打击的学生，只要同父母划清界限，站到毛主席革命路线上来，就是"可以教育好的子女"；同时对一些"反革命分子"加以打击。这个报告成为当时中共中央向全国的文革运动推广的"六厂二校"经验之一。

　　1969 年 3 月，清华又成为全国各界参观学习的典型单位，约有 304 个单位 2.7 万多人来清华听取经验介绍。工宣队领导人之一迟群指出清华有四个严重："资产阶级知识分子统治学校的现象十分严重""教师的资产阶级世界观没有得到改造，资产阶级个人主义思想严重""知识分子三脱离（脱离政治、脱离工农、脱离实际）严重，追求成名成家""教职工队伍严重不纯，特别是教师队伍严重不纯。"[4] 总之，清华是一个被称之为由于"修正主义泛滥"而几乎"烂掉了"的单位。

　　"教育革命"要根本解决的是教育的政治性质和教育的政治方向。"实现彻底的无产阶级教育革命，必须突出无产阶级政治，把政

4　清华大学档案：全宗号：2，案卷号：69010，《工宣队、革委会有关清队、解放干部的情况报告、总结等材料》；参见清华大学校史研究室编：《清华大学九十年》，页 276，北京，清华大学出版社，2001。

治建校，作为最根本的任务。

"教育革命"给清华的教育体制带来了三方面的变化：

其一，工宣队的全盘领导。清华自1968年"七二七"以后的领导力量主要是非清华的人员，主要来自中共中央警卫团（8341部队）的军代表、北京卫戍区以及海军的军代表、北京市有关机关和企业的干部等，在1969年底才陆续有清华的原有干部被结合到清华领导班子。1971年之后，迟群、谢静宜成为清华的主要领导人。清华大学在文革中是毛泽东亲自抓的"点"，他派身边的人员迟群、谢静宜主管清华和北大等，这也就从某一角度表明了清华"教育革命"对于全国的典型影响和示范作用，并经由工宣队而赋予"教育革命"某些独有的特性。正是由此，文革"教育革命"是通过清华大学，具体地说是通过清华工宣队，普及到全国高等院校的。

工宣队成为"教育革命"的"总管"。无论怎样，所谓工人阶级对清华大学的"占领"，工宣队的领导乃至1968年下半年直至1976年10月初在清华大学"执牛耳"的领导人，都不过是凭借着毛的权威，用迟群等人倍感自豪的话来讲，他们是来自"毛主席身边的兵"。在这些"兵"眼里，清华大学是一块以知识分子为主的"敌区"。20世纪60年代末至70年代初，清华的系（所）、教研室（组）、实验室（车间等）、学生班级等一律按照军事建制分为营、连、排、班的层序，它们所显现的是"教育革命"准军事体制下的生活和运作。

工宣队进驻学校，从长远来看，是为了取得教育界的领导权力，整治甚至敌视知识分子，不相信学校原有的中共党的干部和党的组织，监督和改造学校的各种人员、各个方面，试图以崭新的"教育革命"改换整个教育事业，并为塑造文革的新人、新社会提供一个基地。

其二，清华的教育体制出现了以工人（实为工宣队人员）、学员、教师构成的"三结合"组织体制。清华"教育革命"的一个显著特点是把过去在校的"大学生"或"本科生"的称谓统统改变为"工农兵学员"（简称学员），以示与过去的大学生（文革中又被称为旧大学生）乃至整个过去的教育体制和传统区别开来。必须强调的是，"学员"这一用语绝不同于"大学生""本科生"或"学生",前者的取向和内涵是后者们所无法企及的。从工农兵学员的培养和经历来看,"教育革命"是要把他们的政治标准而不是业务标准放在首位。"教育革命"的学员培养意味着力图造就可靠的"革命接班人"。

"教育革命"的一个别出心裁的做法就是制造出教师与学员的隔阂甚至对立,把作为受教育者的学员视为政治上的领导者之一。"我们总是紧紧地依靠校内工人阶级和工农兵学员,把他们放在斗争的第一线",让他们在教育阵地上冲锋陷阵,发挥生力军的作用,直接参加教学改革的各个环节,即受教育者参加办教育,还帮助教师改造世界观,同时改造自己的世界观。[5] 这时,1949年前的清华校训"厚德载物,自强不息"和1966年前的清华宗旨"培养又红又专的工程师",被"上、管、改"口号所取代,并出现了校、系甚至班级的学员"上、管、改"组织。这种组织与过去的学生会、学生党团组织不同,它是监督、改造教师的组织。学员们不断受到告诫:不要忘记自己的工农兵"主人翁"地位和意识,时刻警惕"资产阶级教育的回潮和旧知识分子的复辟"。"上、管、改"一类的组织在清华以及其他大学的出现,仿佛农村土地改革时期的"贫农协会",被视为推行"教育革命"的一支群众队伍。

其三,"教育革命"伊始,清华大学与北京大学一起在全国率先提出"砸烂教研室(组)",指责教研室(组)是"资产阶级的顽固堡垒"和"资产阶级知识分子统治的'三脱离'的单纯教学单位",这种"知识分子成堆的独立王国"是"只讲教学、科研,不关政治路线"的修正主义组织。"旧大学教学组织体制的基层单位是知识分子成堆的教研组,它是为维护资产阶级知识分子统治学校、推行修正主义教育路线服务的。它从组织上造成了知识分子与工农群众分离,教员与学生分离,各门课程彼此之间分离。在这样的组织下,广大工农群众进不来,广大工农兵学员无法参与教育革命重大问题的决定,世袭领地的气味甚浓,修正主义'业务党''中庸之道'等黑货极易泛滥,

---

5 同上。

对修正主义复旧走老路的抵御能力甚微,对'老三段'(指"基础课—专业基础课—专业课"——笔者注)的教育体系十分适应,而对加强工人阶级领导和教育上一系列变革阻力却很大,其要害是排斥工人阶级领导,阻碍知识分子和工农群众相结合。我们改革组织体制,根本上就是要解决这个问题。我们打破'黏土'成堆的'教研组'体制,将'黏土'散到沙子堆中去,多种方式使工人、学员、教员结合在一起,组成新的教育基层单位,这样,就使在基层组织中组织力量对比发生根本变化,加强了工人阶级领导。"[6] 具体做法就是解散教研室(组),教员的一切教学计划、教学任务和政治活动由学员班级党支部来讨论、决定。实施和体现"教育革命"新体制所具有的"改造并分化知识分子"的功能。

1970年7月22日,清华工宣队发表了《为创办社会主义理工科大学而奋斗》一文(以下简称《创办》),概述了清华"教育革命"的主要经验。这份经过姚文元等人修改、张春桥定稿的文章可称得上"教育革命"的"范式"。以《创办》为标志,大学(特别是理工科大学)的教育革命方案首次以比较系统、权威的形式出现,它又被称之为"教育革命的'圣经'。"[7]《创办》还是1971年7月《全国教育工作会议纪要》的某种"雏形"。

《创办》总结的清华"教育革命"的六个内容分别为:一、工人阶级必须在斗争中牢牢掌握教育革命的领导权;二、对原有教师坚持边改造、边使用,建立三结合的教师队伍;三、开门办学,厂校挂钩,校办工厂,厂带专业,建立教学、科研、生产三结合的新体制;四、培养工农兵学员,必须坚持以阶级斗争为主课,坚持理论与实践的统一;五、大破买办洋奴哲学、爬行主义,编写无产阶级新教材;六、结合生产、科研任务,坚持群众路线,实行新的教学方法。在清华连续四年没有招生并中断正常教学的情况下,《创办》真可谓"理论先

---

6 清华大学档案:全宗号:2,案卷号:76036,《工宣队、革委会、党委会 关于教育革命的形式问题、总结、规划设想等有关材料》。

7 郑谦:《被"革命"的教育——"文化大革命"中的教育》,页56,北京,中国青年出版社,1999。

行"，为文革的大学办学画出了"蓝图"。《创办》所提出的体制、师资、课程、开门办学、教材、教学方法等，对于文革时期的大学办学具有指导意义，标志着文革"教育革命"体制的初步形成，成为文革时期全国通行的大学教育大纲。

清华"教育革命"随同整个文革，把教师在内的知识分子当成文革及其"教育革命"的一个主要对象。经过1971年8月中共中央批转的《全国教育工作会议纪要》提出的"两个估计"，这种以知识分子为潜在敌的做法得到了某种"证据"。这著名的"两个估计"是指：一、文革前十七年教育界所执行的是"反革命修正主义教育路线"，"资产阶级知识分子统治学校"；二、原有教师队伍大多数人的"世界观基本上是资产阶级的"。[8] 其实，这"两个估计"在毛泽东的"五七指示"中已经显示出来了。

清华"教育革命"自1969年初以来所暴露出的种种弊端，受到了许多清华原有的干部和教师的斥责，他们尽其可能地予以纠正或修补。他们借着1972年周恩来关于教育整顿的指示精神，试图恢复过去某些合理的教学做法和实行某些改革的工作措施，遭到了打击和迫害。1973年10月至12月，清华上上下下开展了一场名为"三个月运动"，这场运动也是清华"教育革命"所经历的第一场大的斗争，它整治了被称为体现着"旧教育路线回潮"的"资产阶级复辟势力"和"资产阶级代表人物"的一大批清华干部和教师，有64人受到立案审查和重点批判，403人被点名批判，被点名指责的或被迫做检查交代的人为数更多。[9] 正如清华当时的材料所总结的，这场运动表明，教育阵地的主要危险依然是修正主义。"（有人）硬把林彪的极右路线说成是极'左'路线，以此翻文化大革命的案。学校里资产阶级代表人物，亦步亦趋，紧密配合，极力煽动批极'左'，实际上就是在批文化大革命，批教育革命，批革命中出现的一系列新生事物，

8　国防大学党史党建政工教研室编：《"文化大革命"研究资料》，中册，页542－545，北京，国防大学，1988。
9　清华大学校史研究室编：《清华大学九十年》，页284，北京，清华大学出版社，2001。

搞复辟倒退。"这种代表人物强调"'教育革命进入业务领域,工人不懂业务,没有实际领导权',他们在党的面前把自己装扮成'专家',在群众面前把自己装扮成党的干部,以业务为武器,来反对工人阶级领导",这实质上"就是进入一个不要工人阶级领导,不要无产阶级政治,不要改造世界观的资产阶级独立王国,就是资产阶级专政"。"资产阶级代表人物之所以有市场,复辟资本主义思潮之所以能够形成一股潮流,就在于知识分子的资产阶级世界观成了修正主义的肥沃土壤,不改造就会本能地倾向修正主义。"文革教育体制发生的主要变化是撤销原来的教研组(室),实行厂校挂钩,互为基地;校办工厂,厂带专业;师生合编;基础课教师下到各个专业等。这些"教育革命"的做法受到"资产阶级代表人物"的指责,一时间出现了"厂带专业害死人",新教育组织体制"不正规、不像个大学样子,是所谓连队办大学,搞得'质量低了,理论弱了,秩序乱了'"等说法。一些单位恢复了过去的旧组织体制。"资产阶级为了推行复辟倒退的政治路线,总是要恢复旧的组织体制。因此,恢复知识分子成堆的旧教育组体制,就成为他们复辟的组织手段之一。"[10]这场运动还把"修正主义教育路线回潮"同批判孔子及林彪的"克己复礼"联系起来,说这次回潮的代表人物们"总是梦想推翻共产党,恢复旧中国,复兴蒋家王朝的'礼',复兴封资修教育路线的'礼'。"他们以林彪事件为契机,错误地估计形势,大加指责文革的新生事物。"他们为什么对批极'左'那样感兴趣?实际上是借批极'左'来否定文化大革命,否定教育革命,否定新生事物。"[11]在"教育革命"方面,"资产阶级复辟势力"从四个方面加以否定:一是恶毒攻击文革。他们认为,文革使"城门失火,殃及池鱼","伤了元气","害得好苦";文革"执行了极'左'路线,把人的思想搞乱了","后遗症很大","不是有所

---

10 清华大学档案:全宗号:2,案卷号:76036,《工宣队、革委会、党委会关于教育革命的形式问题、总结、规划设想等有关材料》。
11 清华大学档案:全宗号:2,目录号:政,案卷号:049,《政治部1974年—1977年梁效和校理论组等所写的部分有关路线斗争方面的批判稿件等有关材料》。

得，而是有所失"，文革"完完全全失败了"；二是反对工人阶级领导；三是诽谤毛主席"七二一"指示的道路，认为文革开始后没有真正的大学生；四是极力抗拒工人阶级对知识分子的改造。说什么走"五七"道路是"珍珠入土，上当受骗"，"外国卫星上了天，中国教授下了田。"认为全国教育工作会议纪要及其做出的"两个估计"是"极'左'思潮的产物"，"用这两个估计调动知识分子的积极性，没门儿。"[12]

1975年底，清华"教育革命"的偏执已到了无以复加的地步。清华领导人多次强调以阶级斗争为纲，把学校办成无产阶级对资产阶级全面专政的工具。到了1976年，他们继续强调，"现有的知识分子，从他们的家庭出身来看，从他们所受的学校教育来看，从他们的世界观来看，从他们的政治立场来看，大多数还是未改造好的资产阶级知识分子。"[13]因而，也就不难理解，他们之所以坚持认为"直到今天，我国上层建筑的各个领域，有些方面实际上仍然被资产阶级及其知识分子把持着，资产阶级还占着优势。大多数知识分子距离用无产阶级世界观完全代替资产阶级世界观，还相差很远，一遇到风浪就会左右摇摆。极少数人不喜欢我们这个无产阶级专政的国家，一遇到机会就会兴风作浪，想要推翻共产党，恢复旧中国。一九五七年的右派进攻，这一次的右倾翻案，都是从知识分子成堆的上层建筑领域首先发难，就是一个明证"。[14]

总之，清华"教育革命"的目的，首先要上的是阶级斗争的"专业"；"上了大学，即使学的技术能上月球，而人的思想却趴下了，这样的教育再'高'，也是无产阶级所不需要的"。[15]

---

12 清华大学档案：全宗号：2，案卷号：73033，《工宣队、革委会、党委会北京大学、清华大学关于当前高等院校教育革命情况报告以及吴冷西同志来校了解大学教育革命情况的有关材料》。
13 清华大学档案：全宗号：2，目录号：政，案卷号：049，《政治部1974年—1977年梁效和校理论组等所写的部分有关路线斗争方面的批判稿件等有关材料》。
14 同上。
15 秦怀文：《为加强无产阶级专政改革大学教育》，北京：《教育革命通讯》，1975年第2期。

二

清华"教育革命"的模式除了上述的政治方面，还具体地表现在招生、师资、办学方式、教学方法、教材编写等方面所进行的"革命"上。

清华"教育革命"在招生对象问题上，鉴于文革前招生以考试为标准所带来的"智育第一"和学生中非工农子弟比例一直不高的"教训"，要进行彻底的变革。过去清华招生中由于家庭出身及父母职业的影响等因素，使得非工农子弟（如知识分子、职员和干部等子弟）入学比例相对较高，而工农子弟比例相对较低，据统计，"1961年到1965年，清华新生中的工农子女的平均比例占新生总数的42%（1961年为40%，1962年为32%，1963年为37%，1964年为51.8%，1965年为49.3%），比当时全国平均比例还低20%。"[16]这些成为清华文革前的教育的一条"罪状"。清华"教育革命"把改变招生方式、改变学生成分当作一项基本的内容。

1969年3月至8月，清华在校内外举办了22个教育革命试验班，招收400余名有实践经验的工农兵群众，进行教改探索。清华还听取了钱伟长等老教授关于教学改革的设想。1969年8月底9月初，清华2894名师生分赴校外24个对口单位进行劳动，"探索""教育革命"。1968年12月至1969年8月，由工宣队队员、教工、学生组成的19个教育革命小组，先后到几十个工厂、公社、部队及部分院校、机关，召开了近200次讨论会，听取对大学招生等问题的意见，提出了日后实行"教育革命"的一些初步设想，最主要的就是招生对象和招生办法，确定了："一、社会主义理工科大学的招生对象，是有实践经验的工人、贫下中农、解放军战士和其他革命分子。从工农兵中招生，要突出无产阶级政治，必须挑选政治思想好，具有阶级斗争、生产斗争、科学试验三大革命运动实践经验的优秀分子入学。

---

16 清华大学档案：全宗号：2，目录号：政，案卷号：051，《政治部清华大学两个阶级两条路线的斗争简介（讨论稿）》。

二、招生和分配要适合社会主义建设需要。三、关于文化程度。……今后大学从工人中招生，文化程度不宜限制，既有文化低、但有丰富实践经验和培养前途的老工人，又有初、高中文化水平的三、四年级实践经验的青年工人、农民。四、学生年龄以20—35岁为宜。五、招生办法。要废除资产阶级的招生考试制度，要突出无产阶级政治，走群众路线，学习解放军征兵办法，采取各级革命委员会推荐与选拔相结合。"[17]在稍后的几个月里，清华继续派出许多教育革命小分队到厂矿等进行教改试点工作。到1969年底，在清华校内外试点班招收了有实践经验的工农兵学员513人，年龄最大的60岁，最小的17岁，多数是25—35岁，文化程度从小学到高中都有，以初中程度居多。选拔和培养采取单位推荐，结业后"厂来厂去，社来社去"，学习最短的两个月，最长的两年。[18]这样，到1969年夏天，清华"教育革命"的招生方案实际上已经形成，同年底，这套方案的试验经验已经定型，一年后推向全国。

1970年3月，北大、清华提交了《北京大学、清华大学关于招生（试点）的请示报告》，该报告就培养目标、学制、学习内容、招生时间和名额、学生条件、招生办法和地区、学生待遇、分配原则等八个方面做了规定。这一报告及其相关精神成为1970—1976年中华人民共和国所有高等院校招生工作的圭臬。1970年，清华大学共招收各类学员2842名，均系推荐入学，未经考试，文化程度严重不齐：小学258名（占总数9.1%），初中1935名（占68.1%），高中533名（占18.5%），中专109名（占3.8%），上过大学的7名（占0.2%）；[19]实践经验有10年以上的有609人，4—9年的有1092人，3年的有321人，3年以下的有820人；学生来源为老工人596人，青年工人

---

17 清华大学档案：全宗号：2，案卷号：69026—69027，《工宣队、革委会、党委会首都工人驻清华大学毛泽东思想宣传队〈简报〉1969年1月31日第146期、8月9日第193期、第194期》。

18 清华大学档案：全宗号：2，案卷号：69033，《工宣队、革委会关于教育革命计划情况汇报等材料》。

19 清华大学校史研究室编：《清华大学九十年》，页279，北京，清华大学出版社，2001。

794人，农村青年1008人，现役军人444人。[20]在1972年招收的2072名学员中，高中一年级以上水平者占23.2%，初中二三年级水平者占53.3%，初中一年级水平者21.5%，中等技校和其他水平者占1.9%。这一届的学员学历要稍好于70届的学员，前者的初中学历者（包括未完成的）约占74.9%，而后者实际毕业的2805名学员中，初中（包括未完成的）及初中以下的学历者就有2162人，约占76.7%。[21] 这是因为1972年，在不少省市工农兵学员的选拔中，进行了某种程度的文化知识考试，后来由于张铁生白卷事件而取消了所有考试。

工农兵学员的学制最初为三年半，1975年改为三年。"三年半教学过程大体安排是：学员入学后，首先参加专业生产的全过程，同时参加工厂的技术革新，一面实践，一面学习基本知识；然后根据专业的不同情况，结合一个或几个典型的生产、科研任务，边实践边学习，同时紧密联系实际，安排一定的理论提高阶段。""现在工农兵学员培养的整个过程，始终坚持开门办学，在三大革命斗争实践中学习。使学员在学习期间，就直接参加推翻剥削者的斗争，直接参加国家社会主义建设。……这就从根本上打破了以单纯传授书本知识为中心组织教学的旧传统。"在反驳了"资产阶级代表人物"鼓吹学生在学习期间主要是学习书本知识后，强调这种陷于书本的做法就是使学生"脱离无产阶级政治、脱离工农、脱离实际的修正主义道路。……结合各种典型任务，边实践边学习，这是在三大革命实践中培养学员的一个基本的、有效的过程。结合典型进行教学，不是一个单纯的业务教学环节。它的目的是通过完成典型任务，学习工农群众的无产阶级立场感情和革命精神，培养学员辩证唯物主义观点。……因此，典型的选择，应该是生产科研的实际任务、有利于同工农群众

---

20 清华大学档案：全宗号：2，案卷号：70007，《工宣队、革委会、党委会北京大学、清华大学有关招生（试点）、应届毕业生情况的请示报告等材料》。
21 清华大学档案：全宗号：2，案卷号：73033，《工宣队、革委会、党委会北京大学、清华大学关于当前高等院校教育革命情况报告以及吴冷西同志来校了解大学教育革命情况的有关材料》。

相结合、能体现专业的培养要求。"[22]

1971年清华大学三个专业的"工农兵学员"课程设置及学时比例分配表（三年制）[23]

课　程	汽车专业		计算机专业		房建专业	
	学时	比例	学时	比例	学时	比例
毛泽东思想课	1354	20%	1400	20%	1218	20%
学军课	338	5%	350	5%	288	5%
学农课	338	5%	350	5%	192	3%
学工课	2378	35%	2600	38%	198	4%
基础课（包括专业基础）	960	14%	750	11%	1140	18%
专业课	1400	21%	1450	20%	3100	50%
总　计	6768	100%	6900	100%	6136	100%

　　清华大学在1972年规定,切实保证学员在每学年39周中有81％的业务学习时间。[24] 林彪事件前后，针对"有些班级一度学习纪律松松垮垮，教学进度完不成，业务学习时间无保证，甚至有的班第一学年教学时间只占总学时的56％"这一情况，清华取消了一些空头的"政治学习"，决心保证教学总学时中75％到80％的时间用以业务学习。[25] 稍后，还一再强调应使工农兵学员的学习时间应占每个学年学时的70-75％，但是事实上只能保证50％左右，因为大部分学时还是被入学教育、政治报告、政治讨论、大批判会、排练庆祝活动、野营拉练、挖防空洞、挖坑栽树、挖河清泥、清理仓库、迎接外宾、

---

22 清华大学档案：全宗号：2，案卷号：76036，《工宣队、革委会、党委会关于教育革命的形式问题、总结、规划设想等有关材料》。
23 清华大学校史编写组编：《清华大学校史纲要（1949－1985）》（讨论稿），页133，1987年6月，打印稿。
24 清华大学档案：全宗号：2，案卷号：72034，《工宣队、革委会、党委会下发校内各单位文件（一）》。
25 清华大学档案：全宗号：2，案卷号：71035，《工宣队、革委会、党委会下发校内各单位文件（二）》。

看内部电影等所占用。[26] 自动化系学员反映,入学 9 个月,理论教学只有 52 天。汽车系的学员反映,在校期间,真正学文、学工的时间不到五个月。[27] 又如,1975 年 5 月 5 日,清华大学革命委员会下发关于学员每周活动时间安排的通知,规定除每周星期二下午政治学习外,每周政治课时间为四小时,星期四晚上党团活动,星期五晚上机动,可安排讨论"教育革命"、班务会等,星期日晚上为业余读马列著作小组活动时间。[28] 这样,在一周七天21个单元时间(每一单元约 4 个小时)中,至少有 5 个单元时间为非专业学习时间。学校也承认,由于教学总学时减少了 50%,教学内容减少了 40%,遇到了教师的一些不满和批评,甚至如何看待教学质量成为教育斗争的一个焦点,成为阶级斗争的反映。"资产阶级知识分子凭借他们在'文化'上某些传统的优势,以'文化'业务这条大棒,作为政治斗争的手段,向无产阶级施加压力,教学质量、文化考查、知识分子的思想反复等问题上的斗争,都反映了这个特点。在教育阵地上,谁战胜谁的问题并没有解决,资产阶级还要在这个领域,利用他们某些文化的优势,反对无产阶级的占领。"[29] 在"政治第一",甚至"政治就是最大的业务"的支配下,学时能否得到保证,还取决于学校是否进行政治运动等活动。例如,在 1975 年底至 1976 年,学员的学时就被铺天盖地的"批邓"运动占用了许许多多。反正,工农兵学员的学时最难以得到保障,也最容易被打发掉。

清华"教育革命"进行之际,师资力量只能是"接收"过去学成的、现今在业的教师,尽管无法信任和依赖教师,但是这种"教育革命"根本没有自己的所谓"无产阶级知识分子队伍",不可能撇开已

---

[26] 清华大学档案:全宗号:2,案卷号:71007,《工宣队、革委会、党委会党委及有关人员在校内外会议上的讲话》。

[27] 清华大学档案:全宗号:2,案卷号:76036,《工宣队、革委会、党委会关于教育革命的形式问题、总结、规划设想等有关材料》。

[28] 清华大学档案:全宗号:2,案卷号:75023,《工宣队、革委会、党委会党委会革委会下发文件》。

[29] 清华大学档案:全宗号:2,案卷号:76036,《工宣队、革委会、党委会关于教育革命的形式问题、总结、规划设想等有关材料》。

有的师资而另起炉灶，现实唯一可行的办法就是使用政治上不可信的教师从业务上去培训学员。因而，清华"教育革命"中的师资政策十分矛盾而又荒唐可笑。不过，以1970年招生为界线，清华"教育革命"对待教师的做法还是表现出不同的特点。

　　工宣队刚进入清华的一年左右时间里，广大教师处在一种无形而又深重的恐怖和压抑之中。除了进行前面所提及的"清理阶级队伍运动"，工宣队还把广大教师下放"改造"。1969年5月，清华在江西省南昌市郊外鲤鱼洲建立了"试验农场"。同年5月至10月，清华先后有五批约2821名教职员工（约占清华当时教职工总人数的70%）先后来到这里劳动改造（10月来的一批人带有战备疏散的特点）。这个地区是血吸虫病的重疫区，由于从事水中劳动和防洪等，先后有上千名的清华教职员工患有血吸虫病。这个农场与清华本校相距千里，主要是用于教师的劳动改造；名义上是接受贫下中农的"再教育"，但是农场本身几乎接触不到农民；自称是自给自足，但是来往的人员车费开销巨大，从事农活的花费巨大，生产出的稻米每斤成本不低于当时人民币1元（那时全国各地的稻米每斤销售价格一般不超过2角）。到了1970年，农场劳动改造和校内教学任务，两边都"争夺"教师。最终，这个农场所造成的沉重负担使清华无法继续承受下去，1971年10月后不得不迁移到北京大兴县团河农场。

　　1969年底，清华大学近万名师生员工（包括1964年和1965年入学的学生3270人）主要分布在四大方面：在校内有3515人，在江西农场有2122人，在四川绵阳有624人，在三门峡、丹江口、邯郸、张家口等地进行"教育革命"的有2320人。[30]造成清华这种分散的局面，除了"教育革命"的因素影响外，还有当时备战形势的作用。这时的清华经历了继自己的"西南联合大学"历史之后的最大一次"分化"。

　　1970年招生后，教师们陆续回到清华，但是，他们的政治境况

---

30 清华大学档案：全宗号：2，案卷号：69033，《工宣队、革委会关于教育革命计划情况汇报等材料》。

并没有得到改变。即使教师们从事教学,他们也是动辄得咎,不可能像从前那样具有教学的主导性和积极性。

"教育革命"一再给教师的重压使得一些新教师力图向普通的体力劳动者看齐,他们不想接受教师的身份和称号。例如,1970年夏天,文革前招收的清华在校大学生全部毕业或结业,873名毕业生留校工作,其中不到一半人从事教学和科研,其余的从事工厂、后勤、机关等工作。为了表示与旧教育的"决裂"和与工人阶级"划等号",他们自称为"新工人"而放弃"教师"的称号。另一方面,在"再教育""给出路"的政策影响下,清华一些老教授试图把强加在自己身上的"反动学术权威"罪名改换成对"教育革命"的某种适应,工宣队对此概述为:他们从"业务名词不离口,到红宝书不离手;从故纸堆里钻出来,到大批判战场上杀上去;从'神仙会'养尊处优,到'学习班'斗私批修;从消极等待'斗、批、休',到积极投入斗、批、改"。[31]这往往是这些教授的异化式的表演。无论从哪一方面来讲,文革"教育革命"都是包括广大教师在内的知识分子的心灵苦难史和精神炼狱史。

在如何办学的问题上,清华"教育革命"做出了非同小可、波及全国的举措。清华"教育革命"把教学同生产劳动的结合演变成为整治知识分子、冲击教学并使教育裂解而蜕化的"大棒"。

1969年8月,清华确定建立汽车制造厂、精密机床厂、电子综合试验厂,以厂带系甚至以厂取代系和专业来进行办学。1969年10月,为了打破旧的教学体制,工宣队决定,在清华汽车厂生产纪念工宣队进驻清华的"七二七"牌3点5吨中(小)型军用载重汽车。这种做法只不过是把文革前清华实行"教学、科研、生产"三结合的办学政策推向极端,力图把清华变为生产与教学并重(几乎谈不上科研)的单位。工宣队以汽车系、机械系等系为汽车厂的主干,提出"以厂带专业",调动汽车、铸造、锻压、焊接、金属热处理五个专业的

---

31 清华大学档案:全宗号:2,案卷号:69027,《工宣队、革委会、党委会首都工人驻清华大学毛泽东思想宣传队〈清华大学简报〉1969年5月31日第179期》。

全部力量，来进行汽车生产及教学。与此相关的大部分教师乃至全部学员都成为该厂的"工人"，办厂不久，有的学员就抱怨"我们是廉价劳动力"。汽车厂群众批评学校在办厂问题上有"贪大求洋"的倾向。[32] 原计划是该厂1970年上马，1971年生产500辆，1972年生产1000辆，最后只生产了50余辆，生产出来的汽车实际上主要是依靠外面的汽车厂提供大部分零配件加以组装的。这种"七二七"牌汽车不仅质量低劣，而且为了它的生产，调动全校各系各专业的人力和物力，使全校的教学、科研以及其他生产都受到影响，仅在人力上就调动了上千名的教学、科研、技术、工人和学员等人员，所建起的汽车厂占用了相当大的实验室、车间和教学区的用地。有的实验室遭到强行改行，损失巨大，三年难于恢复元气。[33] 清华汽车厂的上马和下马所造成的巨大的、无法估量的浪费，是对"教育革命"办学办厂的最有力的佐证。当时，偌大的清华大学只有一个人对这种办学办厂进行了一针见血、有理有据的公开批评，他就是在机械系一车间以"待罪之身"被"监督劳动改造"的前清华大学校长兼党委书记蒋南翔。[34]

这种"以厂带专业"的办学方针，使得非汽车专业的电力学、建筑学、土木工程学、自动化控制、数学、力学、热能学、水利水力学、电子学、工程物理学（即原子能物理学）、化学和工程化学等专业遇到几乎无法解决的难题，即所有的清华工科和理科是否就意味着一定办成工厂或走出校门"办教学基地"？是的，例如，土木建筑系四连就提出："土建系必须到工地上去办"。[35] 显而易见，这种办学必定是以牺牲或削弱理论教学（特别是基础理论教学）为代价的。这种办学在清华还对作为理论教学一个组成部分的实验室教学工作带来了很大的冲击。当时清华的实验设备普遍落后，大体上是20世纪50年

---

32 同上。
33 同上。
34 中共清华大学委员会：《一个毁灭教育的黑纲领》，载《光明日报》1978年9月20日。
35 《清华战报》，首都工人、解放军驻清华大学毛泽东思想宣传队、清华大学革委会创办，1970年6月23日创刊号。

代的水平，甚至还有 30 年代水平的实验设备。[36] 到 1974 年，全校 58 个实验室，除 6 个较好外都受到损害，有 21 个需要完全重建。清华科研人员也由文革前占教师人数的 30%下降到 10%。[37] 即使在文革结束之际，清华全校的实验室状况也没有得到改善。

　　清华"教育革命"的办学方式不仅在于上述的以办厂来代替教学，还在于使学员走出教室和实验室，作为直接的劳动者参加生产活动。这种"开门办学"的方式不仅仅是所谓理论联系实际，而且首先是使学生向"工农思想开门"，[38] 从而保证学员学习的所谓政治质量、路线质量。清华"教育革命"一再强调，"开门办学"关系到学校培养"什么人"和学生"为什么人"和"走什么道路"的大问题，这些问题，清华文革前五年制或六年制的大学生没有解决，而通过"开门办学"，文革三年制的工农兵学员解决了。

　　"开门办学"的方式还表现在抛弃清华过去通行的"老三段"教学程序即"基础课—专业基础课—专业课"，实行教学与生产劳动相结合，边学边干，边干边学，提出"教师启发做向导，书本理论做参考，生产实践是基础，课堂总结再提高"。[39]这无疑是把生产劳动看作先于教学并且高于教学。在生产劳动中实行教学，这种教学的质量和水平是无法保证和无法提高的。这种否定和放弃"老三段"教学的做法，受到许多教师的批评，为此，工宣队再三强调，批判和破除"老三段"论，是清华"教育革命"的关键。"打破'基础课—专业基础课—专业课'的旧框框，紧密联系专业生产实践，把原来的基础课与专业课结合起来，重新组织教学内容，许多专业都结合典型任务，正在逐步建立新的课程体系。过去单纯按学科设课，了解一幢房屋的建造，要学十几门课。现在房建专业针对一幢房屋建造需要的知识，建

36　清华大学档案：全宗号：2，案卷号：72024，《工宣队、革委会、党委会关于加强理论研究座谈会纪要》。
37　周全华：《"文化大革命"中的"教育革命"》，页 276，广州，广东教育出版社，1999。
38　清华大学档案：全宗号：2，案卷号：74024，《迟群、张凤瑞等在华北五省及北京市有关会议上的讲话》。
39　同上。

立了一门新的课程《房屋建筑基础》，包括了力学、数学、结构、建筑材料、施工等内容，有理论有实际。"力图使课程"少而精"。[40] 1974年初，为了回击去年所谓"旧教育路线回潮"，工宣队决定，清华在校的几届学生全部走出校门，进行"开门办学"。同年初春进校的新学员，刚入学就让他们出去"开门办学"一年，致使他们上业务课的时间大大缩短，只占总学时数的45%，有的专业只占20%。

"开门办学"的教学必然要打破和清除清华过去教学中的"三中心"论，即"教师中心—课堂中心—课本中心"，带来了一种名为教学为生产劳动服务，实为以"教育革命"的政治为中心的相当混乱、破绽百出的教学秩序。例如，基础课教学原是全校统一负责，改为基础课下放到每一系甚至每一个班，即每一系都有几乎"门类齐全"的数学、物理、政治课以及有关基础课的教师。教师们被分散，被编入到不同的学员班级，同一学员班级由学科不同的教师混合组成"业务组"，如同火车的"包乘组"，把学员由入校带到毕业。1970年之后，清华逐渐恢复了部分教研组，但在1973年底之后，又把教师与学生按照专业合在一起，建立党政合一的工宣队队员、教师、学生三结合的专业领导小组。在教学上由几个教师负责一个班，承担由基础课到专业课的全部教学任务，甚至原有的系一级的基础课教师也被"下放"到各个班级，在教学上实行"三自一包"即自己编写讲义，自己刻印讲义，自己讲授讲义，各门课程包干负责，教师的教学"单干"现象严重，教师忙得无所适从。还有一些教师所学非所教或者所教非所学，例如，原有的一大批基础课教学（例如，电工学、热力学、工业电子学、画法几何、工程画图、机械零件等）是为全校开设的，但这时却集中在某些系或教研室甚至班级里，其他单位要开设这些课程就得另找教员，改行开课。实质上，这种根据学员班级而不是根据学科来进行教员讲课和教学分工的做法，如同从协作明确、效率优先的工业经济倒退到包田到户、自给自足的小农经济。

---

40 清华大学档案：全宗号：2，案卷号：76036，《工宣队、革委会、党委会关于教育革命的形式问题、总结、规划设想等有关材料》。

清华"教育革命"也在教学方法上做出了与上述方面相适应的变革。按照《创办》所说的,"教学方法绝不只是具体的方法问题,更重要的是按照哪个阶级的认识论和方法论去组织教学过程的原则问题。资产阶级的教学方法,以书本为中心,理论脱离实际,'上课满堂灌,学生跟着转',完全颠倒了人们认识真理的规律,只能培养出'三脱离'的书呆子。……实践使我们认识到,不彻底改革旧的教学方法,学校要完全培养无产阶级知识分子的任务,还是一句空话。""根据工农兵学员的特点,我们实行了结合生产、科研任务中的典型工程、典型产品、典型工艺、技术革新等,进行有步骤的由浅入深的教学方法,正确突出重点、急用先学、边学边干与系统教学的关系,特殊与一般的关系,基础课与专业课的关系。"这又是弥天大谎,因为在《创办》写作的1970年初,清华大学还没有正式招收工农兵学员,只不过是招收了几类不同的为时几个月到近一年的短训班进修学生,拿这种培养短训班的经验来侈谈什么大学本科的教学,与其说是以偏概全,不如说是以观念的强制先行来杜撰后来的教学模式。因而,这就不难理解"结合典型任务进行教学,打破了过去把基础课与专业课截然分开的界限。基础课要紧密结合实际,加强针对性。有的可以和专业课一起,按照需要组成新的课程。"[41]这实际上就使基础课和专业课受到了很大的破坏。这样的教学方法不仅使教师无所适从或难以适应,而且使学员所学到的东西或是非系统的甚至非理论的经验之谈,或是急功近利、穷于应付的手工技艺。

清华"教育革命"所倡导的教学方式还有教师、学员、工人(有时为工宣队队员)三方一起进行的"三结合备课方式",这一般是由教师先写出教学规划,由学员班级支部或代表讨论、由工人"把关"后方可由教师实施的教学活动。然而,实际上,这种教学完全是以教师被动、学员任意改动和工人随意决定的形式来进行,也就不可能达到教学质量的改进和提高。即使是清华"教育革命"的一份经验材料

---

41 驻清华大学工人、解放军毛泽东思想宣传队:《为创办社会主义理工科大学而奋斗》,载《人民日报》1970年7月22日。

中也批评了有些学员上课时对教师一不满意就当场批判教师,"无限上纲,不是耐心地帮助他们,使一些教师感到压力很大,挫伤了他们的革命积极性,有的甚至不愿意在教学第一线工作,认为谁上讲台谁就成了革命的对象,谁在台下谁就当革命的动力。"[42]在这"教育革命"的年月里,清华还多次发生过教师按照大学的水平讲课,却因学历低、知识浅的工农兵学员听不懂,教师被轰下讲台的事情。

清华"教育革命"把编写与过去不同的教材作为自己的一个重要内容。这种不同不是从教材的学理方面而是由教材的政治价值来确定的。因此,"各门课程都要贯穿无产阶级的思想教育。要向那些仍然被资产阶级反动思想盘踞的学科体系发动进攻。在这个基础上大打教材之仗。课程和教材是无产阶级与资产阶级斗争的一个重要阵地,各级领导要十分重视这项工作。要把改革旧的课程、编写新教材作为一场阶级斗争的战斗来进行。每门课程都要查一查,还有哪些资产阶级反动思想的表现?还有哪些唯心主义、形而上学、烦琐哲学,诸如'猪尾巴的功能'之类的东西?要发动群众,到工农兵中去,开门编教材。"[43]这种在教材编写上的"革命"就是推翻和抛弃文革前所用的一切教材,要按照"开门办学"等"教育革命"的方式来编写新教材。对于许多课程,新教材的编写都是"平时不烧香,临时抱佛脚",写出的教材不是在讲课的前夕才发出的"传单式的"东西,就是在课堂上可以任意放弃、随时改换的"玩物"。更为荒唐的是,这种新教材的编写大都是由教师写出初稿而由学员和工宣队队员"审定"的准政治性教学任务。

三

文革从教育界开场,又在教育界落下帷幕。教育界,具体地说,

---

42 清华大学档案:全宗号:2,案卷号:71008,《工宣队、革委会、党委会宣传队出席全国教育工作会议经验介绍以及接待"全教会"准备工作情况的材料》。
43 清华大学档案:全宗号:2,案卷号:76036,《工宣队、革委会、党委会关于教育革命的形式问题、总结、规划设想等有关材料》。

大学（即北京大学、清华大学）作为文革的摇篮和坟墓的"结合部"，成为文革罪过和灾难的渊薮。"教育革命"是必然要失败的，这种失败的必然性来自它自身不可化解的两个主要"内因"。

首先，"教育革命"的实质是什么呢？目前国内评论界比较流行的看法是把这种实质大致归结为反智主义、民粹主义、教育平均主义等等，[44] 而我个人认为这些都只是"教育革命"的特性。"教育革命"的实质是蒙昧主义。显而易见，"教育革命"带来的既不是一般意义上的反知识和反知识分子运动，也不是凸现或褒扬农民大众的文化价值，更不是什么倡导全民教育上的平均价值和均等状态，而是窒息精神，禁锢思想，毁坏人才，阻碍文明。"教育革命"是一场教育的大倒退，甚至是一场人格的大蜕化。下面仅用清华"教育革命"的事例来说明。

1972年9—10月，清华校级领导人到各个系进行调查研究。一是发现学员的文化知识程度和年龄严重不齐。二是发现学员的学习水平实在差强人意，据统计，全校平均学习好的学员一般只占全部学员的20%左右。三是发现学员中具有难以想象的学习困难和无法克服的学习障碍，即有的学员不会做作业，只能抄袭别人的；有的学员在数学方面还没有达到初等数学的水平，数学必须从复数、四则运算、三角函数等补起；有的学员不懂原子结构等基本概念，分不清克分子浓度、百分比浓度等；有的学员在函数、对数和指数的运算中频频出错，连计算尺也运用不习惯、不熟练，常在单位换算、小数点定位上搞错。四是发现基础课往往冲掉了专业课，课程学习中没有循序渐进，几乎没有严格可行的标准。[45] 清华当时的校方总结材料中也承认，在教学中遇到了学员文化程度严重不齐的尖锐矛盾，学员最高的程度达到了中专水平，学过微积分，而低得连加减乘除运算都很困难。

---

44 参见杨东平：《艰难的日出——中国现代教育的20世纪》，上海，文汇出版社，2003；周全华：《"文化大革命"中的"教育革命"》，广州，广东教育出版社，1999；郑谦：《被"革命"的教育——"文化大革命"中的教育》，北京，中国青年出版社，1999。

45 清华大学档案：全宗号：2，案卷号：72021，《工宣队、革委会、党委会党委常委对各系学员教学质量的调查报告》。

学员学习中遇到了"吃不饱"与"吃不消"的抵触。[46]

"教育革命"使得清华大学蜕变为清华中学或清华小学,这是"教育革命"的"平均奇迹",还是"教育革命"的蒙昧标记?

清华大学文革中历届招生人数[47]

年　度	入学年月	招生人数	普通班	进修班
1970 年	1970 年 8 月	2842	2236	606
1972 年	1972 年 5 月	2091	1817	274
1973 年	1973 年 9 月	1968	1846	122
1974 年	1974 年 9 月	3492	3367	125
1975 年	1975 年 10 月	3644	3218	426
1976 年	1977 年 2 月	2958	2380	578
总　计		16995	14864	2131

文革期间,清华大学招收工农兵学员及进修生的人数,居于全国各大学之首。1970 年,清华和北大率先在全国招生,为全国其他大学招生提供经验。1971 年,全国绝大多数的大学开始逐渐恢复招生,而这一年清华没有招生。工农兵学员毕业之后,他们的学习质量受到普遍的怀疑和批评。文革之际,就有对工农兵学员毕业生学习水平的很多指责和讽刺,例如,"你初中毕业,念了三年半,就叫大学生?最多是个中专生。""(每月工资)56 元是资产阶级知识分子,39 元就是工农兵大学生。"[48] 文革结束后,国家有关部门下达规定,把工农兵学员的学历定为大专。这就意味着"教育革命"所"培养"出来的大学学员没有达到大学本科程度。同时,这还意味着文革不仅没有使大学教育达到本科水平,而且根本谈不上提高到研究生水平。尽管清

---

46 清华大学档案:全宗号:2,案卷号:71008,《工宣队、革委会、党委会宣传队出席全国教育工作会议经验介绍以及接待"全教会"准备工作情况的材料》。
47 清华大学校史编写组:《清华大学校史纲要(1949—1985)》(讨论稿),页 132,1987 年 6 月,打印稿。
48 清华大学档案:全宗号:2,案卷号:74021,《东北地区我校首届工农兵毕业生调查》。

第六章 高等教育扫地出门，知识分子理想破灭

华1973年出现过以数十名留校的大学毕业生为主的三个研究班（固体物理、激光、化学），但是研究生招收和培养工作完全陷于停滞。文革给清华在内的全国研究生招收和培养工作留下了10年之久的空白。

其次，"教育革命"取消文化考试标准而采取以政治标准招收学员的做法，从最初"群众推荐，领导批准"的选拔方式，很快在相当大的范围演变为仅仅由单位或部门少数领导人具有决定"保送上大学"的权力实施，实为"走后门"。据当年清华有关领导到有关的系、班级调查，发现不同程度地存在"走后门"上大学的现象，即一些学员通过职位关系或利用特权关系来不正当地获取上大学的权利和机会，而且发现在不同系、班级学员总人数中"走后门"的学员比例约占12%，个别班级高达约20%左右。这种"走后门"现象也是全国性的。对此，中共中央1972年5月1日发出了关于杜绝高等学校招生工作中"走后门"现象的通知，毛泽东批示"同意"发布此通知。该通知指出：各地招生工作中程度不同地存在着"走后门"现象，有些地区和单位情况比较严重。"据反映，有少数干部，利用职权，违反规定，采取私留名额，内定名单，指名选送，授意录取，甚至用请客送礼、弄虚作假等不正当手段，将自己、亲属和老上级的子女送进高等学校。有些招生主管部门和负责招生工作的干部，不按党的原则办事，讲私人交情，私送名额，或强令招生人员违章招收不够条件的人入学。"[49] 上大学"走后门"的现象实际上一直没有杜绝。1973年底至1974年在"批林批孔"运动的初期，由于毛泽东本人的亲自干预，使得试图纠正关系到全国数百万人上大学、参军、招工等"走后门"的做法，中途夭折，不了了之。其实，据后来的材料表明，毛泽东本人也直接把自己身边的有关人员送进了北京大学。[50]

清华"教育革命"与整个文革"教育革命"一样，由于试图为了

---

49 国防大学党史党建政工教研室编：《"文化大革命"研究资料》，中册，第700页，北京，国防大学，1988。
50 范达人：《文革御笔沉浮录——"梁效"往事》，页57—58，香港，明报出版社有限公司，1999。

建设文革的理想社会而塑造"新人",由于以异常偏激的教育举措来试图纠正文革前教育的某些不公平、不合理现象,更由于以极端激进、富有空想的教育实践来试图建立"教育乌托邦",所以具有了至今都没有销声匿迹的某些迷惑、诱惑直至蛊惑的特色。

"教育革命"既是教育史上一次最大的"教育乌托邦"的实施,也是一次最大的"教育乌托邦"的破产。从"教育革命"理论的先天缺陷和谬误到其实践的后天变态和粗陋,无不表明"教育革命"充满着无法解决和无法克服的异化。在这个意义上",教育革命"本身就是反教育的。

选自启之主编《中华学人文革论文集》第三卷,学校与地方,27-62页。美国华忆出版社,2019年。

第七章 "假四清"目标是我,却殃及黄报青先生

如果问我,到底有没有"假四清"这回事?我会回答:有所谓的"假四清",但没有当时大字报所揭露、批判的"假四清"。

我在《被遗忘了的"红色恐怖"——记一九六六年的清华大学文化大革命》中写过:"一九六五年政治形势日益严峻。……艾知生召集宣传部、政治课的一批干部研究校内的思想倾向,又传达蒋南翔的意见:清华是理工科大学,意识形态上不如北大活跃,问题也不会那么多。但是建筑系是最敏感的地方,可能会有些问题。与其将来让人来查,不如自己先查,有问题自己先解决。决定由我带宣传部、政治课几个人进建筑系,不要说'四清',也不叫工作组,看看有什么问题。"——这就是所谓的"假四清"。但是从来没叫过"四清",也没有叫过"工作组"。说有,又没有;说没有,又真有那么一回事。我这个当事人真是很难做。在批判会上,或者在审讯我回答问题时,常常不能自圆其说。

大约一九六五年底,艾知生在甲所会议室又召开一个会,参加会议的人宣传部有我和李兆汉,建筑系有刘小石、李德耀(这两个人是建筑系党总支的领导),黄报青(是系秘书,总支委员)。还有几个人我已记不清了。艾知生首先传达了蒋南翔的意见:北大"四清"情况有点乱,主要是干部思想较乱。有的乱揭乱批,也有顶牛的。我们(清华)一向比较稳定,但也要有所准备。个别不稳定的单位也有,如建筑系、校医院和体育教研组。后两个单位似乎不是什么原则问题,而建筑系是南翔同志比较担心的单位。可能出现的问题有两个方面:一是"顶",不承认有问题。这里要提一下黄报青同志,不要像批大屋顶时那样"顶"。有不同意见,可以保留,沉默一会再说。再一方面会不会有乱揭乱批的现象。这两方面都不好,都会搞乱。所以党委意

见先派罗征启带几个人去建筑系观察一下，有没有问题。有问题我们自己先主动改，比将来人家来揭批要好。罗征启注意，不要叫"四清"，也不是派工作组，以免下面紧张。带什么人你自己在宣传部挑选吧。艾知生又征询刘小石的意见，刘小石说："这样安排很好，我没有意见。给多长的时间呢？三个月行不行？"艾知生说："三个月太长，一个月吧，新年前汇报……"

会后，刘小石又单独和我谈了一次。刘小石是建筑系的领导，非常平易近人，实事求是。记得我一年级入学时经常看见他很晚才去饭堂吃饭，我问他："你们工作怎么那么忙哪？"他笑一笑说："这就是我们的工作。你叫什么，你是不是青年团员？"我说："我不是团员。"他笑了笑，挺亲切的。不像有一位美术课教授，入学时代表系里和我们个别谈话，问我是不是团员时，我回答不是，他睁大眼睛说："哦！你不是团员！不是团员！"然后在小本上记下什么。我和同学都非常讨厌这种作派。刘小石就比较平和。

我毕业以后，他找过我谈话，叫我做学生工作。但是我们对高年级同学都有一钟敬畏的心情。记得一次听莫宗江教授讲写仿宋字，莫先生叼着一根香烟边讲边吞云吐雾。突然，一位高年级同学走进来，径直走到莫先生跟前，伸手从莫先生嘴里把烟拿下，对嘴点了自己的烟，又把莫先生的烟塞回莫先生的嘴里，扭头走了。这人，就是刘小石。据说，一九五七年反右运动时他出面保了我，免去因建五班会问题把我打成右派的厄运。我离开建筑系，调往校党委、团委工作后，一直还和他保持密切联系，把他当作老大哥一样尊敬他。

刘小石对我说："党委要你来做调查，我以为非常合适。你比较了解情况，处事又比较稳健，不会胡揭乱批。你有什么问题，需要我怎样帮助你？"我说："工作上我暂时还想不出有什么问题。我只是不明白，为什么把黄报青先生放在这么个位置上来考量。我认为他很好，很实事求是。他是我毕业设计的导师，人很好，又有才华。是不是有什么事我不知道的？"

刘小石解释道："你当时在念书，情况不了解。在批梁思成先生复古主义时，报青不同意，一直顶。彭真（北京市委书记）、刘仁（市

第七章 "假四清"目标是我，却殃及黄报青先生

委常务副书记）和中央好几位领导同志都做他的工作，他就是不同意，一直顶到底，到最后都很勉强。党委担心，将来有工作组下来调查，有个什么不适合，他又死顶，那就麻烦了。"我说："我估计不会的，我会尽可能和他交换意见的。"听了刘小石这番话，我对黄报青先生又增多了几分敬意。

我和李兆汉分工，我去听梁思成先生给建7、建8讲的《中国建筑史》，另外还查阅建筑系这几年的会议记录，特别留意有关意识形态问题的讨论。还有研究最近几年校党委及建筑系党委接到的举报教师讲课中的一些问题。李兆汉主要检查陈志华老师的《西方建筑史》和吴焕加老师的《西方近现代建筑》这两门课的问题，因为有一些举报。但是这时，已跟五十年代批复古主义时已有很大不同了，是进步很多了。纯学术问题，一般不干预。学术问题和政治问题纠缠在一起的就要认真分析，不能简单就下结论。

一个星期以后，李兆汉报告说，他检查的基本上都排除了，没有问题。只剩下陈志华的《西方建筑史》埃及修金字塔这一段话，有些人举报说，很像是指桑骂槐，影射攻击三面红旗。大意是：埃及这些奴隶为皇帝修金字塔，每天只有一点点啤酒，却在烈日下干很重的活，他们是饥肠辘辘的……

我说，这一段很典型，我们来破解一下：这段话如果基本上是抄的或者是翻译过来的，那就没问题。但如果是自己造的，有问题的可能性就大一些。但是怎么能查呢！我们互相对视了几秒钟，异口同声说"找桂生"。

桂生是刘桂生，是学历史的，这时在党史教研组，博览群书，攻于考证。我们在同一饭厅吃饭的时候，常常有人半开玩笑的问："桂生，筷子是什么时候开始有的？"他说："唔！我不知道，不过可以查到。"第二天，他就在饭桌上侃侃而谈：筷子是何时在何处开始出现，为什么叫筷子……于是又有人问："桂生，这饺子在中国是何时何地开始的？"桂生又说："唔！我不知道，不过可以查到。"再过一天，他又来讲饺子……

我请他来以后，讲了我们的困扰。我说：我很想查到这几句话的

出处，否则这一类的课程很难讲，谁敢讲呢？动不动就是攻击。他说："我明白，我试一试吧，但是这一次可比较难，我可没把握，时间也说不准。"我说：我当然理解，查不到也谢谢你。

大约十天以后，他来了，抱着一本厚厚的《古代东方史》，我估计有上千页。他翻到其中一页读给我听，除了"法老"换成"皇帝"以外，一个字也没改。我们如释重负，特别感谢刘桂生。

就这样，我向党委汇报了。艾知生听了，微笑地说："你的意思是，梁思成先生和这几位先生的课，不但都没有问题，而且讲得很好，应予表扬，他们的教材也没有问题，是不是呀！"

我说："是的，知识分子现在越来越精了，他们说话，写教材、文章，都有出处，抓不住小辫子了。"艾知生自言自语的说："这是好事还是坏事？"他摇摇头，没有说下去。他抬起头来对我说："等我向党委汇报以后，定下来要不要写个书面报告，再通知你。"此后，再没有通知我。后来批判"假四清"时花了很大力量来追问我，要我交出书面报告。我再三解释，还是不肯罢休。直到后来工宣队也追问过此事，最后也没有查出什么结果。因为这本来就是一桩荒唐无厘头的公案。

但是，整个一九六七年，在蒯大富掌握清华大权以后，这份混账被炒得很热很热。直到主要人物之一黄报青跳楼身亡，才慢慢冷了下来。

一九六七年，黄报青先生已被打得身心严重受伤，吐血、尿血，两次被送进精神病院。下半年时，我听说他第二次从精神病院回家了，每天在家写字。他毛笔字写的极好，尤其精于魏碑。我大学毕业以后，曾经找他想向他学写魏碑。他想了想说："可以，你要拿出500小时，而且不能中断，你行不行？"我说："那我还要过一段时间。"他说："你准备好再来找我吧，字帖我有，笔墨纸砚你自备。纸好办，就用普通旧报纸就行。"说这些话的情景，似乎就在眼前。但他已经沉默不语了。我很想去他家看看他，但似乎这个师生关系不是很方便。

有一天，建筑系的一些"革命群众"叫我到建筑系问话，还是关

第七章 "假四清"目标是我，却殃及黄报青先生

于"假四清"的问题，当然也提及黄报青了。但是这些问题对我都是毫无兴趣和毫无刺激作用了。快到中午我离开建筑系，骑车经工字厅门前回家，正巧黄报青先生也骑车走这条路。我很高兴问道："黄先生，您身体怎样？"他还是那样平静地说："还好。"我说他们又问我"假四清"的事了，他说："啊！他们也问我了，我已经没东西可说了。"我说我也是。他嘟囔了一句："这到什么时候算完呀！"

听说，如果不叫他，他就在家用毛笔在旧报纸上一篇一篇地写毛主席诗词。

年底，蒯大富为贯彻江青讲话精神，又要召开大会，批判罗征启在建筑系搞"假四清"、包庇黄报青等反革命修正主义分子。大喇叭狂叫："罗征启必须到大礼堂接受革命群众的批判！"我叫万润南问一下414总部，我是否应召出席？总部说千万不要去，并叫几个人陪我在科学馆二楼一个房间里听会。

火炉里无烟煤烧得很旺，大喇叭叽里呱啦吵个不停，我们根本听不进去，说说笑笑。忽然，建筑系的老师冯钟平（建O毕业生）推门进来说："罗先生，到处找你，听说你在这里，我来告诉你，黄报青先生跳楼了。"我们一下子都站了起来，低头默哀几分钟。我穿上棉衣，准备去看看。冯钟平等人问我："罗先生，你上哪儿？"我说："黄先生是我导师，我要去看看，向遗体告别致意。"大家说："你不能去，不能去。"冯钟平说："我替你去吧。你们都别动，我去一下，半小时左右回来。"不到半小时，他回来了。说是他（黄报青先生）住在五楼，今晚他在北屋写字，听到大礼堂方向大喇叭狂叫："罗征启，黄报青搞假四清……"他开了北窗就跳下去了。我去看时，已经用草席盖上了，我替大家向他的遗体鞠了躬致了敬。

那晚上，我一句话没再说。

那晚上，印甫盛、万润南护送我到人民大学教工宿舍我姐夫家里。

那晚上，我一直坐到天亮，没有睡觉。

我一直在想，这么好的一位老师，一位铮铮铁骨的男子汉，就这样走了。我一直不愿意听见别人说他有精神病。他绝对不是精神病。

打他的人才是精神病，残害他的人才是精神病。黄报青先生只是在这从领袖到平民、从战士到知识分子、很多人都迷乱了、都疯狂了的情况下，迷失了自己。他很快会清醒过来的。因为他没有错，没有害人，没有搞阴谋阳谋。

　　我相信，黄报青先生现在一定在天堂——如果有天堂的话——和梁思成先生、汪坦先生、周卜颐先生、程应铨先生、刘承娴先生一起，谈笑研究北京市的规划哩！而那些残害他的人，迟早会得到报应的！

第八章　缅怀黄报青先生

我们建五班同学都很熟悉黄报青先生。他是位德高望重、业务精深、才华横溢的老师。我们班设计图的标题，多是他的魏碑双沟，而且不用打格起稿。大家都听说他在文化大革命中坚持原则，不肯向极左势力妥协，结果屡遭迫害，终于含冤而去，但是详细情况却不甚了了。

我在学习期间曾任班长和系学习委员，和系秘书黄报青先生打交道比较多。黄先生和关肇邺先生同住一宿舍，我常到那里去。黄先生又是我的毕业设计指导教师。毕业后，我留校教学和做学生工作，黄先生也一直指导和配合我的工作。

文革大动乱开始以后，戴高帽、游街、批斗干部老师是平常事。但是黄报青先生就不平常了。在批斗时，黄先生坚持蒋南翔是好领导干部，不是反革命修正主义分子。喊"打倒黄报青"可以，喊"打倒蒋南翔"坚决不行。他找出许多报刊资料，说明中央一直肯定蒋南翔是好的领导干部，怎能一夜之间要打倒？一次再次，他宁愿挨打至尿血，被赶到小河中，但绝不妥协。1966年9月在东大操场"劳改"时，大家蹲在地上拔草，刘小石（系党总书记）悄悄对我说："报青被打得不行了，你和他比较好，跟他说说，叫他别顶了。"我慢慢移动到黄先生身边，对他说："黄先生，您不要顶了，中央的意图我们也搞不清楚，硬顶没用，保护身体要紧。"他说："要打倒我可以。我现在要拔草、劳改，都可以。但是要我说打倒蒋南翔，打倒共产党，这不可以。"我说："你可以不说。"他说："不是我要说，是他们逼我说，我又不能说假话。"我又说："不是要你说假话，但你可以沉默。"他严肃地说："我是共产党员，有些话不能不说。"这样，他被反复批斗、用刑，导致精神崩溃，两次送进安定医院。出院后，他沉默不语，每天不停地抄写毛主席诗词。

1967年12月的一天晚上，我在科学馆里听着大礼堂里"缺席批斗罗征启"的大会广播，指我受党委指使到建筑系搞"假四清"，千方百计保护黄报青。广播里不断点我的名，有时也点到黄报青。忽然一位建筑系的学生进来说："黄报青先生跳楼了。"大家沉默了一会儿，我起身想去现场看看，与老师告别。周围学生不让我去。建筑系的冯钟平说："我去看看。"半个多小时后，他回来说："黄先生一直在家里写字，不言不语。今晚校内大喇叭又说'假四清'，批判罗征启、黄报青，他听了就从五楼跳出窗外……"

粉碎"四人帮"后，刘达出任党委书记、校长，大力平反冤假错案。我又被调回工字厅工作。我给刘达写个报告，提出现在还有人认为黄报青、刘承娴是"叛党""自绝于人民"，至少文革中这一流毒没有肃清，我心里很难过。像黄报青先生这样坚定、正直、有骨气的共产党员，难道不值得我们认真学习吗？刘达马上批示，要郑重开追悼会，为黄、刘两位老师昭雪，嘱我向南翔同志报告并请南翔同志到会。我到科委见南翔同志，他说："好，我一定参加。黄报青是个好同志，值得我们学习。我知道他不肯喊'打倒蒋南翔'，其实不必，我自己也喊过，小平同志也承认过自己是走资派嘛！追悼会后，请你陪他的夫人来我这里，我想见见她。"

追悼会开了。悼词是我写的，内容我现在已记不起来，但我记得我是动了感情的。南翔校长也来了，许多人都哭了。我想，报青先生忠魂有知，当会略感宽恕吧。

事过三十多年了，我常常想，发动这场大动乱的罪过且先不提，那些动手打黄报青先生，用刑逼供、迫害、侮辱报青先生，导致他精神崩溃，以致跳楼的人，到现在却不见有一个人站出来承认错误，反省一下自己的行为。现在不会追究责任了，但我相信，良心——如果你们还有一点良心的话——会谴责你们一辈子的。

第九章　追思徐葆耕先生

文革之前，清华的政工干部都知道，水利系的政工干部有"三宝"，即陈宝玉、谢宝栋、徐葆耕[1]。陈宝玉现在的去向，我不知道，似乎早已离开了清华。谢宝栋在文革动乱结束后就恢复了工作。在胡启立主持的一次研究落实政策、平反冤假错案的会议上，他就坐在我的旁边，因心脏病发作，倒下了，再也没能起来。前些日子，清华传来噩耗，葆耕也离我们去了！

读着葆耕给亲朋好友留下的那封信，不禁悲叹感慨，思绪万千……

他的信，是他坎坷屈辱的一生的写照！

他的信，你看不见抱怨和仇恨。即使是对有意无意伤害过他的人，也没有半句不好听的话。这与我们平日和他相处时的印象是一致的。但是对于曾经关心、帮助过他的人，哪怕只是一点点，他一定不会忘记，而且必当"涌泉相报"。

他的信，对我有很多溢美之词。

其实，作为当时党委宣传部的领导之一，我常常为自己在那人人自危、荒诞混乱的日子里，只顾自己的安危，没有很好地关心和帮助葆耕，没有在他受到委屈时给予安慰而感到羞愧。与其说我帮助过

---

[1] 徐葆耕（1937--2010），北京人，满族，中共党员。1955年考入清华大学水利工程动力装置专业，1960年毕业留校任教。1981年任文学副教授，1990年任教授。历任清华大学中文系系主任，传播系代系主任，人文学院副院长、校学术委员会委员等职。2003年退休。著有《反击》《邻居》等五部电影文学剧本，主要著作：《西方文学：心灵的历史》《西方文学五十讲》《俄罗斯文学启示录》《紫色清华》《释古与清华学派》《清华精神生态史》等，及长篇小说《半个月亮半个太阳》《教授出家》等。（启注）

他，倒不如说更多的是他帮助过我。

1960年开始，我从校团委调到党委宣传部，分管校刊、对外宣传和写作，以及学生的文艺阅读等工作。我这个人，基本上是理工科出身，读文学书少，对文艺创作根本不熟悉，干这个工作自知是不适当的。而葆耕在这方面比我强多了。我曾跟宣传部的顶头上司艾知生谈过，我问道："为什么不把葆耕调来搞这个工作？我不行。"艾知生说："我当宣传部长、党委副书记，我行吗？也不行，只好边干边学。你说徐葆耕行，我也听说过，你可以向他学习，将来可以将他吸收到你这条线上来工作嘛！"于是，我曾经两次与葆耕长谈，听取他的意见，得益匪浅。在与他的言谈中，我感觉他的喜好在于文艺创作，而不是政治理论写作、宣传稿件的写作，更不是教政治理论课。而当时学生文艺社团的文艺创作，政治性太强，我认为把他调过来也是浪费人才，所以我一直没有再提此事。但是对于一个文艺工作干部，应该读哪些书，应该注意具备哪些修养，我从葆耕那里吸收了许多养分，直到今天还在起作用。

文革动乱时期，我和他没有联系。我印象中葆耕和其他几个"写手"一样（如李兆汉、钱逊、张正权、任彦申等）都被留在校本部，没有去鲤鱼洲劳动。我再见到他的时候，已是1973年我回到政治部宣传组工作的时候。

我离开工字厅很长一段时间，不知在政治部宣传组该干什么，怎么干。一天下午四点左右，我到校刊编辑室，看见葆耕独自埋头工作。我问他最近有没有写什么东西？他说没有。正在这时，迟群推门进来。他盯住我看了一眼，又转向葆耕。迟群应该知道我，但可能不认识。我只是1968年9月从广东"潜回"北京那天，由工宣队把我接回学校，先送去新水利馆一个房间，见了迟群、谢静宜一下。他们不会记得的。

葆耕见迟群一脸疑虑，就笑问："迟主任，你认识这个人吗？"

迟群再看我一眼说："不认识。"

葆耕说："他就是罗征启呀！"

迟群睁大了眼睛说："罗征启！"

第九章　追思徐葆耕先生

又转过头,眼光对着我从头扫到脚,又从脚扫到头,好像我是从哪里钻出来的怪物一样。

"你就是罗征启?"他从牙缝里挤出这句话。

然后,他说:"你就是蒋南翔的第一号笔杆子?"

我说:"不是,其实好多人写东西比我好,葆耕就比我好。"

"那好,我出两个题目,你写两篇文章我看看。第一篇:当前的主要危险是'左'还是'右'?是应该反'右'防'左',还是反'左'防'右'?给你两三个星期的时间,写完了这篇,再写第二篇。"

他又对葆耕说:"他刚回来,你们是老同事了,帮他一下嘛!"然后皮笑肉不笑地"笑"了一下就走了。

迟群走后,葆耕对我说:"不好,他盯上你了,他在考察你。迟群是非常阴险的人。谢静宜水平不高但是人好一些。你快找李兆汉商量一下,他了解许多情况,主要是他们认为你是414中极右势力的代表。'7.27'工宣队进校时414马上拆工事缴枪,逃过了这一劫。其实,真正否定文化大革命的是414,可是没抓住把柄!"

我问过李兆汉,他说:"的确如此。迟、谢认为清华有一个拥护蒋南翔的'地下复仇军',有一个营,你是政委!"

我问他们:"那我该怎么办?"

李兆汉说:"没有别的办法,只能趋吉避凶。"

葆耕却说:"现在的形势,有大凶、小凶,无大吉。我觉得只能趋小吉,避大凶,甚至趋小凶避大凶。"

他们的忠告,尤其是葆耕的忠告,在我后来经历的那段险恶环境里,能生存下来,起了很大启迪作用。

1975年"反击右倾翻案风"时,我又失去了自由。这时我听说葆耕被调去创作一部名为《反击》的电影,真为他们捏把汗。钱逊被调去"梁效"写作组,因为在批判他的老子钱穆时,他发不出言,最后被梁效开除,送回学校,反倒平安无事了。葆耕就没有那么幸运。

粉碎"四人帮"后,我奉命重组清华党委宣传部工作。这时,在宣传部工作的绝大多数人都是过去老宣传部的同事,互相都了解。在对葆耕考查时,大家一致认为:葆耕在迟群、谢静宜当政时期,受命写过一些东西,但是他第一没有害人,第二也没有害自己,他没有做过对不起良心的事,应该让他放下包袱,做一些他自己愿意做的事情。

后来的岁月,虽然在他一生中只占了少部分,但是他真正干了一些他自己喜欢干的事情,写了一些他自己想写的东西,如他主编的电影《邻居》……

大约是1994年末,我忽然接到清华中文系打来的电话,大意是说1995年是中文系成立十周年,葆耕请我去参加系庆活动。我感到很奇怪,我和中文系没什么关系,为何请我参加?百思不得其解,于是我打电话问葆耕。他爽朗地笑称:"建议恢复中文系的报告是你亲笔写的,刘达校长批准的。这是我系复建的第一份历史文件,你说你应不应该来?"后来,我有事没能成行,但我十分感动。我想了好久:这就是徐葆耕!

月有阴晴圆缺,人有悲欢离合。此事古难全……

葆耕,你安心地走吧!我们大家会永远怀念你的!

附件

清华精神生态史
——60年代（上）：开万人顶风船的角色（节选）

徐葆耕

蒋南翔在1962年的一次讲话里，提出了关于清华历史的"三阶段两点论"：从清华建立到1949年解放，是第一阶段；从解放到1958年是学习苏联，属于第二阶段；从1958年开始了清华独立自主发展的新阶段。他说，每个阶段都是"两点论"：既有优点也有缺点。我们的任务就是总结三阶段的得失，进入更加成熟的境地。蒋南翔的"三阶段两点论"，很符合黑格尔的"正、反、合"，但实现真正意义上的"合"却是一个非常遥远而艰难的历程。

不管怎么样，进入20世纪60年代，在国民经济极端困难、饥饿把众多农民逼到死亡边缘的情况下，清华没有"就地卧倒"，而是展开了自己的新的航程。1959年伊始，进校的学生有了一个相当严谨的教学安排。1961年中共中央发布关于高等学校工作的《高教六十条》。这个文件在一定程度上纠正了以往的缺点，指出：高等学校的基本任务和培养目标明确要求做到德智体全面发展，强调高校要开展科学研究，注意区别政治问题、世界观问题、学术问题的界限等。清华从1963年开始招收研究生，号召学生作"科学的登山队员"。蒋南翔还说，清华如果培养不出林家翘那样的科学大师，就不能够算是成功。这一时期，不仅重视基础教学，而且吸收了"真刀真枪做毕业设计"的合理因素，努力做到学用结合、理论和与实际结合。早已实践的政治辅导员制度和文体活动方面的多项措施，帮助了学生在思想和文化素质方面的健康发展。学生们由于饥饿，营养不良，面有菜色，但没有大面积整人的政治运动。多数学生精神奋发，心情快乐。蒋南翔和他的战友们的教育理想几近实现。

60年代初，清华东区矗立起一座新的教学办公大楼，坐北朝南，11层，以其方正、宏大和高耸而傲视老清华的建筑群。这座中央主楼的建成，标志着清华在精神上从老清华向新清华的转移，新的清华精神已经诞生。

但几乎同时，蒋南翔就发现自己的航船遇到了"顶头风"。1964年毛泽东同志的"春节谈话"用"害死人"等尖锐的措辞来批评当时的高等教育。但蒋南翔是一棵独立的树，他不会因此而屈服，他委婉地讲，毛主席的"春节指示用之于清华还要翻译一下——毛泽东的谈话用的是明明白白的汉语，何来"翻译"之必要？但听的人好像明白这是怎么回事。他在全校的大会上号召师生团结一致，"开万人顶风船"。还对教师说："要做高尔基所描写的迎接暴风雨的海燕，不要做随风漂泊的浮萍。"（《蒋南翔传》第219页，清华大学出版社，2005）

谁也没料到，文革伊始，蒋南翔等千辛万苦，殚精竭虑所创造的辉煌竟然在几天之内像肥皂泡一样，化为泡沫，而且是"有毒的泡沫。"当时的知识分子竟然显得如此不堪一击，毛泽东一宣布蒋南翔为"反革命修正主义分子"，昨天的"南翔精神"信徒就竟相"反戈一击"，贴出成百上千的大字报表示"拥护"。大势所趋，在暴风骤雨的袭击下，他们暂时迷失了方向。

文革中，中央主楼依然矗立着，经过风雨的剥蚀，开始失去光彩。人们好像第一次发现这座主楼过于方正，线条显得呆板。

奉献加科学：新清华精神的雏形

1959年的夏末，全国上下"大跃进的浪潮"方兴未艾，清华园已经复归于平静：大炼钢铁的小土炉已经拆除净尽，发放到全国各地去参加劳动的学生回到了教室，试验室亮起了灯光，几个新办的专业向着世界科学的前沿吹起了冲锋的号角……

9月初的一个夜晚，自动化系刚刚进校的新同学排起一字长蛇阵悄悄地走进了了无声息的教室和图书馆。这是他们"入学教育"的第一课——参观晚自习室。他们的亮晶晶的眼睛惊讶地看到：在日光灯照耀得朗若白昼的图书馆的偌大的阅览室里，竟然座无虚席！人人都埋首读书，没有一个人抬起眼皮来看看他们。这个图书馆安静得竟然连日光灯上整流器的嗡嗡声都听得见，间或还有书页翻动的窸窣声、窃窃私语的讨论声。"此处无声胜有声"，它向新来的同学传达了强有力的信息："你进了清华吗？来加入我们的读书行列吧！"

这就是自动化系给新同学上的第一堂课。它告诉学生，你的第一任务就是坐下来好好读书。

从1957年反右开始，学校还没有如此地平静过。1959年入学的2079名新同学赶上了好时候："清华园里好读书"！

在航天事业中从事自适应控制系统和智能研究取得卓越成果的吴宏鑫院士，回忆起1959年进校以后的课程表，兴奋得不能抑制："当时的课程真是丰富多彩，很多课都是大师给我们上课，我们深感自豪！""钟士模教授讲过渡过程，讲合闸中0-到0+变化，电机转动控制中如何最快达到而又不超调等例子，深入浅出，给我的印象颇深。吴麒先生教学态度一丝不苟。他写的板书，从黑板左上角写到右下角，整版写满，工整美观。他不借助任何工具，一笔就能画出一个规范的圆，那娴熟的技巧让我赞叹不已！他讲调节原理的基本概念，丝丝入扣，清晰透彻。吴先生除了严肃认真以外，还有一个特点：不露声色的风趣和幽默，如：有一次布置下周的考试，要求大家作好考前的准备。他表情严肃地说，'请同学们参加考试时，一定要带好灌满墨水的钢笔；铅笔要削尖，橡皮要擦干净，不要一擦就把好端端的白纸擦成黑的。'"面对教师的严肃认真，学生也紧张起来，每天吃完晚饭最要紧的事是到图书馆或教室抢座位，那真是每天一场的"星球大战"！到了星期天，"战斗"格外紧张激烈。吴宏鑫在校那6年，并不是天天都这样紧张地学习，作为班里的生活干事，每天要负责指挥打扫宿舍的卫生，给同学们分发"粮票"。在三年困难时期，在每个男同学都吃不饱的情况下，共产党员每人每月要节省2斤粮票，准备接济那些不到月底就把定量吃光了的同学。当那些自己也饥肠辘辘的党员把那两斤粮票交给吴洪鑫的时候，他从这件细小的事情上悟到了"什么是共产党员"这个伟大的真理，也就是从班生活干事这个低微的职务上懂得了"为人民服务"的道理。后来他作了系学生会副主席，进一步锻炼了自己的社会工作能力。一直到他在工作岗位上成了科研的带头人，他在生活干事这个岗位上学到的宝贵经验受用终生。

著名的半导体专家高光渤是1959年进入无线电系的新生，说起自己在美国和日本取得的研究和教学成果，他总不会忘记在母校打下的基础："在学校一共学了三年半的数学：从数学分析、线性代数、复变函数、数理方程、概率论到积分方程。物理方面，从量子力学到统计物理，从电动力学到理论力学、分析力学，均得到了较为深刻的系统的训练。与此同时，我们又学习了电工学、电子线路、微波电路等电子方面的课程。在此基础上我们又较深入地学习了半导体理论、固体物理、半导体器件物理等专业课程。我想这就是蒋南翔校长给我们的'猎枪'吧！"他说的"猎枪"是指蒋校长的一句名言："学生是新时代的狩猎者，学校不仅要给学生干粮，更要给他们猎枪。"这句话同老清华教师常说的"不光要给学生金子，更要教给他们点金术。"异曲同工。

学习生活是紧张的，但也不乏快乐。年轻人的快乐源泉之一自然是"男女搭配"，但谁都知道"清华多才子，新斋（女生宿舍）少佳人"。女同学本来就是"稀缺资源"，对于从事原子能事业的工程物理系来讲更甚。1959年进校的这一届，工物系200名新生中只有4名女生！无怪乎工物系有"和尚系""老头班"之美称。"和尚系"几近之，"老头班"却未必。这届新生的一次班会上，同学们纷纷献艺，五彩缤纷。

就在这一届学生念到五年级的时候，"老头班"的戴遐明被通知去二教室楼开会，他走进去一看，人不很多，是由教务长何东昌老师作报告，动员学生报名念研究生，这是新中国成立后清华大批量培养高级研究人才的开始。何东昌同志在报告中说，苏联卫星上天，靠的是1万博士，10万副博士。中国科学技术要发展，就必须培养自己的"科学登山队"。一切有志于献身祖国科学事业的年轻人，都该踊跃地参加这支勇敢者的队伍。他在报告里最后说，英美苏联都叫"博士""副博士""硕士"，这都是洋玩意儿，我们也许应该叫"进士"吧。大家听得哈哈大笑起来。事实上，戴遐明意识到，他们应该做的是"战士""勇士"！

清华有两支闻名遐迩的"别动队"：体育代表队和校文工团。这两支队伍的同学随本专业同学一起上课，但下课之后，自习、吃饭、住宿都同代表队或文工团在一起。这样，他们就在保证学习的前提下，得到学校各方面的特别眷顾，清华的体育代表队成绩卓越，几乎每年的全国大运会冠军非清华莫属；文工团也颇有名气，同专业团体同台演出毫不逊色。在两支"别动队"生活过的同学都感到自己的特长获得了很好的发展。毕业后，他们惊讶地发现：文工团员在新的工作岗位上常常成为领导骨干——因为他们在文工团这个特殊的团体里，得到了比别的同学更多的思想文化熏陶，培养了自己的交往能力和领导能力。

建筑设计专家、教授级建筑师吴婷莉是1959级土木建筑系学生。刚入学时，她怕耽误功课，不想参加文工团。但她的优美的嗓音还是被"揭发"了。吴婷莉进了文工团发现，不仅不会耽误功课，而且还可以得到很多方面的培养。文工团发现她有培养前途，专派另一位"前辈"肖运鸿来辅导她。肖运鸿是著名歌唱家、音乐学院教授蒋英的亲授弟子。肖运鸿每周到音乐学院随蒋老师学完，就赶回来辅导吴婷莉。吴婷莉就这样成了蒋英教授的"再传弟子"。吴婷莉的独唱越来越走红，常被专业人士误认为她是"专业歌唱家"；有时与她同台演出的另一位男高音张剑则是中央音乐学院希望留他任教而被拒绝的正经专业人士。吴婷莉和张剑，还有前面提到的肖运鸿等都是当时清华的"偶像级明星"。吴婷莉毕业时因学习和唱歌两方面成绩优异而荣获校级金质奖章。20世纪90年代老文工团团员返校作了一次盛大的演出。当这些白发红颜的老头老太太站在台上放声高歌、纵情舞蹈时，习惯于欣赏邓丽君、崔健的年轻同学挤在台下听得目瞪口呆。有的同学说，这帮老头老太太怎么和年轻人一样的"疯"呀？

2009年是65届学生入学50周年，这届学生中已经有7位同学成为中国科学院和中国工程院的院士，两位同学曾经担任共和国的正部长，两位同学进入中央政治局担任常委。

如果我们试图从精神的层面上揭示这一届学生区别于解放前的学生的主要特征，应该选用什么词汇呢？最适当的词汇就是：第一，爱国奉献；第二，全面发展，第三，严谨实干。这三个方面构成了"新清华精神"的核心。在这三条里，我们不难看出同老清华精神之间的隐然联系："爱国奉献"实际上是明耻自强精神的传承与发展；全面发展是"独立会通"思想的某种体现；"严谨实干"则几乎就是老清华的"科学实干"精神的直接传承。如果论及两种精神的区别，则非"奉献"二字莫属。"奉献"是最具50年代色彩的词，每一代人都有"爱国奉献"的光荣表现，但作为"代"的整体而言，只有50年代的大学生堪称"奉献的一代"，而65届则是他们的一个近乎完美的代表。

每一代人都是历史的产物，不可能越出历史的局限。65届也是如此。作为体现"爱国奉献"精神的最骄傲的一句话就是"祖国的需要就是我们的最大志愿"。但正是这一句话令我们不安：那个时代，对学生的要求是"两个拥护一个服从"（拥护中国共产党的领导和社会主义；服从祖国的分配）。学生毕业时，填报志愿，最后一栏是"是否服从分配"。一般来说，即使最"落后"的学生，也会写"是"。还有更多的学生并不填写个人志愿，只写上一句"祖国的需要就是我的最大志愿。"那个年代，一个不服从分配的学生，就意味着自己"和祖国决裂"，很难在国内找到工作，除了自己有海外亲属，也很难自办出国。

在一个健全完美的国家里，一个人的工作选择应该由两个因素构成：即"社会需要我干什么？"和"我自己想干什么？"两者的重叠是一个最美好的结果。"祖国需要"和"个人志愿"，是矛盾的两个方面，是对立的统一。如果不能够重合，则应该相互协调，国家应该尽可能地照顾学生的个人志趣，而个人也应该考虑国家的需要与可能。在"祖国的需要就是我的们的最大志愿"的口号中，取消了后者，或者说，用前者取代了后者——用"国家的需要，取代了"个人的志趣"。它不可能不对个人的精神世界造成某种压抑。

当时，代表"祖国"来安排学生的职业的，是学校的毕业分配委员会。他们大都会考虑到每个学生的特长和困难，尽可能让每个学生都有一个他们喜欢的去处。但，这些从事具体工作的人也还有一些"标准"，主要是"政治表现"作为分配工作中的首要因素。一个被视为"政治落后"（白专）的学生，功课再好也不可能到重要的科研岗位，极大的可能是到基层"锻炼改造"。我所在的班级（水动02班）中，"第一大脑袋"是一位从北方农村来的同学。他天资卓越，学习极富创造性，而且性格憨厚，作风朴实，但因1957年抄录了一个人民大学的"右派分子"的大字报回校张贴，而被划为"中右"，毕业时不能留校，分回了他老家所在的省份。那里的领导一看是"中右"，立即下放到偏远山区水文站，每天看浮标，记录水位，一干就是多年。到了改革开放，他的卓异才能终被发现，擢升为该省水利厅总工程师，其时，已经年近50，头顶半秃，从事科研的韶华时光已过。我们班好多同学都认为，这位同学如果在毕业的时候能够得到一个较好的科研环境，一定成果惊人，晋升院士毫无问题。

如果我们考察一下那些科学大师，会发现，他们大多"少年立志"，在十几岁的时候已经才华初露，并且选定了自己的奋斗方向。由于得到了一个良好的环境和名师的指点，终于按照自己的选择成才。服从需要，按照国家分配的岗位努力奋斗而成果优异的也有，如65届中的那几位院士。但是，这种单向选择，可能培养出某一方面的卓越专门家，但很难出科技上的帅才，学术上的大师。

钱学森在晚年十分关心大学教育培养拔尖人才问题。他多次说过，高校要按培养科技领军人才的模式来办。我们目前大陆境内所有的大学没有一所大学是按照这个模式办的，所以培养出来的学生不敢说前人没有说过的话，不敢做前人没有做过的事，很多是人云亦云，你好我好。对这他不满意。（《北京青年报》，2009年11月7日，A2版）

如果我们用"敢说前人没有说过的话，敢做前人没有做过的事"

作为一个尺度去衡量50年代"反右"以后的学生，就会感到这一代人黯然失色。过多的"服从"的要求和指令，给了他们彰显自我牺牲品德的机会，但却压制了社会需要的反叛精神——这种反叛精神只能存在于某一个很小的专业技术命题里，而不敢扩展到大的基本科学范畴，更不要说社会领域了。

蒋南翔：新清华精神的立言者

　　上一节中，我们把50年代的新清华精神归纳为"爱国奉献、全面发展、严谨实干"。应该说，这些精神并不是清华的孤立的产物，而是那个时代全国大学的普遍精神，是以毛泽东同志为首的党中央对于青年学生的期待，作为清华而言，它则是学校领导和广大教师、学生在长期的互动中逐渐获得的精神力量。但毋庸讳言，它有一个强有力的立言者，这就是蒋南翔校长。

　　"反右"以后，蒋南翔在清华是一个拥有强势的领导者。他的强势不仅来自他手中的权力，而且源出于他的独特清新的话语。在许多重要的场合，他都把"高举""突出""路线""斗争"之类的字眼，留给别的领导人去说，而他自己的讲话总是别开生面，让听众有一种惊喜的清新之感。他主张"用师之意，不用师之词"，所以很少引用毛泽东的原文，也不大成段地重述中央的文件。他提出过一系列生动而极富启发性的口号：他初来清华时，校内共有108位教授、副教授，大部分是老清华留下来的，是"资产阶级知识分子"，但蒋南翔说："一百单八将是清华的稳定因素"，使得许多老教授获得一种安定感和自尊感；他针对一些旧社会过来有思想包袱的教师说："各按步伐，共同前进"，积极分子不要对老教师提出过分的要求。他重视校内职工的作用，说"教师和职工是学校的两个车轮，缺一不可"，让职工也感到了一种新中国成立后地位的提升。在清华的教师干部中流行着一个说法叫做"南翔精神"，也就是说，在清华，除了有马克思、列宁、毛主席而外，还有一个蒋南翔。没有人认为蒋南翔可以同那些伟大领袖比肩并列，但又觉得蒋南翔为清华所不可或缺。这种状态，在当时的中国的大学里是独此一家。蒋南翔在文革风暴伊始就覆灭，其原因之一也在于此。

蒋南翔校长的第二任夫人吴学昭是清华国学院主任吴宓的女儿。吴学昭老师的生活里兼具新、老清华的两极：吴宓是老清华精神的代表性人物之一，而蒋南翔则是新清华精神的主要创建者。蒋南翔曾同他的夫人明确讲，我和您的父亲具有两种不同的信仰。但如果我们仔细分析，这两极又不是决然断裂。新老清华就像隔着一条无法逾越的鸿沟，但在许多方面我们都可以看到在鸿沟的底层的连通。

蒋南翔重视教师在学校的地位和作用。他初来清华时，学校正是"洗澡"之后，许多教师给自己带了许多高帽，感到自己是没有改造好的"资产阶级知识分子"，很自卑。当时学校有一百零八位教授和副教授。蒋南翔在全校大会上说"一百单八将是清华的稳定因素"，帮助教师认识自己的地位，恢复他们的尊严感。蒋南翔使用了"一百单八将"这一农民起义英雄的比喻，让教师们感到高兴。如果在新中国成立前，谁说他们是农民英雄，他们会认为受到了侮辱。相反，如果蒋南翔称他们为"大师"，他们也会手足无措，以为又要挨整。蒋南翔的说法，显然与梅贻琦的"大学者……乃有大师之谓也"不同，但重视知识分子在学校的作用则庶几近之。

蒋南翔在谈到培养目标时，很重视业务上的拔尖人才的培养。他说，清华如果不能够培养出林家翘那样的人物，就不能够算是成功。他提到的林家翘是清华物理系1937年毕业生，后获加州理工学院博士，在美国麻省理工任教，被尊称为"应用数学之父"。蒋南翔以他为"标尺"，表明了他对老清华培养人的肯定，也包含着超越老清华的期待。

蒋南翔十分重视学生的全面发展。他不认为理工科大学就只能培养"工程师"。他说，清华有"五条战线"：政治、业务、劳动、体育、文艺，也就是说，学生应该在五条战线上都求得不同程度的发展。他采取多方面的措施，希望学生能够获得自由活泼的多方面的成长，他甚至期待清华能够再培养出像曹禺那样的大作家。无论梅贻琦还是蒋南翔，都不满足于培养专业匠人，而希望培养"全人""通人"：

梅贻琦的"会通"思想从知识的角度，蒋南翔的"全面发展"则从素质的角度，阐释了这一目标。他们的培养目标的政治要求是不同的，但都是希望学生成为通晓宇宙、社会基础知识的博学多能之士。

　　蒋南翔有一句关于清华培养目标的话语，流传很广，就是"听话出活"。我从内心里希望这句话不是出自蒋南翔之口．我总觉得他不应该把清华的培养目标做如此简单化的概括。这种说法，违背了马克思主义关于人的主观能动性的论述，就像说人应该成为"驯服工具"一样，是对青年人的一种侮辱。事实上，马克思主义的先驱们，从来不是"听话出活"的，蒋南翔本人也不是如此．他是一位极具独立思想的人；他从不盲从任何权威，包括毛泽东同志。

　　在讲述"一二·九"时，我们已经对蒋南翔的独立精神有所提及。这位相当成熟的青年干部，一进入延安就发现中央自上而下发动的所谓"抢救运动"味道不对。凭借着他对城市里知识青年的深刻了解，用如此粗暴的态度在他们中间广抓特务，显然是错误的。发现这一点的人不在少数，但敢于上书公然否定的却寥若晨星。他在上送中央的《关于抢救运动的意见书》中明确地说："我愿郑重地向党反映这样一种情况：此次抢救运动，是在知识分子党员心理上投下一道浓厚的阴影，是相当沉重地打击了党内相当广大的知识分子的革命热情。"[《中共党史研究》1988年第4期，第64-67页。] 这个运动及时刹了车，毛泽东也亲自向受到不公正对待者道了歉；但蒋南翔的"两万言书"，却受到了批评，被指为犯有严重错误。这份谏言如果毛泽东读到了，相信一定会留下深刻印象。

　　如果说，20世纪五六十年代，以蒋南翔为首的校党委是同当时的中央领导对着干的，这完全不符合实际。总起来看，清华仍然是同当时的中央保持一致的。从1952年院系调整、学苏到反右派斗争，都贯彻了中央的方针。1958年"大跃进"时，似乎有一点保留。但也不能说"顶风作案"，而是顺手牵羊，利用大跃进之风发展了尖端专业和原子能、自动化等高科技研究领域。但是，如果我们认真考察这17年的历史，可以发现，以蒋南翔为首的清华领导是具有独立精神的领导，而不是对上唯命是从、亦步亦趋。在"学苏"期间，清华

第九章　追思徐葆耕先生

继承老解放区和老清华学生工作的传统，形成了一整套包括后来受到邓小平同志肯定的政治辅导员制度。院系调整取消了文科，但是，蒋南翔大力建设思想政治课和学生课余的校园文化活动，在一定程度上弥补了学生人文艺术修养的不足，为培养国家所需的全面发展的领袖人才奠定了基础。蒋南翔深知教学秩序的稳定是学校的生命所在，因此，竭力把政治运动对大学的冲击减少到最小，1958年大跃进风暴刚过，清华党委就提出稳定教学秩序，提高教学质量，特别是基础课的质量。所有这些都表明蒋南翔和清华党委深通教育三昧，而且身体力行。

蒋南翔的做法同中央领导的精神之间出现明显的裂痕是在1964年2月，毛泽东发表《春节座谈会上的讲话》和同年7月的《与毛远新谈话纪要》时。毛主席在这两个文件里，严厉批评当时的大学教育："旧教学制度摧残人才，摧残青年，我很不赞成。"这里的"旧"，不是指旧社会的"旧"，而是指当时通行的教育制度。毛主席对教育界现状的否定已经包含着后来发展出来的"两个基本估计"：大学基本上被资产阶级所统治；知识分子的大多数是资产阶级的。

简单地否定毛泽东《春节座谈会上的讲话》，显然是不智的，毛泽东指责的那些"摧残青年"的现象，至今还存在。问题在于，教育上有诸多的"两难"：如果你按照毛泽东的办法去改革就会出现另一方面的问题，就像人们在文革中所看到的那些荒诞。找到一种十全十美的教育制度，是一件很困难、也许是永远做不到的事。

如果蒋南翔善于随风转舵，那么，灭顶之灾也许会暂时避免。但是，这不是他的习惯。他委婉地、部分地拒绝了毛主席的《春节座谈会上的讲话》。

1965年，山雨欲来风满楼。蒋南翔预感到风暴的来临。在这一年学生的毕业证书上，蒋南翔提议：由三位校领导联合签署：校长蒋南翔、副校长刘仙洲、第一副书记刘冰。理由很简单：如果他"倒台"了，证书还可以继续有效。这是一份独一无二的毕业证书，除了这一届以外，没有任何一届学生的毕业证书上有三位领导的印章。但是蒋南翔没有料到，文革的结局是三个人全部"倒台"。

在这一年，有一篇很流行的小说，题目叫"开顶风船的角色"，写的是一个下级小角色坚持实事求是，敢于"顶"顶头上司的故事。蒋南翔校长在一次全校性的讲话中说："清华教师学生加起来一万多人，是一艘万人大船，我们要开万人顶风船。"他要"顶"何人之风？蒋南翔解释说，他要顶的是当时中宣部的某负责人在大学教育方针上的极左之风，并没有想和党中央对着干，但是，文革一起，蒋南翔第一批被宣布为"反革命修正主义分子"。蒋南翔被指责"镇压学生运动"，而"镇压学生运动的人绝没有好下场。"毛泽东同志所指的学生运动，就是文革初起之时，清华几名高干子弟学生奉他们老子和娘的意图来兴风作浪，炮轰蒋南翔和清华党委。对于他们，清华党委何敢"镇压"？只是希望采取措施，使得浪头不致掀翻清华这艘船。但欲加之罪，何患无辞？蒋南翔就这样被"监护"了。显然，蒋南翔的思想是同毛泽东1964年以来从教育界开刀，来个翻天覆地大革命的思想相悖谬。说蒋驾驶"万人顶风船"，企图"顶"毛主席的文化大革命之风，应该不算冤枉。

蒋南翔独立不倚的精神真正震撼了我的心灵，是在1973年，文化大革命中。

1971年，在清查"五一六"的运动，我被突然关在一间有铁棚栏的房子里，并指明我为"五一六"分子，在那日夜不分的轮番审讯中，我也挣扎过、反抗过。但当自己意识到掌权的迟群、谢静宜的头顶上是那尊我崇拜得五体投地的天神时，我违心地承认了自己是"五一六"分子。为此我获得了"宽大"，恢复了自由。在我走出铁栅栏的房子时，我的第一个念头是自杀。如果我真是一名"五一六"，那么咎由自取，无怨无悔。而我心里明白我根本不是什么"五一六"，却在全校的老师、学生面前卑躬屈膝地"认罪"，这件事摧毁了我的人格和生活勇气。我知道，从小崇拜英雄的我，其实是个一文不值的懦夫。唯一支撑我的理由是这个运动是毛泽东亲自发动的，对抗是不可能的。全国有上百万人都如我一样违心地往自己脸上抹了黑。

就在那些自惭形秽、无颜苟活的日子里，我听到了一个"传达"，蒋南翔在北京卫戍区的监狱里，胆敢在毛主席亲自批准的《为创办社会主义理工科大学而奋斗》的中央文件上逐条批注,针锋相对地发表不同意见。听"传达"时,蒋南翔那些掷地有声的批注犹如一把把尖刀戳在我的心灵深处,我的手冰凉,心在颤抖。这是一个囚徒在向雷霆万钧的天神挑战!在当时,我没有能力分辨对错,我感受到的是一种无畏的冲天正气!

那天夜里,我躺在床上,望着漆黑的天花板,我哭了。当我违心地把罪名戴在自己头上时,唯一能安慰自己的是,这是伟大领袖亲自领导的运动。我的卑屈不是为了自己,而是为了我所崇拜的神。今天,蒋南翔在监狱里发出的声音,把我灵魂上的最后一块遮羞布撕去了。我不能不面对自己那丑陋的、一丝不挂的灵魂!我真想跪在上苍面前,让他把我这卑怯的灵魂收走!我在极度的痛苦中发誓:今生今世我已不可能做一个勇敢者,但我绝不再说谎!

从那以后.直到现在,我没有违背自己的誓言。

文化大革命像一面透视心灵的镜子。照出各种人的真实面目:勇敢的,卑怯的,邪恶的。文革以后,一些人又把自己的灵魂掩盖起来,变得道貌岸然了。

人人都应该为自己的丑行忏悔。不忏悔,不成其为人。

任何的性格都有不可分离的两面,而独立不倚的另一面就是固执己见,甚至专制独裁。毛泽东是20世纪最具独立思想的品格的传人之一,他不屈服于斯大林,也不屈服于赫鲁晓夫,甚至在精神上也并不臣服于马克思和列宁。他认真吸取了他们的思想用于创造属于自己的理论。在整个20世纪,都是西方思想影响中国,只有一个中国人用他的思想在西方制造了"地震",这就是毛泽东。他的造反理论在60年代的美国和法国是左派运动的强大武器。

蒋南翔在思想性格上与毛泽东是非常相似的。毛泽东同志逝世后,文化大革命结束,蒋南翔重新被启用,许多人对他抱以很高的期望。但人们失望地发现,蒋南翔对17年(1949年到1966年)中的极"左"路线认识不足,他承认自己"缺乏民主作风",但对于1957年因为反对他本人而被错划成"右派"的个别人不肯予以改正。蒋南翔成了一个固执己见的人。这是独立不倚者的另一层面的悲剧,是性格上的悲剧，精神上的悲剧。

听吴学昭老师说，在她同蒋南翔结婚后，蒋南翔曾禁止她的女儿出国留学。说："只要我活着，家里人谁也不能出去！"作为继父，似乎过苛。但是，如果我们没有忘记在当时（80年代）不少高级干部利用权力将自己的亲属送往国外镀金的大风潮，就会对蒋的决绝态度有所理解，并增加几分敬意。蒋南翔是商品时代的落伍者，但他所达到的那个精神境界，是当今在商品大潮中俯仰浮沉的精英们所无法企及的。

选自徐葆耕著《清华精神生态史》（第十一章），北京，中国水利水电出版社，2011年。

第十章　蒯大富刑满出狱，现身深圳

1988年初夏，一个风和日丽的上午，我在深圳大学演会中心的工地上，和几位技术人员一起，讨论处理工程进度和一些细节技术问题。我们很投入、很专注地边走边议。深圳初夏的天气已有点热了，没多大一会，我们的额头上都挂着汗珠了。这时，我隐约感到后面有个人跟着我，盯着我。

我有过多次这种体验：有时会感到有人在注视着我，结果证实是真的。有时心里忽然闪过多年不见的同学或朋友的身影，过一会他会来电话或者干脆就出现在我面前。我相信目光或者意识都是一种有能量的信息波，是可以被一些敏感的人接收到的。如盲人虽然看不见，但他们一定有另外一些接受信息的渠道，他们可以"看到"我们常人看不到的东西。所以，我们是可以感知不在我们视线范围内的信息的。

这时，我感到跟着我的这个人走上来，从后面靠近我。和我一起讨论工作的几个人的目光也显示，我后面有人走上来了。

"罗老师！"

我回头一看，是一个肥头大耳的中年汉子在叫我，听声音虽然有点熟，但我并不认识他。于是我没有理会他，很快转过头继续和大家讨论工程上的问题。但是，我的注意力已经有相当部分在快速地搜索和处理记忆中与身后的这个中年汉子有关的信息了。他是什么人？我认识他吗？

"罗老师，你认识我吗？"

我又回头看了一眼，立刻干脆利落地回答"不认识！"

"罗老师，我是蒯大富。"他执着地说。

这时，我猛然一下就认出了这个文革中的著名人物，用文革时的语言说，这个"臭名昭著、十恶不赦"的人物。我注视着他几秒钟。文革中是他把清华搞得乌烟瘴气，又是他莫名其妙地把矛头对着我，搞了一个"罗文李饶反革命集团"害得我们几个人留下满身残疾伤痛，害得我家破人亡，害得刘承娴同志伤重含冤而去……虽然多年不见，但我是绝对不会忘记这个家伙的。只是，他变样了……

现在，他突然出现在我的眼前了，面对着面，一瞬间所有的夙仇旧恨，在我的脑海中一闪而过，我有点不知所措。

短暂的沉默后，我哼了两声："什么时候出来的？你怎么这么胖！"我说话本来声音就小，中气不足，现在就只有我自己才能听到了。

但是蒯大富听出来了，他说"我已经刑满出狱。多年来无所事事，自然就胖了。罗老师，能不能给我点时间，我想……"

我打断他的话："你不看我正忙着吗？等我忙完了吧，你等一下。"

一抬头，我正好看见不远处王天平老师在跟人说话，文革时他是清华机械系的教师，是支持反蒯大富的414派的。我喊他过来："王天平，你看这是谁？认识吗？"

王天平看了看，摇摇头说："不认识。"

我说："老蒯呀，蒯大富！"

王老师这才认出来，皱着眉头说："你这个家伙胖得不像话了！"后面又扯了什么，我也没听见。我干我的事去了。

等我忙完了工程上的事，招呼老蒯到我的办公室，这才发现，他还带来了一位年轻的女士。原本听闻，他出狱以后竟有六十多位年轻的女士写信给他，表示愿结良缘，结果他选了这位，北大毕业的，还读了研究生，刚结婚不久。这位应当就是他新婚的夫人了。

坐定之后，老蒯把他年轻的夫人介绍给我，我认真地问她："你嫁给他不害怕吗？"

她认真地微笑着答道："有点！开始还没什么，后来听的多了，了解的多了，越来越害怕！"

十多年后，有一次蒯大富的女儿告诉我："我爸怕我妈，他打不过我妈。别看他这么大块头，我妈轻松就能把他撂倒。我妈是散打冠军。"我问过蒯大富这是不是真的，他有点不好意思地说："是真的。"

蒯大富一本正经地说："罗老师，我今天特地来向您请罪。文革中我做了很多错事，犯了罪，危害了学校，也伤害了许多同学和老师。尤其是对您。我知道这不是说几声对不起就能解决的。但是，我总得面对。在法庭审判我的那天，我知道您一定在场……"

我插话说："我是在场。"

老蒯停了一下，继续说："但您没有发言，其实您最有资格发言，控诉我，但您没有。"

我说："讲到'资格'，我觉得清华任何一位老师和同学都有资格控诉这场大混乱和控诉你！"我嘴里说着，心里却在想：一位红卫兵领袖，坐了牢，出来以后，带着新婚的夫人，来当面承认错误，这不容易啊！当年大批叱咤风云的造反派领袖们，又有多少能像蒯大富这样，能面对自己的错误呢？他已受到了法律的制裁，我们大多数的受害人也不会再追究了，他可以不来找我认错的。我知道，文革大混乱中，那么多的无头命案，还没有处理。刘少奇、彭德怀、贺龙等等，难道都是江青亲自动手杀害的吗？几十年了，又有谁出来认错呢？

"是，是！您说的对。"

我接下去又说："你当时在审判会上还抢着讲话，说什么'王子犯法也要与庶民同罪'。你说这些干什么？我不认为你这话是错的，我只觉得你那个钦定的'红卫兵领袖'的架子还没有放下。你以为你是谁？在那个场合，你说了又有什么用？当时你虽然身在法庭接受审判，可自我感觉还是个毛主席和中央文革支持的红卫兵小将，可以为所欲为，想说啥就说啥，想干啥就干啥。最多也就是小将犯错误，怕啥！"

"是，是，是，是。"老蒯苦笑着。房间里沉静了几秒钟，大家都在思索。接着，老蒯又说："我出来以后，又听说您把孙耘放了，还鼓励他们夫妻上研究生，我们真感动得无法用语言表达。我感到清华的派性消除得很快，团、四之间现已没有什么隔阂了，这都和您的宽宏大度的引导有关吧。"

我不大认可他的看法。可能他被关得久了，不大了解情况了。我和两派的师生都有许多接触。在文革刚结束的时候，我们简直不能想象清华两派之间已经动用了长矛、步枪、手榴弹、炸药，甚至土坦克、穿甲弹和有毒的弓箭，怨仇怎样才能化解？但是我们发现，清华师生政治上是非常敏锐的，也是很动脑筋的。虽然两派都叫井冈山，两派都"誓死捍卫"同一个领袖和同一个路线，然而早在1967年，就有人把两派的分歧归结为两个问题，一个是文化革命前的十七年是红线主导，应该充分肯定，还是黑线主导，应该彻底否定？另一个是十七年的干部队伍基本上是好的，还是应该彻底砸烂？固然彻底砸烂这个无政府主义的口号是蒯大富们提出的，许多坏事是蒯大富干的，但是如果背后没有中央文革的支持，蒯大富能成为目空一切、大胆妄为的红卫兵的领袖吗？而中央文革难道就是罪恶的源头了吗？蒯大富也好，中央文革也好，他们能量再大，也不可能发动起这场荒唐的"大革命"。想到这些，就不会再纠缠在两派的矛盾和怨仇里了。

就我所知，414派的不少人，1967年上半年开始就已经在思考这些问题了。最著名的是414的头头沈如槐的两篇文章，一篇是《什么严重错误》（指干部队伍），另一篇是《什么彻底砸烂》。还有周泉缨的《414思潮必胜》，都把这两个分歧挑明了。而且已经比较公开地把矛头对准中央文革了。团派的情况我不甚了解，当时也不能交流讨论，但我肯定团派中一定也有不少人有这种思考。据我所知，有些同学虽然支持蒯大富，然而也反对"彻底砸烂"。有人支持"彻底砸烂"，仅仅是因为"虽然毛主席没有说，但他所发动的史无前例的运动就是地地道道的'彻底砸烂运动'，连刘少奇都砸烂了，还不是彻底砸烂吗？"

这时，蒯大富又开启了另一个话题：

"罗老师，我出狱以后，好多同学，两派都有，支援我一笔经费，让我有机会周游全国，受点教育。这个活动，现在已近尾声了。我深感改革开放的形势，全国来说广东最好；广东来说，深圳最好；到深圳一看，是你这里深圳大学最好！……"这家伙，本性难移，原形又现，活像他当年在清华大礼堂上胡说八道一样。

第十章　蒯大富刑满出狱，现身深圳

我觉得好笑，立即叫停："得了！你可别说你想来深圳，来深大，不可能。你虽然已刑满释放，但你可比'三种人'厉害多了。'三种人'都不能进深圳，何况你蒯大富？！我看你现在还不甘寂寞，不肯善罢甘休。你最好找个小点的城市，找个技术工作，悄悄地赚点钱，让大家把你忘了。千万不要再掺和政治了。"

"是、是、是。"蒯大富连连点头表示同意。"我不搞政治了，我想赚点钱，搞经济。我看好多同学都想方设法赚钱，这个方向对头。"

这次会面，总起来讲，大家总算是心平气和的。我对自己还比较满意——我可以平静地接待老蒯，平和地重提过去那些不愉快、甚至恐怖的事情，就像见到多年不见的学生、老师、同学和朋友一样。如果是二十年前——1968年，这是不能想象的。

当年，大家像是有深仇大恨的死对头一样。那时，我和许多师生一样，一想起清华园里一个个冤死的老师、同学，想起7.27几百个手无寸铁的工人、解放军倒在血泊之中，想起被迫害冤死的黄报青、刘承娴老师，想起当年代替我枉送性命的胞弟，想起莫须有的"罗文李饶反革命集团"……，我总是怒火中烧。我知道蒯大富肯定要自食其果的。那时我想，以后见到他的时候，我虽不会抄起一把铁锹冲上去砍他，但至少也会咬牙切齿地说："这个十恶不赦的混蛋！"还要加上文革中常说的一句话："时候一到，一切都报！"

时间是医治一切创痛的良药。慢慢地，一切都归于平静和理智了。这才有了眼前的"仇人相会"的一幕。但是，小有遗憾的是，蒯大富当面认错，我却没有讲一句鼓励的话。我讲不出口。一方面，我没有准备，另一方面"还要再看看。"我对自己说。

1977年刘达同志任清华校长兼党委书记，胡启立任副书记，组织"大批判"，要我代表"罗文李饶"控诉蒯大富，把蒯挂在"四人帮"线上来批。我和文、饶等同志商量：矛头要向上，向"四人帮"，不要向下，不要向团派群众；只点名一个人即蒯大富，而且只点一次。

1980年开庭审判蒯大富时，坐在听众席上，我已经又平静了许多。我想，这小子还很神气，他自我感觉还是个红卫兵领袖。他不知道自己不过是被人利用的工具，不知道在很大程度上他也是个受害者。如果背后没有人支持，像个木偶似的，上面有人牵着线、指挥着跳舞，他能有这么大的能量，能把清华园搞得乌天黑地，瘴雨蛮烟？

但是，我决定保持安静，什么都不说了。因为，我自己不也同样是被人牵着线的木偶吗？相对来讲，我现在比蒯大富们自由一些，但只是五十步与百步之差而已。当木偶太累了。我很想隐没台下，当个观众，看看这场戏还会如何发展，如何了结？然而，在当今这个社会里，有谁能完全按照自己的意志去生活、学习和工作，又有谁能始终安坐台下只当观众呢？

此后，由于89年的"事件"，我有几年没有主动和外界联系，也有几年没有回北京，不大了解蒯大富的情况。但是，清华文革中两派的头面人物常常有人来深圳探望我。414派的自不必说，团派除了蒯大富之外，鲍长康、马小庄、吴炜煜、段永基、李康群等头头都造访过我家。我们不再谈文革中的事了。不必再"认错"了。谁对谁错，孰是孰非已不重要。

其中，最值得记下一笔的是鲍长康。文革中我和他没有任何联系。后来陆续听到一些传闻，说他得了病，精神有点不正常，还有的说他已不在人世。92年，突然有一天他来敲我家的门，我开了门，不认识。

他自我介绍说："罗老师，我是鲍长康！"我有点惊讶地说，"听说你病了……"他接着说："不止病了，还死了！没有的事，你看，我不是挺好的吗？"

我问他："你现在在哪里？"

"我在襄樊市一个药厂里当工程师。"说着，他拿出几盒药，"这是我开发的安眠药，非常好，没有副作用，也没有依赖性。你试试。"

我的老伴在旁边说："给我吧，他（指我）从来不吃安眠药，我来试试。"

药吃完了，感到效果很好，想再要一些，我按照鲍留下的电话去找，已不见踪影。有人说在广州，也有人说去了东莞。我问蒯大富，蒯说他在广州，我估计这比较准确，后来证实是在广州。

第十章　蒯大富刑满出狱，现身深圳

1993年，海南有一位想投资办教育的老板请我去帮他策划。这位老板是海南制药厂的大股东，他带我去参观。这个药厂很大，环境也很好。我们到了前台，老板对接待的员工说："请成总来。"过了一会，有一个人晃晃悠悠地走过来，胸前挂着一个卡，上面姓名栏写着"成钢"。我因为不认识"成钢"，所以没大在意。老板对我说这是成总。

我说："你好，成总！"

老板指着我对"成钢"说：这是……。

这时一个熟悉的声音说："这是清华大学的校领导，深圳大学的校长，我的老师罗征启！"是成总在说。

我吃了一惊说："我不认识你，你是清华的还是深大的？成钢？我不认识！"

他微笑地说："我是鲍长康！上次去深圳看了你以后，我去过东莞，后来在广州，我干得都很好。结果要登报了，我发现我的名字、年龄和在清华毕业的时间都被改了。我才明白我的名字不能见报！一气之下，我辞了工作下海南。海南药厂聘我当总工程师，我索性乘势把名字改为'成钢'即长康的谐音了！"

他的诙谐幽默、坦然自信和满不在乎的样子，使我感到经过这场史无前例的大混乱，他们都成熟了。

一晃四、五年过去了，我回北京才又得到蒯大富的消息。

我回北京应邀到海淀区委造访区委书记李荻生。他原是清华力学系的。文革开始时是校团委的。好像两派打仗时，他是支持老蒯的。在鲤鱼洲农场时，他是我们一连的指导员，是位足智多谋、学识渊博又思想敏捷灵活的青年干部。记得在鲤鱼洲时，有一天，我正在使牛耕地，他派人到地里把我叫到连部说："老罗，我们正在总结党支部的工作，你听一下，帮我们写个总结。"我表示为难说："不合适吧，我还没有'解放'，甭说恢复组织生活了，让我写支部的总结？"他笑着说，"早晚得解放嘛！你是笔杆子，快手。老是赶牛，用进废退，我怕你忘了怎样写总结了。"

他跟我说起蒯大富："这家伙不知道经过什么途径居然进了北

京，进了海淀区，在海淀区开办了一个公司，手续齐备，搞得不错，还有点名人效应。这事一不留神让陈希同市长知道了，大为恼怒，把区长臭骂了一顿。我赶紧出面承担责任，算是过了关。其实确实没我的事，我事前一点都不知道。这样，蒯大富又被赶出了北京，据说去了山东。这小子现在不知在搞什么名堂了！"我们都感到，经过大疯狂时代的历练，这批人物不仅更成熟了，而且能量极大，如果引导好，是一股不可轻视的力量。

回到深圳，有一天，忽然蒯大富笑着走进我的办公室，先递上一张名片，叫"戴明"。我反复看了看，知道是"代名"之意，用意和"成钢"一样。但是，他接着又递上一张蒯大富的名片。服务的企业是一家搞家庭影院视听设备的外资公司，任副总。我警告他说："你两张名片一起用，效果比用一张还要引人注意。你这样张扬的性格，小心这里是深圳，可能比北京还严厉。弄不好还会赶你走！"

此后，他见我毫无敌意，就不时打电话问候一下，或者约几个人到我家聊一会，并且逐渐"放肆"甚至信口开河起来。

记得有一次，他不知怎地和深大的张文华老师联系上一起到我家来，同来的还有三、四个人，名字我记不起了。大家谈到文革的教训时，我又告诫他要收敛一点，不要太张扬，不要参与政治。

他信口说："罗老师，您放心啦！现在我就是专心致志弄钱，没钱什么都办不成。而且现在搞政治根本不是时候！"大家哄然大笑。

不知谁说："老蒯此话泄露天机，不是不搞政治，只是没到时候。用文革时期的毛主席语录说：现在是窥测方向，以求一逞。"

蒯大富自知说漏了嘴，也笑了。不过，大家都觉得，这才是他真实思想的流露。

还有几次，老蒯还约了北航的红卫兵领袖韩爱晶来。韩看起来比蒯稳重多了。他俩经常当众争论。老蒯说韩保守，思想还留在文革之中，而韩则说蒯跑得太远了，离谱了。还说以前就经常跟蒯大富争论。"好多人说我是414观点，我承认有时候是。7.27那天我开放北航的一切设施接待清华414的'难民'，结果414在广播里大骂我和蒯大富一个鼻孔出气。气得我下令宣布不欢迎414的人。老蒯你说，

第十章　蒯大富刑满出狱，现身深圳

我有没有多次劝你不要这样打压 414，7.27 当天又劝你千万不要开枪对抗宣传队，你不听嘛！"

可是韩爱晶有个特点，他总带个笔记本，把每个人说的话全记录下来，有时还找你核对一下你刚才讲的话。有一次一位在场的朋友低声对我说："这人什么都记下来，有点恐怖！不知他要干什么？"我没有觉得恐怖，估计他在写东西，记录一些资料。有一次我问他是不是准备写点东西，韩爱晶说："是，但是我还没有准备好。"

我顺势问蒯大富，你呢，你要写吗？他说，"写肯定要写的，但什么时间，怎样写法，没想好，在考虑。"

此后，蒯大富离开了外资公司，自己开了公司，还是搞家庭影院视听设备的。

蒯大富有几次打电话征求我的意见，说凤凰卫视和香港的什么报、国内的什么杂志邀请他作节目，当嘉宾，采访他，问我的意见。我都不赞成，我还是那个意见，收敛，不要张扬。他似乎还尊重我的意见，都谢绝了。

有时，他会拿他珍藏的文革中的一些照片给大家看，甚至刻了光盘，分送给大家。那里面，有毛泽东、周恩来、江青等等。蒯大富拿着这些照片，颇有点怀念那段历史的味道。那些照片让人想起那疯狂的年代。对那段历史，我没有好感。

这之后，清华校友凡有聚会，蒯大富必定参加。两派的头头也偶尔聚一聚。沈如槐、汲鹏、唐伟、周泉缨等都和蒯大富有来往交流。我仔细观察，当年，我们总是想突出两派的分歧，划清界限。而现在，我们常常想到的是两派共同的东西。当年，蒯大富和沈如槐都从苏北农村的贫农家庭考上全国最高学府——清华大学。蒯大富提出"彻底砸烂"，沈如槐针锋相对指出"什么彻底砸烂"！温度越来越高，动了长矛、步枪、炸药，两派不共戴天。今天，谁是谁非已不再重要，都是受害者，都是上当受骗，都浪费了大好青春时光。蒯大富坐了牢、判刑十七年，和"四人帮"差不多了。而顶住"四人帮"和蒯大富的巨大压力，没有什么瑕疵错误的沈如槐也只能在时代的边缘徘徊，得不到重用。

在一次清华部分校友聚会的餐桌上,蒯大富又拿他那些宝贝照片给大家看,并且说他已经拿到出国护照,先近后远,去了一次新马泰,以后再去欧美加。

我笑着说:"你都可以出国了,我还不行呢,连香港都不给我去。"

他笑着说,"罗老师,不一样呗,我是历史反革命,您是现行!"说得在座的都为之捧腹。

他能出国了,我很高兴。这反映出,我们的社会、我们的政府在进步。希望进步更快一点。这不只是我一个人的希望。

附件一

蒯大富其人其事[1]（节选）

唐 伟

从来没有人邀请过蒯大富参加校庆。蒯大富参加同学聚会或校庆都没有什么"欢迎"一说。2011年清华百年校庆前夕，我请蒯大富、周泉缨在深圳桂园路"香山茶馆"饮茶，闲聊中蒯颇为失落地说："看来收不到参加校庆的请柬了"。因为清华百年校庆的会场设在人民大会堂，给每届校友发请柬的名额很少。当年毛泽东说过："蒯大富可以当清华大学的校长，沈如槐可以当副校长。"已经成为蒯大富深藏不散的难解心结。文革中蒯大富曾任北京市革命委员会常委，作为最大的派头头在清华掌权近两年。清华百年，蒯大富曾在血雨腥风中风光了近两年，每当清华校庆日，他总难以抑止内心的失落感。

"欢迎"蒯大富的是那个叫"乌有之乡"的组织。2011年，陈育延、张学琛组织我们20多个校友在宛平古城内的"人天书局"招待所聚会两天，又称为"卢沟桥聚会"。"乌有之乡"派了两个人自称是蒯大富请来的"嘉宾"，被组织者拒绝入内，只好在门外"蹲守"。我们聚会过后，老蒯无视我们的劝告，还是去找那些人去了。盯着老蒯的还有"国安"的人，每月在深圳请他饮一次茶，当面了解他的动向，说是要"看他到60岁"。老蒯60岁后，"国安"不请他们饮茶了，老蒯两口子还真的有些失落感。

---

[1] 此文是唐伟为回答王铮的问题而作。王铮是唐伟在兰州大学工作时的学生，王铮毕业后担任过兰州大学无线电系1979级的班主任，后调到深圳大学。2015年12月，他当年的一个学生给他写信，说网上和微信里流传一篇关于蒯大富的文章，这位学生向王铮求证真伪。王铮致信唐伟，请他解惑释疑。唐伟写了这篇文章作为答复。蒯大富闻此文，与唐伟绝交。（启注）

文革中还有一个鼓吹"血统论":"老子英雄儿好汉,老子反动儿混蛋"的谭力夫,后来改名叫谭斌,当过故宫博物馆的副馆长。他也曾在康华公司工作过,是清华 414 的头头汲鹏的朋友,那年汲鹏和谭某去看望在秦皇岛市当市长的朋友唐若新。该市接待处的女处长在陪同中无意知道了这个谭斌就是谭力夫,当场义愤填膺翻了脸,指着谭某人厉声谴责反动对联害人无数,鼓吹者谭斌罪大恶极。如果说这就是文革名人受欢迎的事例,那么老蒯受欢迎的程度绝不亚于谭力夫。

你的微信转载的文章说:蒯大富在清华为什么受欢迎……。这句话的歧义很多,迟群、谢静宜会在清华受欢迎吗?一时真让人不知从何说起。文革前蒯大富投机钻营、说假话从不脸红,爱出风头,总想踩着别人攀高枝的毛病就时有显露,让年级里的同学很看不惯,到三年级也没入上党。1966 年 6 月中旬,他开始反工作组。这段挨整的经历让他颇为得意,可将他 2013 年 12 月出的书《清华文革五十天》和胡鹏池写的《清华园的一只蝴蝶》对照看。这是蒯大富挨整时获得的政治资本。1966 年 9、10 月间,他搭上了中央文革的"线",抢占学校明斋广播台破坏了清华造反派三总部的大联合,夺了清华运动和"首都三司"的领导权,把"打倒刘少奇"的标语口号从校内推向了长安街。这就是"12.25"大行动,也是他赢得"圣宠"的最大的政治资本。同时清华造反派分裂成"纵队派"(4 月 14 日后称为"四派")和"团派"。蒯大富执掌清华大权近两年中,有将近一半的师生员工反对他,清华从来不是他的一统天下。

我曾经在《从清华文革谈清华教育》一文中,归纳了蒯大富文革中的五宗罪:不择手段反刘少奇;反唐,破坏大联合;抓捕中学生;反军;挑起武斗。后来有同学指出,我还漏掉了他严刑逼供教师干部这第六宗罪。[2]

---

[2] 关于唐伟列举蒯大富的"六宗罪",蒯大富有如下解释:"我知道,在你给我列举的六条罪状中,六六年的'反唐'其实是最大的一条。三总部联合时我没有让你当一把手,甚至也没有让你当第二把手,让你在不得不同意联合后

蒯大富手下的"二办"负责"罗文李饶反革命集团""十二人反党集团"等清查教师、干部和学生的专案工作，有的恐怖血腥手段堪比渣滓洞、白公馆的毫无人性的暴行。其中一个团派同学用手钳给被审问的老师拔牙，获得了"拔牙大夫"的凶名，贾春旺老师就被他拔过牙。文学宓老师被鞋底打耳光，一只耳膜被打穿，坐老虎凳，被"拔牙大夫"拔断了三颗牙齿。饶慰慈老师被"魔化"了的大学生用钉了钉子的木头棒子毒打，她的半个屁股都被打烂了、打残了。刘承娴老师不堪酷刑逼供，于1968年6月12日在关押中坠楼，医院手术后又被掳走，6天后与世长辞。罗征启老师惨遭毒打，被审讯人员用滚烫的开水灌嘴……。现在，行凶的人仍在百般躲闪，蒯大富和"二办"的头头像没事人一样，在他们的书中提都不提这些罪行。受害人被自己的学生折磨，羞愤难言。（见唐金鹤著《倒下的英才·清华大学文革武斗纪实》）。

蒯大富为了在清华一统天下，把对立面赶出清华，自己当上校革委会主任，在1968年初挑起武斗，用棒棍、长矛、手榴弹、阻击步枪招呼自己的同学。"百日武斗"期间，清华学子丢下20条生命，受重伤者不少于48人。

北京航空学院、北京体育学院是老蒯在校外的两个重要据点。前者用于储藏从全国各地弄来的枪械、弹药，后者用于关押俘虏、人犯。1966年7月27日，毛泽东亲自部署和安排了数万工人在"8341"部队的指挥下，赤手空拳地举着毛主席语录冲进两派防区制止武斗。毛泽东深感意外的是不被他看好的"4派"欢迎配合工宣队，蒯大富"干了蠢事"（毛的话），用长矛、子弹、手榴弹招呼工人，造成5死731伤的惨剧。胡鹏池校友的又一新作《727、727、727……》即将封笔，这本书会将这血雨腥风的一天永驻史册。

又宣布辞职，而我又错误地发起了反托派的运动，从此双方结下了梁子。虽然几十年后，我们都明白了大联合过程中的许多事，包括人事安排，都和当时周恩来、江青等的明确指示有关。怪只怪我当时年轻气盛，不能团结反对过自己的人。"见蒯大富《与唐伟绝交书》（2016.1.15）

蒯大富的双手沾满同学老师的鲜血，也沾满了首都工人的鲜血。他虽然只是一个被利用的棋子，但他也确实罪孽深重、罪责难逃。后来在深圳的饭桌上，他说过："我要感谢邓小平没有杀我。如果杀了我，杀了也就杀了"。是不是有的人还会觉得老蒯明白事理，值得佩服呢？武斗中武器升级，热兵器出现在武斗战场。老蒯安排 5 支同样的步枪瞄准同一个目标射击，以逃避法律的制裁和良心的拷问，你总不能死了一个人而枪毙 5 个人吧？总不会 5 枪都会击中目标，凶手会想：不会是我那一枪打中的吧。这是清华武斗的第一枪，满是高技术、高智商。是不是有的人又会为老蒯既犯罪又损德的"高招"佩服得五体投地呢？人命大于天。罪魁祸首是那个"始作俑者"，蒯大富也有着无可推卸的罪责。

你来的微信说，蒯大富"从来不认为自己悲惨，全然没有坐过牢的样子，……那些老干部他们没有什么错误，都被整死了。"蒯大富含糊其词、口不对心、冠冕堂皇的样子话居然还能四处骗人。"蒯氏权经"中有一条："假话越大，相信的人越多；假话的功能在于它被戳穿之前就已经起到作用了"。他这一句话，给假话带入时空概念，一举超过谎言大师戈培尔。他从来没有公开或书面承认过我指控他的六宗罪。他现在的所有遁词归结为一句话："我是跟着毛主席干革命，只是没干好。"这些年老蒯最爱展示和炫耀的"三大件"：一是和名人（毛、林、周、江、吴桂贤、张王凤、谢静宜……）、名星（祝希娟、鲁豫、遽美凤……）的合影；二是佩带有毛主席像的手表、戒子、皮带扣……；三是各色浑段子。老一辈党和国家领导人的照片散落人间，老蒯是攒得比较多又舍得拿出来做生意搞公关的人，还能吸引不少人的眼球。

一个苏北贫困地区的农家子弟，受到最高领袖青睐，在文革中风光无限，也是一种祖坟冒烟的好运。老蒯半是称颂皇恩，半是作态愚忠。他在 1970 年就被"打入另册"，失去自由，心知被当枪使，又做了替罪羔羊，唯有扮着"五毛党"，至死都忠于最高领袖，口舌花花地感谢邓小平不杀之恩。除此之外，他还有更好的选择吗？

能够在人文汇萃的高等学府出人头地的人，必有过人之处。1970

年代初，蒯大富在首都钢铁厂接受监管，这段时间后被计入服刑期。他在首钢照样抠女谈恋爱、还弄大了女方（据说叫刘怡）的肚子（见许爱晶即韩爱晶著《清华蒯大富》第 398 页）。他认真研究法律法规为自己脱罪，一般司法人员哪是老蒯对手？双方的死穴都是伟大领袖。控方和名律师说，你不认罪，你要将罪行往上推给谁？你不认罪，全国有多少像你一样有血债的打砸抢分子逃出法网？老蒯只能"再表忠心"，认罪伏法。论罪文革"红人"的尴尬处，就在于分不清是林彪、康生、陈伯达、"四人帮""五大领袖"……等坏人利用了伟大领袖？或者是领袖"引蛇出洞""错误发动"了上述这么多坏人？老蒯有口才、有急智，蒯大富的死穴也是官方的死穴，法官哪有话说。为了活命减刑，老蒯按"政府"要求，当庭指证一言不发的"狗头军师"张春桥，这种惊吓之下毫无江湖大佬义气的表现，让老蒯事后颇为后悔。从北京半步桥看守所，到秦城监狱，到青海兴海县监狱，老蒯坐了 17 年大牢。1987 年 10 月，42 岁的老蒯刑满出狱。因他毕业后分配在宁夏青铜峡铝厂，1970 年毛泽东提名他当北京市人大代表，招回北京就被监控了起来。1979 年公审"四人帮"后，蒯大富于 1983 年 3 月被判 17 年有期徒刑，剥夺政治权利 4 年。刑满释放回原工作单位宁夏青铜峡铝厂工作。

　　出狱后，老蒯到北京、苏北访旧探亲。如在北京首先找的还是团派战友。有人凭主观臆想，说什么蒯大富一出监狱就主动找被他祸害过的人赔礼道歉。这是毫无根据的猜想和别有企图地美化老蒯。他整过、伤过、害过那么多人，他忙得过来吗？他是那种有热心肠的人吗？他在南京相亲未果，回了宁夏。他在厂里交了一个医护女朋友。据罗晓波说，他第二次回宁夏看望的却是这位女医护的姐姐。老蒯离开南京后，罗晓波才知道老蒯在南京征婚事。联系上老蒯后，罗晓波表示去宁夏相亲。老蒯后来在饭桌上吹嘘："我当时就知道，她（罗晓波）敢来，就走不了。"老蒯也曾在我们同学面前自夸是"清华园的贾宝玉"。当场就有同学反驳："你算什么贾宝玉，顶多是个琏二爷。"

蒯大富、罗晓波的蜜月旅行走遍了半个中国。康华南方分公司总经理汲鹏在广州花园酒店款待老蒯,有40多个校友参加,包括广州市副市长石安海校友。事后知晓此事的康华董事长十分不满:"汲总,你怎么能用我们残疾人的钱去招待迫害过我们的人呢?"因此,汲鹏受到上级冷落。

老蒯在青铜峡的生活并不如传说中的那么惬意,他是低人一等的刑满释放人员。罗晓波曾告诉我,蒯父到铝厂后,老蒯在厂区家属院开了一张台球桌,交由蒯父经营。厂里的熊孩子不交钱打霸王球,还指着老蒯说他还没有重获被剥夺的政活权利。山东蓬莱一家乡镇企业请老蒯去当经理。时间不长,老蒯又离开了山东到了北京。有人出资支持老蒯在北京市海淀区开公司。王光美知道老蒯的活动后,出头干涉这事。她通过北京市委书记陈希同把老蒯撵出了北京,海淀区政府那些批准老蒯办公司的人也受到了不轻不重的处分。罗晓波认为是一张小报泄露了老蒯的行踪,她是低估了老蒯的罪行带来的民愤和官愤。

1994年辗转谋生的蒯夫妇来到深圳,清华土建系1964级刘吉祥校友邀请老蒯来他的音响公司当副经理。刘氏兄弟是港商,那时音响设备还属于高档消费品,生意比较好做。公司给老蒯在香蜜湖附近买了一间约100平米的住宅。三、四年后,老蒯和公司一位年轻技术骨干"跳槽"出来,合伙在彩田路开了另一间音响公司,这一干就是十年。老蒯的电器音响公司赚了钱,在华侨城小区买了一套约150平米的高档住宅。公司关张、两人散伙后,老蒯又分得彩田路80平米的写字楼。这样,老蒯就在深圳拥有了3套房产。蒯大富离开刘氏公司是因为觉得吃了亏,挣得少了。我曾对他说,你打工三年左右,不仅养活了一家三口,还挣了一套房,算不错了。我们在国营企业工作这么多年,也就是分了一套福利房。老蒯说,买香蜜湖那套住宅的40多万元是他自己出的。但是他似乎忘了他买房的钱也是在刘氏公司工作时挣的。而且刘吉祥是在老蒯走投无路时施以援手的恩人。我和刘吉祥不熟,老蒯后来和刘也没有了来往。帮助过老蒯的校友不少,一份同学情谊温暖人心。

第十章 蒯大富刑满出狱,现身深圳

李国威校友时任深圳市市政设计院院长。1994年,我们和他在华强北餐馆吃饭,他听我说起老蒯到了深圳,而且就在离此不远的八卦三路工作,他当即放下筷子,开车就把老蒯接了过来,等老蒯就坐后我们才开席。有同学看到我有点惊讶地样子,轻声对我说:李国威、刘吉祥都是清华"老团"的人。李国威还给老蒯工程,帮助他挣钱。现在李国威也不怎么和老蒯来往了。据我观察和了解,那些帮助过蒯大富的人,没一个人抱有蒯大富会知恩图报、有所感激的念头。

2008年我在北京,我的一个毕业于南京大学的律师朋友想给我引见一批北京中学的老红卫兵头头,有北大附中、人大附中、男四中……共十余人,我也邀请了汲鹏、颜惠中夫妇和老蒯参加,还有吕述祖校友。就在这次聚会上,蒯大富介绍到自己时说到:"……我到深圳十几年,大约有5000天吧,我每天挣1000元。我在深圳有3套房子,值500万了吧。……"。就这一段话,传到坊间,变成了蒯大富说自己是百万富翁了。现在北上广深的有房人,又有几个人不是百万富翁了呢。当然,老蒯的这三套房子现在早已经过千万了。

生意兴隆,财源广进。老蒯也曾财大气粗、牛皮烘烘了一阵子。一次同学聚会中,他口出狂言,对一位开玩笑说没挣上多少钱的同学说:"你没有饭吃了,我也可以养你几年嘛"。一直仰慕罗晓波而在美国工作的罗晓波的前同事,曾骚扰过罗晓波,老蒯察觉后给那位在美国工作的先生发邮件:"你再敢这样,我会花20万元买你一条胳膊"。老蒯做得不妥当的一件事是自己当老板,却不给公司的员工买社保。而且,他也没有给自己买社保。是精明?是狭隘?这件事是在老蒯退休后,看病和住院须交全部医药费时,我才知道的。

大方,是贵族的一种德。这种德无关风月,也无关老蒯。这么多年来,深圳同学经常聚会聚餐,老蒯基本不买单,还带一个也不买单的北航的韩爱晶来。韩爱晶在饭桌聊天时,常把头埋下,掏出个小本本悄悄记录谈话内容,挎包里放个录音机摆在桌子上悄悄录音。同学们看不惯他的鬼祟作派,说清华同学聚会,韩爱晶跑来干什么?我让老蒯向韩爱晶转达清华同学的意见,后来老韩也不来了。我还转达了同学对老蒯白吃白喝还猛打包的意见,老蒯也主动作了东。退休后,文革清华同学找个机会就相聚吃一顿，取了个名字叫"二胡堂"，纪念老清华的二校门和工字厅边上的古月堂。大家抢着排队作东，气氛亲和热闹。老蒯孤零零地住在宝安福利院里，我们每次请他来吃饭，都事先安排离他较近的校友开车去接他；饭后把他送上的士，再给司机预付100元车费，叮嘱司机开车稳一点，叫老蒯回到福利院后报个平安。总之，再也轮不上他付款请客作东了。

《清华蒯大富》是韩爱晶、蒯大富合作写出来的书。韩爱晶的母亲姓许，所以作者挂名许爱晶。这本书卖得好，蒯大富却没有分到稿费，韩爱晶只给了蒯大富400本书充当稿费。老蒯第三次中风住在红会医院（深圳市第二人民医院），我和老蒯同班同学王大定去探视他，在病床前提到《清华蒯大富》这本书，罗晓波非常气愤，直骂韩爱晶是个"人渣"。

《清华文革五十天》是蒯大富在清华文革历史上最拿得出来说的五十天。这本书约三十余万字，大部分是当年的大字报和资料。为了出这本书，老蒯向清华土建系0字班的连果义借10万元钱。"连长"说，出这么一本书，不用10万元，有3万元就够了。你也别向我借，我赞助你3万元。希望你的书印出来后别向清华同学要钱就行了。我们都收到了老蒯的签名赠书。"二胡堂"堂主胡逢淦参加苏州清华校友聚会，看见蒯夫妇卖这本书，50元一本，老胡将实情一讲，弄得买书的同学心里不愉快。50元是多大事？只是老蒯欠大方。

2013年，老蒯和团派总部头头、骨干从北京出发，4辆车长驱宁夏青铜峡。返程时途经太原，老蒯突发中风，这是他第4次中风了。这帮"40年的老朋友"把发病的蒯大富留给了"20年的新朋友"罗晓波（蒯、罗已离婚），上了五台山。是清华4派的冶金系1966届校友王文鼎为他们张罗机票，送蒯、罗二人上飞机回深圳。我在深圳接到罗晓波带哭腔的电话，知道脑梗发病一次比一次凶险，深感事态严重，取了3000元钱，买了一束鲜花去华侨城医院看望老蒯。所幸老蒯又恢复过来了。后来在饭桌上罗晓波半开玩笑半认真地说：这次老蒯生病，收了干女儿2000元、唐伟3000元慰问金，治病花了4000元，还赚了1000元。

第十章 蒯大富刑满出狱，现身深圳

2005年老蒯过60岁生日，在深圳摆60桌酒席，挂了"六十大富"那副对联。我当时不在深圳，我的老婆孩子买了鲜花参加了蒯大富的寿筵。席间大字报《414思潮必胜》的作者、4派总部委员、动农系1966届的周泉缨校友发表了热情洋溢的、吹捧和自我吹捧的讲话。我回深圳后看到了周泉缨的讲话，十分不同意，认真地对周泉缨说："你为什么总是拿自己的热脸去贴蒯大富的冷屁股呢"？蒯大富的江苏老乡曾对清华一校友讲：这次老蒯办寿筵本想大赚一把，谁知勉强打个平手。

我非常不同意《落幕之后》[3]作者对刘吉祥、李国威校友的说法。接纳老蒯到深圳工作的刘吉祥在文中已经不是蒯大富的恩人了，成了无情无义、敲骨吸髓的奸商了。说刘吉祥本应给老蒯提成90余万元，却只给了60余万元。我不知道提成协议是如何定的，提成结算如何算的，老蒯的工资、费用是否进入了成本等。单凭老蒯在深圳打工的时间长短和得到的利益相比，我认为刘吉祥兄弟没有亏待老蒯。作者为了抑刘扬蒯，居然说老蒯离开了刘吉祥的公司，这个公司就开不下去，关门大吉了。作者就不怕别人猜测，老蒯挖走了这个公司的技术骨干、搞定了国外供货商、带走了长期客户，办了一个相同的音响公司，另立门户，挤垮了刘吉祥校友的公司？这篇文章对李国威校友的中伤也是十分恶劣的。文中透露深圳城市建筑设计院的李国威院长为了照顾老蒯的生意，与老蒯里应外合，私授项目，对自己领导的单位报黑价，抬高工程费用，让老蒯多赚了十多万元钱。这是一个小小的音响工程，工程费用才五十余万元，就让这个国家的企事业单位多花了30%的钱。我认为《落幕之后》的内容是蒯大富提供的，文章发表前是要征得老蒯同意的。老蒯这种不知感恩，甚至过河拆桥、恩将仇报的做法太没人味了。所幸我了解他，多年来见怪不怪了，这才是他的常态，他不这样做能叫做人没底线的蒯司令吗？他现住的福利院是深圳宝安区的模范养老机构，也是全国的示范福利院。住院

---

3 《落幕以后》的作者是章剑锋，此文完整的题目是《蒯大富：落幕以后》。章剑锋2010年春到深圳蒯家采访了蒯大富和蒯妻罗晓波。2013年夏完成此文。详见爱思想（http://www.aisixiang.com）。（启注）

老人享受有家电、独立卫生间的单独住房，有住院医生、护理员和清洁工，有健身房、阅览室，管洗衣、管一日三餐。每月费用只收1100元/人。深圳居民年满80岁方有报名排队等候的资格，当有人出院有了空位方可入院。该院院长是老蒯粉丝，老蒯又占了个大便宜。

这两年老蒯身体恢复得不错，得益于他的昆明之行。罗晓波的父亲是云南大学的教师，已过世，母亲和妹妹一家住昆明。清华一位校友现任云南省长，每次老蒯去昆明，这位校友都找几位云南白药厂的老中医，给到昆明的蒯大富把脉调理，临走时还赠送老蒯几大包调理的中药。老蒯不好意思了，表示要出个成本费。对方告诉他："这药不便宜，你出不起"。

日本人在"二战"中的罪行，不是因为跟着天皇没有"建设好大东亚共荣圈"，那么，蒯大富的文革罪行也绝不是他所说的，只是没有跟着毛主席干好革命。蒯大富的这种认识只能表明他没有真正认罪，出牢房之后并未彻底认清自己的文革罪行并决心改过自新，内心只想努力把17年的损失捞回来。这种认识也祸害了罗晓波，不仅老蒯亏欠了她，社会也亏欠了她。一个脚下蹚着泥泞、脸上带着戾气的人，心中哪有幸福的感觉。"蒯小琼就姓蒯吧，也许借蒯大富的名气，还能多得点照顾"。蒯大富两口子就不能有点平常心，安心过点平平凡凡的生活吗？生活不是舞台，不是你方唱罢我登台的，或出彩、或出丑的公共舞台。许多校友对蒯大富的关照，根本不会去图他的感谢和回报，只希望他经过牢狱灾难后和同学们一样拥有和和美美的家庭生活。希望蒯大富大难未死，有机会告别一切妖魔、神魔、心魔，超魔入凡，做个有点人情味的普通人。人生，就是修行。文化革命中，清华师生，谁的心中没有一个小毛泽东？经过文化革命后，谁还愿意重蹈灾难？帮助别人，也是救赎自己。谁不想真的走出文革？

一个政治狂人在文革中追逐权力，和在市场经济中追逐金钱的欲求如出一辙。一个人的天性和良知迷失在野心和欲望中决非幸事。清华文革的政治搏弈中，老蒯输得很惨；30多年的经济改革中老蒯颇多斩获，现在他打拚挣来的三套房子，一套都不在蒯大富的名下。

他住在条件这么好的福利院里，是不是终于成了攫取到如山财富的最后的赢家了呢？

2007年，蒯小琼报考中央传媒大学，老蒯通过胡逢淦校友找到传媒大学当领导的冯克庄校友。冯克庄是清华武斗中4派的首席播音员，那嗓音、气度是赵宗祥都有所不如的。冯校友帮过蒯小琼，谁也想不到老蒯翻脸就不领情了，只对别人讲他女儿争气，学习成绩好，才考上了好学校。文化革命中，我多次见到他对为他公开平反的周恩来总理阳奉阴违，极不尊重的言行，我就认定他不会对同学、朋友感恩图报。

按照政策条文，蒯大富是劳改释放人员，不能迁户到深圳这样的边境城市。人事局干部给他们出主意：假离婚，老婆孩子的户口办进深圳先。办过离婚后，罗晓波以引进技术人员、且在深工作多年的理由，和女儿调进深圳。2004年，蒯大富、罗晓波把香蜜湖那间住宅过户到小琼名下，以其父蒯大富年届60岁，身边无子女照料，申请将蒯大富的户口迁入深圳。在2004年，老蒯较为顺利地落户深圳。

老蒯从北京到深圳时如弓惊之鸟，谁也无法预测那些要找老蒯"算账"的"老干部"要追讨到什么程度。在刘吉祥的公司和后来与人合伙的公司里，他都叫"戴明"，"戴明"就是蒯大富。戴明没有交社保金；戴明买房无法当业主，业主是罗晓波。

公司关闭后，老蒯生病次数多了，每次住院都要花好几千元钱，如果有医保，个人只负担5%的住院费，如何申请社保的事变得紧迫了。蒯大富给市委书记王荣写了信，其间清华校友和我的一位市委秘书处的副处长朋友也帮了忙，他一次性补交了12万元社保基金，从此每月可领取2200元退休金，终于解决了让这个家庭头痛的大问题。

客观讲，深圳市政府工作人员的工作态度还是不错的，比较人性化的。老蒯一次性补交社保基金可以有三种选择：补交6万元，每月可领退休金1200元；补交12万元，每月可领2200无；补交24万元，每月可领 2900 元。罗晓波主张第一方案，老蒯坚持第二方案，……。社保局不管他们如何争执、反复变动，还是把事情办了。老蒯办公司不给自己、不给员工买社保，是对员工、对社会不负责，也是对自己不负责。[4] 老蒯不能责怪社会对他另眼相看，他在文革中的罪行让人无法对他产生同情心。有的直接受害人，如王光美要修理一下蒯大富以泄愤，我认为老蒯也应理解。你可以说王光美胸怀不够，你为什么不想想那一家人在文革中被整得多么惨！如果执行蒯大富无限热爱的毛泽东的阶级路线，老蒯这种"释放犯"绝对过不上今天的生活。人生有三重境界：超凡入圣；超圣入凡；可圣可凡、亦圣亦凡。老蒯修的是魔道，他文革成魔，至今魔性难消，偶有魔性发作，就更难以让人原谅和同情了。

2013年3月，老蒯到人民医院留医部住院治疗前列腺病，我才听他说起他患这个病已有3、4年了，每晚起夜8、9次。前列腺炎是老年男人的常见病，只是每晚起夜过多，已严重影响了生活质量。我责怪老蒯为什么不及时治疗，这病比他的高血压病、糖尿病要好治多了，为什么久抗不治呢？电疗手术后，老蒯在病床上被插上导管，用生理盐水冲洗尿道。我看病床下两三箱满瓶的盐水，估计至少得住院一周多。谁知3、4天后，我到留医部病房去探视老蒯，竟然人去床空，他出院了。再给他打电话，他往北京去参加校庆了！

有如打不死的小强，老蒯有着顽强的生命力。他又抗过了第六次中风。他每天扶着拐杖，绕着福利院大楼，在门卫森严的围墙内步行两圈。他是福利院里访客最多的老人。昨天（2015年12月25日）他第三次给我电话："明天中午（26日），卜大华来福利院，你能赶回来一起见面吗？"声音依旧中气十足。

老蒯有野心，有才干，有痞气，也有趣。2013年9月12日，一帮校友在华福路"天天渔港"为即将返京的沈如槐饯行。酒足饭饱的蒯大富豪情迸发，大声说道："明天，一个伟大的生命消失了，另一个伟大的生命诞生了。"老蒯所讲的"9.13"，既是他的生日，又是林

---

[4] 蒯大富否认此事。并反驳唐伟："你说我没给公司员工买社保，也没给自己买社保，你有何根据？是你凭空想象的，还是信口胡说的？我不但给全体员工买社保，也给自己买了社保。现在公司员工全部活着，且大部分仍在深圳，都可证明。只是到2005年，我到了六十岁，社保局不让我买了，说60岁不许买了，这样我买社保不到十五年，办社保遇到麻烦，才由王荣市长批示解决了。"见蒯大富《与唐伟绝交书》（2016.1.15）

彪葬身温都尔汗的日子。清华同学都不笨，席间多有意会，并无大的反应。老蒯大言是没有道理的。林彪有罪，但是战神，有如韩信，一生战绩彪炳史册、堪称伟大。老蒯文革中恶名盈耳，有罪无功，算不得伟大。老蒯在文革中丧失自我，充当江青、王关戚的打手、帮凶，陈胜、吴广之流都算不上了，如他自己讲：他是"想当奴隶而不可得"。他也就是一个秦二世、赵高手下的鹰犬而已，是配不上和林彪相提并论的。

蒯大富讲，我根本不在乎别人讲我什么，好话、坏话，都如同正负数，只要绝对值大就行。这种等是非、同黑白的思维，也是他的生存哲学之一。这并不是他的心胸开阔，只是表明他足够厚黑。

道讲无为，孔曰成仁，佛说因果。文革肆虐十年，最大的祸害是扭曲了中国人的文化心态。假丑恶混淆了真善美，假大空成了真理、真相的代名词。三十多年来，研究文革成为禁区，权力者总在试图用强权抹去历史的记忆。北京地质学院的头头朱成昭说："文革是一帮骗子，骗了一帮疯子，害了一帮傻子"。文革清华师生中，又有几个没有干过错事、蠢事的呢？何东昌、艾知生、李传信、滕藤等校系领导和 200 多个专兼职共青团干部都亮相加入蒯大富的团派，毛泽东看好蒯大富，他们也只能选择加入老蒯，独立人格让位于听话出活，因为"再也犯不起错误了啊"！但犯错和犯罪是有原则差别的。老蒯必须明白：别人的原谅无法帮你脱罪，你必须自己洗心革面、改恶从善，用一生去赎罪。

四十多年前在蒯大富的指挥操控下，在清华被整死了这么多人，被打伤了这么多人，耸人听闻啊！我们能在权力的压制下选择忘记和躲闪吗？蒯大富被判了这么多年的刑，坐了这么多年的牢，只是"我们犯了比较严重的错误"。"我曾经的过错，坐了 17 年牢，还要怎么着的吧"？"……他都不认为自己上了当，受了骗。利用这个词，根本提都不用提及"。"当年说打倒这个，打倒那个，基本上就是执行毛主席的指示。"蒯大富只是说吗？没有行动吗？没有犯刑事罪吗？"当年他是热血青年，就是为了毛泽东思想而牺牲自己"。蒯大富的弥天大罪只是"兴高采烈地蹚进了一滩不该蹚也蹚不好的泥泞"。而且还是"我一直坦然地活着"。"唯一适合他的解释只能是时运不济，命不够好"。如果这是蒯大富今天的思想，他还有救吗？

2015 年 12 月 28 日

附件二

从清华大学红卫兵运动看文革时期的群众政治（节选）[1]

——读蒯大富《潮起潮落》、孙怒涛《良知的拷问：一个清华文革头头的心路历程》、唐少杰《一叶知秋：清华大学1968年"百日大武斗"》[2]

钱理群

我们选择清华大学红卫兵运动作为讨论的切入口，是因为如一位历史当事人所说，"与中央的政治斗争直接相连互动无疑是清华大学文革引人注目的原因。但是它还有另一个方面同样值得关注：这就是在脱离了党政组织系统足足两年的'自由放任时期'。清华校园犹如一个政治、文化的'小生（态环）境'，演绎着一个数以万人计的政治派别的自组织演化过程。这是一个由井冈山（蒯大富派）与414派两派自发组织之间的博弈，从联合到分裂，从文争到武斗的政治历史。在清华，文革群众运动的两重性——被控制性与自发性——都得到淋漓尽致的体现"。[3] 这样，我们就可以通过清华文革"这一个"

---

[1] 此文出自钱理群著《熰火不息——文革民间思想研究笔记》上卷，香港，牛津大学出版社，2017。原文五万二千余字，分为4章14节。本书取其理论性较强的第1章第1节和第3章1--5节。（启注）

[2] 《潮起潮落》，蒯大富著，收米鹤都主编：《忆与反思：红卫兵时代风云人物——口述历史之一》，香港中国书局出版有限公司，2011年出版。蒯大富的口述后改题为《岁月流沙》。《良知的拷问：一个清华文革头头的心路历程》，孙怒涛著，香港中国文化传播出版社，2013年出版。《一叶知秋：清华大学1968年"百日大武斗"》，唐少杰著，香港中文大学出版社，2003年出版。

[3] 郑易生：《反思极端思维方式——读孙怒涛对清华文革群众运动的回忆的一点想法》，收孙怒涛：《良知的拷问：一个清华文革头头的心路历程》，第256页。

典型，来讨论文革时期群众政治与国家、政党高层政治之间的关系，并对群众政治本身的历史经验教训进行总结和反思：这也是本文讨论的两个重点。

一、"清华是毛泽东与刘少奇的一个角斗场"[4]

1. 毛泽东与刘少奇：两种文革理念、目标，两种政治模式的较量

刘少奇显然是要把文化大革命变成一场新的反右运动，以维护和强化党的不受限制与监督的绝对领导，集权于党的官僚体制。不同于刘少奇的"官僚政治"，毛泽东的文革理想、理念与路线，是要实行"个人独裁政治"与"群众政治"的结合。胡乔木后来说"文革是毛泽东的宗教和陷阱"，人们由此而联想到马丁·路德的宗教改革，"直接架起了上帝与信徒之间心灵沟通的桥梁，削弱了教会神职势力的权威"，毛泽东在文革中就是将"上帝"与"群众运动发动者"集于一身的。[5]也可以说，他是要扫荡中间阶层（党官僚和知识分子精英），实行顶层的领袖独裁与底层的群众专政的直接结合。因此，我们可以说，毛泽东与刘少奇的两种文革理念与设计，背后是两种不同的政治模式：个人独裁与群众政治结合的模式和官僚政治的模式。当然，我们也不可以夸大这样的分歧：因为官僚政治的模式是在1957年反右运动以后逐渐成型与完善的，而1957年反右运动正是毛泽东领导的。因此，414派的第二把手孙怒涛在总结两派政治斗争的实质时，一针见血地指出，在某种程度上，这是"两个毛泽东"之争：坚持"无产阶级专政"的文革前的毛泽东，与强调无产阶级专政条件下的"继续革命"的文革初期的毛泽东之争。[6]我们这里说的两种政治

4　杨继绳：《从清华大学看文革——读孙怒涛回忆录〈良知的拷问〉》，收《良知的拷问：一个清华文革头头的心路历程》，第1页。
5　唐少杰：《一叶知秋：清华大学1968年"百日武斗"》，第99页。
6　孙怒涛：《良知的拷问：一个清华文革头头的心路历程》，第423页。

模式,不过是一党专政的不同形式。在维护一党专政这一根本点上,毛泽东和刘少奇并无分歧,他们影响下的两派的主流,对一党专政(党的绝对领导)本身也并无怀疑。

把清华大学文革运动置于这样的背景下,加以考察,就特别有意思:毛泽东和刘少奇都是把清华大学作为自己的试验地的。

三、从文争到武斗:造反派的分化

1. 群众政治主宰校园:一个难得的历史空隙

在许多清华人,特别是清华造反派红卫兵的记忆里,从刘少奇工作组撤离,到工宣队进校,也即1966年8月到1968年7月,短短两年的时间里,在清华大学历史上,甚至是中华人民共和国历史上,都是"最为独特的时期"。由于停课,校、系各级的行政、教务管理几乎全部停顿;由于对党委的否定和冲击,校、系、班级党组织全部停止活动,不再发挥领导作用。整个学校工作的运行,运动的推动,"改由群众自己组织的各式各样的群众组织来进行'自我教育和自我管理'"。这样的以群众政治取代官僚政治,确实是一个难得的历史空隙,不仅空前,而且绝后。人们这样描述学校的新秩序:文革一开始,毛泽东就许诺的"大鸣,大放,大字报,大辩论"的"四大自由"和"巴黎公社式的选举"两项群众政治的基本条件和原则都得到认真实行,"那时候,民众自由结社,基本上没有问题。我们跨系跨年级,组织战斗组,自行选举群众组织负责人。言论自由,也是实实在在的,群众可以贴大字报,可以召集会议,人人可以上台辩论。出版呢,群众可以编写和印刷小册子,群众组织自己办报纸,也是可以的。比如当时清华《井冈山报》的发行量可能比许多官方报纸都大得多"。[7]

这样的有限、短暂的思想、言论、结社、出版自由,对这一代大

---

7 陆小宝:《文革研究的一个新课题》,孙怒涛:《良知的拷问:一个清华文革头头的心路历程》,第214页。

学生来说，无疑是一次难得的思想解放。如他们自己所说，"文革之前，我们都是在大一统的价值观念下生活，年轻人的思想被禁锢在设定的框架之中，自由思考被视为一种不能容忍的异端追求"，[8] "在文革之前，经过反右、'三面红旗'、学'九评'、参加'四清'等政治运动的'洗礼'，在我们脑海中已经深刻地印下了'反党就是反革命'、'反党分子人人得而诛之'这样的烙印，什么是反党？凡是对党的方针政策有异议的，对党不满有牢骚的，甚至对某个党组织有不同意见的，与党的某个基层领导有争执的，都有可能上纲成对党的攻击，都有可能被视为反党"。现在却可以"怀疑一切"了，尽管还有一个限制：要"用毛泽东思想"来"怀疑"，但至少可以对党的各级领导表示"不满"，对党的方针政策提出"异议"，那些"设定的框架""大一统的价值观念"等等，也都因此而开始动摇了。[9] 如另一个清华人所说的那样，"我还会像过去那样对校党委和工作组那样积极靠拢，坦诚交心了吗？显然不会了"，"两年多的自由生活，强烈淡化了我的组织意识，解除了纪律对自己的约束"。[10] 前文谈到文革是毛泽东式的"宗教改革"，在这一代清华人的感受里，"这有点像欧洲宗教改革后对圣经的解释不由牧师垄断一样，信仰者已经有了一点解释它的机会与权利了。这毕竟是一个解放我们心灵的变化"。[11] 尽管"圣经"的控制依然存在，但至少有了自己的解释权，文革中也确实出现了不同于官方解释的对马克思主义经典的独特理解，思想垄断也就开始打破，这毕竟也是一种解放吧。

许多人还谈到了作为群众政治的另一个核心内容"自己管理自己"的积极意义：它是对群众社会自治能力的有力有效训练。群众政治中所形成的不同派别，尽管出现了我们将在下文详加讨论的弊端，

8　王允方：《磊落的一生》，收《良知的拷问：一个清华文革头头的心路历程》，第 31 页。
9　孙怒涛：《良知的拷问：一个清华文革头头的心路历程》，第 697，698 页。
10　王允方：《求索与启蒙》，《良知的拷问：一个清华文革头头的心路历程》，第 77 页。
11　郑易生：《反思极端思维方式》，《良知的拷问：一个清华文革头头的心路历程》，第 258 页。

但毕竟"容纳了同学们参与政治的热情要求,反映了各自的不满与诉求,它焕发出来的蕴藏在人们身上的责任感、创造性、效率与学习能力,远远超过了任何人的想象。"[12]甚至有人认为"可以将它们看成是两党政治的雏形。"[13]这也是一所大学,政治与社会大学。经历过文革的这一代大学生,许多人都有较强的政治意识,行动能力,组织、自治能力,文革中两大派别中的许多骨干后来都成为改革开放与民主政治的推动力量,是与他们经过了这样的政治与社会自治的训练不无关系的。

更值得注意的,是这里提到的"学习"问题。文革中的群众中政治,并不只是打打杀杀,或者说,经过了最初的打打杀杀之后,总有一些人,从政治狂热中冷静下来,开始面对文革中遇到和提出的种种问题,也包括自身的思想困惑,就有了重新思考与学习的要求。正是在这样的背景下,一股"自由读书"的浪潮就在校园里暗暗涌动,这是这些年人们十分关注的文革后期"民间思想村落"的读禁书的发端。这不仅是因为读书、学习是青年学生的本性,清华大学的这些佼佼学子更是如此;而且校园里放任不管、相对自由的环境,也最适于自由读书。正规的教授主导的大学停课了,以学生为主的"自修大学"反而有了发展的机会。于是就有了这样的回忆:一群414派的大学生聚集起来,大约二十余人,也参加运动,作了一些解放干部的工作,革命之余,就一起到处找书读:"与书友们畅所欲言地交换心得,坦诚无虑地发表看法,理性平静地进行讨论","如此集中、大量、专注而又自由的阅读,以及伴随其中的脑力激荡,在我的人生经历中,过去没有,后来也很少有过。这是一个心灵洗练、精神醒悟的过程,对我思想启蒙的影响,深刻而又久远"。回忆中还留下了一份书单和当时的读书笔记,这就为我们认识特殊年代的那一代大学生读书生活、精神追求与状态提供了宝贵的资料。这里要介绍的是他们最热衷

---

12 郑易生:《反思极端思维方式》,《良知的拷问:一个清华文革头头的心路历程》,第259页。
13 陆小宝:《文革研究的一个新课题》,《良知的拷问:一个清华文革头头的心路历程》,第227页。

读的九本书。梅林的《马克思传》——"我懂得了要成为一个革命者,首先需要正直、忠诚,不能伪善、堕落;为了追求真理,必须积极参与社会活动,不能像奶酪里的蛆虫一般,逃避现实的斗争"。伏尼契的《牛虻》——"他渴望冒险,视死如归","钢铁般的坚忍力量,火一般的革命精神,以及近乎病态的拼命主义精神,紧紧攫住读者的心扉"。车尔尼雪夫斯基的《怎么办》——"(主人公)拉赫美特夫近于自虐性的苦行僧式锻炼,在钉满了几百个钉子的床上睡觉",以及他作为革命者"在感情和性爱关系上的特殊态度",都引发热烈的讨论,"我们平日的话题,都围绕着这本奇书"。美国记者安娜·路易斯·斯特朗的《斯大林时代》——第一次得知斯大林时代在"1936—1938年大清洗时期发生的骇人听闻的事情",作者又告诉我们:"人类一切进步都要用极大的代价去换取,不仅要有英雄们死于疆场,也要有人受冤屈而死去","这种血腥的代价是不是值得?我深感困惑"。托洛茨基《斯大林评传》——突然接触到党的高层领导内,"居然会有如此激烈、如此残酷而又龌龊的内斗",我"手脚冰冷,毛骨悚然";书中提到"领袖与国家体制的关系问题",更是"发人深省"。苏联学者凯尔任策夫的《巴黎公社史》——第一次对巴黎公社的原则有了历史的具体了解,其中最重要的就是:"工人掌握了政府的职能";同时开始追问"巴黎公社为什么失败?"而对"巴黎公社失败了,但是公社的精神永存不朽"印象尤其深刻。最后必然将文革与巴黎公社"相互类比":"难道毛泽东无产阶级专政下继续革命的目标正是要把中国带到一百年前巴黎公社那样的政治结构去吗?我对此感到茫然不解"。威廉·夏伊勒《第三帝国的兴亡》,引发的思考是:"纳粹为何能够兴起?造成纳粹上台的群众基础是什么?"作者特意谈到,纳粹的成功在于"他们知道如何建立一个群众运动","他们掌握了在群众中宣传的艺术","他们知道'精神上与肉体上恐怖'的意义",这都引发了内心的震动。印象最深的最后两本是狄更斯的《双城记》和雨果的《九三年》,它们的共同特点是"对革命的同情与对暴力的憎恶相互纠缠在一起",这是最能打动与启发这些文革中的大学生的。而两位作者的基本立场:"在绝对正确的革命之上,有一个绝对正确的人道主义",也许还不能让处于文革高潮中的年轻人立刻接受,但怀疑也在悄悄发生。

从以上简单介绍里,可以看出,文革特殊条件下的校园"自修大学"里的自由读书,对这一代大学生的思想影响是两个方面的:一方面继续培育和强化了他们的做马克思那样的革命者的志向,和牛虻式、拉赫美特夫式的革命英雄主义情结与精神气质;另一方面,又极大地打开了他们的视野,使他们从巴黎公社试验、斯大林时代的苏联,以及纳粹德国的历史对照里,面对文革的中国现实和问题,就有了全新的思考。其中所提出的"革命与人道主义的关系"问题,对他们以后进一步的反思,更是播下了重要的种子。当然,这样的影响都是潜移默化的,重要的是,怀疑已经产生,思考已经开始。当事人把他们这样的校园里的自由读书、思考与讨论,称之为"自我启蒙",是有充分理由的。[14]

所有这一切:在摆脱了基层党组织的领导与掌控,群众政治主宰的校园里,出现的言论、结社、出版自由,思想的解放,参与政治、独立自治的意识与能力的训练,以及自我启蒙,无论如何,都应该看作是一个历史的进步。正像孙怒涛在他的反思里所说,"我不认为那点解放有多深远的意义,那仅仅是禁锢的思想牢笼里的一丝微光。我不认为两派互相制约监督有多大的实际作用,那仅仅是没有法制的用于两派恶战的派性手段。我不认为那点民主权利就是我所追求的法治下的民主,甚至是假民主。尽管这样,我还是认为在文革历史上这一点微小的积极意义也是应当肯定的。针对当今的中国,是具有现实的借鉴意义的。而历史的进步,不可能是一蹴而就的,是一小步一小步慢慢积累的。"

我们这里所面对的正是历史的复杂性:历史的进步性与局限性是相互纠缠的;而文革时期的群众政治的局限性,或许是更带根本性的。因此,我们在肯定了文革群众政治的积极意义以后,就要更集中

---

14 王允方:《求索与启蒙》,《良知的拷问:一个清华文革头头的心路历程》,第89—105页。

地讨论其历史的局限，以便从中吸取经验教训，这也是本文研究的重点所在。

在做更全面的展开之前，先作两点讨论。首先，就像前文已经说到的那样，文革中的群众政治是与独裁政治共存为一体的，它们共同对抗官僚政治，而主导者始终是独裁政治。也就是说，文革群众政治本身就是适应毛泽东的独裁政治的需要，并由其扶植的产物，是一种受控制的，因而具有先天性的依附性政治：成为其存在前提的言论结社自由，既是毛泽东所赐予，也是毛泽东可以随时收回的。它的造反，就每一个个体而言，固然都有自身内在的原因与逻辑，但作为一个群体，却基本上属于"奉旨造反"。其造反的精神资源也基本来源于毛泽东思想和指示。像前文讨论的蒯大富的井冈山红卫兵以充当毛泽东为首的中央文革派的"铁拳头"为使命与追求，自觉为贯彻、保卫毛泽东的文革路线而战，都是由其本性决定的选择。这都说明文革时期的群众政治是具有历史的脆弱性的。

更值得注意的，是文革群众政治的理论基础，基本信念与行为方式是无政府主义与民粹主义。文革群众政治反对官僚政治的合理性、积极意义是在它反对官僚特权，但将其推向反对任何权威，精英，集中，强制，管理以及相应的管理阶层的存在的必要的极端，就成了"无政府主义"。而无政府主义的"反权威"其实是要维护自身（群众）的权威，是很容易导致群众专政的，这就是无政府主义的内在的专制性。因此，无政府主义又是反法制的，是一种"无法无天"的"大民主"。蒯大富后来在总结文革的历史教训时说："所谓大民主的方式，没有法制的保障，必然演化到暴民政治，结果要么就是暴政，要么就是暴民。这两个极端，都不能长治久安"。[15]这是一语道破了无政府主义的实质与危害的。

无政府主义之外，还有民粹主义，其集中表现就是所谓"群众崇拜"。它是与文革中达于顶峰的"个人崇拜"相互补充的，都是文革

---

15 蒯大富：《潮起潮落》，《回忆与反思：红卫兵时代风云人物——口述历史之一》，第385页。

群众政治与独裁政治的产物,构成了文革意识形态的重要潮流。群众崇拜的公开鼓吹者是林彪。他在文革一开始就提出:"革命的群众运动,它天然的是合理的。"[16]这就把毛泽东思想中的群众政治观推向极端,"将群众意志神圣化,普遍化,以群众的思想和行为为绝对价值","将群众的无拘束、无控制、非理性的'自由'当作一种乌托邦式的理想",所谓"群众自己相信自己,自己教育自己"变成了"群众的自我崇拜","人民当家作主"变成无政府主义的随心所欲。[17]这样的群众拜物教,最终也必然导致群众暴力与专政。正是这样的内在暴力性与专制性,就决定了以无政府主义、民粹主义为内核的文革时期的群众政治,即所谓"大民主"政治,尽管也有特定历史条件下的积极意义,但却不能发展为现代公民政治,现代民主政治。这是一个根本性的局限。

2. 造反派红卫兵的分化与分裂

这也就必然引发不满,反思,抗争,分化,以致分裂。在经历了井冈山兵团内部的两大派:兵团总部与下属纵队派的将近四个月的激辩以后,到1967年4月14日成立"414串联会",再到5月29日"清华大学井冈山兵团414总部"正式宣告成立,就公开分裂成两个造反派组织,分别简称为团派与414派。两个总部独立存在,各行其政,围绕"该由谁掌权"这一核心问题展开了激烈的斗争,由文攻发展到大规模武斗,"清华文革,从此走上了一条不归路"。[18]

值得注意的,是清华大学在1967年春出现团派与414派的政治分歧与组织分裂,形成造反派中的"激进派"与"温和派"两大派别,并非孤立,而是一个全国性现象。当时,就有"全国性的'团派'和'四派'"之说。据说同属"团派"(即激进派)的有:河南"二七公

---

16 林彪:《在中央工作会议上的讲话》(1966年10月25日)。
17 刘晓:《意识形态与文化大革命》,第289页,台北洪叶文化有限公司,2000年出版。
18 孙怒涛:《良知的拷问:一个清华文革头头的心路历程》,第453,485,679—680,487页。

社"、长沙"湘江风雷"、哈尔滨"炮轰派"、成都"八二六"、重庆"反到底"、武汉"工造总"及"三钢"等；同属"四派"（温和派）的则有：河南"河造总"、长沙"高司"、哈尔滨"山上派"、成都"红成"、重庆"八一五"等。[19] 这样的分析，自然是有道理的；但由于对各地的运动没有具体研究，下面的讨论就仍集中在对清华运动的讨论，以上说法只能作一个大背景。

对于造反派的分化，414 的产生，历史当事人有这样的解释和分析："414 的出现，是当时大多数人内心希望减缓文革极端态势的自发而有组织的表现"。[20] 对文革的"极端态势"的不满与抵制，应该包括两个方面。一方面是针对掌权的红卫兵即以蒯大富为首的团派的"变质"，特别是搞小圈子、压制不同意见的专制倾向，另一面则是反映了"人心向善，民心思安"的诉求，人们对无止境的批判斗争，特别是文革暴力已经厌烦，希望"文革早点结束，社会早点安定，生产生活秩序早点恢复"。[21] 因此，当《414 思潮必胜》的作者在一次谈话里提出"休整，巩固，妥协"的方针和"解放大多数"的政策，提醒陷于狂热中的文革造反者："事情的过程必须是波浪形的，有高潮，有低潮，有峰有谷，不能老向前进"，"突变和冲击很必要，但不能老突变，老冲击"，正是符合文革中后期的人心民意的。[22]

414 也因此吸引了许多中间派的群众。但当它举起"反对派"的旗帜，就出现了更为复杂的情况：一些不仅反感激进造反派，连文革本身也持保留态度的保守派，也加入了 414 的队伍，或者向他们靠拢。这样的队伍内部组成的变化，也会不同程度影响 414 派的政治观点、立场和态度。

而 414 和团派发生分裂的主要原因，还是政治观念、立场的分歧。这又集中在干部问题上的不同看法与主张。

19《和周泉缨谈话纪要》，收《文化大革命和它的异端思潮》，第 381, 384 页。
20 郑易生：《反思极端思维方式》，《良知的拷问：一个清华文革头头的心路历程》，第 257 页。
21 孙怒涛：《良知的拷问：一个清华文革头头的心路历程》，第 694 页。
22《和周泉缨谈话纪要》，收宋永毅、孙大进编《文化大革命和它的异端思潮》第 382, 381, 384 页，香港田园书屋，1997 年出版。

干部问题成为夺权以后两派斗争焦点，绝非偶然。夺权之前，主要是作"破"的工作，任务是造反；夺权之后，就要"立"，要恢复秩序，进行建设工作，其中一个重要方面，就是国家公共管理功能的恢复，这就不能回避官僚政治的合理性方面。如研究者所说，"对于旧国家机器中执行社会公共职能的部分和因素"，"是任何时期、任何情况下都不能轻言'打碎'的，而只能予以继承和改造"，"人类永远不可能釜底抽薪地消灭官僚主义，而只能不断地克服，抑制和减少官僚主义"。[23] 造反派在清华掌了权，同样面临着维持学校行政、教学管理，以恢复正常的教学秩序的问题和任务。解决前一阶段被一律打倒、靠边站的干部的问题，就成了一个当务之急。

而干部问题，在清华又显得特别突出，有一种特殊意义，这是和蒋南翔对清华大学的治理直接相关的。在清华老学生的回忆里，"经历过延安整风的蒋南翔深谙党内斗争的真谛，从52年院系调整入主清华，改'教授治校'为'党管学校'，借助反右等政治运动排除异己，培养嫡系，组建自己的'清华牌'干部队伍。经过多年努力，成功地打造了清华的'不漏气的发动机'"。这支"清华牌"的蒋式干部队伍特点有二。其一是"听话，出活"，是"党的奋发有为的驯服工具"，这是"最具清华特色"的，其培养出的学生也是如此。[24] 其二，是"双肩挑"，即兼任业务（教学、科研）和政治工作的骨干。同时，又精心打造一支"政治辅导员"队伍。当年老学生分析说，政治辅导员制度的作用有二，一是"利用各种形式、各种机会对同学进行'兴无灭资'教育，对学生的思想进行教育、灌输、监督、控制，清除异己思想，排查异己分子"，二是通过对政治辅导员的培养、考察，"源源不断输送到各级领导岗位，成为维护体制的骨干力量"。[25]蒋南翔的做法是成功有效的，如研究者所说，"这支干部队伍的凝聚程度、管

---

23 孙越生：《官僚主义的起源和元模式》，第72，34页。
24 孙耘：《我的文革心路历程》，《良知的拷问：一个清华文革头头的心路历程》，第125页。
25 唐伟：《从清华文革谈清华校训》，《良知的拷问：一个清华文革头头的心路历程》，第325，326页。

理才能和工作效率之高,甚至观念意识和话语体系之同在各个大学中也是非常罕见的"。这都直接影响了清华干部,主要是中、下层干部在文革中的表现与作用。文革初期,清华干部没有发生整体上的分裂和内讧,大都持支持蒋南翔为首的党委的相对保守的态度,少有起来造反,而且整个干部群体都成为批斗对象,至少是处于靠边站的地位。在工作组撤离以后,中下层干部就开始活跃起来,特别是学生逐渐分裂为两大派,干部纷纷选队,有的还有深度的介入。据统计,414派中干部和党员的比例为66.6%,团派为27.3%。也就是说,500多名清华中、下层干部大多数都选择了414派,414总部下还专设有20多名干部组成的干部参谋组,他们不仅以自己丰富的政治斗争经验和管理经验,为革命小将出谋划策,起到智囊库的作用,而且以自己的政治观点,深刻地影响了414派。即使只有少数干部支持的团派,加入其中的干部的影响,也不可忽视。研究者谈到,毛泽东在文革开始时,在写信给江青的信里,曾预言北大、清华的官僚体系尽管"盘根错节",但在文化大革命群众运动冲击下,也将"顷刻瓦解"。但文革以后发展的现实,却证明毛泽东对党内和国家体制内的官僚政治的政治影响与能量显然估计不足。蒋南翔苦心经营的清华大学干部队伍就没有"顷刻瓦解",而是在"经过文革的初步'洗礼'后'死而复生',并加以重新整合",渗透到群众组织内部,"他们所发挥的政治功能以及所释放出的政治能量",在清华文革运动史上打下了深深印记。[26]我们在前文谈到官僚政治对群众组织中的掌权派(激进造反派)的同化;现在,又看到了官僚政治对在野的群众组织(温和造反派)的渗透。一个"同化",一个"渗透",是充分显示了文革中官僚政治与群众政治关系的复杂性与微妙之处的。

这样,我们也就不难理解,清华两大派在干部问题上的分歧。研究者对此作了一个概括。作为激进造反派的团派认为,清华大学大多数干部"绝不是无产阶级当权派,而是资产阶级当权派",蒋南翔十

---

26 唐少杰:《一叶知秋:清华大学1968年"百日大武斗"》,第43—44,148—149页。

七年来，在清华实行的是资产阶级专政，而"广大干部都在不同程度上充当了这一资产阶级专政的工具"，"清华的干部特别是基层干部是复辟旧清华的社会基础"；犯错误的干部，"要和走资派、资产阶级反动路线、自己的错误划清界限，站到毛主席革命路线一边"，要到"群众中去"，接受批判、监督，交代，揭发，"要在阶级斗争的盖子彻底揭开之后，才能解放"；清华大多数干部都不能进入领导班子，应降职使用或当老百姓，"要敢于提拔年轻有为的小将和地位低的支持造反派的左派干部到领导岗位"。而作为温和造反派的414派则针锋相对地提出，清华的广大干部"执行的基本上是毛主席的革命路线"；要大胆解放"犯严重错误，但还不是反党反社会主义的右派分子"的干部，"勇敢的保，热情地帮，大胆地用"；"没有大批革命干部进入各级领导班子，红卫兵小将夺的权就有可能丧失"，"革命小将要勇于让权，放权"，让"一大批党的好干部在各级领导中发挥核心作用和骨干作用"。[27]

不难看出，在干部问题的不同认识背后，还有着更为深刻的分歧。于是，就有了"如何评价文革前十七年的历史"的更具有实质性的争论。在这方面，414派有一个系统的理论论述，这就是《四一四思潮必胜》里提出的"红线为主"论与"阶级关系不变"论："我们的国家是无产阶级专政的国家，从根本上说当权的是无产阶级。'中华人民共和国十七年来以毛主席为代表的无产阶级革命路线是占统治地位的'，'钻到党和国家岗位上的反党反社会主义反毛泽东思想的反革命修正主义分子，只是一小撮'，他们在党内政权机器内未占统治地位。他们也未形成新的资产阶级特权阶层"，"也正因为这样，十七年来我国的阶级阵线基本上是稳定的。在文化革命中阶级关系虽然有变化，但也不可能来个'大翻个儿'，也绝不可能划分什么'老保阶级''造反阶级'。十七年来掌权的是工农兵还是工农兵，十七年受压迫的资产阶级、地、富、反、坏、右，还是资产阶级、地、富、

---

27 唐少杰：《一叶知秋：清华大学1968年"百日大武斗"》，第202—208页。

反、坏、右"。[28] 这就打出了一个"全面恢复十七年体制"的旗帜，也就事实上取消和否定了文化大革命。而团派则认为，十七年实行的是资产阶级黑线专政，依然是资产阶级知识分子统治学校，不仅"老资产阶级知识分子，在党内走资派的支持下，成了资产阶级统治清华的'参谋部'"，而且"新生的资产阶级知识分子形成了清华新的特权阶层，成为资产阶级知识分子统治清华的骨干力量"。因此，必须"彻底砸烂旧清华"，实行"大翻个儿"式的"重建"，[29] 显然是要维护文革的激进路线。

因此，最根本的分歧，还在文化大革命观的不同，即对文革有不同的理解与期待。《四一四思潮必胜》特地强调："无产阶级文化大革命是在无产阶级专政条件下的大革命"，[30] 其重心显然在"无产阶级专政"这一大前提；这就是414派的一个头头汲鹏所说的，"两派坚持的理论都是无产阶级专政条件下的继续革命。414在继续革命中更加强调坚持无产阶级专政；老团在无产阶级专政条件下更加强调继续革命"。[31] 其实，毛泽东的这一理论本身就是一个悖论："无产阶级专政"必须仰赖官僚政治体系，而"继续革命"又要打碎官僚政治体系。[32] 我们在本文一开始曾讨论到毛泽东与刘少奇的不同文革理解、设计与路线：刘少奇的着眼点就在"无产阶级专政"，要通过文革强化官僚政治；毛泽东则显然重在"继续革命"，要用独裁政治与群众政治的结合来取代官僚政治。现在，我们又发现，清华造反派中的激进派与温和派之争，不过是毛泽东与刘少奇两种文革观念和路线在群众政治中的延伸和体现。

由此出发，又有了在文化大革命的打击对象上的分歧。对团派来

---

28 周泉缨：《四一四思潮必胜——给河南造总一战友的一封信》，收《文化大革命和它的异端思潮》，第392—393页。
29 唐少杰：《一叶知秋：清华大学1968年"百日大武斗"》，第197、199页。
30 周泉缨：《四一四思潮必胜》，《文化大革命和它的异端思潮》，第392页。
31 转引自唐伟：《从清华文革谈清华校训》，《良知的拷问：一个清华文革头头的心路历程》，第315页。
32 参看孙耘：《我的文革心路历程》，《良知的拷问：一个清华文革头头的心路历程》，第160页。

说，这是明确而不可动摇的，就是要把斗争矛头始终对准"党内走资本主义道路的当权派"。而414派的态度就有些暧昧。在《四一四思潮必胜》一文里，一方面表示"四一四派和团派在解决党内'走资派'这个主要矛盾时是统一的"，一方面又婉转提出不可忽视"次要敌人"，进而强调，"我们的次要敌人，一些资产阶级分子，地富反坏右及其代表他们利益的知识分子"，他们在文革中"顽强地活动起来，自觉不自觉地混入了造反派的队伍（主要是团派）"，"拼命地在造反派内部寻找他们的代言人""利用团派中的小资产阶级革命派革命家的狂热性去炮打无产阶级司令部，去打击414派，排斥一切受蒙蔽的群众和犯错误的革命干部，篡夺政权，为全面复辟作好准备"，这实际上就是按照十七年搞政治运动的逻辑，把社会上的阶级敌人作为主要打击对象，把不同于己的个人与派别视为阶级敌人的"代言人"同样予以无情打击，"在对付他们（按，"阶级敌人及其代言人"）的时候，我们必须有革命的魄力和铁的手腕"，[33] 这就更是彻底的专政思维和手段了。这样，四一四思潮的内在逻辑就自然通向了十七的官僚政治。正是在这里显示了我们前文讨论的十七年官僚体系里的干部对414派的深刻影响。原清华党委宣传部副部长、414重点保护的干部罗征启也参与了《四一四思潮必胜》的写作，[34]恐怕不是偶然的。

最根本的问题还是"谁来掌权"。《四一四思潮必胜》对此也是直言不讳的："一切的一切为的是掌握政权，巩固政权"，"在夺权问题上，即由谁来掌权，依靠谁，团结谁，镇压谁这个阶级问题上，两派的分歧就急剧地爆发、激化，发展到组织上的分裂"。在《四一四思潮必胜》的作者看来，作为激进造反派的团派，只是"小资产阶级民主派"，他们"已经完成了历史交给它的冲锋陷阵的任务"，"成为政权的稳定基础，成为大联合的核心的只能是四一四派"，理由也很简单："大多数的工农兵的基本群众和劳动人民家庭出身的知识分子，

---

33 周泉缨：《四一四思潮必胜》，《文化大革命和它的异端思潮》，第394，398，399页。
34 孙怒涛：《良知的拷问：一个清华文革头头的心路历程》，第554页。

以及大多数的党团员和干部，都是'铁杆'的四一四派"，而团派的队伍里，"经常混杂着走资派，特别是没有改造好的地富反坏右以及代表他们的知识分子"。[35]毛泽东将这样的掌权论概括为"打天下的不能坐天下，坐天下是414"，[36]并非没有道理。这样的凭借出身"天生掌权论"，其实就是老红卫兵的"高干子弟要掌权"论的重演，实际也是要恢复十七年的阶级路线，维护十七年体系的等级结构与秩序。

从两派分歧的以上分析中，我们可以看出，414派基本上是一个"十七年派"，即主张回归十七年的官僚政治，以此批判和否定文革中推行的独裁政治与群众政治相结合的激进路线，后者恰恰是团派所要竭力维护的。研究者因此概括说："团派思潮更多的是一种文革'原教旨主义'意义上的群众性思潮"，414思潮则是"以文革前的正统观念和正统秩序来批评、怀疑并进而有可能否定文革的群众思潮"。[37]这里说"有可能否定文革"是注意了分寸的：尽管414思潮的客观逻辑是指向否定文革的，但就414的头头、骨干、群众的大多数而言，就像414二把手孙怒涛在他的回忆里所说的那样，他们"抵制批判极左思潮，并没有认识到左倾路线是左倾思潮的根源，并没有否定文革，并没有对毛泽东以及政治体制有过一点非议"，他们是用十七年的官僚政治来批判文革，用孙怒涛的另一个说法，414是用"文革前的毛泽东"来批判"文革中的毛泽东"，而团派则要捍卫文革中的毛泽东。[38]

作出这样的不同选择的内在驱动力是什么？这就不能谈到，也是不可回避的"利益"问题。孙怒涛说得很好："对绝大多数人而言，他们（两派群众）确实都有很高昂的革命热情，为革命而献身的精神以及相当纯洁的革命动机，同时也有革命外衣包裹下的强烈的政治

---

35 周泉缨：《四一四思潮必胜》，《文化大革命和它的异端思潮》，第399，395，406，359页。
36 《毛主席、林副主席七二八召见红代会代表》（1968年7月28日）》（记录稿）
37 唐少杰：《一叶知秋：清华大学1968年"百日大武斗"》，第230，234，513页。
38 孙怒涛：《良知的拷问：一个清华文革头头的心路历程》，第692页。

利益诉求"。[39] 于是，就注意到这样两组统计数据。学生干部党员在414中占62.6%，在团派中只占27.4%；教职工中的党员，亮相到414的占47.1%，支持团派的占30.5%：这表明文革前在政治上占据优势，作为依靠对象的学生干部党员和清华干部队伍中的多数，都聚合在414里。而因文革前受压不满清华旧党委的"反蒋分子"在团派中占60.3%，414占33%；因受工作组压制而"反工作组分子"65.6%加入了团派，加入414的仅占29.3%：这表明在文革前与文革初受压制的学生大都成为团派的骨干。而文革前与文革初都备受重用的历次政治运动的积极分子，因死保工作组而被视为"保守派"的"八九分子"，68%都参加414，参加团派的仅占20%。[40] 孙怒涛据此而得出结论：414是以文革前因家庭出身和本人政治面貌和表现占优势的学生为主体，"基本上代表了文革前历次政治运动的既得利益者，所以他们都拥戴'红线主导'论"；而团派则代表了因家庭出身、社会关系和政治表现的问题，而成为"历次政治运动的受害者和受歧视者"的利益，"所以他们更倾向于'彻底砸烂'论"。政治观点和诉求的不同背后，确实有各自的政治利益。两派强烈的掌权欲望，也是基于这样的政治利益：414是"文革前的既得利益者，文革让他们利益受损。他们拼了命也要阻止团派一派掌权。他们确实有回复（难听一点的说法就是'复辟'）到文革前美好日子的强烈愿望"；而团派则是"文革的既得利益者，他们拼死也要保卫文革给他们带来的胜利果实"。[41]

这就是鲁迅说的："曾经阔气的要复古，正在阔气的要保持现状"。[42]

当然，这样的分析只具有相对意义，会有例外，像孙怒涛，他虽出身贫农，但因为在文革前的"学习'九评'运动"中的"言论不正确"而成为"不可信任者"，备受压抑，但他更注重独立思考，对团

---

39 孙怒涛：《良知的拷问：一个清华文革头头的心路历程》，第528页。
40 见沈如槐（414第一把手）：《清华文革纪事》。转引自孙怒涛：《良知的拷问：一个清华文革头头的心路历程》，第518页
41 孙怒涛：《良知的拷问：一个清华文革头头的心路历程》，第519，530页。
42 鲁迅：《小杂感》，《鲁迅全集》第3卷，第555页，人民文学出版社，2005年出版。

派的观念、做法多有不同意见，最后走出团派，还成了414的头头。具体到个人加入哪个派别，就更有许多复杂的，甚至偶然的因素，是不能简单地完全归之于利益的。[43]

而且还应该指出，414派就其总体而言，属于温和造反派，而其内部，也还有不同的倾向。我们一再引述的《四一四必胜》一文，414内部就有不同的意见。据孙怒涛回忆，许多"中间群众以及总部委员中的教师，干部，这些都是温和的老四，他们认为周泉缨的观点太右了，414不能越右越好，越走越右"。孙怒涛自己也认为，《四一四必胜》的基本观点，如"红线主导"论及其"部分改善无产阶级政权"的观点，都代表了"414群众"的共识，但又"确实有种右的倾向"是令人担忧的："414内部激进分子的极端行为会葬送414"。[44]这里所涉及的414派内部温和与极端之争，也不可忽视，它提醒我们在分析文革中群众派别（414，也包括团派）思潮时必须注意其内部的复杂性和总体倾向不能囊括的个体差异性。

最后，还要谈谈清华造反派中的两派，和中央高层斗争的关系。中央文革小组对蒯大富为首的团派的支持，是公开的，团派也从不回避他们要充当中央文革派的"铁拳头"。而414有没有后台，却始终是一个谜。直到近年414的头头纷纷写回忆录，他们都证实414在中央确实没有后台。但414的杨继绳却谈到"周恩来是同情414的，虽然他没有明确表态，但两派是明显地感觉到的"，[45]孙怒涛则说："在我们心目中，周恩来是414的精神后台"。他对此有一个解释：在刘少奇垮台以后，中央仍然存在所谓"旧政府"与"新文革"的矛盾，1967年的所谓"二月逆流"就是一次两派间的公开冲突。周恩来处于这两者之间，他一方面按照毛泽东的旨意，支持"新文革"，但在理念、情感以及人事关系上又显然倾向于"旧政府"（即传统的

---

43 参看孙怒涛：《良知的拷问：一个清华文革头头的心路历程》，第522,520页。
44 孙怒涛：《良知的拷问：一个清华文革头头的心路历程》，第558,557,559页。
45 杨继绳：《从清华大学看文革》，《良知的拷问：一个清华文革头头的心路历程》，第9页。

官僚政治),有人就把周恩来视为"旧政府"的代表。[46] 在对待群众组织问题上,他也忠实执行毛泽东的指示,支持激进造反派,在蒯大富的平反上他是起了关键性作用的;但他又希望群众造反走上理性道路,希望恢复正常秩序,因此对团派在批斗王光美时的"背后搞鬼,不是堂堂正正的政治斗争"的"恶作剧"提出尖锐批评。[47] 这也就决定了他在理念与感情上倾向温和造反派,孙怒涛甚至认为温和造反派是"他的社会基础",这是不无道理的。[48] 一位曾参加中央文革记者站材料组工作的 414 的成员就回忆说,他在负责整理全国各地造反派材料时,就明显感觉到,总理身边的人对于温和造反派组织"比较关注"。[49] 周恩来与 414 派确实没有具体联系,但他又是领导中枢中唯一没有批评过 414 的(毛泽东对 414 就公开表示不满),在蒯大富单方面成立清华革委会时,他以"没有实现两大派联合"为理由,拒绝出席成立大会,蒯大富说:"总理给我们当头一棒",也可以说,在关键时刻周恩来维护了 414 派的权利。[50] 这当然都不是偶然的:和团派的"彻底砸烂论"体现了"新文革"派的意志一样,414 思潮的"红线主导论"在某种程度上也是反映了周恩来所倾向的"旧政府"派的理念与诉求的。"清华两派斗争实质上是中央两派斗争在基层的典型反映","上有所动,下必有乱",事实就是如此。[51]

四、文争到武斗的历史教训

而且我们要反思:这一切是怎么发生、为什么发生的?这也是这些年陆续出版的回忆录和研究著作着重总结与讨论的。它追问到这一代人所受到的教育,他们的理想、信念、伦理、思维、情感、行为

---

46 孙怒涛:《良知的拷问:一个清华文革头头的心路历程》,第 508,607 页。
47 唐少杰:《一叶知秋:清华大学 1968 年"百日大武斗"》,第 109—111 页。
48 孙怒涛:《良知的拷问:一个清华文革头头的心路历程》,第 507 页。
49 王允方:《求索与启蒙》,《良知的拷问:一个清华文革头头的心路历程》,第 69 页。
50 唐少杰:《一叶知秋:清华大学 1968 年"百日大武斗"》,第 112 页。
51 孙怒涛:《良知的拷问:一个清华文革头头的心路历程》,第 607 页。

方式等等，其所包含的历史教训，有许多是具有普遍意义的。

有研究者将这一代人的精神素质概括为六个方面，即"对理想的憧憬，对精神的倚重，对英雄的崇拜，对道德的敬畏，对集体的皈依，对政治的热情"。[52]应该说这一概括是抓住了要害的："理想""精神""英雄""道德""集体""政治"，确实是这一代人生命的关键词。问题是如何评价和对待。有人因为这一代人最终被利用，并且造成严重后果，把他们视为被"骗子"和"疯子"蒙蔽的"傻子"，从而对这一代人的追求与相应的精神素质，予以全盘否定：这很难说是科学与历史的态度。于是又有人（主要是历史的当事人）鉴于当下中国理想、精神、道德、集体观念以及政治热情的缺失，主张对他们当年的追求予以基本肯定，"注入正确的内容，就能重燃政治热情，重建民主意识，重塑理想主义"。[53]这样的具有现实针对性的说法，有一定的道理，但似乎还是有点简单化。或许我们应该采取更为复杂的态度：对这一代人的追求与精神素质首先进行严峻的审视和反思，认真总结其中惨重的历史教训；在经过批判性的科学清理以后，再剥离出其中某些可为今天借鉴的合理内核。我们这里要做的，就是这样的初步反省与反思，而且有五个方面。

1. 对理想主义的反思

这一代人的理想主义是有两个方面的问题的。首先是所谓"革命至上主义"。有人回忆说，这一代人"大多有一股'原教旨主义'的冲动"，心怀"对'纯粹社会主义'的想象"，[54]而且坚定不移地相信，唯有革命（而且主要是暴力革命）才是实现这一圣洁理想的唯一正确的途径。这样，他们在将自己的乌托邦理想圣洁化的同时，也把革命神圣化了。于是，就有了"革命至上主义"。研究者说，革命至上就是"把革命的价值看得高过一切，高于物质享受，高于文化、科学、

---

52 周伦佐：《"文革"造反派真相》，第272页，香港田园书屋，2006年出版。
53 孙怒涛：《良知的拷问：一个清华文革头头的心路历程》，第681—683页。
54 郑易生：《反思极端思维方式》，《良知的拷问：一个清华文革头头的心路历程》，第260页。

艺术，高于人与人之间的美好关系，甚至高于生命本身"。[55] 在这样的基本信念基础与前提下，就引申出两个影响深远而恶劣的理念。

首先是"为革命可以牺牲一切"。我们注意到，文革中许多破坏性行动，例如"破四旧"对文物的摧毁，批判封、资、修对古今中外文化的践踏，破除"旧规章制度"对生产的破坏，鼓吹"划清阶级界限"对人伦关系的冲击与扭曲，"斗私批修"对个人权利、欲望、利益的全面否定和剥夺，以及武斗中人的生命的无谓牺牲等等，无一不打着"革命"的旗号。套用罗兰夫人的话，真的是"革命，革命，多少罪恶假汝之名以行！"[56] 这样的革命高调对涉世不深的年轻人，特别具有欺骗性与蛊惑性，他们怀着"为革命牺牲"的神圣感、悲壮感，冲在"砸烂旧世界"的第一线，武斗第一线，轻掷青春与生命，付出了令人痛心的代价。

更应该质疑的是"为了革命可以不择手段""政治斗争（革命）无诚实可言"。[57] 文革时期的群众组织中盛行一个潜规则："大方向对了，一切都对"，只要是有利于革命，"捏造事实，无中生有，造谣撒谎，断章取义，小事扩大，无线上纲等等，均被视为小节，不会追究"。[58] 这就尖锐地提出了一个"政治利益与政治道德""革命与道德"的关系，在政治斗争中要不要坚守"政治道德底线"的问题，[59] 更有一个要不要受法律的制约的问题[60]。在更深层面上，则有一个所谓"革命原则与人性良知的冲突"。如论者所说，"对于革命者来说，革命利益高于一切，其他任何一切，包括情感、人性、人道主义，在

---

55 徐友渔：《形形色色的造反：红卫兵精神素质的形成与演变》，第 25 页。香港中文大学出版社，1999 年。
56 孙怒涛：《良知的拷问：一个清华文革头头的心路历程》，第 144 页。
57 孙怒涛：《良知的拷问：一个清华文革头头的心路历程》，第 522 页。
58 王允方：《求索与启蒙》，《良知的拷问：一个清华文革头头的心路历程》，第 53 页。
59 孙怒涛：《良知的拷问：一个清华文革头头的心路历程》，第 480，475 页。陆小宝：《文革研究的一个新课题》，《良知的拷问：一个清华文革头头的心路历程》，第 229 页。
60 王允方：《求索与启蒙》，《良知的拷问：一个清华文革头头的心路历程》，第 96 页。

革命面前是渺小的，微不足道的"，因此才有雨果、狄更斯等作品里"在绝对正确的革命之上，存在一个绝对正确的人性"这一新伦理的提出。[61] 文革更是把"革命"推向极端，而将"人性、良知"作为"资产阶级人道主义"的"反动思想"痛加批判，极度排斥，就出现了不断"突破做人的底线"的人性悲剧。[62] 在总结文革历史教训时，人们都不约而同地提出，要从"拷问良知"开始，要重新建立以维护人的良知、人性为核心的新的"道德价值观体系"，[63] 这是抓住了关键的。

文革群众政治中不择手段的革命方式就为在中国民间社会本来就颇有传统的流氓无产者、流民文化打开了大门。有研究者就指出：毛泽东发动的文化大革命，就是"兵家的斗争哲学与法家的专制理论与民间流民文化的造反运动相结合"，[64] 还有研究者注意到，"从1967年夏季开始"，"社会底层的武术团体，甚至流氓帮伙，逐渐成为各派拉拢的对象。这些人将自己的语言、习气逐渐带入文革社会，特别是这些流民与某些红卫兵在草莽豪爽、蛮横自负方面很快接近起来，形成了深刻影响文革的痞子文化气质"，"显示出文革与痞子社会深层关联的一面"。[65] 也可以说，文革群众政治和群众领袖中的痞子气，正是民间流民文化传统与不择手段的革命文化相结合的产物，应该都是文革的负面，很值得注意。

这一代人的理想主义的另一面，是绝对的英雄主义和道德主义。那个时代盛行的毛泽东青年时代的格言："天下者，我们的天下，我们不说，谁说？我们不干，谁干？"也可以说是一种社会责任感，但研究者说的"救世主情结"也是掩饰不住的："红卫兵们把自己的使命和义务急剧地、无限地放大：君临天下，担当朝纲，救生育民，皆

---

61 王允方：《求索与启蒙》，《良知的拷问：一个清华文革头头的心路历程》，第104，105页。
62 郑易生：《反思极端思维方式》，《良知的拷问：一个清华文革头头的心路历程》，第263页。
63 孙怒涛：《良知的拷问：一个清华文革头头的心路历程政治》，第704页。
64 汪澍白：《影响毛泽东最深的传统文化四大家》，《毛泽东的来踪去脉》，第314页，自印本。
65 尤西林：《文革境况片断》，徐友渔主编《1966：我们那一代的回忆》，第11—12页。中国文联出版公司，1998年出版。

不在话下"。⁶⁶ 问题是,这样的救世英雄的自我崇拜(作为群体就是"群众崇拜")是与对领袖的个人崇拜互为依存的,这就意味着这一代人外在的霸气是与内在的奴性纠缠为一体的,还是逃不脱鲁迅早就说过的"对上(领袖)为奴才,对下(芸芸众生)为主子"的中国传统。同样,和前文所说"道德虚无主义"纠缠为一体的还有"高调道德专政"。文革在一开始就提出了要造就一代"新人",创造所谓"四新(新思想,新文化,新风俗,新习惯)"世界,并提出了"无限忠于——""毫不利己,专门利人""一不怕苦,二不怕死"等等道德高标,占据了道德的高地,而每一个人,特别是年轻一代,都是怀着道德的崇高感、神圣感去投身于革命的。问题是这样的"高调道德"不仅具有高度的同一性、绝对性,是不容置疑的"圣人道德",而且有极大强制性,与"立四新"同时进行的"破四旧"本身就是一种暴力行为,更有"狠斗私字一闪念"的思想改造,还有一系列的忏悔、赎罪的准宗教仪式,这确实是一种"道德专政"。⁶⁷这样,我们就在这一代人理想中的英雄情结、道德情结里,都看到了专制的内质,这是不必回避的。

2. 对集体至上主义、个体与群体的关系的反思

集体至上主义也可以看作是革命至上主义的延伸,因为革命本身就是一个集体性的,而且是有组织(共产党)领导的政治行为,它所奉行的是集体利益高于一切、党的利益高于一切的原则,因而要求绝对服从作为集体意志的集中代表的党的意志,并无条件地放弃、牺牲个人利益。应该说,这样的集体至上、党的意志、利益至上的原则,是早已确定的,对在共和国成长的这一代的影响,也是由来已久的。在文革中自然延续下来,但不是我们这里讨论的重点。

我们关注的是,文革时期由于毛泽东对群众政治的极力推动,我们讨论的"集体"就有了一个新的变化:出现了只接受毛泽东与党中

---

66 唐少杰:《一叶知秋:清华大学 1968 年"百日大武斗"》,第 299 页。
67 参看唐少杰:《一叶知秋:清华大学 1968 年"百日大武斗"》,第 303,304 页。

央的领导,不受基层党组织控制的,具有相对独立性的像团派、414派这样的群众组织。在这样的群众组织中,个体与集体的关系,就有了一些时代与历史的新特点。正如一位团派的成员在回忆中所说,"探讨文革中的群体行为、群体与个体关系是一个既有趣味又有意义的问题"。[68]

文革中的群众组织,和之前与之后受党直接领导的群众组织,如工会、共青团、妇联相比,相对松散,个人的参加与退出要自由得多。总体来说,加入某个群众组织,特别是团派、414这样的群众派别,大都是对其政治倾向、主张的认同。但如果深究起来,就有更复杂的内容。一位历史当事人在回答后人的问题:你们当年参与群众政治,以致武斗,动机何在?(在提问者看来,这是"匪夷所思"的)时,这样说:"当时的我们,在理想主义的光环下确实有一种使命感和英雄情结,而潜藏在内心深处的还有某种危机感和改变自己政治地位的强烈诉求。当然,也不排除青年人追求惊险浪漫刺激的猎奇心理"。[69]这里特意提到的"潜藏在内心深处"的"危机感",也是人们在回忆这段历史时经常提到的"恐惧感"和"不安全感"。[70] 这是个人完全不能掌握自己命运的极权社会统治下的普遍社会心理,文化大革命的大动乱,统治者(毛泽东)意志的变化莫测,政治形势的瞬息万变,个人遭遇的大起大伏,都使全社会从上到下,每一个人都有不安全感,每时每刻都生活在惶惶不安,以致恐惧中。在这样的社会氛围和心理下,格外突显出个体的孤独与无力,就特别渴望到某个群体中寻找庇护。首先是获得政治的承认:在文革严格的政治等级观念与体制下,最重要的是人的政治身份,参加群众组织,就意味着获得了"革命群众"的身份,有了参加革命的资格,这就有了基本的安全感。而且加入组织以后,这样的不安全感、恐惧感依然存在,也还要争先恐

---

68 孙耘:《我的文革心路历程》,《良知的拷问:一个清华文革头头的心路历程》,第142页。
69 孙耘:《我的文革心路历程》,《良知的拷问:一个清华文革头头的心路历程》,第140页。
70 孙怒涛:《良知的拷问:一个清华文革头头的心路历程》,第520,529页。

后地表现对组织的忠诚,害怕落后于他人而被淘汰。越是原先的身份(家庭出身,个人历史,社会关系)有问题,在群众组织中越是表现激进,就是这个道理。有人因此说:"文革就是以恐惧为前提的群氓运动",话有些偏激,但也不是没有根据的。[71]

在更深层面上,还有利益的趋同:前文谈到文革中奉行"有权就有一切,没权就失去一切"的政治逻辑,自己参加的组织掌了权,个人就成了"响当当的无产阶级革命派",也就自然有了一切;掌不了权,或者掌权又失去了权力,个人也失去了一切,甚至有成为"反革命"的危险。这样,文革中的群众组织就成了一个以掌权(而不是政治信念)为中心的利益共同体,个人彼此之间是有一种同生死、共患难的命运密切相连的关系的,这是正常年代很难达到的。这样的文革中的个人对群体的趋同性与归属感,或许是今天这个原子化的时代里的人所难以想象的。文革中极易结成"死党",不仅是政治观念、理想的同一性,更是利益与命运的休戚与共。而且这样的趋同,在今天还影响着历史当事人对文革的反思,人们很难摆脱当年的派性,客观地看待那段历史。

当然,并不是所有的成员都那么死心塌地地忠诚于自己所属的群体。心存离心力,或者持被动、消极态度的大有人在,有时(特别是在运动中后期)更可能是大多数。"死党"(文革中叫"铁杆××派")任何时候都是少数。但不能忽视他们的影响与能耐。这就是前文引述的 414 头头孙怒涛所说,在文革群体政治的派别斗争中,群体的思潮和行为往往受思想最激进者,特别是偏激的领袖所左右。这就涉及文革群众政治的一个基本特点:它主要是一种街头、广场政治。对这样的广场政治,我有过这样的描述:当无数的个体,聚集在同一个空间下,发出共同的呐喊,"无数个个人的声音融入也即消失在一个声音里,同时也就将同一的信仰、观念以被充分简化,因此而极其明确、强烈的形式(通常是一个简明的口号或歌词)注入每一个

---

[71] 陈凯歌:《我们都经历过的日子》。转引自唐少杰:《一叶知秋:清华大学 1968 年"百日大武斗"》,第 263 页。

个体的心灵深处，从而形成一个统一的意志和力量。处于这种群体的意志和力量中，个人就会身不由己地做单独的个体所不能、不愿或不敢做的事。这是一个个体向群体驱归又反过来为群体控制的过程"。[72]如果说前文讨论的是个体"向群体趋归"的问题，那么，这里提出的个体"为群体控制"的问题，在考察文革群众政治时，或许是更为重要的。

其中有三个方面特别值得注意。其一是在街头、广场政治中，最有力量，对群众最具控制力的声音，是把问题极度简化，最激烈、非理性，直接诉诸情感，极具煽动力，因而也最简单、明确的声音，是堂吉诃德式的奋不顾身、勇往直前的登高一呼；而哈姆莱特式的充分考虑到问题复杂性，因而犹豫不决，言辞纠缠难懂，温和、理性的声音，是根本没有人听的。其结果就是每一个派别的观点都被极端化，而失去（或减弱）其合理性，[73]而行动更最容易走向非理性。其二，群众之所以听从这样的极端言论，做出"单独个体不能、不愿、不敢做的"非理性的行为，原因就在于所谓的"广场效应"：身处广场（街头）这样的群体空间里，每一个个体都淹没、因而也就隐名在所谓"群众"的茫茫大海里，无须对个人的言行负责，这就是所谓"法不责众"。而言行一旦不受法律的制约，"无法无天"的结果，最后连自己都控制不住，甚至走到主观愿望的反面，产生自己完全不愿意看到的严重后果。这是群众政治的悲剧所在。其三，最严重的，是研究者所说的，在群体的裹挟下，每一个个体的"人性中恶的一面"都被诱发出来，尤其是群众领袖更会"利用他在群体组织的权力地位"，发泄其内心的邪恶欲望，"由群体的公仆变成群体的主人"。[74]这样的"文

---

72 钱理群：《1948：天地玄黄》，第50页，三联书店2015年出版。
73 一个现成的例子是，尽管414的头头都再三声明，《414思潮必胜》有可认同处，但总的倾向"太右"，是414派中的激进派，不能全面代表414思潮，但人们（包括今天的研究者）都仍然把它看作414思潮代表，原因即在群众政治中任何派别都在实际上被自己内部的激进派代表了，这是不以当事人的主观意志为转移的。参看孙怒涛：《良知的拷问：一个清华头头的心路历程》，第558, 559, 565页。
74 孙越生：《官僚主义的起源和元模式》，第31页。

革新贵"几乎是文革群众政治的必然产物。而对每个参与群众政治的个体的人性恶的诱发，或许是更值得注意的。我曾经说过，每个人的人性本是善恶并举的，在正常的社会秩序，健康的政治生态环境下，就会扬善抑恶，但一旦正常社会秩序被打乱，政治生态环境被破坏，就会是扬恶抑善，导致人性的大堕落，大倒退。不幸，文革正是这样一个人的动物性的嗜杀性恶性发展的时代，这是许多人"不由自主"地投入残酷的武斗的人性原因。这样的"人的动物化"应该是文革群众政治最严重的后果，是文革的最大罪恶。

3. 对斗争至上哲学的反思

"与天奋斗，其乐无穷；与人奋斗，其乐无穷"，青年毛泽东的人生格言，对这一代人的影响也是不可忽视，同样后果严重：那个时代的"与天奋斗"，征服自然，越演越烈的结果，是今天大自然对人类的全面报复；那个时代的"与人奋斗"，开启人与人之间无休止的恶斗的先例，至今未歇。这一代人，至少在文革期间，是信奉斗争哲学的，它是文革期间两派内战的思想根源，也给文革中的群众政治打上残酷斗争的印记。其特点有三。

其一，文革时期的斗争哲学是以阶级斗争学说为政治基础的。在毛泽东的"千万不忘阶级斗争"的号召下，这一代所受到的教育就是"时刻提高阶级警惕，随时关注阶级斗争新动向"，对群众组织最基本的要求，也是"紧绷阶级斗争这根弦，充当阶级斗争的尖兵"。这些教育与要求的实质就是研究者所说的，灌输"泛敌意识"，把所有的人都看是"敌人"或"潜在的敌人"，"实际生活中即使没有敌人，也要制造出'敌人'"，即所谓"'假想敌'的泛化"。[75]于是，所有的不同意见，都会上纲上线为"阶级敌人的猖狂进攻"，两派争论自然就成了"无产阶级与资产阶级之间的阶级斗争的表现"。由此形成的"用最大的敌意看待他人，处理与不同意见者的关系"的思维习惯，行为方式，以及相应的充满"仇恨"的阴暗心理，影响是深远的。

---

75 唐少杰：《一叶知秋：清华大学1968年"百日大武斗"》，第301页。

其二，这是一种把斗争绝对化的哲学，其内涵有二。一是"二元对立""非黑即白，非此即彼"，不是朋友同志就是敌人，不是革命就是反革命，"只有对立面，而无同一性"。[76]二是把一切矛盾与斗争都视为不可调和，不是你死就是我活，一个取代一个，一个吃掉一个。文革群众政治中的两派，激进派和温和派，团派与414派，就在这样的思想指导下，势不两立，有他无我，最后鱼死网破，同归于尽。

其三，崇尚暴力。在文革中风靡全国的毛泽东的这段话："革命不是请客吃饭，不是做文章，不是绘画绣花，不能那样雅致，那样从容不迫，文质彬彬，那样温良恭俭让。革命是暴动，是一个阶级推翻一个阶级的暴烈的行动"[77]是可以概括文革群众政治中的革命观的，因此，从开始的斗黑帮，破"四旧"，到最后的武斗，暴力是贯穿文革始终的。研究者由此而判定文革是将"灵魂革命"与"肉体革命"统一为一体的。[78]这不仅暴露了文革空前的残暴性，而且揭示了其"无法无天"，反民主法治的本质。这就是蒯大富说的，"没有法制约束下的大民主，它肯定要变成暴民政治，或者叫什么群众专政"，[79]这也是文革群众政治的一个要害。人们总结文革经验教训，最后都归结到民主法治建设，建立"民主基础上的法制与法制保障下的民主"，这都抓住了关键。[80]

4. 对绝对思维的反思

前文所说斗争哲学本身即是绝对思维的产物和表现，这里讨论的"绝对思维"重点又有三个方面。一是论者说的"高举真理的大旗来垄断真理"。[81]考察文革中两派论争，就可以发现，每一派都不容置

---

76 郑易生：《反思极端思维方式》，《良知的拷问：一个清华文革头头的心路历程》，第264页。
77 毛泽东：《湖南农民运动考察报告》，《毛泽东选集》（一卷本），第17页，人民出版社，1967年出版。
78 唐少杰：《一叶知秋：清华大学1968年"百日大武斗"》，第184页。
79 蒯大富：《潮起潮落》，《回忆与反思：红卫兵时代风云人物——口述历史之一》，第388页。
80 孙怒涛：《良知的拷问：一个清华文革头头的心路历程》，第699页。
81 孙越生：《官僚主义的起源和元模式》，第4页。

疑地宣布自己的观点、主张的"政治正确性",而且是先验的正确性,实际上就将自己的或许有一定合理性的观点夸大化、绝对化、神圣化,以致真理化了。于是就以真理的代表、化身自居,将真理垄断起来,不仅将不同于己的对方观点妖魔化,而且借助于政治权力,以"政治不正确"的罪名,将对方置于死地。其二,这样的自我真理化的背后,是论者所说的"排斥思想、文化、政治、经济、历史道路等的多样性,否认不同的价值观存在的权利"的绝对思维。其三,这样的绝对思维又是"单一的思想资源、垄断的意识形态、政治的宗教化"的产物。恰恰暴露了这一代人"青年时期的(封闭的,批判"封、资、修"的)教育失去了与传统与世界限制的联系"的基本弱点。于是就有了这样的对文革经验教训的总结:"要为自己的理想奋斗,但是警惕'政治正确'的诱惑,不要极端思维方式"。[82]

5. 对"不知妥协"的反思

今天回顾文革期间的两派斗争,确实不能不有许多的感慨:本来,由于政治观点,对社会问题看法不同,以及背后利益诉求的不同,文革中出现两派,是正常的。其实凡有人群的地方,就会有不同的派别,任何社会都是如此。具体到我们这里讨论的清华文革,在团派基本掌握了学校的大权,作为反对派的414派的出现,既是必然,也属正常。而且从理想的政治生态看,如果有一个"负责任的、起积极作用"的温和派的反对派,对实行激进路线的掌权派起一个监督、制约的作用,那是能够促进清华文革的健康发展的。孙怒涛在他的回忆录里设想:"这(将)是一条'议会道路'(即414参加革委会与团派建立'联合政府'),是一条对两派都有利的双赢道路"。但这在文革时期,甚至在今天的中国,都没有实现的可能。因为"大权独揽",绝不和其他政治势力分享权力,是中国的基本国家体制,即使在文革时期也是坚持不动摇的。在独揽权力这一点上,团派和414是一致

---

[82] 郑易生:《反思极端思维方式》,《良知的拷问:一个清华文革头头的心路历程》,第263,264,266,267页。

的，分歧仅在由谁来独揽。而且如孙怒涛所说，"经过文革前的反修教育，认为妥协、让步、忍耐都是机会主义的，都是投降派的所为，只有针锋相对、寸步不让才是最革命的"。而这恰恰是应该总结的历史教训："团派和414都不懂得在政治斗争中让步和妥协是必要的，不懂得在争取自己的核心利益同时，也要从对方的角度设想并照顾对方关切的利益，不懂得一方全胜一方全败的结果只能导向下一次更强烈的对抗并且两败俱伤，不懂得妥协就会双赢。只想着对抗，必然是零和的结局"。[83] 于是，就有了这样的新认识："妥协是民主政治的真谛。从某种意义上来说，民主政治就是妥协的政治。因为民主讲的是共存，并不是这一派要完全吃掉另一派。要共存，一方面要善于斗争，一方面还要善于妥协"。[84] 这是付出了巨大代价才得出的结论，弥足珍贵。[85]

原载钱理群著《燃火不息——文革民间思想研究笔记》（上卷）415-514页，香港，牛津大学出版社，2017。

---

[83] 孙怒涛：《良知的拷问：一个清华文革头头的心路历程》，第686，690页。
[84] 陆小宝：《文革研究的一个新课题》，《良知的拷问：一个清华文革头头的心路历程》，第230页。
[85] 直到今天，文革群众政治的这些历史教训仍不失其意义。比如"为了达到目的，可以不择手段"的逻辑仍然在支配着许多人的行为；在人与人的关系中依然盛行"以最大恶意看待他人"的敌对思维；在网络空间里，占支配地位的依然是非理性的极端观念和极端思维，非此即彼、非白即黑、不是朋友就是敌人的二元对立；把自己的意见真理化，将不同意见妖魔化的绝对化思维，不是你死就是我活，一个灭掉一个，不容任何妥协的斗争哲学，更是渗透到社会生活的各个方面：这些都已经成为中国新的国民性，形成了一个传统：从文革（还可以追溯到更远）到今天，绵绵不绝，并且已经造成了今日的中国社会民意分裂，国民之间失去共识的严重后果。这是应该引发警惕、深思与讨论的。

本书附录

纪念罗征启专辑

(《记忆》319期）

【专稿】

罗征启的意义

——兼评陈氏父子的"保祖坟"

方惜辰

一

陈云有句名言：让自己的孩子接班，至少不会刨我们的祖坟。"祖坟"二字公私兼顾，既包括中共的理论与实践、制度与传统；也包括他和他的同事们在党内的地位及评价。文化大革命给了这位无产阶级老革命家敲响了警钟，他意识到，他献身的政治集团面临着被"刨祖坟"的危险，他有责任有义务，打破常规，不顾物议，指出"保祖坟"的最佳途径。

陈云说出了中共高层的共同心声。有幸活过文革的中共高级干部闻此论，无不加额称庆。于是"保祖坟"从个人主张变成了党国大计——中共中央制订了部级以上的干部家庭，一家出一个子女进入第三梯队的政策。至此，"保祖坟"上承封建王朝的世袭制，下续打天下坐天下之旧传统，正式开张营业。

要说"保祖坟"，毛泽东比陈云早得多。不管毛发动文革的动机有多复杂，[1] 其根本目的，就是"保祖坟"——保证中共不改变颜色，

---

[1] 李泽厚说，毛发动文革"情况极为复杂，既有追求新人新世界的理想主义一面，又有重新分配权力的政治斗争的一面；既有憎恶和希望粉碎官僚机器，改煤炭部为煤炭科的一面，又有怀疑大权旁落有人篡权的一面；既有追求永葆革命热情、奋斗精神（即所谓'反修防修'的一面，又有渴望做君师合一的世界革命的导师和领袖的一面；既有天理，又有人欲。"（李泽厚《中国现代思想史论》，北京，东方出版社，1967，192-193页）

并永远掌权。所以，毛泽东告诉五大领袖："我才不高兴那个 414"，"因为 414 那个思想我不能接受"，414 有什么思想冒犯了伟大领袖呢？一句话："打江山的不能坐江山"。[2] 在毛看来，中共打下了江山，就应该千秋万代地坐下去。

但是，在如何"保祖坟"上，中共党内始终存在着两条道路的斗争。邓小平、陈云比毛泽东看得透彻，他们知道，反修防修是与风车作战，斗批改、上山下乡、五七道路纯粹是劳民伤财的瞎折腾。党是一定要修的，颜色一定要变的，政治权力是一定要兑换成财富资本的。陈云的孙女嫁给香港富二代，那是谁也拦不住的。以反剥削起家的中共高官，与阶级敌人结成儿女亲家，历史之必然。重要的是，坚持党的领导。不管修成什么样子，变成什么颜色，红色后代与什么人联姻，只要有了这一条，就一切 OK。四项基本原则，其实就一项原则。邓陈的心是相通的。邓小平说，不要问姓资姓社。陈云说：不唯上，不唯书，只唯实。这个"实"首先是党的领导，只要有了党，不管他姓什么，就有了权，有了权，就可以让自己的孩子接班。

陈云之子陈元就是这种接班人中的一个。关于他如何利用特权出国的事，早有文章披露：

> 陈元是清华 1968 届的自控系学生，1978 年考回清华精仪系研究生，入学后申请批准转至经济管理系读研究生。1979 年，陈元想公费出国，就写了报告找王震，王震批了几个大字："同意。请外事办办理。"陈元拿着王震的批条找教育部长蒋南翔。蒋说："你在清华，是清华研究生，你找刘达校长吧。"刘达是清华党委书记兼校长。刘达又批示："同意。转外事办"。（杨继绳：《罗征启与陈元出国》新三届，2018）

王震、刘达这样做是以权谋私[3]。第一，公费出国是要参加考试

2　许爱晶《清华蒯大富》，香港，中国文革历史出版社，第 369、370 页。
3　据刘达的秘书说，刘达在东北时，曾在陈云手下工作了两年。见是陈家的事，所以就批同意。不过，刘达后来向罗征启检讨，承认自己错了。（杨继绳：《罗征启与陈元出国》新三届，2018）

的，陈元没有参加考试。（即使参加考试，能否及格也是未可知）。第二，在王震、刘达批示之前，清华大学公费留学的出国名单已经公布了。清华外事办如果允许陈元占用清华的名额出国，就要改动已公布的名单，这就意味着要把够格的学生挤下来，换上不够格的陈元。时任清华大学党委宣传部长的罗征启回忆——

这事一转到外事办就炸了锅。外事办当然很为难。清华外事办的一位年轻干部说："我们受教育部外事办管，把材料送到教育部，看教育部怎么批吧。"教育部外事办得知此事火了："这叫我们怎么做工作？"清华外事办和教育部外事办对特批陈元公费出国的事很反感，有意把这事张扬出去。一时间清华、北大都知道了，两校一片骂声。骂陈云，骂王震。骂得很尖锐，说什么的都有。如："中纪委刚成立，陈云当了中纪委书记，做的第一件事就是利用权力为自己的儿子谋利益。"我在清华开宣传委员会，也听到一片骂声。清华不仅骂陈云、骂王震，也骂刘达。（同上）

刚从文革中走出来的人们，对中共高层利用特权欺压良善，胡作非为，奢侈贪腐等事记忆犹新。粉碎了"四人帮"，人心大快。不曾想，特权堂而皇之卷土重来——中纪委主任带头以权谋私！

二

特权是很让中共纠结的事，没有特权，怎么坚持党的领导？没有党的领导，怎么能统一思想，统一行动？怎么去大撒币，怎么搞厉害国？怎么弘扬红色文化？怎么上海清零？

一部文革史，就是反特权——特权回潮——特权大爆发的历史。毛泽东用"四大"揭露特权，煽乎起群众造反。他以为经过一番揪斗、炮轰、油炸和上纲上线的大批判，干部们就不敢搞特权。事实恰恰相反，复职的干部们普遍感到亏了，亏大发了——要知道大批判这么上纲上线，揭发检举这么胡编乱造，一斗二批就是人格污辱和身体摧残，当初就应该好好利用特权。现如今重享特权，不用白不用。于是，送子女参军，上学成风。

进入七十年代以后，开始允许知识青年以招工、病退、顶职等名义逐步返回城市。然而，能否回城，什么时候回城，与父辈的权势相关。……父亲一恢复职务，就利用手中的权力把儿女从苦海中捞了回去。（杨继绳《天地翻覆——中国文化大革命史》下，香港，天地图书，2016，862页）

1972年5月的一天，谢静宜向毛汇报："现在上大学走后门也很厉害，招生的同志向学校反映，他们去下边招生，常碰到这样的事，他们很为难……"毛告诉谢，中央为此专门发了一个反对参军、上大学走后门的文件。（谢静宜《毛泽东身边工作琐忆》203页）。这个文件就是1972年5月1日发布的《中共中央关于杜绝高等学校招生工作中"走后门"现象的通知》。通知中有这么一段：

有少数干部，利用职权，违反规定，采取私留名额，内定名单，指名选送，授意录取，甚至用请客送礼，弄虚作假等不正当手段，将自己、亲属和老上级的子女送进高等学校。有些招生主管部门和负责招生工作的干部，不按党的原则办事，讲私人交情，私送名额，或强令招生人员违章接收不够条件的人入学。这种"走后门"不正之风，严重干扰了毛主席的教育革命路线，破坏教育革命的成果，败坏党的优良作风，损害党群关系和军民关系。（《文化大革命研究资料》中册，第700-701页）

在这个通知上，毛批示"同意"。而在他同意不久，他就把几个文工团的女孩子送进了北京大学。有毛带头，下面更加肆无忌惮。1973年的中央上山下乡工作会议提供的材料说：

走后门问题相当严重，相当普遍。高中级干部利用职权走后门更多。上行下效，招一次工，招一次生，都是各种政治势力的争夺战。"官大凭官气，官小凭关系，无官凭力气""农民学大寨，干部忙后代"。（杨继绳《天地翻覆——中国文化大革命史》下，862页）

最有特权的江青勇敢地站出来反特权了，在1974年1月25日的批林批孔大会上，江青的马前卒谢静宜向"走后门"发起了猛攻：

要敢于同违背毛主席革命路线和政策的一切言行作斗争，要敢于同一切不正之风作斗争。譬如说，走后门，特殊化的歪风邪气作斗争。这个走后门等不正之风，是资产阶级思想，是封建士大夫阶级的特权思想，是孔老二的思想……走后门这与我们社会主义制度是格格不相容的，与文化大革命格格不相容的，这也是坚持不坚持要搞马克思主义，不要搞修正主义这一个基本原则的一个重大问题，走后门实际上就是对马列主义的背叛。（王年一《大动乱的年代》河南人民出版社，1988，487页）

然而，此一时彼一时，毛要恢复秩序，就要与军头，与官僚握手言和。不宜向特权、向走后门开战。1974年2月15日，毛批示："此事甚大，从部队到北京牵涉几百万人。开后门来的也有好人，从前门来的也有坏人。现在，形而上学猖獗、片面性，批林批孔又夹着批走后门。有可能冲淡批林批孔。小谢、迟群发言有缺点，不宜下发。我的意见如此。"（《建国以来毛泽东文稿》13册，377页）毛否定了两年前的通知，中止了江青的"三箭齐发"，批评了他的亲信小谢。于是，反走后门不了了之，特权成了合法的存在。

以陈云为代表的老革命家们心里有了底，他们知道，即便文革"七八年再来一次"，也动不了特权一根毫毛。有权不用，过期作废。老子用了子孙用，不用白不用。

三

陈元想用这个特权出国，不幸遇到了罗征启。

听到清华人的骂，清华大学宣传部长罗征启坐不住了，他给陈云写了一信：

陈云同志：

陈元同志想公费出国，他的愿望是可以理解的，但他这样做不合适。因为公费出国要考试。现在考试期已过了，这一期公费出国的名单已经定了，正在派遣。陈元这样做使我们的工作很难做。影响也不好。群众中已经为此事责骂中央领导同志。请您干预一下，这一批不要让他出国。我听说他想改为自费出国。目前，中央领导人子弟的自费出国影响也不好。以后有其它机会再安排。

致礼！[4]（杨继绳：《罗征启与陈元出国》新三届，2018）

陈云不吭声，陈元发话了："我们父辈打下了江山，想不到我出国这点小事还这么麻烦？"。在他看来，打江山就必须坐江山，坐江山就必须有特权。父辈的功德应该荫庇子孙。为他开证明的王震，为他开绿灯的清华校长刘达，也都是认同这个逻辑。

东方不亮西方亮。陈元转身到了中科院，中科院没有罗征启，于是他用那里的公费名额顺利地出了国。回国后，本来想从政，无奈在西城区党委书记的任上落选。于是转向了由上级任命的金融界，当上了开发银行的党委书记。此后顺风顺水，官至政协副主席。老子正国级，儿子副国级。

文革最大的精神成果，就是毁三观，废信仰。当年《中青报》开展潘晓讨论，以为只有青年一代才有信仰危机。这是误判也是掩饰，陈云的"保祖坟论"说明中共高层的信仰丢失，信念崩溃，初心早逝。文革结束五十多年，中共念兹在兹的就是挽救信仰，重拾信念，不忘初心。而中共的最高领导层，却是以保特权为第一要务。试问，这些老革命家的信仰何在？信念何系？初心何存？

经过"六四"的洗礼，许多人都像罗征启一样大彻大悟："共产党员有什么信念啊？！"

媒体上有多篇歌颂陈云高风亮节的文章，其中有一篇谈到了陈云的家教：

陈云一贯严以修身、严以用权、严于律己，束身自重，从不把手中的权力用在为自己或家人谋好处上。他常说，权力是人民给的，必须要用于人民，要为人民谋福利。

---

[4] 此信写于1979年暑假的一天，是罗征启39年后回忆的信的大意。（杨继绳：《罗征启与陈元出国》新三届，2018）

不搞特殊化，以普通的劳动者标准严格要求自己，是陈云家风的一大特色。……他特别交代，孩子上下学不许搞接送，不许搞特殊化，要让他们从小就像一般人家的子女一样学习和生活。

陈云常以这样的家教告诫自己的子女："做人要正直、正派，无论到哪里，都要遵守当地的规矩和纪律。"[5]

"严以用权、束身自重"的老革命家记住了这个罗征启，他从罗的信中嗅出了"刨祖坟"的味道。两年后，胡耀邦想调罗征启到团中央任书记，被老革命家喝止。此后，罗征启调到了深圳大学，但是，北京始终有一只眼睛在盯着他。

四

在这只眼睛的监控之下，罗征启在深大的反党言行被一一记录在案：

罗声称，党自反右之后，就脱离了老百姓，高高在上，并逐步蜕化为特权的党，寄生的党。政府靠纳税人的钱养着，这是应当的；党靠纳税人养着，算什么事？

罗还主张不要强化党的机关工作的神秘性，不设保卫处，只设环保处。所有党的干部都由有行政职务的干部或教师兼职。不设全脱产的党的专职干部。党委书记可以是教书的，也可以是扫地的，都有自己的工作，自食其力，有自己的工资。

心怀叵测的罗不但取消了深大的党委组织部、宣传部和统战部、武装部，只设一个党办。还要求组织部和人事处，校办和党办沟通协作。罗还自吹自擂，说这样既精简了机构，还提高了效率。

作为中国大学的党委书记兼校长，罗出国参观访问，不去宣传中国的改革开放带来的巨大成就，反而被西方腐朽文化所蛊惑——1987年他去美国，访问了三所教会大学。竟然得出"我们共产党不

---

5 中共党史新闻网：《陈云的家风美德》http: //dangshi.people.com.cn/n1/2017/0926/c85037-29559511.html，（22年4月30日查阅）。

如美国教会"的谬论。他的理由是,这三所教会大学,所有的校产、校舍、设备都是教会出钱。全体教职员工都是教会的成员,教友,都是义务地工作。教会还设奖学金资助困难学生。

一回到深大,他就开会,挑拨党与人民的关系:"办学校共产党没有出一分钱,全是纳税人的钱。共产党吃人民的,拿人民的,什么也不给人民,还要人民热爱党,听从领导,这样能行吗?能长久吗?这样下去是不行的!"

在反党的道路上,罗越走越远——在深大的校委会上,他以"改善党的工作作风、工作方法、党的形象"为由,提出了四大建议:从1988年1月1日开始,学校取消党组织的活动经费拨款,由党组织自筹资金;第二,1989年一年内创办一至三个党办的企业,自己养活自己,为党组织提供活动经费;党办企业必须奉公守法,不能利用党的权利,占用国家资源;第三,从1990年开始,用党办企业赚的钱设立共产党的奖学金,资助困难学生,奖励优秀学生;第四,1991年用党办企业赚的钱设共青团奖学金,资助困难学生,奖励优秀学生。"

消息传到北京,老革命家愤怒了——罗的这些建议居然得到了深大党员干部的赞成和拥护!更让他们惊掉下巴的是,在罗征启被革职前的一年半时间里,深大党组织的活动经费竟然真是自筹的!

是可忍,孰不可忍?!

老革命家火眼金睛,看出了深大政改的危险:这个罗征启不是在改善党的形象,而是在刨祖坟!如果党不用纳税人的钱,怎么养活军队?如果军队国家化,谁来保卫党?如果党不用纳税人的钱,怎么养活人大、政协、民主党派、青工妇?没有这些机构,党上哪儿去找合法性,上哪儿去找橡皮图章和花瓶党、孙子党?

罗征启的要害,就是要搞多党制!

五

尽管在罗征启的领导下,深圳大学的师生在"六四"中表现出了相当的克制，罗本人也极其谨慎小心。但是，北京仍旧以"企图取消党的领导"的罪名，开除了罗征启的党籍和公职。"六四"为北京提供了机会，老革命家公私兼顾，即报了一信之仇，又为党除去了一大隐患。

事无两样人心别。当老革命家为除掉了中国的戈尔巴乔夫窃喜的时候，清华校友却有了这样的共识："要不是那个道貌岸然的党棍陷害，罗学长会为中国做出更大的贡献！"

党棍可以除掉罗征启，但无法泯灭这个人的意义：

与王若水、刘宾雁、李普、李慎之等党内自由派不同。罗征启不但有言，还有行，他在深圳大学进行的"三化"改革，开辟了一条切实可行的政改之路，为中共从前现代的"农民党"，走向现代性的政党做了有益的探索。

罗征启的遭遇表明，这个党丧失了纠错机制，监委、纪委都是聋子的耳朵。老人政治的实质是个人独裁。集体领导、民主集中制不过是装饰。陈氏父子对罗征启的报复，昭示人们，这个党不过是陈胜、吴广的传人，他们坚守着打江山必须坐江山，坐江山必须享特权的理念，将这个政治集团带到封建世袭的轮回之中，在小农的炕头上，作威作福，一晌贪欢。

堡垒最容易从内部攻破。罗征启的出现，标志着党内存在着大量的"刨祖坟"者，他们散布在各个岗位，掌握着或大或小的权力。高压之时，他们用自己的无声的行动表示对罗的同情，对北京的轻蔑。高压过去，他们用各自的方法，磨蚀着祖坟的威权。那位不肯到深大宣布政令的深圳公安局局长，那些抵制官方揭发罗的党内同事，那几个互相推诿不敢到深大宣布解除罗征启公职的市委领导。……罗征启是一个凝结剂，那些骂陈云，骂王震，骂刘达的人们，那些为中共的逆淘汰痛心疾首的人们，那些对罗征启的刚正坚卓和浩然正气肃然起敬的人们，将汇成浩浩荡荡的刨坟大军。

【文选】

夭折的接班人

万润南

本文是一个接班人的故事：三十年前接班人梯队的第一名是罗征启，而不是胡锦涛。也许，我们原可以有一个不一样的总书记。

他叫罗征启，我们清华建筑系的学长。一九三四年出生，比胡锦涛大八岁，比我大十二岁。他也是所谓"清华牌"干部，学生时代的政治辅导员，文革前，他已经是清华党委宣传部的副部长。

清华的文艺社团的党组织归口宣传部领导。当年，文艺社团的书记是印甫盛，团长是胡锦涛，我是文艺社团的普通一兵。所以，印和胡是我的领导，老罗则是我领导的领导。

我曾经这样评论他们三位：罗征启英气逼人，印甫盛霸气凌人，胡锦涛和气煦人。在政治上，老罗是我们共同的引路人。

入党介绍人和我谈莫扎特

罗征启曾经是文艺社团乐队的首席小提琴手，我曾经在《清华岁月》中回忆过一段往事：一九六六年一月十七日，我在清华文艺社团被吸纳为"伟光正"的一员，介绍人是罗征启和印甫盛。按规定，介绍人要同新成员谈一次话。老罗约我到他的宿舍，在荷花池畔。我心里怀有好奇，不知道他要跟我讲什么样的共产主义大道理。也有点忐忑，因为他是太上领导。

走进荷花池教工宿舍，首先是惊讶过道里的乱。那时候清华的教工宿舍，走廊里拥挤杂乱，每家的厨房就在走道里。进了门，就整齐多了。他招呼我坐下。我紧张地憋红了的脸。他微笑了一下，给了我一个完全意想不到的提议："万润南，想不想听莫扎特？"

我惊讶得无言以对。他放了一张唱片，当作乐队的伴奏，然后拉起了小提琴。我对音乐完全是外行，但会用心去感受。罗征启的音乐素养和娴熟的技巧绝对一流。那一天，他没有告诉我什么是共产主义，但却给我启蒙了莫扎特：在庄严的前奏之后，很快就进入优美的轻快；然后是优雅的空灵，一腔柔情的倾诉；从层层叠叠的齐奏，到活泼跳跃的回旋；从深情悠扬的柔板，到激情紧凑的快板……

我完全放松了，倾听着从小提琴琴弦上流淌出来的莫扎特，开始打量眼前这个不同凡响的党官。罗征启的侧影像拜伦，帅得有点洋气。后来读到章诒和从上海资本家大小姐那里批发来的审美标准，才懂得那是真漂亮。双目清澈而明亮，老罗有一种与生俱来的贵族气。我总觉得他像一个人，像老托尔斯泰《战争与和平》中的那个安德烈王爵。

蒋南翔器重的第一笔杆

文革一开场，罗征启成为被打倒的黑帮，印甫盛则是黑帮爪牙，我就当了"小爬虫"。造反派去抄了罗征启的家。和我同住一个宿舍的同学，向我展示从老罗家里抄来的几本印刷得极其精美的画册：西方各流派的名画、世界著名建筑的摄影。他一边翻阅，一边嘴里啧啧称赞："你看罗征启的丑恶灵魂！"我心里很不平。几天以后，趁一个晚上他不在房间的时候。我把这几本画册用纸包上，送到荷花池宿舍。老罗听了我的说明，沉思了片刻，说了一段让我一辈子刻骨铭心的话："你把它们拿回去，就当我把这几本画册送给他了。只要他懂得欣赏这些东西，他就坏不到哪里去。"我把这几本画册放到了原处。那位同学得了画册，我得了教诲，也算是各得其所吧。

老罗是当年蒋南翔校长器重的第一笔杆。蒋校长的许多重要讲话，都由罗征启捉刀。文革中清华分成两派，他是两派都希望延揽的人才。但他明确表态，他更倾向 414 的观点。不仅是倾向，他还是《414 井冈山报》的创办人和大字报《414 思潮必胜》的执笔人。这两件事情，我都有参与。为了赶出第一期《414 井冈山报》，我们几乎包揽了大部分文章。第一期的社论是他和我一边讨论一边写的。社论的标题是：《对革命干部要勇敢地保、热情地帮、大胆地用!》当我写到"当大部分干部脸上还是黑乎乎的时候，他们就……"，老罗大呼："形象！生动！"

如何对待清华的教工干部，是清华两派的主要分歧点。有两副对联，惟妙惟肖地反映了两派的对立。在清华教工干部的食堂大门前，蒯大富的团派张贴了一副对联："氢氖氩氪氙惰性十足；吃喝玩聊睡一群混蛋"。414 派则贴了另一副对联："铍镁钙锶钡活性稍差；比学赶帮追赶快革命"。清华理工男的文思确实与文科生不一般。

写作大字报：414 思潮必胜

《414 思潮必胜》是清华文革史一份重要的大字报，甚至引起了毛泽东和张春桥的瞩目。这份大字报的原稿，是一位叫周泉缨的同学写的《给河南造总的一封信》，周同学请罗征启帮他修改。我当时正独立地写作另一篇文章《414 思潮必胜》。这篇文章源于我根据列宁的一段语录，说社会上有多少派别，大学生中也会分成多少派别。我和罗征启聊天时谈到了这个看法。他听了眼睛一亮，说"这可以写一篇好文章！"

于是我开始了写作，并且和班上的同学有过多次讨论。当时用这个题目的大字报已经有多篇，除了列宁语录这个亮点，我写的那篇并无多少新意。罗征启邀请我参与对周泉缨那封信的修改，于是我把尚未发表的文稿贡献了出来，成为大字报的前半部份。老罗修改的原信成为后半部分。所以大字报发表时，主标题用了"414 思潮必胜"，副标题用了"给河南造总的一封信"。

这一切，现在已是过眼烟云。但当时，却引起了巨大的风浪。周泉缨因为炮打陈伯达而坐牢，这篇大字报也是罪状之一。罗征启则成为团派的眼中钉，他们把老罗看成 414 派精神上的教父。蒯大富们整出了一个莫须有的"罗文李饶反革命集团"，动用私刑，其中一人被迫害致死。罗征启被团派关进三堡，那里是清华原来的一个干休所。在三堡，他饱受了酷刑。王立军在重庆黑打时的那些手段，老罗四十年前就领教了：用大灯泡照，不许休息；左右开弓的毒打；被罚站了三天三夜，站得小腿和大腿一般粗……

在一个月黑风高的晚上，老罗从三堡逃出来了。他是从二层楼跳下来的，着地时扭了脚。他几乎是一路爬到了昌平。他在被抓的时候，机智地在鞋底里藏了十元钱，现在派上用场了。他搭长途车进了城。既不能回学校，又不敢回家。他藏身在日坛公园，通过在人大的姐夫和我们联系上以后，他被接出来安排在科学馆。接送时，前后是一支浩浩荡荡的自行车队，我和印甫盛都是其中的一员。老罗在科学馆的生活起居、一日三餐，都是我负责照料。建七的沙春元陪他同住。

弟弟罗征敷死于清华武斗

恼羞成怒的老团，把罗征启的弟弟罗征敷抓起来当人质。为了防止他出声，用棉纱堵住了他的嘴。很不幸，他弟弟在被抓捕的过程中窒息死亡。

老罗的悲痛可想而知，他还不能出面料理这一切。我就成了他的全权代表，穿梭在科学馆和他家之间。他家在北京站附近的一个四合院，在那个特殊的时期，我几乎成了他们家庭的一员。老罗的母亲慈祥、睿智，大姐和姐夫都是人大的老师，大姐文气、姐夫厚重，是家里的顶梁柱。二姐是芭蕾舞演员，漂亮得让我不敢正眼看她，她热情地把我当作自家的弟弟。在家人眼里，我代表了老罗。在老罗那里，我带给他所有家人的慰藉。

清华园的武斗在升级，科学馆不再安全了。于是我们把老罗转移到李衍平同学的老家——广东汕头。李同学也是我们文艺社的笔杆。我们一行上了京广线的列车，我护送他们到了保定，确认安全之后，我从保定下车，折回了京城。期间，我们一直有书信往来。

工宣队进校后，老罗回到了学校。因为他参与写作《414思潮必胜》的事情，宣传部的专案组曾经来找我调查。我一字一顿地回答："据我所知，罗征启同志是一位马列主义水准很高的同志。"为了表示他们的不满，专案组的人一下子把他面前的那张桌子掀翻了。我不动声色。在边上旁听的工宣队朱师傅，对他们的粗鲁非常不以为然，却对我的不胡说八道大表好感。

迟群和小谢（谢静宜）成了清华的新贵，他们也想用老罗这杆笔。但罗征启看不惯这两位的做派，依然保持着相当的距离。在清华，有才能的聪明人很多，但既聪明能干又有品有脊梁有担当的，却不是很多。所以在文革结束后，老罗在清华的威望如日中天，他被提拔为清华的党委副书记。

文革后不计恩怨的党委书记

一九七六年，"四人帮"倒台，罗征启四十二岁，成为中共接班梯队中的头号种子选手。他是第一批到中央党校集训的干部班班长。第一期十人，其中有田纪云和尉健行，老罗是他们的支部书记。他被安排去接任韩英的团中央书记。期间，发生了两件事情，更让大家对他刮目相看。第一件我称之为"推恩报怨与人善"，这件事至今为所有的人所称道。

当年抓捕罗征敷的行动队负责人孙耘，也是清华的高材生。后来他主动承担了刑责。恢复高考后，他报考了哈工大的研究生。高分，哈工大却不敢录取。这时候，孙耘夫妇到东总布胡同找到我，希望我给罗征启转一封信。另外，我的岳父李昌曾经是哈工大的老校长，也许能说得上话。老罗很明确地给哈工大回了话：孙同学已经为文革中的问题承担了罪责，他本人也是受害者，不应当再影响他今后的工作和学习。

罗征启处理历史恩怨的态度受到胡耀邦的激赏，据说另有亲笔批示。当时哈工大的领导有一位亲戚也有造反派的案底，就顺势一起打包接受了他们的入学。这件事,改变了孙同学一家的命运。

厄运:仗义直斥陈云、邓小平

第二件事我称之为"仗义执言斥帝京"。这样的壮举,老罗平生干过两次。

第一次,是"仗义执言斥陈云"。但这件事情,不仅改变了老罗本人的命运。也许,还改变了中国的命运。话说陈云有个儿子,叫陈元,和我在清华是同届校友。恢复高考后他回清华读研,当时有一个到美国留学的名额,陈元想通过非正常程序得到,结果在清华引起了公愤。罗征启非常善意地给陈云写了一封信,大意是文革后人心思定,对老干部非常关注,希望他们严格要求子女,不负众望。

但人们寄予厚望的老同志并没有这样的胸怀,而是勃然大怒。认定罗征启"有自由化倾向""清华的团派是造反派,不能用;414也是造反派,也不可重用"。这不仅阻断了老罗的仕途,也腰斩了许多清华人的仕途,据我所知,当时有一批人受到了影响。如果没有这封信,也许,我们今天就会有一位"有自由化倾向"的总书记。陈元在清华也待不下去了,转到社科院继续读研。老罗被冷藏了一段时间之后,被外放到深圳办学,成为深圳大学的奠基人,先后担任深圳大学的书记和校长。

在1989年的风暴,罗征启再次"仗义执言斥帝京"。这一回,他斥的是邓大人。他要求邓小平结束垂帘听政,让十三届中央委员会充分行使权力。同时召开人大常委会,讨论戒严,问责李鹏政府。因为他们的意见是通过党代会的决议表达的,所以被定性为"官办动乱"。老罗被双开。他的夫人梁鸿文,也是清华建筑系的才女。老罗曾经这样调侃自己:"我现在是四无一有:无党籍、无公职、无户口,无工资,有夫人。否则连饭也吃不上。"多年后,他们夫妇俩在深圳合办了一个建筑设计院,现在已经有相当的规模。

今年三月,是罗老师七十八岁生日,我写了一首七律,以表寸心:

> 荷花池畔雅弦声，水木清华雏凤鸣。
> 一日从师聆教诲，终身受用谨躬行。
> 推恩报怨与人善，仗义执言斥帝京。
> 看淡浮云舒卷起，但求夤夜不心惊。

"看淡浮云舒卷起"，内心的安宁，比什么都重要。当今世上，能做到的人不多。我相信，罗老师是其中之一。有一位朋友评论说："理想主义太害人，罗征启的故事似乎也证明了这一点……中国陷入今天的僵局，上层不肯改革，底层不敢革命，只有等待政变，不也是因为理想主义的缺失吗？"

"但如果你以为中国没有希望了，我想提醒你，六四的发端就是因为一个理想主义者之死，也因为另一个理想主义者至死不渝地坚守住了底线。"

"石在，火种是不会绝的。"

原载 2012 年《开放》杂志

【文选】

深圳大学创始人罗征启

——那一场人文主义的先锋实验

宋春丹

深圳大学建筑与城市规划学院建筑系教授艾志刚记得，他1985年8月从清华大学建筑系硕士毕业，分配到深圳大学建筑系，被与内地高校截然不同的校园景象所震撼。

那时校园里一片创业热潮，公告栏上贴满了小广告，很多宿舍门口挂着公司招牌，食堂、清洁、保安人员都是勤工俭学的学生。他随系主任去校长办公室汇报工作，发现校长罗征启的秘书也是学生。当时的罗征启是一位明星式的高校领导，带领深大在国内教育界屡开风气之先，成为国内高教改革的一面独特旗帜。

2022年4月12日，罗征启去世。或许"北清华，南深大"的创校梦想早已远去，先天秉承先锋气质的深大也逐渐归于现实，但罗征启等改革拓荒者留下的历史足迹是不会消失的。

深大设计师

经深圳市委书记梁湘批准，拨给深圳大学基建费一个亿、设备费一个亿。罗征启全权负责学校的规划建设。

罗征启1951年考入清华大学建筑系，师从梁思成。1963年"四清"时，在学校党委宣传部工作的他被派去听梁思成的课，这实际是一种"检查"，却成为他"补课"的机会。梁思成讲课妙语连珠，如："我们搞建筑，就是要在有限的空间里，造成无限的幻觉。""建筑师很幸运，因为可以看到一般人看不到的美；建筑师也很痛苦，因为也看到了一般人看不到的丑。所以，我建议大家多创造点美。"这些话一直铭刻在罗征启心里。

规划的首要因素应该是"人"，但在现实中，人的地位往往不如桌椅板凳和仪器设备。图书馆的书库大，阅览室却小，实际成了自习室，学生要抢占座位。长期以来所讲的"先生产、后生活"，实质上被歪曲为先"物"后"人"了。明确了这一点后，教学科研设施和生活设施的比例就发生了变化。

图书馆是规划中的全校中心，处于最高的坡地上，体量最大。图书馆从早上8点半开到晚上12点，全年365天开放，全部开架。

按照教育部的规定，每500名在校生要配备一所食堂，按深大当时四五千学生的规模，至少需要八所食堂。食堂一般就开个把小时，罗征启读清华时就是这样，一到饭点需要抢饭，但深大食堂每天开12个小时，这样三所食堂就够了。

学生宿舍设计成两人一间。罗征启认为，这表面看起来浪费，其实学生宿舍空间充裕了，图书馆的压力就减小了。不算地价，图书馆造价是一平方米1000元，学生宿舍是110元，因此宿舍做成两人间是最经济的做法。

罗征启认为，大学是智能荟萃的地方，对社会要保持一个较高的"势位"，既能汲取社会的营养，用精神产品去服务社会，同时又要避免喧嚣嘈杂的"污水废物"的回流。因此，学校环境必须格调高雅，富于文化氛围。

深大背山面海，规划时尽量利用了这一优势，校园建筑高低错落，而不是"推平头"，所有建筑物都面向大海。1700多棵荔枝树被抢救成活，后来学生在荔枝林内自建了烧烤场。原有的"细脚湖"水塘被改名为"上文山湖"，又开挖了"下文山湖"，湖上有岛，湖畔遍植柑橘、香蕉、菠萝等。

学校的方位并不是正北正南，而是向东偏了15度。罗征启的解释是，如果是正南正北，刮东风、西风时没有穿堂风，但又不能偏多了，以免西晒。不过一些人认为，熟读《易经》的罗校长其实在进行一种"人文气场"的实验。因为走在校园里会有一种莫名的兴奋感和跃动感，谁都解释不清这其中的原因。

1984年夏，清华大学建筑学专业毕业生李念中分配到深圳大学。当时学校已完成一期工程，ABCD四座教学楼都已启用，即将开始二期建设。罗征启对观念比较陈旧的方案并不满意，在设计院内部针对E栋教学楼、粤海门客舍、学生宿舍楼的设计开展竞赛，最后拍板E栋教学楼、粤海门客舍的设计选定李念中的方案，并由他当项目负责人。如果在内地，李念中要积累近十年资历才能有这样的机会。

艾志刚告诉《中国新闻周刊》，现在回头看罗征启主持的深大校园规划是很有超前性的。当时资金有限，校园风格朴素简约而又现代，充分利用了自然条件，根据地形做成自由开放式大布局，背山面海，朝南偏东，在形态上打破了传统高校庄严封闭的布局。其中最有代表性的是罗征启夫人、也是他的清华建筑系师妹梁鸿文主持设计的深大演会中心。

占地4000余平方米的演会中心位于学校西广场北侧小丘上，整个底座就是小丘的一部分，使用本地天然石料筑成，体态轻盈。根据广东气候条件，演会中心不设高墙，四周只有防止强光和改善音响效果而设置的围护，并开有缺口以通风，是全开放空间，其北200米内都是荔枝林，观众席旁就是绿地和水池，不需要安装空调，是早期绿色建筑的典范。

"百家拳"

罗征启说，深圳不是没有旧东西，有些比内地还严重，但它的可爱之处就在于，各种旧事物也是初来乍到，不像内地结成了网，连个缝隙都难找到，而在这里你总可以找到空当，新旧混战，勇者胜。

他意识到，很多大学里教职工和家属人数往往比学生多得多，基建和后勤大部分时间是"自我服务"。连教务处都要花许多精力主管附中、附小，其他各部门也主要忙自己的事。越大的学校，这一点越明显。

勤工俭学是他选择的改革突破口。他是搞政工出身的,深知从这里入手难度太大,而勤工俭学没人注意,有可能搞起来。

深大率先在全国取消了学生助学金,改为奖学金和勤工俭学制。一支勤工俭学的学生队伍取代了庞大的职工队伍,并逐渐从清洁、服务等渗透到学校的各个部门。改革最兴盛时,深大凡和学生有关的工作岗位,全由学生担任。

罗征启要求,学校管理人员只能配备学生秘书,报告只能自己写。大三下学期,土木工程系85级学生郝福寨开始担任校长秘书,每周利用两个下午的课余时间到校长办公室门口的秘书台坐班。他要负责接待来访,接听电话,处理来信,打理罗征启的日程,把他订阅的《人民日报》《光明日报》《深圳特区报》《香港信报》等十几份报纸中与深大有关的报道内容做成剪贴本。

罗征启强调"something interesting, something different, something special"。他说,深大不可能在教学质量上很快追上老牌名校,但是可以提高竞争力。如在国际市场上,日本产品的质量并不如美国、西德的产品,但是竞争力强,因为它适销对路,性价比高,包装和广告好。深大要在竞争力方面争取一流,才能在全国1061所高校中立起来。

李念中回忆,如果清华是少林拳,北大是武当派,深大则是百家拳。艾志刚说,罗征启鼓励年轻教师在教学上大胆创新,一见到他们就问"有什么新想法"。

当时对教学资源采取的策略是"抱大腿",从清华大学引进了建筑和电子类,从北大引进了中文、外语类,从人大引进了经济、法律类。学生不包分配,毕业也不留校,以防止近亲繁殖,同时四面八方招聘,到处"挖墙脚"。

建校之初,清华大学副处级调研员方智调来深大负责人事工作。由于招聘审批流程耗时太长,那时招聘大多是先就职,再补办流程。罗征启要求招聘有重点大学背景的人才,方智曾去西安招聘两个月,听说深圳在创办一所先进的新型大学,报名者众多。

深大学生会主席由全体学生选举产生,只要考试没有挂科、没有受过处分,人人皆可报名。学生工作处发给每位参选者几百块钱,用于印刷宣传材料。

罗征启对受邀来组建中文系的北大中文系教授胡经之说,深大就像一张白纸,给我们留有很多自由的空间。1987年,胡经之根据主管文教的深圳市副市长林祖基的建议,想把中文系扩建为国际文化系。罗征启很支持:"你是系主任,你确定是国际文化系就行。"胡经之和中文系几位副手一商量,国际文化系就建了起来。

1986年5月,罗征启接替张维担任校长,继续兼任党委书记。他清醒地看到,自己作为校长,学术地位、成就和威望以及在教学科研上都是有欠缺的,既需要支持,也需要监督。同时,学术和行政工作不同,不能采取下级服从上级、少数服从多数的办法,因此建立了教授会,主持学术活动。

原来深大由学术委员会负责职称评定,论资排辈严重,教授会成立后,一些年轻、业务强的讲师得以晋升。

报考深圳大学的学生年年增长,1987年报考人数是录取人数的200倍。罗征启在开学典礼上致辞时要求:学校里面不许称呼职务,不许称呼什么"校长""处长""科长",都称"老师",希望大家保持这个好传统。

推行学生自治

罗征启大力推行学生自治。

深大学生会主席由全体学生选举产生,只要考试没有挂科、没有受过处分,人人皆可报名。学生工作处发给每位参选者几百块钱,用于印刷宣传材料。

郝福寨担任过学生会内部"消费者委员会"的主席,负责监督学校小卖部、食堂、商场的物价。一次他们选了学生商场里的十几种商品,与南头镇商场的同类商品比对后,发现贵了百分之二三十,遂写信向学校反映。罗征启得知后亲自处理,认为学生商场由学校物业提供场地，没有房租，学生勤工俭学收入也不高，物价偏贵很不应该。

1986年，深大推出教育改革23条，很多学生对其中的"补考要缴费"很有意见，甚至闹事。此后，学校于1987年成立了学生事务咨询中心，以倾听学生诉求。咨询中心由不同专业和不同年级的7名学生组成，团委推荐的郝福寨也在其中。

郝福寨告诉《中国新闻周刊》，学生事务咨询中心是校长的学生智囊团，每周开会讨论食堂加价、学校收费、学生违纪处理等与学生利益密切相关的事，形成共识后以中心名义发函给罗征启。

如果说学生事务咨询中心是咨询机构，"学生法庭"则是执行机构。"学生法庭"主要由法律系学生组成，针对学生内部纠纷或作弊、斗殴等违纪事件，经过调查、一审、上诉、二审等程序后形成处理意见，报校长批准。有老师认为私设"法庭"不妥，一些学生也觉得这个名称难以接受，因此改为学生自律委员会，"传询"也改为"传请"。

自律委员会半年内处理了110宗案子，包括考试作弊14起、违反宿舍纪律11起、看黄色录像22起。处理一般都比较轻微，考试作弊和看黄色录像属于其中处理比较严的。

罗征启说，两个学生打架，校长和党委书记永远搞不清谁先动手、谁该负主要责任，但是学生自律委员会能把大多数事情都搞清楚，他们经手的案子中上访投诉的几乎没有，他几乎从未否决过自律委员会的意见。

深大搬到粤海门新址后，周边还是一片荒芜，附近没有一家银行，师生存取款十分不便。国外学校的工资由银行代发，罗征启想研究一下可行性，跟银行的人一聊，对方反问："要银行给学校发工资的话，你想想我们得增加多少编制？编制从哪里来？人员住房怎么解决？"因此，他想到了交给学生自己办。

他请83级金融系学生李敏筹办深大学生银行。李敏带着几个同学利用假期到深圳的几个国有银行"取经"，并自学了相关内容。1984年11月，"深大实验银行"开业，李敏担任第一任行长，所有8名工作人员都是在校生。1985年2月11日，人民银行补发了金融许可证，学生银行法定名称为"深圳大学信用社"。经上级机关批准，教师工资、基建费用、奖学金等都存进"学生银行"。"学生银行"还向学校基建办和校办厂发放贷款，为师生代办邮政汇款。

一次，郝福寨家里遇到困难，想向"学生银行"贷款，毕业后归还。他找到罗征启，罗当即同意为他提供担保。

1987年，深圳市金融机构财务检查评比，深大"学生银行"在全市13家银行中名列第四。为根本解决城市信用社的风险问题，1995年9月国务院决定撤并城市信用社，组建城市合作银行。"深大实验银行"于1995年底被合并到深圳城市合作银行（现深圳商业银行），成为其深大支行。当时，其流动资金已从最初的不足50万元增至1.5亿元。

罗征启说，以前学生在他眼里只有业务学得好与不好、思想好与不好（这常常以是否为党员来体现）的区别，而现在，学生的形象是生动的，具体的，他可以预测到他们将来工作后的情况。他由此得到启示，学校工作应打破过去受苏联影响的模式化，不强求大家排成一字齐步前进，而应注重发挥学生的特点和优势。

李念中回忆，深大学生和社会的贴合度在高校中独树一帜。学生骨干毕业时都很受用人单位欢迎，绝大多数日后在事业上都很成功。艾志刚说，罗征启的措施在深大造就了大批学生企业家，深圳名企蓬勃发展，很多创业者都毕业于深大。

在各高校校友财富榜上，深大排名第一。1985级财务会计的周海江后来成为红豆集团CEO，1985级电子技术与计算机专业的梁光伟成为深圳华强集团有限公司董事长，1988级应用数学专业研究生史玉柱成为巨人公司董事长，1989级计算机专业的马化腾和同学张志东、许晨晔、1989级应用化学专业校友陈一丹一起，创立了腾讯公司。

"独立之精神，自由之思想"

80年代末，罗征启离开深圳大学。梁鸿文退休后，夫妇俩创办了深圳市清华苑建筑设计院有限公司。清华苑与深大仅一街之隔，罗征启暇时常到深大散步。

现为清华苑总经理的李念中告诉《中国新闻周刊》，公司主要依托清华和深大两方面资源，有学院派风格。罗征启希望建筑师有独立见解，有个性，不求同，提倡快乐设计，因为设计要创新，要实现美学追求。

李念中说，晚年罗征启看淡得失，对外界也尽量减少评论，同时要求员工注意言行，不要给企业带来负面影响。

现为深大建筑与城市规划学院建筑系教授的艾志刚觉得，晚年的罗征启并不孤单。多年来，深大和清华校友常去拜访他，各界领导也常去看望他，他家里经常高朋满座。他成为一名资产丰饶的企业家，这是值得庆幸的。

清华校友张比说，罗征启是清华人践行"独立之精神，自由之思想"的典范，是清华人的良心。

2018年12月，孙毓星最后一次在罗征启的办公室见到了他。

此时罗征启已患帕金森病多年，每周只能到公司三个半天，但依然能亲自处理事务。

晚年罗征启一直想写一部《深大故事》，他请现为深圳市锦兴丰源投资开发有限公司总经理的郝福寨牵头做口述和组稿。但这些文稿至今压在郝福寨手中，尚未出版。

郝福寨记得，罗征启曾写过一段回忆文字。他写道：当年点亮的青春火炬，依然在我的心中燃烧。留在记忆中的那些美丽的日子，是永远不会黯淡的。即便盲从酿成灾难，禁锢变为现实，真正的你也依然在探索。苍凉人生中也是有绿地的吧，那长者的关切和朋辈的友情，是永远的绿地。

原载《中国新闻周刊》2022.5.2 总第1042期（本刊有删节）

【文选】

坐享其成者，不要来深大
——追忆深圳大学首任党委书记罗征启

清华苑建筑与规划设计微信公众号：2022-04-12

2022年4月12日，清华大学原党委副书记，深圳大学原党委书记、校长罗征启走完89年人生历程，于深圳辞世。1983年，彼时49岁的清华大学党委副书记罗征启南下筹建深圳大学，担任过深圳大学首任党委书记、第二任校长。

在毕业于清华大学建筑系的罗征启看来，大学的核心应该是图书馆。因此，在主导深圳大学创校规划建设工作时，他将理念付诸行动，以学生为本，把学校图书馆建在了深圳大学最核心的位置。不仅如此，在学校图书馆、食堂、宿舍管理等方面，他也进行了多项改革创新。

罗征启提出的"三自精神"（自立、自律、自强）已成为深大精神的核心。

主张校园的"心脏"是图书馆，主体是学生

罗征启1934年出生于北京，祖籍广东番禺。1955年从清华大学建筑系毕业后，他留校从事教学工作，担任过清华大学建筑系共青团总支书记、团委书记、清华大学团委副书记等职。

1983年初，广东省一些老教育家和深圳特区的部分领导，提议创办深圳大学，该提议于当年5月获国务院正式批准。也是在这一年，已任清华大学党委副书记的罗征启南下参与筹建深圳大学，并主

导了深圳大学的校园规划建设工作。

"来深圳我特别高兴,因为我是学建筑的,而深圳大学刚开始要建校,只有一块空地。当时的市长和市委书记指着地图上的一小块告诉我:'这里有一平方公里的土地,交给你们了,你们好好规划一下,看看要多少钱。'"在《经济观察报》2009年的报道中,罗征启这样回忆道。

平地起高楼、建校园,怎么建?罗征启的理念是,"高等学校建筑群的心脏应该是图书馆,而不是党政领导的办公楼。"正因如此,在深圳大学的校园规划中,图书馆既处于全校地段的中心,又处于最高的一块坡地上,体量最大,高度最高,吞吐人流最多,是师生求知、商磋、研讨学问的中心。

"我们要求图书馆全部开架,开放到晚上12点,全年开放365天。很多师生直至午夜闭馆时才离去,明显地起到了'心脏'的作用。"在上述报道中,罗征启说道。

在罗征启看来,学校的主体是学生。学校的所有部门都是为培养学生服务的。因此,深圳大学在教学科研设施和生活设施的规划设计上也体现了以人为本。在优化图书馆的设计的同时,规划建设的学生生活区与教学行政区距离较近。

罗征启认为,"让学生能在一二分钟内,从宿舍区跑到图书馆,这在炎热多雨的南方,是很有必要的。"

深圳大学2016年的招生宣传资料中提道:深圳大学的建筑素来为人津津乐道,被评为中国十大最美丽的校园之一。校园布局规划因地制宜,充分考虑了建筑方位与季候风、日照的关系。深圳大学最早的宿舍是学清华大学,以"斋"命名,而斋区宿舍楼因为和教学楼离得非常近,到目前为止,仍是最受欢迎的学生宿舍。

罗征启的"以学生为主体"还体现在学校多个方面的管理创新上。当时内地大学生借书要先填书单,由管理员到书库里把书取出来,深圳大学的学生却可以自由到图书馆取阅。当时的大学宿舍晚上一般会熄灯,但罗征启却主张不熄灯,让学生自由管理。另外,那时的大学食堂是计划供给制,每500名学生配备一所食堂,所有食堂都是统一时段开放,每到用餐高峰就人满为患。深圳大学则拉长了食堂服务时间,每天开放12小时。这样,原本需要配备八所食堂的深圳大学,实际用三所食堂就满足了学生就餐需求。

提出的"三自精神"成为深圳大学校训

身在改革前沿的深圳,罗征启的革新精神体现在大学育人理念上。他总结提出的"三自精神"(自立、自律、自强)至今仍引领着深圳大学不断向前发展。

1987年,已出任深圳大学第二任校长的罗征启在向新生致辞时提出:"你们不要坐享其成,想坐享其成、不想承担义务的人,不要到深圳大学来!不愿意自立的人,不同意学校'三自精神'的人,不要到深圳大学来!不敢竞争的人,不敢把我们学校、把自己培养成第一流的学校、第一流的人才的人,不要到深圳大学来!"

提出"三自精神"的罗征启认为,大学要营造一种轻松学习、自由交流的氛围,让学生的学习是主动和无拘束的。

"我一向主张开放办学、自由发展的教育思想。我们引入'学分制',提倡自立、自律、自强的'三自精神',只给予制度上的规范和思想上的引导。"在《经济观察报》的上述报道中,罗征启强调,"无为而治"绝不是无所作为,而是"无为"一己之私利,"无为"虚名,"无为"虚假的政绩,才能有所作为、大有作为。

深圳大学还在全国率先取消毕业生包分配制度,改为就业指导,学生和用人单位双向选择。

关于取消毕业生包分配制度,在《经济观察报》的上述报道中,罗征启讲到一个故事:深圳大学中文系第一届毕业生是1988年毕业,1987年暑假,彼时的深圳大学中文系主任乐黛云要求学生多学一些技能,让学生交钱找解放军学开汽车,且把最后一学年的大部分课程改为英语。

"教务处来找我,说一个中文系大部分课程变成英语的,还让学生学开汽车!我说,其他大学的中文系毕业以后,分配是有保障的,我们现在不包分配，假如说中文系的学生毕了业之后没事干，你负责还是乐老师负责？他不说话了。我说，你就别管了，中文系跟我谈了，他们培养的学生的第一目标是高级秘书，高级秘书必须是中英文的，必须会开汽车。我就同意他们这么做了。因为找不着工作的话，乐老师会负责的，她不会来麻烦我的。"罗征启回忆，那时，他亲自带队去了两次香港中文大学，请教学生怎么去找工作，包括学生的穿衣打扮、对话技巧。

最终，深圳大学第一期学生毕业就业情况不错。"自立、自律、自强"则已成为深圳大学的校训和精神内核。

"我认为，最核心的深大（深圳大学）精神就是我们的'三自'校训——自立、自律、自强。"在深圳大学 2021 年教师节庆祝大会讲话中，现任深圳大学党委书记，当时同时担任深圳大学党委书记、校长的李清泉说，"环顾中国那么多所大学的校训，其精神指向多数是向外的，讲主观之我对客观世界改造的态度和看法。而深大校训却特立独行、反求诸己，向灵魂深处自我革命。"

李清泉认为，回过头再来审视"三自"精神，30 多年前和此时此地，其主要的价值取向已经实现由如何"唤醒自我"到怎样"坚持自我"的跨越。为中国特色社会主义事业造就自立、自律、自强的一代新人就是对深圳大学精神最忠诚、最深情的诠释。

【文选】

深切怀念恩人、恩师罗征启先生

孙毓星

一张讣告直击我的心房：深圳市清华苑建筑与规划设计研究有限公司创始人和董事长、清华大学原党委副书记、深圳大学原党委书记、校长，罗征启先生于2022年4月12日上午8时33分在深圳逝世，享年89岁。

罗征启老师和我犹如历史长河中的两滴水珠，在文革的波涛中偶然相遇，相撞，又继续随波逐流，可各自身上都留下抹不去的对方的印记。

我深知对罗老师一家亏欠太多。然而历史让我们再次相遇时，罗老师却主动出手，将身陷囹圄的我救了出来，使我走上新的人生征途。古今中外都记载过不少"以德报怨"的事例，没想到竟活生生落到我的身上。我在几十年的相随中对罗老师有了更多更深的观察和了解，现呈于下，与大家分享。

罗老师是我的恩人

在我身陷泥潭无法自拔之时，他不计前嫌伸出援手将我拉上来，帮助我走上一条新路，从此改变了我的人生轨迹，也改变了我们全家的生活。

1997年12月罗老师到北京，唐伟同学帮助安排，在咸亨酒店招待罗老师。我对正在清华读书的女儿说：记住这位爷爷，没有他就没有我们的今天。

罗老师是我的恩师

罗老师极力为我隐恶扬善，说："十二年来，孙两次入狱，多次被隔离审查，长期被定为敌我矛盾问题，为自己的错误付出了沉重的代价。而且我认为，他是承担了较多的责任的。"

四十二年前的春节，我刚刚得以"取保候审"走出班房，罗老师就指点我们，怎样办才能解决问题，并担保，"清华这里你们就不用管了"。他还支持我报考研究生，并寄来政治复习资料。

几个月后，政治结论刚做完，又遇到录取的政策问题。罗老师闻讯当即给黑龙江省招办并哈工大党委写信，申明自己主张录取的态度。

罗老师这样看待犯错误的造反派："我想，第一，在文化大革命中，极左思潮泛滥，许多青年人犯了错误，有的犯了严重错误。他们的错误，有主观上的原因，但主要的不应由他们自己来承担。第二，他们已经为自己的错误付出了代价。十二年来，他们的日子并不好过，可以说和判处十二年徒刑差不多。粉碎"四人帮"快四年了，应该尽早让他们放下包袱，轻装前进。第三，他们对自己的错误是认账的。在海拉尔市解决了孙毓星的问题以后，他曾给我来过信，并借出差来京之便，到学校找我面谈过，我以为态度是诚恳的。"

考研的事颇有周折和运气，足以写成一个剧本，其高潮是，路转峰回，胡耀邦总书记亲自批示，由中纪委操办，哈工大最后录取了我和井冈山。我们俩终于成为众多造反派红卫兵中的幸运儿。

后来听说罗老师到深圳组建深大，以深圳速度和勇于创新的深圳精神很快办起一座独具特色的新型大学。

那时我在哈工大一心搞业务，闭门造车，并不了解深大的情况。1989年5月下旬，我带人去广州万宝集团冰箱厂做项目，特意办了"边防证"，打算顺便去深圳看望罗老师。不觉间到了月底，边防证眼看要失效，于是在6月30日赶到深圳，直奔深大。罗老师的办公室里人员不少，细看居然都是学生。原来深大从校长秘书、图书馆管理员、炊事员到环卫工人，都由学生承担，给我安排住宿的也是一位学生秘书。这一切让我感到很惊奇,然而他的话更让我吃惊。他说:你来得很巧,过几天上边来人,我就不会坐在这里了。于是他告诉我关于"给中共中央的紧急通电"和"告全国人民同胞书"这些事情。

晚间我沿着海边散步,海风拂面,清爽宜人。这漂亮的校园和错落有致的建筑,都饱含了罗老师的心血。想到今日所见所闻,他的勇于担当以及处变不惊的神态都让我钦佩不已。

2004年1月我借出差机会到深圳清华苑建筑设计有限公司看望罗征启、梁鸿文老师。土建系的祝尔乐同学在协助他们管理公司。

公司前厅特意将清华校训颠倒次序,成为"厚德载物,自强不息"。强调"厚德载物"正是罗老师思想的深邃之处。清华学子不乏"自强不息"的精神,而在我们的时代,"厚德载物"不是更加难能可贵吗?

2007年我们"老六届"大多处于半退休状态了,校友网63、64社区活跃起来,开始了群体性的文革反思。我早就有一个心愿,把对我有恩惠的人和事记录下来。于是与罗老师相约,12月29日前去拜访。在清华苑公司办公室我与罗老师有这样一段对话:

孙:罗老师,您一直很忙,很多清华同学都认为您应当写点什么,从反右到文革都值得写。我如果写,至少文革这段可以记录一下关于您的事。但这要和您商量,我想和您交流交流。不知您元旦间如何安排?

罗:我明天有事,31日全天没事,1日下午去广州接梁老师。她从澳洲回来,还带我两个孙女一起回来,2日还有别的事情。我看后天可以,到我家里。

孙:好,那就后天。您看我这想法怎样,希望听听您的意见。

罗:你这想法不错。我看你这人比较实在,你不会乱写的。

当晚,深大举办一年一度的元旦晚会,请中央歌舞剧院演出。罗老师带我去观看,留有前排最好的座位。一路上师生们都热情地与他打招呼问候,我深深感受到他们对自己老校长的崇敬和热爱。

12月31日在罗老师家又畅谈了一整天。罗老师十分坦诚,谈到他的家世,谈到反右和文革等等。我也讲了自己的心路历程,回答他的一些问题。总之交流得很畅快。临别时我对他说："谢谢您。我回去整理整理（录音）。您这边如果需要我做什么，一定跟我说，我会尽力而为。2007 年过去了，今天是除夕，祝您全家新年快乐！您多保重。再见！"

这次交谈以我采访罗老师为主，但又不是单纯的访谈。29 日半天，2.5 个小时；31 日一整天，上午 3 小时，下午 4 小时，合计 9.5 个小时，内容很丰富。

2008 年 1 月 9 日，我写信给罗老师："这次到深圳，蒙您热诚接待，还有推心置腹的交流，我十分感动。我已经开始整理我们的谈话以留作资料，可能要费些时间，待完成后再发给您，希望以后还能有这样的机会。"

3 月 2 日我随信寄去录音文字稿，随信表示："通过与您的交谈和整理录音，我对您增加了不少了解，更感觉到您深刻的思想和丰富的经历是一份宝贵的财富，是属于现代中国的一份精神财富。我认为，您有责任将它拿出来与大家共享，所以希望您分出一些精力来主动做些梳理工作，我也愿意为此尽菲薄之力。"

一年以后罗老师接受了杨继绳学长的正式采访，写出访谈录。罗老师叮嘱将与我有关的部分发给我，让我提提意见。我仔细阅读后只提了一两点意见。

我注意到这一声明："访谈人和受访人都暂时不愿公开这份访谈录。何时以何种方式公开，都要经两人同意。"后来杨学长将该访谈录收入自己的一个访谈集里，在香港出版。据我所知，出于可以理解的原因，事先并没有告诉罗老师。

2009 年 12 月 "无 8" 校庆筹备组一行赴深港澳旅游。在深圳时，我们宴请罗老师梁老师，请唐伟安排饭店，邀鄘大富、孙炳华、马莉、余问是等作陪。

2014 年校庆，由连果义同学发起并赞助，以北京校友为主筹备组织了 "纪念入校 50 周年暨校友网 1964 社区网友联谊会"，参加者有来自海内外的 200 余人，盛况空前。罗征启和梁鸿文二位老师应邀相携光临，使聚会更增光彩。

罗老师颇为自得地告诉我们，已经将原来公司的小楼卖给万科，又在南海大道边上购买一九层写字楼，做了精装修并增加一层，总共花费约一个亿。我惊叹公司发展的迅猛。

2015年1月4日下午，我们应约来到清华苑的新楼。门厅牌匾上赫然大书：厚德载物，自强不息，独立精神，自由思想。依然是"厚德载物"在"自强不息"之前，又增加了陈寅恪先生倡导的"独立之精神，自由之思想"。罗征启老师让清华校训如此升华，表达了他毕生的追求。

孙铮同罗老师聊的话题很多，而且一再讨要老师的作品。罗老师拗不过她，就将这篇文章给我们了。从题目"刑满出狱，现身深圳"就知道是写蒯大富的，后边也写到井冈山二把手鲍长康。作品对蒯的描写生动、形象，也很真实，不知是不是一篇大作的一部分。

2017年3月30日，我们从三亚转道深圳回北京，为的是看望罗老师。这一次罗老师显然见老见瘦，走路步态也更缓，步伐更小了。我们再次劝他注重身体。他说：我现在只上半天班了。

中午我们在员工食堂按照罗老师的标准——与员工同样的标准用餐。饭后又请我们到公司附设的小咖啡馆喝咖啡。

2018年12月我们途径深圳去三亚，专程去拜访罗老师。17日上午在公司办公室与两位老师见面，恰好女儿罗迪威也在。

罗老师走路看来更差了。他告诉我，自己患帕金森病多年，现在每周只能三个半天到公司了。

不过，他只要到公司就总有事务要处理。这时秘书进来请他签字。他还能签字，看来帕金森病不重。我当时就想，罗老师一定会这样工作到最后一刻。

罗征启老师走了，追随梁鸿文老师一起走向永恒。给我们留下无尽的思念。云山苍苍，江水泱泱。先生之风，山高水长。

罗老师的品格和节操，他的才华和思想都曾在我们的时代闪现出耀眼的光芒，也必将在清华史，在教育史，以致在中国历史上留下独特的印记。

【文选】

一个不媚上，善待后生，言行一致，表里一致的好人

——悼念神交罗征启老师

敖本立

一直关注罗征启老师摔倒后的状况，期盼康复后能拜访他，当面请教谈谈各自因得罪陈云受到报复的遭遇。不想，听到了罗老师4月12日上午8时33分逝世的消息，深感悲痛，深感遗憾！

我在北京中央财政金融学院亲历文革运动，早就听闻罗老师的大名。文革后更是听闻罗老师真心出于好意，写信给陈云，劝阻陈元欲不经公开考评出国留学一事。不料因此竟受到报复，无奈离京南下创办深圳大学。

在与孙耘的交往中，又亲自听到孙耘同学说感恩罗老师宽容善待他文革中犯错，原谅他失误导致罗老师弟弟死亡一事。这种不计个人恩怨，宽以待人，珍惜人才的胸襟，令我衷心敬仰。有罗老师这种胸怀，高尚品德的领导人实在少闻少有。地质学院的朋友告诉我，当年受到地院文革冲击的一个大人物，小本本上记着批判过他的学生名字。文革后他复出担任整党领导小组的负责人时，一次到武汉竟翻着记事本上的造反派学生名字，指示当地领导人不能放过。其秋后算账的报复心态实在令人不齿。

文革中，周恩来要我批陈云，在财贸口发动了对陈云右倾思想的批判。李先念、姚依林、吴波这些财贸口的领导也都在我接到总理指示之前就已经写有揭发材料和大字报带头批陈云。文革后，陈云把这笔账记在我的头上，找借口让公安部门查封了我在北京谋生开办的

"亚大饭店"。年过 70 后，我决心把亲历的历史中的这件事写出来，于是有了《周恩来要我批陈云》这本书。

2021 年 9 月，曾经是周恩来的保健医生，为他受伤右手按摩治疗有 12 年之久的孙杰大夫介绍，认识了深圳大学的高军先生。我对他说了写有《周恩来要我批陈云》一书，这样说到罗老师与陈云儿子及陈云之事，高先生告诉我，罗老师对是否是陈云报复一事，一直找不到实证。罗老师有一个朋友与陈云关系较好，与陈云有直接的交往，他和罗老师谈起过陈云打压他一事，他为陈云打保票：陈云绝对不是这样的人，应是陈云身边的人干的。高先生对我说：罗老师最近摔了一跤，健康状况不理想，不便见人，待他康复后，你们可以一起聊聊与陈云相关的事。我很高兴能有拜访罗老师的机会。我与高先生保持联系，关注着罗老师的健康。始终处在不稳定状态中。

认识高先生不久，我就将尚未正式出版的《周恩来要我批陈云》书稿，拿给了他。高先生看过后，提议先将书稿送罗老师看阅。我欣然赞同。2021 年 10 月 7 日，高先生微信我："他出院后身体还不太好，还没去见。与他做了沟通。他很高兴阅读您的大作。并同意将《清华文革亲历记》给您阅读。"随后两天见到高先生，他带给我未正式出版的罗征启所写回忆录：《清华文革亲历记》。

11 月 1 日，我发微信高先生："你好！见到罗征启了吗？我想引用他回忆录中帮助周泉缨修改起草 414 思潮必胜那一段，他会同意吗？谢谢。"这是我写的另一本书：《周恩来与财贸口"二月逆流"始末》，想引用的史实材料。高先生回复我：罗老师前几天又摔到了头，后脑出血了，他计划明后天去看他。他的情况若可，我会把您的意见转告他。到第二天，高先生告诉我，经罗老师身边的朋友与罗老师沟通，他同意我引用相关内容。

11 月 3 日下午，高先生电话告诉我，上午已把我的书交给了罗老师。罗老师非常高兴，坐在轮椅上，认真看了封面，说：还真有这事？说这话时，双眼是放光的。随后双手将书稿抱到了胸前。我想，关于对陈云有报复心态的认识，看到我的书，是否为他始终放不下心结找到了一个佐证。我更盼望罗老师早日康复。

这以后，罗老师的健康一直反反复复。没有想到他的太太因他住院操劳过度引发心脏病，也进入了医院。看到罗老师在病床上对望着也躺在病床上垂危的夫人的照片和视频。我心情无比的沉痛，只能祈祷好人能有上天保佑，熬过这一关。

最终没有等到罗老师的康复，命中注定我与罗老师只有那点心灵相通的神交。无论如何，但愿我的书能有助解开他的心结，平和地步入另一个世界。

罗征启，我心中的一个不媚上，善待后生，言行一致，表里一致的好人，虽遗憾只有神交，但将永远留存在我的记忆中：

罗老师千古！

【文选】

良知的底线

——罗征启《清华文革亲历记》读后感

王允方

在清华文革舞台上，曾经出现过多位显要的角色，其中大名鼎鼎的莫过于蒯大富，当年披着革命小将的外袍，呼风唤雨，不可一世，但终究是昙花一现，前后不过八百天。另有一位是蒯大富的对立面，文革期间处在风口浪尖，一直挨整被斗，险些失去性命的中层干部罗征启。回顾清华文革史，离不开蒯大富和罗征启——尤其在后蒯时期，在迟谢当政、文革落幕前后的那些年里，罗征启一直身在学校，跌宕起伏，随势而行，官至清华党委副书记。很显然，他对这段历史是有影响的。罗征启在文革中的经历，具有典型性与代表性。最近他的回忆文集《清华文革亲历记》问世，代表了一些耄耋老人的心愿，在岁月的最后阶段，他要将个人的亲身经历与内心感悟说出来，写下来留存于世，以尽自己的历史责任。

罗先生的回忆文集之所以珍贵，因为这是清华干部中不多的系统回顾文革经历的书。从2004年沈如槐《清华大学文革记事》算起，所出各书的作者皆为当年的学生。我曾与几位熟悉的干部、教师交谈，希望他们写文章，但都以记不住为由婉拒了，十分可惜。文革期间，学生是运动的动力，干部则是运动的对象。他们处在被斗挨整的地位，切身感受显然与革命小将不一样，个中的体悟只有当事人心里明白。从文革开始，工作组进校，老红卫兵掌权，到蒯大富上台，再到迟谢主政，十年之中，罗征启被四次隔离审查，遭受了惨无人道的肉体和精神上的折磨。现在，他将自己的经历与想法平实详细地诉诸笔端，警示世人，呼唤良知，这是一件有历史意义的事情。

本书以中共中央党史研究所编撰的《中国共产党的九十年》中三段内容作"代序"，道明了文化大革命的性质、危害以及责任者。书中共有十章，涵括了清华文革的三个阶段：即老红卫兵阶段的"红色恐怖"，蒯大富阶段的昙花一现，以及迟谢当政的强势领导。其中，前六篇主要介绍作者的亲身经历，后三篇缅怀师长黄报青和同事徐葆耕；最后那一篇比较有意思，写的是八十年代末，蒯大富刑满出狱后，在深圳向他当面道歉的情形。罗先生政治阅历丰富，思路清晰，观点明锐，文字功夫好，加上写的都是亲身经历的那些事，所以读起来生动流畅，苦难中带了点冷幽默，其中一些当年的"政治事件"，现在看起来真是荒唐透顶。

我想就下面三个问题，将自己的读后感想与各位分享。

一、关于"彻底砸烂"

综观清华文革的三个阶段，"彻底砸烂"理论都是当时掌权者们主导运动发展的基本思想。这种基于偏执极端、非理性、无政府主义的思潮，是造成打砸抢盛行，群众组织分裂，以至于武斗内战开打的政治思想基础。1966年6月初，工作组进校，清华党委顷刻瓦解。"学校在任各级领导干部及一些老师被造反群众抓去、游街、戴高帽、批斗、打人。清华顿时陷入了丧失理性的歇斯底里'红色恐怖'之中"（页09）。当时，风靡全校的思想武器是《湖南农民运动考察报告》，"那些游街示众、抄家打人等反人性的、暴力的、恐怖的行为，都是从这里学来的。"（页10）。八月份工作组撤离，老红卫兵掌权；他们鼓噪反动血统论，在"彻底砸烂旧世界"的口号下，无法无天，进行打砸抢；8月24日，竟然推倒二校门，血洗清华园，制造了清华历史上耻辱的"水晶之夜"。作者详细记述了"八二四"夜晚的恐怖场景：五六十位干部先被押到阶梯教室、科学馆，后被转到生物馆，遭受鞭打脚踹，挑逗对殴，爬地如犬，自辱互辱等种种非人性的虐待。看着这些逼真可怖的记述,我真难想像这会是清华学生的所作所为!

据说清华校史馆里关于十年文革的部分,只有三张照片,其中一张贺鹏飞,是作为正面人物展出的。我注意到本书中有一段记述贺鹏飞的文字,是在"八二四"事件次日,即8月25日他到审讯室进行视察的情景:"贺鹏飞脚踏大皮鞋,手提一条皮带","他从我前面走过时,看见我因为支撑不住他们规定的姿势,已经把头顶在地上,就用皮鞋踩我的头,并且厉声说:'不许顶在地上'。他这一踩,我头上已经结了痂的伤口又滴下许多血。虽然贺鹏飞是当日'红色恐怖'行动的指挥者之一,但是从来没有人提到过这件事。"(页14)作者基于对历史负责的态度,在书中强调指出:"从工作组开进清华园,到蒯大富翻身掌权这一段的历史,常常被忽视,甚至有意地遗忘掉,好像清华园在大动乱的十年中所遭受的破坏,所有的一系列血腥暴行,都源于蒯大富。这是不公平的。打砸抢烧杀,是从这个时期开始的。我们深受其害,我们记忆犹新。"(页17)

与老红卫兵掌权阶段相比,蒯大富上台后奉行的"彻底砸烂"理论显然要高明得多。他仔细揣摩领袖意图,将这个口号叫响了,发挥得淋漓尽致。作者分析:"由于要彻底砸烂,所以引出两个估计:第一是建国后到文革前,我们国家是红线主导还是黑线主导的?第二个是我们的干部队伍,大多数是好的,还是大多数已经烂掉了?蒯大富对这两个问题的答案,当然都是后者。而且很明显,中央文革,乃至毛泽东本人,实际上都是支持和力行'彻底砸烂'的。"(页26)

作者的这个判断,在1968年7月28日毛泽东召见五个学生领袖的讲话中可以得到证实。毛泽东说:"像蒯大富那个彻底砸烂旧清华,414就不赞成;414就说,教员也有好的,可你们说的彻底砸烂,不是砸烂好人,而是一小撮坏人;你们含义讲清楚,他就驳不倒了。"由此可见,毛本人是支持彻底砸烂提法的,只不过指点他要将含义讲清楚。殊不知正是关于好人、坏人的标准不一样,两派从文斗辩论,发展为武斗对抗;像作者这样支持414观点的干部中,不少人就此成为蒯大富"彻底砸烂"的受害者。

作者以相当于全书一半的篇幅，叙述了蒯大富及其团派一小部分极端分子炮制的所谓"罗文李饶反革命集团"是怎么回事。作者写道："'罗文李饶反革命集团'也许是清华在文革十年动乱中最荒唐、最胡闹的案件了。说它最荒唐、最胡闹是因为这几个受伤害、受委屈最严重的老师，根本就不能是个'集团'。而且他们之中，除我之外，即便以言治罪，以文治罪，以思想治罪都不可能的，何来'反革命'，又何来'集团'？案件的几个当事人有的终生伤残，有的含冤去世，身心受到极大的伤害。我是这个'反革命集团'的首要分子，现在还侥幸活着，我想我有责任将我在此案件中经历的实情记录下来，以此向清华师长、师兄弟、姐妹做个交代。"（页 39）

这段内容包括四个部分，一是 1968 年 1 月 30 日作者被团派保卫部绑架的经过；二是被辗转关押，成为三堡囚徒的情形，期间遭到刑讯逼供，毒打致伤；三是靠着智慧和勇气，于 3 月 28 日凌晨逃出囚所；四是在 414 的接应、帮助下，南下避难，住了近五个月。可以说，从情节与文采而言，这段内容最具可读性，险情环生，扣人心弦；尤其是作者如何从《基度山恩仇记》一书中得到启发，如何设想越狱计划，趁着云高夜黑，步行四十里山路，终于寻得生路的那个章节，让人感慨命运之神对无辜者的眷顾。我们在看到打手们丑恶嘴脸的同时，也能感受到普通百姓的善心好意。

关押期间，作者遭到了不断的刑讯逼供。据他介绍，团派的刑讯逼供分为三个档次：第一个档次多半用拳掌打击，不用器械重物；第二个档次是重刑逼供，由几个打手上场，他们残暴无人性；第三个档次，则是对身体和精神的双重刑罚，譬如几天几夜的罚站。（页 52）作者曾被器械猛击腹部，肝脏打破，只剩下外面一层膜。他还被罚站 80 小时，以至心跳过缓，出现幻觉。（页 53）"四人帮"倒台后，他见到了文学宓、饶慰慈，他们受到的刑罚重得多，可能多是第二个档次的；文学宓被罚站五天五夜；他们都落下了终生伤残。

蒯大富不仅罗织罪名，炮制所谓"罗文李饶反革命集团""贾某某、邢某某及六学生专案"，对广大持不同意见的群众也采取残酷打击、暴力迫害的做法，最后在清华园内挑起了百日武斗。1968 年 7

月 27 日，蒯大富丧心病狂，竟然下令向开进清华的工宣队开枪，打死打伤几百人。他搬起石头，最终砸了自己的脚。

7.27 事件和"罗文李饶反革命集团"案件结束了蒯大富的政治生命，昙花一现八百天。对于清华大学这段历史，有人提问说：假如蒯大富没有下令开枪，没有七百多人死伤；假如"罗文李饶反革命集团"案没有搞出人命，清华文革的结局是否会改写？对此提问，作者阐述了自己的看法。这一段写得相当好。作者认为："研究历史，首先要搞清史实、真相，而不是靠假设。史实、真相是蒯大富下令开了枪，造成几百人的伤亡血案。史实、真相就是蒯大富的'大翻个'和'彻底砸烂'理论必然要发展到武斗和内战。如果这次不开枪，在另外一些时候和机会里，还是会开枪的。即使蒯大富会暂时与迟群、谢静宜结成同盟，最后还得分手。因为极左思潮或无政府主义思潮在思想上是倾向于否定一切的，在组织上是倾向于分裂的。史实和真相就是蒯大富的'大翻个'和'彻底砸烂'理论必然会发展到反对公检法和军队。"（页 117）他还认为："至于'罗文李饶反革命集团'案子，也就是因为死了人，又和 7.27 联系在一起，否则根本算不上什么大案、要案。全国类似的案件很多很多，都处理了吗？整个文革中，非正常死亡有多少人，都搞清楚了吗？刘承娴老师的死，还是个无头案。"（页 117）

蒯大富走下了清华政治舞台，上台的是毛泽东的两个亲兵：迟群、谢静宜。

如果说老红卫兵和蒯大富给清华留下的伤痛主要是打砸抢与武斗的后果，那么迟谢主政时期留下的伤痛则要深得多、痛得多。迟谢的政治路线与做法同样沿袭了"彻底砸烂"理论，使清华大学在精神上、文化传统上遭到巨大的破坏。主要表现在以下两个方面：

一、1971 年 7 月通过的《全国教育工作会议纪要》宣称：建国以后十七年，毛主席的无产阶级教育路线基本上没有得到贯彻执行，教育制度、教学方针和方法几乎全是旧的一套，资产阶级专了无产阶级的政；大多数教师和学生的世界观基本上是资产阶级的。这就是影响极为恶劣的两个"基本估计"。两个基本估计是套在广大知识分子身上的新的精神枷锁。

会议之后，迟谢首先改组校、系两级主要领导，由工军宣队派员出任，推行外行领导内行；大学学制缩短为二至三年；废除"统一考试，择优录取"，实行"群众推荐，组织审查"。于是教育质量，尤其是高等教育的质量，一落千丈，积重难返。（页119）

二、兴起一种新的政治审查形式：办学习班。

迟谢领导时期，学校办起了各种各样、大小不等的学习班，名为学习，实为整人，包括自己整自己，彼此相互整。作者写道："我整过人，也被整过，个中滋味，我是很熟悉的。整人术最厉害、也是最可怕的一招，就是在威逼高压之下，要你没完没了地检讨，直至挖出'私'字一闪念，挖到体无完肤，尊严扫地。还要你揭发检举别人，大义灭亲，揭发亲友。这种精神上的摧残、迫害，比逼供时的用刑，打你几拳，踢你几脚更可怕。一旦你的精神被打倒了，他们要你说什么，你就会说什么。于是到处是坏人，到处是反革命。"（页125）广大师生就是在这样的政治环境下，谨小慎微，度日如年。

蒯大富垮台后，"罗文李饶"案件也该结束了吧，但是工军宣队对此讳莫如深。迟谢延续团派的做法，继续对作者等人隔离审查。一直到1971年"913"事件发生后，他才被解放，当时全校只剩下蒋南翔校长一人还被挂着。迟谢为什么对他如此恨恶，作者在回忆徐葆耕的文章"追思"中有这么两段话："迟群走后，葆耕对我说：'不好，他盯上你了。迟群是非常阴险的人，……他们认为你是414中极右势力的代表。7.27工宣队进校时414马上拆工事缴枪，逃过了这一劫。其实，真正否定文化大革命的是414，可是没抓住把柄。"李兆汉也对我说："的确如此。迟谢认为清华有一个拥护蒋南翔的'地下复仇军'，有一个营，你是政委。"（页163—164）很显然，迟谢与蒯大富在政治路线上是一脉相承的。

就这样，"从1968年7月到1976年10月，迟谢两个完全不懂高等教育、甚至根本不懂教育、文化不高的人，手执同样不懂高等教育的最高领袖的尚方宝剑，统治了清华、北大等高等学府和教育战线长达八年，对教育和高等教育的破坏，其结果就不言而喻了。"（页119）迟谢不仅将清华大学的文化道统砸烂了，同时将知识分子的人格尊严也"彻底砸烂"了。这是伤及国本的重大罪过。

回顾历史不难看出，从本质上说，蒯大富与迟谢都是信奉"彻底砸烂"的难兄难弟。作者写道："7.27之后，蒯大富曾抱怨迟谢'本是同根生，相煎何太急'？而迟谢也确实只将蒯大富送去工厂劳动，名义上审查，实则拖延，观察形势，再做处理。因为对蒯大富这样一个毛泽东钦点的红卫兵领袖如何处理，是个大难题。他命案在身，而且许多挨整的干部对他咬牙切齿。但他却是毛泽东召见五大领袖时，当着他们的面，一再叮嘱中央几位领导'不要反过来整蒯大富，不要又整他们'。所以迟谢只是在批判一个更加荒诞的'516'案件时，把蒯大富的'七二七'和'罗文李饶'两个案件挂在'516'案件上揭批一番了事。"

"直到毛泽东去世以后，'四人帮'倒台了，清华文化革命的案件和解放以后到文化革命所有的冤假错案，才在时任党委书记兼校长刘达的公正、公开、公平的处理下，大体上得到解决。""至于蒯大富在清华执政八百天的结局，只能是一个没有明确结论的结局。""没有明确的结论，也许就是最好的结论。"（页117）这种历史的无奈，我想可能只有中国才有。

文革十年，三个阶段，清华掌权者们都奉行一条以"彻底砸烂"为基础的政治路线，给学校造成了难以估量的损害。"彻底砸烂"的总根子不在清华，而在中央。文革期间，国家主席被打倒，各级政府机构被夺权，这还不是一场地地道道的"彻底砸烂"运动吗？我们需要认真思考："彻底砸烂"到底砸烂了什么？"彻底砸烂"不仅批斗干部，捣毁建筑，伤害肢体，草菅人命，更为严重的是它砸烂了人们心中的道德规范，突破了人性良知的底线；它将人性之恶释放出来，在革命的名义下，无法无天，横行不羁。"彻底砸烂"理论又与以往宣扬的阶级斗争理论相结合，成为我国现代文化传统的一部分，影响了几代人的价值观念与思维模式，这是非常令人担忧的。这一恶果，我想也不是老红卫兵、蒯大富，迟谢之辈预想到的。如今，这种偏执极端,非理性的思想方法,正在与时下盛行的金钱拜物和民粹主义情绪联手,影响着中国社会的发展。这是需要予以警惕的。

二、关于良知的底线

文化革命触及人们的灵魂,每个人都在政治舞台上表演。这些人性善恶的自然表露,十年之中在清华舞台上从未停歇过。

如果说以前清华文革书籍中,对于人物的记述一般多限于场景式的介绍,那么这本书中对于施暴人员的描写,则有许多特写的镜头。这是受害者脑中几十年挥之不去的恐怖记忆。书中写道:

老红卫兵时期:"(1966年)7月底8月初全体劳改队人员集中在东大操场。太阳很毒,晒得烫人。我们上午拔草已经很累。一个据说是化工系的小伙子,长得有点像日本人,下令我们跪在发烫的煤渣地上,训了半个多小时。"(页10)

八二四夜里,在科学馆二楼。"走廊南端传出一阵喧闹,原来是几个手执皮带木棍的人要党办主任何介人和宣传部第一副部长林泰两个人对打。我听到喊声:'使劲,使劲!'我心里难过极了,这是我们的学生吗?怎么会这样!"(页13)

在生物馆,"黑帮分子排成一队,一个学生在前面训话:'你们要吃饭吗,那就听好,你必须说:臭黑帮王八蛋兔崽子狗崽子×××感谢毛主席给饭吃。听见了没有?……。'这时我认出这个学生好像是化工系的。"(页15)

蒯大富时期:1968年春节,作者被绑架到化学馆里。"对我用重刑的一个叫冯家驷的打手,非常残暴。他一般打你后,听到痛苦喊叫声,会露出得意的狞笑!"(页52)"他们用那个东西直接打在我肋骨之下的腹部,我痛得连喊都喊不出了,肚、肠、肝、胃撕裂般疼痛。他们从轻到重打了十多下才放开我,我没躺下,像患佝偻病一样,卷曲着身体……。"(页53)

"我曾怀疑冯家驷是不是学生。我认为一个学生对老师下不了这样狠毒的手。后来了解到,他是一年级学生,而且他打我不是最狠

的。打饶慰慈、文学宓更厉害。对饶慰慈，根本不能提到此人此事，她会全身颤抖，精神崩溃。"（页60）

以上只是特写镜头中的一小部分，书中还有其他一些打手和告密者的身影。当年这些清华学生，在革命思想的蛊惑下，丧心病狂，充满戾气，完全失去了正常意识，失去了基本的人性良知，这是他们一辈子也无法回避的耻辱！

当然，在那个恐怖的年代，也有许多普通百姓，出于同情与爱心，对作者和家人给予力所能及的帮助，展现出人性良善温暖的一面。对此作者多有介绍，感念在心：逃跑中救助的解放军战士、同学和朋友；帮着保管好小提琴的邻居；照顾父母、小女的街坊，以及他特别提到的，南下避祸时长住李衍平家，李妈妈一家人对他的照顾与关爱。如何分析文革时期的人性表现，这是一个很大的话题。作者没有细谈，我也不便展开。但是我注意到，他在书中有些地方，还是有意无意涉及对人性的思考，虽然并不直接，也不具体。

文革期间，作者处于风口浪尖，是清华干部中被整得最凶的一位，惨遭刑讯拷打，致使家破人亡。那个年代，在威逼高压之下，受审者天天面对着检查、批判、检举与揭发，这种精神上的摧残与迫害，往往比肉体上的打击更为可怕，更加诛心；一旦精神垮掉，就失去了最后的防线，他们要你说什么，你就会说什么。据我所知，清华干部中不是每个人都能守住这道心理防线的。

作者是清华中层党务干部，一位受过多年传统教育的知识分子，在此类严酷考验面前，他是怎样想的，怎样把握基本原则，确定道德标准，恪守良知底线的？这是我十分关注的。阅读中我将有关内容进行梳理，发觉作者虽然没有直接，但也近乎间接地做出了答案。

书中有三次（确切地讲是四处）涉及这个问题，但具体情况各有不同：

一、在"缅怀黄报青先生"一文中，作者介绍了黄报青先生对待审查的态度。黄先生是位德高望重、业务精深、才华横溢的老师，文革开始时任建筑系秘书，总支委员。"文革大动乱开始以后，戴高帽、游街、批斗干部老师是平常事。但是黄报青先生就不平常了。在批斗时，黄先生坚持蒋南翔是好领导干部，不是反革命修正主义分子；喊'打倒黄报青'可以，喊'打倒蒋南翔'坚决不行。……。一次再次，他宁愿挨打至尿血，被赶到小河里，但绝不妥协。……。1966年9月在东大操场劳改时，刘小石（总支书记）叫我劝黄先生别顶了。我对他说：'黄先生，您不要顶了，中央的意图我们也搞不清楚，硬顶没用，保护身体要紧。'他说：'要打倒我可以，我现在拔草、劳改都可以，但是要我说打倒蒋南翔，打倒共产党，这不可以。'我说：'你可以不说。'他说：'不是我要说，是他们逼我的，我又不能说假话。'我又说：'不是要你说假话，但你可以沉默。'他严肃地说：'我是共产党员，有些话不能不说。'就这样，他被反复批斗、用刑，导致精神崩溃，两次送进安定医院。出院后他沉默不语。"（页160）

1967年底（有写次年1月的），蒯大富在大礼堂召开大会，批判作者在建筑系搞"假四清"，包庇反革命修正主义分子黄报青。大喇叭狂叫。黄报青在家里，听到喇叭广播，从五楼北窗跳下身亡。

粉碎"四人帮"后，刘达书记大力平反冤假错案。蒋南翔参加了黄报青先生的追悼会。他说："黄报青是个好同志，值得我们学习。我知道他不肯喊'打倒蒋南翔'，其实不必，我自己也喊过。小平同志也承认过自己是走资派嘛！"（页161）

二、一位专案组的李师傅曾找作者谈话，提到"工字厅学习班里有个你们都很熟悉的成员，在肉刑逼供下交代了一些问题。现在有人认为，一个共产党员在压力下，丧失原则，交代问题，应当开除党籍。你认为怎么样？"这个问题，作者有过考虑，也曾与他人交流过。作者认为："不应该处分。这种事例在文革中很多，关键问题是有没有泄露党和国家的机密，有没有伤害其他同志。如果没有，那就没有错误，不应处分。如果有，那首先是审问方的问题。受审者是被动的，是不应被追究的。"（页128）

三、作者谈到了自己对检查交代的原则。第一次在化学馆被罚站80小时，又服用了药片，昏昏沉沉不知说了什么。第二天冯家驷提审，拿出一张纸条，上面写着"×××说，林彪是极左思潮的总根子。"签字者罗征启。他看出字像是自己签的,事情记不得了,觉得有可能说明自己违背了"只讲自己,不讲别人,更不能揭发别人以减轻自己的压力"的原则,故而马上说,"这句话不是×××说的,是我说的。"并同意签字。但是,审问者没有依照承诺将原先的纸条交给他,引为终身的遗憾。(页55)

四、1976年初,因周总理逝世引发了广大群众的不满情绪,迟谢认为清华有个反动的裴多菲俱乐部,文学宓和作者是其主要成员。作者与文学宓等商量,认定三条原则:"第一,勇敢乐观对待,绝不伤害自己,也不伤害同志;即便是素有嫌隙的人也不伤害;第二,大部分工军宣队都是好人,虽然有时受到左的影响。七二七当时的表现,是真情表露,我们永远感谢他们。我们不可伤害他们,以免有人利用他们的不慎重去挑拨是非,伤害他们。第三,尽量抓紧机会锻炼身体。"文学宓又加了一条:"注意教育好子女,小心不要讲错话。"(页151)

分析上述四处情况,不论是作者对自己规定的原则,还是对在肉刑下交代了一些问题的干部的态度,以及在与黄报青先生交谈中提到的观点,可以看出他对即使在高压威逼下也必须坚持的基本原则是非常明确,十分坚定的,那就是要坚守住"不伤害他人"这一点。可以认为,"不伤害他人"是他的良知底线。这是一条非常清晰的道德红线,一条不能逾越的人性底线。文革十年,思想混乱,人性扭曲,无法无天,能够守住这条良知底线,做到不伤害他人的人,实在不多呀!

在"不伤害他人"的底线之上,我看到了黄报青先生高尚的良知境界。他的内心"有一种比爱与善心更为强大的判断,一种更为强大的力量,一种更为有力的动机。这就是理性、道义、良心"。(引自亚当·斯密《道德情操论》)面对拷打,他威武不屈,坚持观点,不说假话,维护做人的尊严。像黄先生这样有风骨的知识分子,难能可贵,令人敬重。

三、真相—宽容—和解

"四人帮"倒台,文革结束,中国的历史翻开了新的一页。

1978年,刘达到清华主持工作,坚决平反冤假错案。"罗文李饶"案件也是在这时才得到了彻底平反和解决。作者在回顾建国以来历次运动后感慨表示:"可以说,我们这个民族凡经历过解放后至'四人帮'倒台期间历次政治运动劫难的人,每个人的心灵上都留下了难以愈合的创伤!""在一波又一波的政治运动中,没有真正的胜利者,都是失败者;也没有得益者,都是受害者;国家没有进步和发展,人民的生活没有得到真正的改善!"(页102)我想可能正是这一基本想法,促成了他对孙耘事情的宽容与解决。

作者用较大篇幅介绍了孙耘事情的过程,并附有相关附件。客观地说,如果没有胡耀邦总书记的指示与干预,孙耘问题是很难解决的。作者详细介绍了自己对处理此事的看法,他在给黑龙江省招办负责人的信中表示:孙耘犯罪事实清楚,长期关押受审,已经为自己的错误付出了沉重的代价;他表示道歉,认错态度诚恳;他有过人的才能,希望给与一个机会。在给海拉尔公安局的信中,他代表被害人家属声明不再追究责任,希望释放孙耘。作者的处理方式为多数同事所赞许,但也有不同的意见,认为这是"以德报怨""东郭先生"云云。对此,作者运用《论语》中孔子的解释:要"以直报怨",即以正直的态度去对待怨仇,这才是正确的做法。(页105)

书中还提到了另一个人:冯家驷,那位毫无人性,曾对文学宓、饶慰慈和作者残酷施暴的小个子。"他被分到河北省一个工厂里。因为文革中那段不光彩的历史,团四两派都不理睬他。后来他找了一个女工结婚。当那位女工知道他文革中的暴行时,竟然吓疯了。由于冯家驷知道她是因为自己的问题造成精神失常,只能一直守着她,法律也不允许离弃。"(页105)作者本欲对他追查到底,但闻此状况,心生怜悯,表示:"算了,到此为止吧。上苍已经有惩罚了!据说后来冯家驷改行了。他说:"是的,我错了。我学了针灸,现在为人治病,

已经治好了一些人。我要用救死扶伤来洗刷自己过去的罪行。"(页106)[1]

对于作者来说，上述两人无疑是文革中最为寒心的：一个是专案组组长，一个是最凶狠的打手，使他饱受折磨，终生难忘。如何对待这两个典型人物，作者道出了自己内心的想法："我想，我们应该把'和解'的旗子亮出来。这个仇，报还是不报？何时报？如何报？其实都不是我们的最终目的。我们的最终目的应该是和解。两派要和解，清华清理了积累多年的冤假错案，也是为了达到全校的和解。全国也一样，应该和解。"(页106)

作者在分析了中国历史上怨仇相报的意识与文化，并对照了一些西方国家典型的和解例子后认为，我们必须从血腥的"有仇必报"、比较理性的"怨仇必报"，发展到"以直报怨"或"以德报怨"，"报"的目的是"和解"。作者呼吁："要化解清华各派之间的矛盾，只能走'真相—宽恕—和解'这条路，这才能真正体现清华人的胸襟，才是对清华校训的最好诠释！""用真相换取宽恕，最后达到和解；希望这种宽恕、和解的文化，能成为我们中华民族的主流文化！"(页108)

走"真相—宽恕—和解"的道路，这是作者真诚的心愿，也是一种善意的期待。因为只有在真相公开的前提下，才能谈得到宽恕，进而有可能取得和解。五十年过去了，我们这些经历过文革梦魇的清华师生，孜孜以求，莫不期盼着能在阳光照耀下，真相大白，加害者道歉，受害者宽恕，彼此谅解，走向和解团结的新天地。但是，历史曲折晦暗，许多事件的真相不仅没有大白，反而一直被严严实实地掩盖着：我们至今不清楚"八二四"推倒二校门的真相；我们至今不知道"罗文李饶反革命集团"和"贾某某、邢某某及六学生专案"的真相；我们至今不了解7.27 蒯大富悍然开枪杀害工宣队师傅的真相……。当事者金口不开，讳莫如深。至于清华舞台上曾经出现的"平庸之恶"，包括那些用暴力逼迫干部自辱互殴的学生；那些白天打人，晚

---

[1] 据后来得知，关于冯家驷的这段传言并非真实。罗老师听了他人介绍误以为真。

上打麻将的三堡打手；那些私设刑堂，刑讯逼供的专案组人员；还有那些7.27向工人队伍刺长矛、扔手雷的暴徒……，这些人像没事人一样，至今没有忏悔致歉的表示，有的反而吹嘘当年所谓保护老教授的功绩。包袱不卸，真相不白，没有道歉，难言宽恕，遑论和解。

我很赞赏作者在处理孙耘一事中的宽容与大度。对于孙耘认错道歉的态度，我亦予以肯定，认为真不容易。但是，请恕我直言——我一直心有疑问：如果当年没有报考研究生这个背景，没有这一关乎改变其人生命运的巨大压力，孙耘将会怎么做？他是否仍会主动去向作者道歉吗？我看未必！

同样的还有：如果不是由于妻子因知晓自己文革中的暴行而发疯，造成精神失常，此后只得一直守候的巨大压力，冯家驷会不会承认错误，改邪归正，用为人治病来洗刷自己过去的罪孽？同样未必！

我认为，人性是软弱的，常常心怀侥幸，需要在强大的外界压力下，被大喝一声，痛击一掌，才会猛醒。压力往往是治病救人的一剂良方。只有在足够强大的压力下，人性才可能幡然醒悟，驱逐邪恶，恢复良善，回归一个正常的人。战后的德国就是个例子。但现实状况是：由于生活中缺乏一种迫使自己静思顿悟的外界压力，社会上更没有一个强大的反思文革的舆论氛围，那些文革中的"平庸之恶"们至今逍遥自在，心无悔意，好像过去发生的事情与自己没关系。几十年来，中国大地上文革的土壤没有被清理，文革的空气没有被清洁，文革的思维依然横行无阻，这就势必决定了作者当年提出的"真相—宽恕—和解"只能是一个空幻的愿景，一个遥远的彼岸。

前不久陈楚三给蒯大富写了一封公开信。信中说："你的一句道歉就能把当年造成的罪恶一笔勾销吗？清华文革史上最黑暗、最丑恶、最血腥的两个案件至今被掩盖着，对于'揭黑幕'这一要求，我是不会让步的。"我很赞同陈楚三的态度。蒯大富不是个平常人，他是个政治玩手，把自己捆绑在政治集团的战车上，精于政治算计，没有人性良知。我在给楚三的短信中写道："戈培尔说过一句话：'有些秘密将被带进坟墓里。'"

其实在真诚的心愿背后，作者还有一个深藏于内的想法，这是毫蕫老人的思想底线。这一想法在书中出现了两处，一处在"缅怀黄报青先生"的末尾，他写道："事过三十多年了，我常常想，发动这场大动乱的罪过且先不提，那些动手打黄报青先生，用刑逼供、迫害、侮辱报青先生，导致他精神崩溃，以致跳楼的人，到现在却看不见一个人站出来承认错误，反省一下自己的行为。现在（法律）不会追究责任了，但我相信，良心——如果你们还有一点良心的话——会谴责你们一辈子的。"（页161）另一处在回忆迟谢统治下的清华，作者这样写的："苍天在上，这世界还是很公平的。我常常想，在这荒诞的文化大革命中，我们每个人都得到了大体公平的报应。有些人伤害了别人，也受到了伤害。有的人伤害过人，也道了歉。有的人到如今仍未认错。我相信，他们的良心永远会受到谴责，而且迟早会得到报应的。"（页125）由此可见，作者的内心深处根植着"良心为大""因果报应"这一中华文化的传统信念，这是他思想的底线。凡在清华文革中欠下良心债的人——当然包括蒯大富——都应当在这两句话前扪心自问，接受良知的拷问。只有还请了良心债，归途才会有平安。

【访谈】

罗征启访谈录

杨继绳

时间：2009年2月17日下午至19日下午
地点：深圳市清华苑建筑设计有限公司
访谈人：杨继绳

一、孙耘事件

杨：文革期间，您和您的家人遭受了严重的迫害。您文革前的职务仅仅是清华党委宣传部的副部长，而您受迫害的严重程度远超过校一级领导，这其中有什么特殊情况？

罗：原因很多，但主要可能与1967年周泉缨的大字报《414思潮必胜》有关。当时学校分为两派：井冈山兵团总部（因其核心的战斗组以林彪指挥的"28团"命名，故自称"团派""老团儿"）和井冈山414总部（因成立于1967年4月14日，故简称414、"老四"）。"团派"以蒯大富为首，因有中央文革和毛泽东的撑腰支持，是掌权的；414是比较温和的一派，是在野的。大部分党员干部和许多教师是倾向或支持414的。我也是支持414的。1967年7月中旬，两位支持414的政治课教师范德清、魏宏森告诉我414"云水怒"战斗组的周泉缨（汽六班学生）写了一篇文章，有新意，但比较粗糙，需要加工，让我帮助修改。参加修改这篇文章的有万润南（土木系给0班学生）、李兆汉（建筑系教师，当时在校刊《新清华》任编辑）。我们详细研究了这篇文章，认为的确是有新意，主要是第一，用河南的"河造总"和"二七"的分歧、清华的"团派"和414的分歧说明大学和社会上的争论及分歧，是与中央内部有分歧、争论密切相关的。虽然有些话并没有道出，但周泉缨在私下里却明确指出，所谓无产阶级司令部是中央文革把持的一个大杂烩，社会上，大学里这样混乱，中央是不可能平静的。第二，全国各地、各大专院校里虽然各种思潮争论很激烈，百家争鸣，但究其实质无非是两种，一种是以蒯大富即"团派"为代表的极左思潮，主张解放后到文革前的十七年，是黑线主导的，是要彻底砸烂的。这一派当时的势力是比较强大的，因为有中央文革和毛泽东的撑腰支持。而另一种是以"414派"为代表的比较温和，也比较实际的思潮，这一派没有后台，因此处境很困难。这就把清华以至于全国的看似混乱的"派性"争论，上升到思潮乃至于文化大革命的目的、方向、前途等原则的、理论的分歧上了。第三，"团派"思潮因其以极左的面目出现，而且有中央文革甚至最高领袖的强有力的支持，所以很可能一时取得胜利，能掌权。但掌权以后必然要乱，是不可能长久稳定地掌权的，这也就是毛泽东和中央所批判的：造反派只能打江山不能坐江山的所谓"414思潮必胜"的"要害"。其实，经过和周泉缨多次讨论，我们认为，"必胜"还有一组潜台词，就是毛主席发动的这场文化大革命是极左思潮的。所以，是引起混乱，挑动群众斗群众的罪魁祸首。

周泉缨的稿子改动得很多，但主要是在逻辑和文字方面改动，其主要论点都保留了，尽管我们的意见并不十分一致。稿子改定后，由几位文工团的同学抄成大字报贴了出去。这张大字报贴出后反响极大。周泉缨召集所有参加修改，抄写的人开会，他说："这篇东西由我来承担责任，也确实是我写的，是我的思想，我的专利。我是红卫兵小将，不怕。今后不要说你们参加了，至死也不要说。"他当场把我们修改的底稿及所有文件资料全部烧了。

不久，就有很多传说，其中最重要的是：毛泽东对《414思潮必胜》有看法。毛泽东和中央文革不喜欢414，他们是支持、甚至是偏袒蒯大富的。直至1968年7月27日蒯大富下令开枪镇压工人解放军毛泽东思想宣传队，毛泽东于7月28日凌晨接见蒯大富等五大领袖的记录稿公开之后，我们才看到记录稿中毛泽东批评说："《414思潮必胜》这篇文章，我仔细读过了。它是否定文化大革命的，是不能必胜的。""414是右的，414思潮必胜，我就不高兴，说打江山的人不能坐江山，无产阶级打天下，不能坐天下？"

蒯大富的"团派"一直想抓出414后面的"黑手"，也一直怀疑我和一些人就是"黑手"，他们甚至怀疑我们背后还有更大的"黑手"，不然，怎能这么大胆，把矛头直指中央文革甚至更高层。但他们没有证据，而且虽然毛泽东多次批评了414，但并没有定性为反革命组织和反动思潮。

除了《414思潮必胜》以外，还有就是干部问题，因为多数党员和干部支持414，"团派"十分恼火，一直想搞点事件出来，用以吓唬和压制多数党员和干部。于是就把六名敢于公开亮明自己观点，支持414的中层干部打成了"罗文李饶反革命集团"。罗是我，文是文学宓（统战部副部长），李是李康（教务处副处长），饶是饶慰慈（党办副主任）。

"团派"得知毛主席批评《414思潮必胜》后，很高兴，一方面在学校组织人大张旗鼓地批判这张大字报，说《414思潮必胜》是反革命宣言；同时，他们的专案组开始抓人，首先是抓我，1968年1月30日（春节除夕）专案组把我抓走了。后来陆续也抓了文、李、饶、刘（刘承娴，统战部副部长）、徐（徐一新，科学处副处长，1968年我从三堡疗养院逃跑以后，徐躲进414的据点科学馆，幸免于难）。

杨：他们把你抓起来后怎么处置？

罗：我被抓走后，先被关到先农坛国家和北京体育代表队的一个厕所里，那些运动员很野蛮粗暴，一进去就打了我一顿，说我是流氓。在地下室审了两天，又被转到清华第一教室楼"前哨"广播台所在地（"团派"的广播电台），后又被转到化学馆地下室，在那里审了两个星期，又被转到八达岭的清华三堡疗养院。"团派"的专案组长是孙耘（原名孙毓星），我的案子由他这个专案组负责。这个专案组里还有体育代表队的政治辅导员李天麟等。审我的时候，常常是力学系68届学生孙铮做记录。专案组几乎天天审我，直到3月27日我成功逃跑了。

专案组审我时动用了肉刑逼供。但实事求是地说，因为我被抓两个月就成功地逃跑了，他们完全没有预料到，所以还没来得及对我用重刑。专案组中多数人没动手打我，少数打也主要用拳掌，动用工具打我只有一次，是我被关在化学馆地下室时的一个星期天下午，突然来两个彪形大汉，我从来没见过（专案组当天没有审我），他们戴着口罩，也不讲话，手持手电筒，用布包着底部，用力朝我的肝、腹部击打，很痛（后来有一段时间尿血），每人打了十多下，低声商量了一会就走了。外面有守卫的人，但没有进来。我被关在"团派"前哨广播台时，曾看到一本小册子，专讲打人和挨打的，用布包着手电筒底部打肝腹部就是这本小册子里讲的一种可以不留痕迹的打人方法。本小册子也介绍挨打时一定要放松，不要硬顶，或挨打时就大叫一声，同时顺势倒下，就可以把打你的能量消融释放。我后来就用这个办法对付挨打，但后来被冯家驷发现了。冯家驷是专案组里打人最残暴的学生，个子不高，寸头（文学宓说，用老虎钳拔牙的就是他；后来工宣队告诉我，用带钉子的木棍打饶慰慈的也是此人，但他打我时只用了拳掌，下手很重）。

有一次冯家驷打我时，他虚晃一拳，我也大叫一声，他就阴险地笑了，接着雨点般的拳头打得我头昏眼花。他发现我懂得顺势倒下，就在我可能倒下的方向将几把椅子、凳子倒放。叫我看清楚，如果顺势倒下就会被凳子、椅子腿弄伤。这样，我必须硬挺住，挺不住才倒下，身上许多地方就这样受伤了（有的伤到现在还留有疤痕）。

我感觉到，"专案组"里面也不是铁板一块，有的人如孙耘，并不主张打人，但受压力很大，有一次，孙耘正在审讯，孙铮担任记录，忽然听到外面有人进审讯室，孙耘马上跳起来，左右开弓打了我十几巴掌，并不疼痛，这说明他不会打人，但怕人说"右倾"，是打给别人看的。

最难熬的是罚站，不准睡觉，那是被关在化学馆时，冯家驷对我说，"你硬吧！我们有办法叫你开口！蒋南翔硬吧，老家伙站了三天三夜，快精神错乱了，什么都说了。现在我们让你也试试，看你能不能比蒋南翔站得更长时间！"专案组人员三班倒，不准我动一动，一天两顿饭也是站是吃，只有大小便时能稍稍动一动。就这样一直站得我两腿肿得上下一般粗、思维混乱、产生幻觉，到三天三夜又八小时（即80小时）时，我再也受不了，我对他们说我要小便，还没等他们允许，我就踉跄地向审讯室后面临时关我的牢房冲去，牢房门口是上下水管和暖汽管道的入孔，掀起入孔的混凝土盖板，就是我大小便的地方，我还没有走到牢房门口就晕倒了，但是并非一点知觉没有，我听到一位校医院的医生说，"你们要小心，心跳太慢了，不注意要出事"。一个人说，"没事，他装蒜"。医生说，"心跳慢是没办法装的，你们要注意。"然后有两个人把滚烫的开水灌入我口中，痛得我大声呼叫，睁眼一看是冯家驷，他奸笑着说："我说是装的吧，没事！"我的口舌喉咙被烫得痛了许多天。

此后，罚站是停止了。审讯还在继续。不过孙耘经常会给我测一下心跳，也许是医生说的话还有点用。

肉刑体罚还不是最可怕的，最无法忍受的是精神上的折磨。被关在化学馆地下室时，一到夜深人静时，一点声音都没有，只听到自己的心跳声，肺的深呼吸声，血液的流动声，甚至似乎听到女儿的哭叫声。我体会到，没有噪音的世界是最恐怖的，就会出现各种幻觉。我宁愿他们审讯我，打我，骂我，也不要这种"万籁俱寂"。

后来，他们又开始给我吃一些药，我不知是什么药。但第一次吃药后，我感觉可能是安眠药。因为吃下去以后昏昏欲睡，第二天就不敢吃了，给我的药被我偷偷地丢进大小便的地方。但是第二天他们给药以后不久，冯家驷突然又来提审，李天麟在旁。这个人没有动手打过我，但常常帮冯家驷出主意。他们给我看一张字条，上面写着："印甫盛说过，林彪是极左思潮的总根子。"下面是我的签名。签名似乎是我写的。我一下子陷入混乱迷茫和内疚自责，我不记得我签过这个字条，我紧张地思索了一会，想不出，记不起，何时何地签了这个字条，而且我知道我们一些人中，认为中央文革是极左思潮的总根子是有的，甚至有议论到最高领袖的，但没有谈到林彪，因为林彪是带兵打仗的,不是搞意识形态的。我怀疑是我在罚站到精神恍惚、神志不清时他们拿给我签的字。但无论如何,我不应推给学生。我立刻说,这不是印甫盛说的,是我说的。冯家驷说:"那你写下来。"我说:"我写下来你们得将那个条子退还给我。"在得到他允诺之后,我写了一张承认曾攻击林彪的"认罪书"给他们,但冯家驷却没有将那个条子退还给我。我被这"一棍子"打垮了。其实,如果他们继续追问,会有更多的收获,因为连攻击林彪都承认了,什么《414思潮必胜》,什么中央文革,都已不在话下了。好在他们没有继续追问,而且不久我就逃跑了。但这个思想包袱,一直到"九一三"事件以后,我才放下。

后来,我同文学宓交谈过。他说:他被抓后也被罚了站,站了多长时间他也说不清了,至于挨打,老虎钳拔牙等等,都是确有其事的,他的双腿被打得两年后还没有完全恢复好。饶慰慈被严重伤害致残,至今她不愿提起那段可怕的经历,一提起,她就浑身颤抖,不能自己。至今,我从来也没敢向她提起过这件事。至于刘承娴,说她是跳楼自杀身亡,我并不相信。即便如此,那也是因为她不能忍受那些人对其肉体的残害和人格侮辱等精神上的压力,才会选择自残这条路的。

杨:听说你从三堡逃跑了,这里山高路险,你是怎么逃跑的?

罗:这个地方我比较熟悉。首先修建三堡疗养院时,我去过几次,看望建工系参加劳动的同学,当时(60年)正是困难时期,吃不饱饭,我和同学们常常在山沟里拣山里红吃。

又因为1964年暑假,清华学生在南口8321部队当兵(实际是在部队锻炼一段时间),1965年暑假,清华学生又在昌平工程兵技校当兵,这两次清华学生当兵都是我带队。后来清华武装部长何介人让我写一篇总结报告,我就是在三堡疗养所写的,休息时常常在山窝里打小口径手枪和步枪。所以,这一带山窝里我都跑过,地形和路线都比较熟悉。有了这个条件,我一被关到三堡,就在考虑如何逃出去。

我被关在二楼,离底层有三米高。专案组每晚在我底下的房间打扑克,吵吵嚷嚷的。每天晚12点还有一趟火车从下面山谷通过,因为是山谷，声音很大。

我选择的是 3 月 27 日（阴历二月廿九日）晚，无月光。

晚上 12 点，在火车声的掩护下，我从二楼跳了下来，由于没有看清地面，脚腕崴了，很疼。我忍着疼一步一崴地沿着公路往南口走。那时南口到八达岭这条山谷里还有狼，我听到狼叫声，还看到狼的眼睛里的光，有的暗红，有的暗绿，阴森可怕之极。大概有七八只狼一直跟在我后面。到有灯光的地方，狼就不见了。过了灯光，狼又来了。我很害怕，但狼却一直只跟着我，没有伤害我。就这样一直走到南口采石场，灯火通明，机械轰鸣，狼群就再没出现了。我注视着黑暗的山谷，默默地感谢这些把我安全送出南口的狼群。

清早，我向一个看道口的老头打听："北京到张家口的车几点到？"他说："往上走的火车 9 点多钟，往下去的火车得下午。"时间还很早，我不敢在这久等，只好再继续往昌平走，到了昌平，我才坐上了公共汽车回到北京市区。先到人民大学找到我的姐夫和姐姐。从他们那里要了一辆自行车。当时我爱人（梁鸿文）也在人民大学我姐姐那里。我们两人一起骑自行车到建国门外，找她的同班同学林维南（华侨，时任北京日报记者，是阮铭调去的），从他那里拿了钱、粮票和治脚腕的药。当晚，我姐姐、姐夫的同学郁正汶（中国青年报记者）安排我住在他爱人弟弟在三里河的家里，然后他连夜骑车到清华 414 总部联络，通报我的情况。414 总部于 4 月 1 日把我接回清华科学馆。

杨：这真有点类似小说的情节。

罗：我看过大仲马的小说《基度山恩仇记》，我从三堡策划逃跑时，真的想到，并模仿了小说中一些逃跑的情景。

杨："团派"不知道你回清华了？

罗：当时不知道。但不能保证长时间不走漏消息。所以我还得东躲西藏。4 月 23 日，清华两派武斗升级，我就从清华跑到广东，在广州住了几天，又到汕头住在一个同学家里一段时间。8 月初，我听说因蒯大富下令开枪，已被夺权，而汕头又在驱赶外地人，不能久住，就到广州住在鸿文家里。

杨：你在广州住了很长时间？

罗：是的，直到 9 月 14 日，我才从广州回到清华。回去后工宣队（当时掌权）把我送到生物馆的一个房间住着，那时清华中层以上的干部都被工宣队集中关在生物馆的一个大房间，我和他们没见面。

杨："团派"怎么知道你修改了《414 思潮必胜》？

罗：我认为他们一直怀疑，但没有证据。10 月上旬，工宣队在大礼堂前面草坪批斗蒋南翔。陪斗的左边有高沂，右边是我。校一级斗完了以后，再放到部、处和系级批斗。"团派"在我被拉出去陪斗以后，就散布说中央已定性，认为"'414'里边有坏人，罗征启就是坏人"。414 这边不知底细，不敢表态，还有人贴大字报，表示要跟我划清界限，大字报只是表态性质，没有实质性内容。万润南不表态，还明确说："罗征启不是坏人。"

这时，党办、宣传部、政治部准备联合批斗我。他们先要预审一下，李兆汉参加了预审，审我时他偷偷向我使眼色，我不知道他是什么意思。第二天在工字厅斗我，李兆汉坐第一排。主持人宣布："批判会开始，罗征启站起来！"我刚一站起来。李兆汉立即跳起来抢着第一个发言，他质问我："罗征启，我问你，1967 年夏天在二号楼一楼一个大房间里，我一推开门看到你，万润南，周泉缨在里面，桌子上有一大堆稿纸，你们在干什么？"我迟疑了几秒钟，我觉得李兆汉在通知我什么事，昨天预审时没有机会。其实，当时在二号楼干什么，李兆汉最清楚。他是修改人之一。《必胜》里引用的一些列宁的语录就是他找的。我镇静地回答说："我们在修改《414 思潮必胜》"。批判会立即静了下来，喊了两个口号，就宣布休会，把我押返生物馆。工宣队表扬了李兆汉，说他一炮把顽固的罗征启打哑了。只有一位同事告状说，李兆汉是在通风报信。

过了一段时间后，我就自由了。李兆汉告诉我，工宣队手里有材料，是周泉缨或者杨忌非（与周同一战斗组的化工系的女同学，周和杨在《必胜》以后又贴大字报《窃国大盗陈伯达》，就被抓起来了）在监狱里交代说：是罗征启、万润南参加修改了《414 思潮必胜》。他们不认识李兆汉，所以没有把李兆汉交代出来。工宣队给李兆汉看了周泉缨的交代材料，材料里说：

主要是罗征启改的《必胜》，万润南是罗的助手，稿子的主要思想内容是周泉缨的，但是重新组织修改了一遍。1974年，周泉缨回学校，我问他："你在监狱是不是说我改了《必胜》？"他不置可否。他又说是杨忌非交代的。杨忌非是支持周泉缨，而且是比较了解我们这些人的情况的一位女同学，周泉缨被抓，她去跟公安局闹，结果把她也抓。我想实际情况可能是，知道修改《必胜》情况的人都被公安局控制在不同的地方，对这一位说：另一位交待了；对另一位说：这一位交待了。学生没有经验，听公安局说别人说了，自己就说了。这些知情人中，只有万润南一直不承认。"团派"之所以抓我，是因为他们知道我是《必胜》这篇大字报的主要修改人。而毛主席又几次批评了这张大字报。有了"最高指示"，他们当然来劲了。

杨：你从三堡逃跑后，团派一定闹开了锅吧？

罗：我从三堡逃跑以后，"团派"专案组就急了。孙耘等人到我家把我父亲抓走，把我爱人的同班同学林维南抓走了。林维南的爱人刚生孩子吓坏了。他母亲刚从印尼躲避反华浪潮回到祖国，她只会讲印尼话和客家话，不会讲普通话，无法和专案组交谈。她阻挡专案组抓自己的儿子，专案组一脚把老人踢倒，摔伤了。过几天就死了。从林维南和我父亲那里问不出我在哪里，他们又到我家。我弟弟（罗征敷，第一机床工人）正在家里写控告信，控告他们抓人。专案组就把他也抓走了。我弟弟拼命挣扎，他们把他扔到吉普车上。几个人用脚踩，还抓了一把擦车的绵丝塞到他嘴里，再用麻袋套上。拉到清华甲所（"团派"总部）打开一看，人已经死了。他们就把尸体送到北医三院太平间，说：这是反革命分子，被群众打死了。北医三院将死人事件报告了公安局。414的群众也嚷嚷：说"团派"抓了三人，出了两条人命。"团派"的孙耘和另一个姓王的同学只好到北京公安局自首，承担责任。当时人多手杂，七手八脚，到底是谁打死的，也不好确定。就把孙耘当首犯，送到海拉尔关押，从1968年一直到1979年。

这11年间，孙耘有6年是坐牢，其余时间是劳动改造。但是没有正式判刑。孙耘是1962年考进清华，是当年河北省的理科状元。在清华他是个好学生，平时表现也不错，但不知为何加入了"团派"。粉碎"四人帮"后，孙耘事件就成了清华一件有名的大案。

1978年上半年，清华大学党委书记兼校长刘达找我谈话，让我重新组建党委宣传部（文革前我是党委宣传部副部长），在宣传部组建之前，要我先帮他抓落实政策工作（主要是平反历次政治运动中的冤假错案）。他说，在清华落实政策阻力很大。很多领导干部自己挨过整，也整过别人。我知道，他说的情况是事实，蒋南翔在文革中被整得很惨，但文革前他也整过不少人。何东昌在文革中也被整了，但从1949—1979年三十年间，除了文革中他和所有干部一样被"群众运动"冲击和1974年反右倾回潮运动中批了他右以外，他都有整人的账。所以，何东昌对平反冤假错案总的来讲并不积极。刘达说："耀邦同志对平反冤假错案很坚决。清华的冤假错案很多，必须彻底搞清楚，否则拨乱反正是很难的。"他叫我在第一线，有困难，遇到问题可以找他，或者找张健、胡启立、汪家镠，他们和文革前及文革中的清华没有多大牵扯，会比较超脱一点。这时我才明白，刘达为什么一方面要启用"清华牌"的干部，一方面又把这几位非"清华牌"的干部调来充实领导岗位。用心可谓良苦。至于我自己，因为我在文革中是受害者，如今恢复工作怕别人说我搞报复，所以要求回避文革中与我自己有关的问题。刘达同意，说："涉及你自己的事，你可以回避，但总体还得你来抓。"

1978年下半年的一天，有人敲我家的门，开门一看是孙铮（她就是文革中整我的那个专案组的成员，后来和孙耘结为夫妻），她一进门就说："罗老师，你认识我吗？"我说："认识，你是孙铮。"她说："我代表孙耘来向你请罪。当时我们年轻无知，伤害了你和你的家人。很对不起你和你的家人。"我问她："孙耘在哪里？"她说："还关着。"我问："为什么还关着？"她说："他是罪犯，这十多年时间大部分被关着。"我问："判刑了？""没有，但案卷上写的是反革命杀人犯。"她的态度很诚恳。我问她："你找我，希望我做什么？"她说："我只希望你原谅我们。孙耘如果能出来，他一定亲自来向你请罪！"我家里挤，就把她带到办公室，说："你等一下。"我写了一封信，写完让她先看了一下。信是写给海拉尔公安局的，请北京市公安局转。因为孙耘是北京市公安局送到海拉尔的。信中说，孙铮来向我道歉，态度是诚恳的，我代表被害人家属，负责任地声明不再追究这件事了，请你们释放孙耘。孙铮看了这封信，当场泪流满面。她说："罗老师，我没有想到你会这样做。我不知道该说什么，我代表孙耘感谢罗老师。"

孙铮走后，我将这封信通过清华办公信箱送给北京市公安局。我还把这封信给我爱人、父母、姐妹们都看了，他们都同意我的做法。一个月以后，孙铮和孙耘来到我家，孙耘说："罗老师的信一去，海拉尔公安局就把我放了。公安局看了罗老师的信也很感动。他们说我这十年改造态度好，没有什么不同意见，就把我放了。"我说："出来了就好，今后好好干吧！"他们说："我们两人想考研究生，不知行不行？"我说："我赞成！你们准备得怎么样？"孙耘说："专业方面我在监狱里有准备，就怕政治课。"我说："政治课好办。"我立即让政治教研室搞了一份研究生考试的政治课复习提纲给他们。

他们参加了当年的高考，报考的是哈尔滨工业大学。考试结果出来以后，孙耘、孙铮又来告诉我。孙耘总分第一名，孙铮也考得不错。但是，哈工大看他档案里面有"反革命杀人犯"的记录，不敢录取他。他们对我说："即使哈工大不录取，我们也满足了，是我们有错。"我考虑了一下，又写了一封信给哈工大党委和黑龙江省招生办，并转黑龙江省委。大意是：孙耘考试成绩好，这不奇怪，他原来就是业务尖子。文革时期，他们二十岁左右，没有人生经验，犯了严重错误，这些年有深刻反省，态度很诚恳，现在刘少奇的问题都解决了，应当是化冤解仇，团结一切可以团结的人的时候了等等。

我把写好的信给胡启立、汪家镠看了，他们也赞成，胡启立还对我说："看了你的信很感动，我和家镠说要向你学习。这样一来，清华两派的问题就好解决了。"我还把这封信给何东昌看（他当时是党委副书记兼副校长）。他指着稿子说："严重错误？是罪行！你怎么连'罪行'两字都不敢写？难道杀了人还是严重错误？"我当场拿起笔把"错误"改成"罪行"。胡启立说：其实你不必给他看，你自己表态就行，和他没关系。后来我还是把"罪行"又改为"错误"（我当时想，如果这些学生是犯了"罪行"，那么发动文化大革命的算什么呢？）党委书记和校长刘达当时出国了，事后我把原稿给他看。他说："我不赞成，这些人当时都疯狂了。应该让他们坐牢坐到六十岁以后再出来，否则他们还会找我们麻烦。"我说，"如果说疯狂，我要问，好端端的一个共和国、共产党，搞成这个样子，是谁先疯的？"刘达不语，他的秘书王乐铭在旁听我们交谈，插话说："是毛主席，毛主席先疯的！"静默了一会，刘达说："那倒也是。"

信发出去后不久，黑龙江省委派来了两个人找我，查询这封信的事。我说："这信是我写。孙耘是个才子，年轻人犯错误，已经惩罚了十几年了。像这样的人，拉他一把，就成了人才；推他一把，就成了社会负担，何必呢？"他们说，省委书记杨易辰看了信还是不敢定。送到中纪委王鹤寿那里，王鹤寿又送到胡耀邦那里。胡耀邦批示："这是个好事，责成中纪委第二办公室代中央起草一个文件，给黑龙江省委和哈工大党委，这两个学生可以录取。这样的人才应当爱惜。此事可以登报。"（当时我没看到耀邦批示的原件，只看到了新华社记者唐贤美手中的一份文件）一大群记者拿着有这个批示的文件找我，谈登报的事。我当时在中央党校学习（是"第一期中青年干部"培训班，同期学习的有尉健行、田纪云等）。我认真考虑后，给耀邦回了一封信。信的大意是：感谢您对我的理解和支持。但您让登报的意见，我认为不妥。当前全国打砸抢的遗留问题还没有完全解决。如果这件事一登报，容易造成文革中的问题一风吹的结果，可能造成反复。如果您认为有必要，登个内参就可以了。

信写好后，仍请那位新华社记者唐贤美带回去呈耀邦，听说耀邦又立即批示同意。后来新华社"大内参"登出来了。

杨：是哪一期？

罗：哪一期我记不太清，大概是1980年9、10月间，或者更晚一点。新华社记者唐贤美送来一本，党校同学传着看，最后不知传到哪里了。

杨：这件事受惠的不仅仅是孙耘和孙铮吧？

罗：当然，不只是他们两人。据我所知，北京航空学院造反组织"北航红旗"的二把手井冈山也被哈工大录取了。

杨：孙耘一定会从心里感谢你。

罗：孙耘和孙铮被哈工大录取后，专程来看了我。此后他们每年都到清华来看我。1983年以后我调到了深圳，他们还常常到深圳来看我。他们写的论文也都寄给我。

杨：我听胡德平说，孙耘每年还到胡耀邦家看望。

罗：这是应该的。如果没有耀邦同志的批示，他的问题是不可能解决的。1982年孙耘找过我一次。说学校让他去美国深造，想听听我的意见。我说："这样的事还问我干什么？"他说："我今天的一切都跟你的宽容有关。我必须听取你的意见。"我问他："你自己的意见呢？"他说："我不想去。"当时，我已经知道全国正要清理"三种人"，像他这种情况，估计出国审查这一关不好过，或者是出去了又要被叫回来。王炳璋等人就是叫他们回来时跑掉的。我说："我同意你的选择，你们先干出些成绩再说吧。"

孙耘事件妥当处理好后，清华的派性问题也顺势很快解决了。1982年我回清华继续担任清华党委副书记。我问车队长："小李现在怎么样（小李是给校领导开小车的。抓我弟弟时他开的车，塞到我弟弟口里的绵丝是他找来的。所以他一直都不敢见我，他爱人为此事很紧张，一度精神失常）"车队长说："他还开小车。我不敢让他给你开车。"我说："我明天用车，你让他来接我。""不行吧？"队长很犹豫。我说："行！"第二天小李来了。我说："孙耘问题解决了，这件事就算完了，你不要再背包袱了。"

2005年，孙耘夫妇带着女儿在北京请我吃饭，共有12个人参加，有"团派"的，也有414派的，气氛十分融洽。席间，孙耘请我和他们全家一起照相，并对他女儿说："你要记住这位爷爷，他是我们家的大恩人，没有他，就没有我们家，你一定要记住！"在场的人十分感动。

粉碎"四人帮"后，我同414的骨干及文学宓、李康、饶慰慈等人多次交谈，他们都很赞成我宽厚处理孙耘一事，说文革中清华两派杀红了眼，仇越来越深，怎么办？胡启立到清华任党委副书记时，让我代表"罗文李饶"等受害的干部控诉蒯大富。我说：控诉可以，点蒯大富一个人的名就行了，其他人都不点名了。蒯大富也只点一次。他们都是年轻人，是在文革那个特殊环境下犯的错误。

清华两派的对立情绪消除得比较快，派性问题解决得比较好。两派的头头都认为，这与耀邦同志对孙耘问题处理得好有关系。

另外，孙耘最近给我来信说："如果没有耀邦的批示，也没有我的今天。我要把这一件事情写出来，我曾到哈工大查档案，你的信都找着了，但不让复印。耀邦批示的原件没有找到。"

二、陈元出国

杨：在清华大学听说你因抵制陈元走后门出国而影响你的政治前程，校友们都认为你做得对，都称赞你。但不知道这个事的整个过程。你能谈一谈这件事吗？

罗：那是1979年发生的事，我当时是清华党委宣传部负责人。

当时，教师中流传特批陈元（陈云的儿子）公费出国之事，传得沸沸扬扬。我负责教师的政治思想工作，当然要过问。经了解，传言是从清华外事办公室那里出来的。我问外办负责人，才知道确有其事，外事办说是教育部传来的。我到教育部，不好直接去问蒋南翔，我就找了李兆汉（李兆汉当时已从清华调到教育部，任《中国教育报》总编辑），他说的情况和清华外办说的一样。

事情是这样的：陈元是清华1968届的自控系学生，1978年考回清华精仪系研究生，入学以后，经申请批准转至经济管理系读研究生。1979年，陈元想公费出国，就写了报告找王震，王震批了几个大字："同意。请外事办办理。"陈元拿着王震的批条找教育部长蒋南翔。蒋说："你在清华，是清华研究生，你找刘达校长吧。"刘达是清华党委书记兼校长。刘达又批示："同意。转外事办"。

这事一转到外事办就炸了锅。公费出国需参加考试，当时已经考过了，出国的名单也已经确定并公布了。陈元没有参加考试，就直接特批其出国，势必要把别人挤下来。外事办当然很为难。清华外事办的一位年轻干部说："我们受教育部外事办管，把材料送到教育部，看教育部怎么批吧。"教育部外事办得知此事火了："这叫我们怎么做工作？"清华外事办和教育部外事办对特批陈元公费出国的事很反感，有意把这事张扬出去。一时清华、北大都知道了，两校一片骂声。骂陈云，骂王震。骂得很尖锐，说什么的都有。如："中纪委刚成立，陈云当了中纪委书记，做的第一件事就是利用权力为自己的儿子谋利益。"我在清华开宣传委员会，也听到一片骂声。清华不仅骂陈云、骂王震，也骂刘达。我问刘达的秘书王乐铭："刘达为什么要批同意。"王乐铭说："老头儿在东北时，曾在陈云手下工作了两年。见是陈家的事，所以拿起来就批同意。"

清华有个规矩，团委主管学生的思想工作，党委宣传部主管教师思想工作。陈元出国之事在教师中反映强烈，学生中知道此事的人并不多。面对教师们对某些中央领导人的一片骂声，我该怎么办？想了两天，1979年暑假的一天，我拿起笔来给陈云写了一封信（原稿没有保留，这是大意）：

陈云同志：

陈元同志想公费出国，他的愿望是可以理解的，但他这样做不合适。因为公费出国要考试。现在考试期已过了，这一期公费出国的名单已经定了，正在派遣。陈元这样做使我们的工作很难做。影响也不好。群众中已经为此事责骂中央领导同志。请您干预一下，这一批不要让他出国。我听说他想改为自费出国。目前，中央领导人子弟的自费出国影响也不好。以后有其它机会再安排。

致礼！

罗征启

（署名除我以外，我还请宣传部的干部胡大炘签了名，表示这封信不是我私自用宣传部名义写的。后来一看事态比原来估计的严重，所以只说是我个人名义写。胡大炘坚持要和我站在一起，我说没有必要做更多的牺牲。但发出的信胡大炘是签了名的。）

信写好以后，我听说中央正在开会，我将信交给了人民日报的保育钧，请他转给人民日报社长胡绩伟，请胡绩伟呈交陈云本人，不要交给秘书。但胡绩伟并不知道信的内容，也不认识我。

第二天，胡绩伟来电话，我不在。宣传部有电话记录：你的信我没办法转给陈云，陈得了膀胱癌住院治疗，所以信交给陈云的秘书了。

第三天上午，清华开党委常委扩大会议。两个人列席，一个是刘达秘书王乐铭，一个是我。开完会，刘达说，几位书记留下，罗征启也留下。刘达说："罗征启，我问你，昨天晚上陈元从杭州打长途电话给我，他很紧张，说就他出国的事，宣传部有人告他的状，你知道吗？"我说："我知道，是我写的信。"刘达大发脾气，说："这么重要的事，你为什么不跟我打招呼？"我说："这事我和王乐铭商量过。刘达同志是你批错了，不应该批同意陈元公费出国。你这么批，让下面怎么工作？现在群众骂陈云，你怎么解决？所以，我不能跟你商量。我跟你商量，你能收回批示吗？你不收回又怎么办？所以我署名写信给陈云。我写信也不能告诉你，告诉你，你怎么表态？所以我豁出去了，万一出了事，你还可以在陈云面前为我美言几句：说这个同志没有坏心。而且信的内容没有扩散，连呈递信的胡绩伟也不知道信的内容。假如你同意写信，谁为你美言？"

刘达说："还是应该给我打个招呼。"一散会，他就拂袖而去，两天没理我。

杨：刘达作为党委书记为什么有这样的态度？

罗：他还是个好老头儿，很快就明白过来了。两天后又开常委扩大会，会后，刘达又让书记常委和我留下。他说："罗征启，关于陈元出国的事情，是我错了，我不应该这样批。你的意见是对的。"我听了很感动，一时说不出话来。他接着说："陈云的秘书朱秘书（或者邹秘书，刘达有口音，我听不清楚）和我商量过，这批不让他出国。这样处理，你还有什么意见？"

我说："刘达同志能接受意见，这样处理，群众中骂中央领导人的事可以平息下去。大家就不会有意见了。"我还说："我写信反映的是陈元的情况。我是想把信直接交给陈云同志，就不想让他秘书插手。陈云同志住院了，信才送到秘书手里。秘书拆阅这封信，本无可厚非，但他立即打电话告诉了陈元，这是不对的，陈元又打电话给你，你才批评我。这样做不符合党的组织原则。今天这样做，说不定明天就会有儿子和秘书联手整我。"

刘达说："你又来了。现在是什么时候了，刘少奇的问题都解决了，谁会再整你？"

我对几位在场的书记常委说："今天这事你们都看到了，你们都是我的老领导，老上级，对我比较了解，我年轻，没有经验，处事可能鲁莽一点，但我没有个人目的。将来可能有一天，你们会看到，儿子、秘书对我采取某些措施，那时我并不想请大家为我说什么、做什么，我只希望大家知道有这么件事就行了。"刘达说："你又来了，你是不是自我感觉还在文化大革命里？不会有人再整你的！"

刘达跟胡耀邦的关系不错，政治上是很开明的。在陈元出国的事过了去之后，他还提拔我为清华的党委副书记。

杨：听说你不让陈元出国，陈元还很不理解。他对董新保老师说："我们父辈打下了江山，想不到我出国这点小事还这么麻烦？"

罗：陈元当然不满意，他在清华出国不成，但不久在社会科学院办理出国了。

杨：刘达两次向你保证说不会有人因此事整你，你为什么还不放心？

罗：后来的事实就正好印证了，我不放心的事真的发生了。

1980年初，胡耀邦找刘达要干部。耀邦说："我想跟你要一个年轻人，你能不能给我调来？"刘达问："你说的是谁？"耀邦说："名字我记不得了，是学建筑的。"刘达说："你是要罗征启吧？"耀邦说："是，就是他。快给我调来！"

事后刘达对我说："胡启立从团中央书记（从清华党委副书记任上调回团中央的）调到天津当市长以后，就建议调罗征启担任团中央书记。"

北京市委听说要调我离开北京市去团中央，就赶紧以北京市的名义把我送到中央党校"第一期中青年干部培训班"学习。中央也同意了。刘达亲自送我到中央党校报到。班主任是刘达夫人汪琼。班上有七八十人。这批学员是当时中青年干部中行政级别比较高的，因为文化革命耽误了，所以年龄都偏大，我当时已四十六岁，在班里年龄还算比较小的。分两个班，十七支部和十八支部，我是十七支部书记兼班长。尉健行就在我这个班，田纪云是另一个班的副书记。

开学没几天，突然胡启立从天津来，找我谈话，他问我："听说调你到团中央，你不愿去？这是耀邦点的名。"我说："我已经四十六岁了，到团中央工作年纪太大了。"胡启立说："我回团中央时已经49岁了，比你现在还大好几岁。现在是缺人的时候。"我说："我跟你不一样，你是回团中央，我在团中央一个人也不认识。"启立说："你本来是团干部。耀邦说什么，我们团派干部只能说YES，不能说NO。下半年就来调令。不等学完，提前分配报到。"他又强调说："这是中央点的名，你不能任性。我是受中央的委托通知你的，调你就得走。"

不久，中组部常务副部长王照华找我谈两次。第一次是随便谈，第二次他对我说："有人反映说你思想有点偏激，你以后说话做事要注意点。"我说："我知道你说的是什么意思，我也知道说我偏激是指什么，但我当时的工作性质和党性原则要求我必须那么做。"

快放寒假时，中央调田纪云到国务院任副秘书长。后来我才知道，王照华本来要调两个人，除了田纪云以外，也要调我到团中央。但最后调令中却没有我了。几年以后王照华对我说，当时组织上不仅考虑让我当团中央书记，还有更进一步的安排，但因姚依林说："听说这人有点偏激，是不是再看一看吧！"这样我调任团中央的事就作罢了。耀邦因此很生气地说："他们不用，我自己安排，你们不要管！"

1990年我被开除党籍后，王照华马上派人来看我，以后他每次来深圳都要叫我去见他，对我有鼓励，也有批评。他对我说："你是耀邦同志交代给我的，说是他要亲自安排，他还没安排好就走了，我还得关照你。"

1981年暑假培训班毕业了，大部分人都安排了工作，但没有安排我工作，中组部也没有安排，清华也回不去了。1981年下半年到1982年我在家里待了7个月，成了"待业中年"。

杨：你调团中央没有成功，怎么知道与陈元出国的事有关？

罗：后来中组部告诉我，我不能去团中央，是"陈办"不同意，"陈办"就是陈云办公室。

我"待业"的那段时间，高沂（曾任清华党委副书记，后任教育部副部长）打电话让我去他家一趟，说有要紧事儿。到他家后，他说："南翔同志授权我跟你谈话。问你为什么要反对陈云的经济思想？"我说："高沂同志，你信吗？"他说不信。我说："我不是搞经济的，我也不懂经济，我怎么会反对陈云的经济思想？文革期间我和梁鸿文到你家，骂江青，骂文革，我们是什么话都可以说的，我如果真反对陈云的经济思想，我会瞒你吗？"高沂自说自问："南翔同志怎么会有这个信息呢？"我把陈元出国的事跟他讲了一遍。高沂说："南翔同志那儿我去说一说。你的事儿我明白了。包饺子吃！"我就在他家吃了一顿饺子。

杨：陈云看过你的信没有？

罗：我不知道陈云看过我写的信没有。我分析他后来应当知道的。1993年，田夫找我（田夫在清华当过副书记，他和陈家关系好，可以直接到陈云家里。因为在文革中他照顾过陈云的家人。陈云亲自批准建立管理科学研究院，让田夫当院长），他说，"他退休后，想让我接他的管理科学院院长。"我说："我被开除党籍了，不合适。"他说："没事儿，我这个院是陈云批的。"我说："那我更不能去了。"于是，我把陈元出国的事跟他讲了。他说："非常感谢你说了真话。我跟你讲两点：第一，我用人格担保陈云同志一定不知道这事，他绝不会做出这样的事；第二，你来管理科学院的事，先不要说死，我尽力疏通。可能中间有误会。"但后来，他就再没消息了。

组织上后来又让我去中信（荣毅仁那里）工作。我说："荣老板跟陈云关系不错，我愿意去，也不一定去得了。"又曾想让我去天津，接胡启立的班，他从天津调任中央办公厅主任。胡启立也说："我跟市委全体常委都说了，大家欢迎你去。"我说："不愿意去。""他问：

"为什么？"我说："我父亲不同意。为什么呢？我父亲解放后曾在天津租了大光明电影院来经营，一位英籍巴基斯坦人是他的老板。1953年，外国老板要走了，他把大光明电影院和其他在天津的产业包括几条街和北京东交民巷的一批产业都要交给我父亲。我父亲征求我的意见，我建议上缴天津市政府。我父亲把外国老板送上了船，立即把电影院和其产业都交给政府了。接收电影院等产业是天津文化局的周科长。当时父亲没有要他开收据，自己留了一份财产清单。文革中红卫兵抄家时把这份清单抄出来了，说是变天帐。我父亲向红卫兵说明原委，红卫兵就带着这份清单到天津找那位周科长，周科长说没有这回事，是外国人直接交给政府的。我父亲就被动了。所以我父亲听说我要去天津，就说天津无情无义，不能去。我想如果真去了，由于有我父亲"产业"这件事，估计前途也是凶多吉少。"

杨：如果你愿意去天津，陈办会让你去吗？天津毕竟是直辖市呀。

罗：你说的对，即使我愿意，也不一定去得成。

杨：对你这位"待业中年"，清华怎么办？

罗：1981年冬天，我在家"待业"，胡德平到我家看我，我正在翻译建筑方面的技术资料。德平说："你关心点政治吧，不要完全钻到技术里去了。""待业"7个月后，中组部才让我回清华，仍担任我去党校学习前的职务——党委副书记。

杨：你是怎么来深圳的？

罗：1983年春节后，我接到香港清华大学同学会建筑系同学的信。信中说：我们这里听说你要来深圳筹建深圳大学，香港同学欢迎你来深圳。我拿着信问刘达是怎么回事。刘达说不知道。还说：我不会调你去深圳的，我没有这个意思。后来我才知道，是梁湘为深圳大学找校长，恰好张健（曾任清华党委副书记，那时是教育部副部长）到深圳。梁湘请他推荐党委书记和校长。张健说：清华的罗征启合适。张健还建议可以把钱伟长调来当头面人物，让罗征启全面负责。张健是个"大炮"，可能是他把这事儿说出去了。后来刘达到深圳出差。梁湘见刘达提起罗征启和钱伟长。刘达说：罗征启是广东人，会讲广东话。钱伟长已经去上海工业大学当校长了（后合并为上海大学），你们找张维吧。罗征启可以主持工作，他能团结人，但清华还是想用罗征启。

但是我倒想离开清华。在"四人帮"倒台前，刘冰就打算安排我调离清华。刘冰说，你在这里，迟群总盯着你，将来还是要整你的。刘冰让我去李昌那里，李昌那时是中科院党组书记，想让我去当秘书长，以后接李昌的班。已经找我谈过话了。很快，"四人帮"倒台了，李昌、蒋南翔、刘达在一起商量，说：刘达需要人，让罗征启留在清华吧，因此没走成。

1983年7月开始有动作了。当时刘达已退休，并且正在东北考察义务教育。林克（当时任清华党委书记）找我谈话，说调令来了，调你去深圳。我说：我去深圳合适吗？上级会不会同意？深圳那可是边境啊！林克一下子若有所思地说："我明白。今天不谈。"第二天一早，林克又通知我去，他说："三部一办都同意你去。你就去吧！"我说："哪'三部一办'呢？我知道三部是教育部、中宣部、中组部，一办是不是中央办公厅？""不是，是'陈办'。"林克说。

杨：从工作分管范围上看，你到深圳大学的事应当与"陈办"没有关系。看来，你一直在"陈办"控制之中，一直没有跳出如来佛的手心。

罗：可不是吗？想起来真有点可怕！

刘达退休后，林克接任清华书记，何东昌调任教育部长。何东昌患植物神经紊乱病，但一听说调任教育部长，病就好了。

不久，教育部由黄辛白主持开了一个会，清华的校长高景德，副校长张维和我参加，还有人大副校长谢韬和方生教授，广东省高教局副局长黄其江和潘泽琳也参加了。黄辛白说："中央已批准建立深圳大学，请清华、北大和人大支持，现第一批调张维任校长、罗征启任党委书记，方生任副校长抓教学。今天请大家来具体落实。深大已经招生了，九月开学上课，还没有校长呢！"于是，高景德、谢韬发言代表清华和人大表示支持。张维和方生表示同意，只有我不表态。黄辛白点我名，要我表态。我说："我还在考虑，我现在在清华忙得很，而去深圳大学当党委书记,听说深大现在只有不到二十个党员,又听说省委决定实行校长负责制,我去了没事干,所以我还在考虑。"广东省高教局的黄其江说:"我明白了。今天先不定吧,我明天到清华去拜访你,我们用家乡话谈心。"第二天,他果然到访,告诉我说:"广东省委常委连夜开会,听取他的电话汇报,决定聘请罗征启同志任党委书记兼第一副校长,主持深大的全面工作,即第一把手。"黄其江又补充说:"你也不忙表态决定,省委还决定请你、张维和方生先回家乡看一看,然后再作决定不迟。"

于是8月底,我们一行人来到广州,见了省、市领导,又到深圳参观了深圳大学未来的校址。一平方公里,一片荒地,一张白纸,我感到这是我施展才能的地方,而且天高皇帝远,干扰会少一些。我立刻爱上了这片荒丘野地。在和深大筹备办的二十几位教师和工作人员见面的时候,张维、方生两位表了态,我就利用这个机会讲了几句话:"同志们,大家辛苦了。很对不起大家,我来晚了。"广东省教育局的同志立即打长途电话向高教局汇报说:"他同意来了。他说,对不起,我来晚了。"

离别清华时,我去向副校长张光斗老教授告别时,他说:"你去深圳既合适,又不合适。"他进一步解释说:"不合适,是指你是在红旗下长大的,你不懂资本主义,深圳比资本主义还资本主义,你怎么应付?"但一来到深圳,我看到这里朝气蓬勃,日夜奋战,正是我向往的令人兴奋不已的景象。一次,接待中外记者,当大家站在当时深圳最高楼(国商大厦)的楼顶上观看深圳全貌时,一位香港记者问我有什么感想。我说:"我来深大之前,一位老同志告诉我,深圳比资本主义还资本主义。到这里一看,我觉得这是我国社会主义因素最多、最好的地方!这里建设速度快。难道慢才是社会主义,快反倒是资本主义?"陈云、彭真从来没到过深圳,其他中央领导人都来过。陈云夫人于若木来过几次,但从不沾深圳大学的边。

1979年,恢复中纪委,陈云任中纪委书记,何东昌当了中纪委委员。他就把自己当作陈云的人了。后来,李兆汉告诉我,何东昌知道我到深圳大学,就说:"让他去吧,反正这个学校建不起来!"李兆汉说，听到这话汗毛都竖起来了。

清华有很多高干子弟，他们中不少人和我的关系不错。有的干部子弟说："罗老师太耿直了，本来是可以上去的。为陈元的事弄成这样，代价太大了。"我倒不这样看，我觉得这样的结果对我未必是件坏事。仁者见仁，智者见智！

三、"八九"风波

杨：在1989年的政治风波中，听说你受到处分，处分之重，在大学领导中是少有的。你能不能讲一讲这方面的情况？

罗：好。1989年"六四"世人皆知，由北京学生、群众悼念耀邦同志开始，逐步演变为北京各高校学生"反腐败""反官倒"的学潮，并迅速席卷全国，最后将其定性为反革命暴乱被镇压。深圳也当然会卷入其中，不能幸免。但是深圳大学在整个事件中出现的问题其实并不算严重。四月份深圳大学还很平静。4月15日耀邦逝世后，深圳大学才有悼念活动。直到9月份新学期开学，整个期间深圳大学本科只停课一个半星期。我一号召回来上课，大家都回来了。专科（半工半读）一天课没停过，图书馆、电脑中心一天也没有停过。

事后第一个整肃深圳大学真是没有道理。广东省委派人到深圳大学收集情况，在学生中也收买一些材料。有关我的情况一条10元钱，重要情况一条15元。如5月20日有学生找我，说鲍彤要我给他打电话，让我跟他联系。我没有注意这个学生是谁，只把这个学生给我的条子往口袋里一塞，没有给鲍彤打电话。因为我不认识他。这个情况也有人报给省委了，真是欲加之罪，何患无辞。

1987、1988年，有媒体批评深圳大学党的工作。但是有的领导却表扬了，说深圳大学的改革是对的。1988年胡乔木来深圳，我犹豫见不见，深大干部说："别理他，左得要命！"我说，见一见，听一听意见也好。胡乔木到深大，还说，深大党的工作做得好，把灰尘都扫掉了，干净了，这就好了。

有史以来，对所有的改革必然会有褒有贬，但孰是孰非，历史自有公论。

杨：你说的党的工作，具体是指哪些方面？

罗：主要是想改善党的工作作风、工作方法、党的形象。

杨：你对党的领导方式进行了哪些改革？

罗：在清华时我就对党的工作作风、工作方法等方面有想法。我觉得从反右及文化大革命以来，在某种程度上，我们的党已慢慢脱离老百姓，高高在上，并逐步蜕化为特权的党，寄生的党。政府靠纳税人的钱养着，这是应当的；党靠纳税人养着，算什么事？清华有《教师工作六十条》。这个文件规定，教师党支部书记减少三分之一工作量，我就觉得不对。我来深圳想改变这种做法。1985年整党学习，深圳市委每个办公室都贴上条子："下午整党学习，有事请明天再来"，他们半脱产整党一个半月。对这种做法我很不满意。

深圳大学规定：政治学习、组织生活和整党学习都不许占用工作时间。市里要求我们整党学习一二百个小时、全脱产要一个月，半脱产也要一个半月。我们没有这样做，而是不占用工作时间，搞了个周末党校。把午休取消了。每天增加半小时工作，把星期六下午也空出来了。周末党校星期六半天、星期一整天。还搞了个党员阅览室，在那里学习整党文件。文件很多，其实有的原来学过。党员阅览室全天开放，教师党员随时可以去看。规定每个文件学习多少时间，每人一个手册，看完文件就在自己名字上打钩。党员分三批，每批两个月。这样做没有占用教学时间，效果很好。只是党员干部辛苦一点。

同时，经过省委和市委领导同意，我们还把深大党委组织部、宣传部和统战部、武装部都取消了，只设一个党办，而且组织部和人事处，校办和党办沟通协作，这样精简了机构提高了效率。我还主张不要强化党的机关工作的神秘性，不设保卫处，只设环保处。所有党的干部都由有行政职务的干部或教师兼职。没有全脱产的党的专职干部。党委书记可以是教书的，也可以是扫地的，都有自己的工作，自食其力，有自己的工资。解放前地下党员还拿出工资来资助党的工作呢，取得政权以后却要靠国家财政养活，这不应该。清华规定党的干部减少三分之一的工作量,我们倒过来,要增加工作量。党员干部的平均工作量要比党外教师职工的平均工作量要高。如果低了,这个支部就不合格。做党员就得辛苦一些,就得多做些工作。在深圳大学,我这些做法党内外都认可。

1987年我去美国访问了几所大学,其中有三所教会大学。

10月底回来召集党办的干部开会,我说:"这次出国使我非常震撼。在某些方面,我们共产党不如美国教会。我看到三所教会大学,所有的校产、校舍、设备都是教会出钱。我们党出钱了吗?教会还设奖学金资助困难学生,令我最感动的还是全体教职员工都是教会的成员,教友,都是义务地工作。我看到一个花房里有位老人在修剪花枝,我问他多大年纪,他说78岁。原来他早就退休了到这里来义务工作,是教会派来的。而我们的党吃人民的,拿人民的,什么也不给人民,还要人民热爱我们、听从领导,这样能行吗?能长久吗?这样下去是不行的!

因此,我在深大开会,提出四条建议,希望大家支持:第一,从1988年1月1日开始,学校取消党组织的活动经费拨款,由党组织自筹资金;第二,1989年一年内创办一、两、三个党办的企业,自己养活自己,为党组织提供活动经费;党办企业必须奉公守法,不能利用党的权利,占用国家资源;第三,从1990年开始,用党办企业赚的钱设立共产党的奖学金,资助困难学生,奖励优秀学生;第四,1991年用党办企业赚的钱设共青团奖学金,资助困难学生,奖励优秀学生。"

我讲完后,大家都表示赞同。党办主任唐才儒给我一份资料:1957年苏联共产党的活动经费70%来自党办企业。我说:我们差距太大了,不得了啊,我们得下决心搞。从1988年1月开始直到我下台,我一直努力做这件事。在这一年半的时间里,我们党组织的活动经费确是自筹的。

我采取"三上三下"的方式进行整党。我先写了个整党检查,放在阅览室让大家提意见(真有人给我提意见),这叫一下一上。根据大家提的意见,反复改三次。然后在大会上说:这是我第三次检查,这三次都有书面检查放在党员阅览室，请大家看过，提过意见。现在再征求大家的意见，还要不要我再作一次面对面的检查，面对面地听取大家的意见？下面说：不要了，够了。

深大从建校开始，就不断地在推出改革举措。深圳市委开始对我们的改革不放心，总派人到我们周末党校来检查，他们看得认真。梁湘同志就认为我们搞得不错，有一次市里开会，他让我作个发言讲一下。我发言时放了一炮。我说："这是我们由革命党变为执政党的一个大问题。我们不能变成特权党、寄生党。"我讲到市委有关部门门口贴"下午整党学习，有事请明日上午再来"的条子说：在抗日战争和解放战争时能说"今天下午政治学习，有仗明天再来打"吗？台下开始哄堂大笑，过后突然一点声音没有了。会后有人说："你今天捅大娄子了。专职做党的工作的人恨不得把你吃了。你好办，你有专业，别人怎么办？"我问他："你的看法是什么？"他说："我支持你的看法，但我不敢说。这股力量太大了，是惹不得的。"

这件事后来（特别是"六四"以后）成了我"取消党的领导、淡化党的领导"的第一大罪状。他们说：取消党的领导，连党的经费都取消了，还不是取消党的领导？工作组把我送到丛化"反思"，并组织深大师生对我进行背靠背地揭发，但据我所知，没有党员批评我的这些做法。

其实，"淡化党的领导"这句话赵紫阳讲过，我没有讲过这句话。我是讲党的机关、党的机构要简化，党的形象要改变。但是我认为，这句话没错。

杨：他们什么时候开始批判你？

罗：1987年1月17日，我去广州开会，当时不知道发生了什么事。一下汽车，我感到不对头。没有人打领带，都不穿西装了，互相不说话，很紧张。当天晚上广播耀邦下台，大家都没说话。

第二天在省委礼堂开会。广东省委书记林若在报告中说："胡耀邦淡化党的领导、取消党的领导，我们这里没有这种现象？不会没有的吧？深圳大学罗征启来了没有？"我举手，表示来了。林若接着说："你在深圳大学搞'三化'党的活动业余化，党的干部兼职化，为党工作义务化。你这就是淡化党的领导。"散会后出来，谁也不理谁，相互间不说话。开了两天半小组会之后，第三天，林若派两名干部找我谈话，他们说："罗征启同志，林若书记在大会上点了你的名，批评了你淡化党的领导的错误，你到现在一言不发，现在该向组织有个交代，表个态吧？"我说："我怎么交代？你说我淡化党的领导，你得拿出证据来，先不说这句话对不对，请你们先说明，我在什么地方、什么文章中讲过或写过淡化党的领导？"他们说："你没有听说过？"我说："听过。是1月18日林若同志在会上讲的。你们也在场，应该知道是谁说的，你问林若好了。他说罗征启淡化党的领导，罗征启没有说过，那就是他说的。"

杨：2000年5月28日我访问软禁中的赵紫阳，还是林若买的录音机。去年林若还托人要我的《墓碑》一书。这两件事说明，林若是同情赵紫阳的，也不会很左。他为什么对你这样？这中间有没有"陈办"的作用？

罗："陈办"有没有作用不好说，我没有根据。你说林若不左那是退休以后，在位时就不一样了。在党的领导这个问题上，我是另类，他们总是找机会批判我。宋平在一次讲话中说：在这次事件（指1989年政治风波）中深圳大学出格了。

新中国的改革总是要踩着线走。没有领导吭声，就能走得远一点。领导瞪你一眼，咳嗽一声，你就退回去。改革就是这样一点一点前进的，一帆风顺、大踏步前进的情况是没有的。但是89年时，党突然撤回来了，我来不及撤，因此就叫"出格"了。别人退回去了，我退不回去，就晾在这里了。

1987年胡耀邦同志被罢黜之后，林若点了我的名，我和深圳大学渡过了艰难惨淡的一段日子。梁湘时代深圳市委、市政府的一些老领导差不多都走了，只剩下常委副市长邹尔康同志奋力保护着深大，但是到1988年，邹尔康同志也调到海南去了。

杨：1989年春天深圳大学发生了什么事情？抓你什么问题？

罗：4.26社论广播后，学生闹起来了。我会见学生代表时说："你们在学校关起门来闹我没意见，你们一出校门，涉及上层，涉及中央，我肯定要下台，上级不免我的职，我也要辞职。1986年12月你们游行是我的错，我有一个条例定得不合适。你们上了街，堵塞了交通，砸了一辆车，那时我还可以做工作，保护一下你们。这一次你们闹过了头，我肯定要下台，我下来了，就没有人保护你们了。"这一次我基本把学生按住了，没有出去。

　　4.26社论之后，全国各地主要的大学都卷入了学潮中，其中学生没有上街游行的除了深大以外，几乎没有。直到5月17日，因学校无法再阻止，深大学生才第一次上街游行，而且秩序井然，没有任何暴力破坏现象。

　　5月中旬，北京学生开始在天安门广场绝食。深圳大学的教师学生联合召开记者招待会。我没有参加，按规定香港的记者是不能来参加的。主持人首先问："这里有没有境外来的？"有一位记者说："我是亚洲电视台的。"主持人说："对不起请你们退席。"亚视记者当场退席，但听说后来又进来了，情况混乱，没人管。当晚亚视播了。这也算成我的一个问题。

　　记者招待会的"温度"越来越高，控制不住了，大家要出去游行。学校挡不住了。打电话请示市里，得到的答复只是尽量"挡住！"市里要求我们"挡住"学生，不要上街，但游行队伍走到市政府门前时，市政府派人送去水、食品，并且派车将游行队伍拉回学校。

　　这时，深大学生的情绪逐渐变得激烈起来，我要求党员不要参加游行，要求团干部不参加游行，要求党员团干部守住学校。到5月19日北京宣布戒严，深大就守不住了，有学生把烧着的报纸从楼上往下扔，很乱。我请最激烈的同学代表到二楼会议室，请年轻的教师帮助我安抚学生，其中有刘会远（刘会远是谷牧的儿子，组织能力很强，在学生中有威信）。刘会远对学生说："戒严这事儿，你们想一想，谁有这么大的权利定？肯定是邓小平决定的。邓小平定的事儿肯定是不会改的。劝你们还是不要轻举妄动。"当晚，学生仍决定第二天要去游行，我明确表示不让党员干部出去。

　　第二天学生要出去，我阻挡不住，又怕他们出去太乱，就说：你们最好选好自己的指挥，我还派一些非党员的行政干部和车子跟着。

结果这天游行秩序很好。这天晚上，市委副书记秦文俊、副市长李传芳及市里一些领导同志来到学校，表示感谢和慰问说："感谢你们，深圳大学的游行队伍十分整齐，秩序非常好，连地上的垃圾也扫干净了，影响很好。这样的游行队伍从来没有见过。"

但"六四"以后，省、市领导就翻脸了，连自己讲过的话也不认帐了。

"六四"后，当局整肃深圳大学，主要抓住深圳大学的三件事不放：

第一件事是："致中共中央的紧急通电"。5月中旬我见到市委副书记秦文俊，向他反映："现在学校很难办，很多事是政府管的，现在政府不管，推给学校，学校领导很为难。我想把意见向中央反映一下。"他问："你怎么反映？"我说："我们正要开党员代表会改选党委，有些同志就想以党员代表大会的名义反映。"他说："绝对不能以组织的名义。"当时深大的刘会远、张卫东、章必功、张文华等几教师成立了一个写作小组，我把秦文俊的意见通知了写作小组。写作小组起草了"给中共中央的紧急通电"和"告全国人民同胞书"两份东西。5月20日中午，张文华拿着"给中共中央的紧急通电"给我看（"告全国人民同胞书"已由游行队伍带出去了，没有给我看），说大家商量以个人签名方式发文，让我也签个名。我注意到其中提到紫阳与戈巴乔夫谈话透露中央有个秘密决定，大事还是请小平来定时，一方面对将秘密决定首先透露给外国人有意见，一方面写了"不要太上皇"，这样，矛头是指向邓小平了。我本有点犹豫，但还是签了字。这就成了"一件事"。日本报纸说，下面党组织向中央通电逼宫是少见的，只有深圳大学才做得出来。外电这种添油加醋的报道，使事态变得严重起来，而且我们给中央的"通电"，外国传媒怎会报道出去呢！"六四"以后，工作组进校，我承认我看了稿子，签了名，承担了责任。

第二件事是："告全国人民同胞书"。写作小组在写"通电"同时，还写了个"告全国人民同胞书"。说实在的，这份东西和我的关系并不大，它的内容甚至直到今天，我尚不甚了了。但我是学校的第一把手，必须承担领导责任，我一句话都没有辩解。

张文华拿"通电"找我签字时，告诉我游行队伍已经把"告书"带走了。据游行队伍的领队回来说，游行队伍走到市政府大门口时，市府派了一位官员（市府秘书长或副秘书长）接了"告书"。晚上市委副书记秦文俊来深大慰问时，当着许多人的面（包括深大校领导，党办主任，校办主任，一些学生干部，还有选举出来的游行的指挥等人）感谢大家做了大量工作，保证了安全，也没有阻塞交通，游行队伍过后，垃圾废杂物都清理好，许多传媒记者都啧啧称奇，都说"从来没见过。"秦文俊还说："你们那个'告全国人民同胞书'市府已派专人送往广州及北京了，你们就不必送了。"我此时才知道"告全国人民同胞书"已送出去了。

后来，"六四"事件发生后，6月17日，秦文俊召集校领导干部到市委开会，在会上他怒气冲冲地把一张油印的纸张甩在我面前："你看看这是什么东西，这么反动，你们学校的思想政治工作和管理工作怎么搞的！"我拿起看了一眼，正是"告全国人民同胞书"。不到一个月，市府领导自己对之前讲过的话，干过的事及应该承担的责任，全都忘了！

但是，我并没有怨言，我是校长，是第一把手，我应当承担责任。我只希望由于我承担了责任，中央、省、市领导就可以放过深大：我们几年来用血汗凝成的改革成果，不要毁于一旦。这么多学生干部和群众、以及教职员工和党政干部日日夜夜全心全意建设和保护的这么好的一所大学，不要因此沉沦！但是，我们的希望落空，我们担心的情况陆续都出现了。

第三件事是：清查"非法组织"及其成员。这是一个非常可笑的罪名。我是校长和党委书记，为什么要搞非法组织？原来这是指5月20日群众要上街游行，我阻拦不住了。就宣布党员和团干部不准上街，留守在学校，保护好学校，但是游行队伍必须有指挥，我于是建议由群众举手表决选一个指挥组。我又指派了几位教师、职工干部协助。当场选出了一个指挥组。就是这个指挥组，5月20日那天，指挥得井井有条，没有出现任何事故，受到市领导秦文俊的表扬。秦文俊表扬的时候，有指挥组的成员也在场听到。而且5月20日之后，这个指挥组就没有任何活动了。谁知过了两个月。省、市公安机关，不听我们的解释，硬是出了个文件，说这个指挥组是"非法组织"！

到7月21日，市里通知：市公安局和南山公安分局领导22日要到学校宣读和贯彻重要文件，要求学校组织教工队伍参加。当天晚上，我接到一个电话，声音低沉，说："罗老师，我是3355……"我知道这是南山公安分局长的"BB机呼号"。我说："请问什么事？"他说："老师，您的日子快到了，您要有思想准备，家里和办公室也收拾一下。明天要到深大宣读关于非法组织的文件，要我代表南山分局去宣读。我是深大的学生，是您罗老师的学生，我拒绝出席这样的会。老师，您保重！"我以有这样的学生而感到自豪。第二天他果然没来，由一位副局长代。副局长对我说："局长有事不来了，他让我问您好。"此后，听说这位正在读深大专科（半工半读）的局长辞职出国了。

省、市政府指挥的工作组进校以后，"非法组织"问题一直困扰着我们师生干部，也困扰着工作组。因为师生当中没有人承认自己是"非法组织"成员，这"非法"的"组织"在哪里？它的纲领、目标、组织等等，作为一个"组织"应该有的一切，它都没有。那么，我们为什么要对这样一个虚拟的"组织"负责呢？

我不知道其他人怎么想，反正我直到现在，也不承认深大有过什么"非法组织"。当时在深大读书的上海代培生王滋，热心参加各种活动，游行队伍选举指挥组成员时，他第一个当选，工作做得很好，说他是"非法组织"成员，他当然不能接受，多次谈话以后，被学校取消了学籍，送回上海，不知所终。此人此事，一直是我一块心病，我不能保护他，深感内疚。

杨：上面是怎么处置你的？

罗：7月24日，市里通知我去谈话（我知道文件到了）。市委书记兼市长李灏、副书记秦文俊、广东省委组织部副部长，挂职到深圳刚到任的市委组织部长古之德三个人找我谈话。古之德念了省委和市委文件，停止我书记、校长职务并进行审查。李灏说："征启同志，你对广东对深圳是有贡献的，我们也不愿意这样处理，但领导指示，我们也没有办法。"又说："你以后有事要找我不必通过办公室和秘书，直接来我办公室就可以了，我已经交代了。"我说："谢谢。"

秦文俊说："我会叫深圳大学给你安排一个生活秘书。"我说："谢谢啦，我现在也没有生活秘书，不必啦。"他说："那不同了，你原来是领导，不用你说下面会安排好，现在你卸任了，看个病，用个车之类的事，总得有人安排一下。"我又说："我早就有思想准备。停职没有什么，不过我想问问，明后天你们谁去深圳大学宣布。"李灏说："我明天接待外宾，文俊你去吧。"秦文俊说："我明天主持一个会，老古你去吧。"古之德说："我刚来，不认识深圳大学，深大也不认识我，我是今天才认识罗校长。还是市里边主要领导同志去吧。"于是，李、秦、古又推转了一圈。我说："你们商量吧！"我转身就走了。

第二天，因为市里一直没人来深大，我就召集干部会议宣布："我已经被免职，希望大家对我的错误进行批评，并希望大家和新的领导好好配合，把深圳大学办得更好。"同时，我在电脑的校园网上，向全体师生宣布我被免职一事。

杨：后来深圳市委到深圳大学宣布没有？

罗：没有，直到今天20年了，市政府一直没有人到深圳大学宣布免我的职务，也没有下达我被免职的文件。但以后开除党籍是来人了的。开除党籍以后关于工作安排任免和调动，只有省、市委组织部的文件，没有行政的调令和文件。

1991年3月20日，市纪委书记莫华枢来向深圳大学的全体党员宣布开除我的党籍。会上有人递条子问：赵紫阳还没有开除党籍呢，为什么急着开除罗征启的党籍？新任深圳大学党委书记吴泽伟念这个条子后说："问得很幼稚嘛，这是我们党的一贯政策嘛！过去伪县长、伪保长可以拉去枪毙，但李宗仁回来我们却热烈欢迎，安排工作。"他说完，会上哄堂大笑。

据说中央某位领导同志（我不知确切是谁）关于我的处理问题提出三条意见：一、开除党籍；二、免除行政领导职务；三、送回原籍。前两条很快就办了，第三条很难落实。开始要调我去清远市房地产公司任副总经理。我拒绝了。因为总体上我不同意对我的处理，如果我默然接受了这项安排，则等于我接受了对我的处理。后来在当时接替林若新任广东省委书记谢非的关照下，改为调任在广州的广东省城乡规划设计研究院任副院长，我仍然拒绝，直到现在。

从1992年初开始，我就失去了工资、社保、退休医疗保险等所有的权益，户口也被违法强行调离（在公安部长贾春旺的干预下，2001年户口转回深圳）。为逼我离开深圳，1992年深大还把我爱人的工资也停发了，她的教学工作和指导研究生的工作都停了。直至她向各方写信抗议这种的做法，半年后才恢复了她的工资和教师资格。

1992年10月，李灏曾经召集全体常委找我谈话，要我离开深圳。先说了许多好话，说我有贡献，是上级决定的，我们没办法留。又说在广州给我买了126平方米的新房子……我仍不接受，除了前面的理由外，我还指出：中央、省、市三令五申不准动用公款买商品房私用，你们买这126平方米的商品房是个陷阱，会陷我于不义。

我同时质问纪委书记莫华枢：你在宣布开除我党籍的深大党员大会上，就坐在吴泽伟旁边。对他说的"过去伪县长、伪保长可以拉出去枪毙，但李宗仁回来我们却热烈欢迎，安排工作"，你就能容忍？他把我比作伪县长，伪保长，我可以不说什么，因我已被开除出党，但他把紫阳同志，我们党的前总书记比作国民党的头目，我不能容忍。我想请问你，是应该开除我，还是开除吴泽伟？

我又问李灏："开除我的省、市委组织部和省、市纪委的文件说：'罗征启在八九的政治风波中，错误地支持北京发生的动乱和暴乱，严重违犯党的组织纪律。'所以开除出党，我想请问这个阶段我在广东，没有去北京，连电话也没打过。广东没有动乱，深圳也没有，我是如何支持动乱和暴乱？至于党员个人在'通电'上签名，即便内容有所不妥，甚至有错误，也不能定性说我违犯了党的组织纪律吧！"

他们都没有回答。他们也无法回答。我不讳言，我不同意4.26社论的基本观点，我支持青年学生爱国反腐败的行为，但是我不承认我个人和深圳大学支持过动乱和暴乱，不承认我严重违反党的组织纪律。

杨：听说你没有去广东省城乡规划设计院就职，自己办了一个建筑设计公司，这个公司经营得怎么样？社会效益和经济效益如何？

罗：我被逼得无路可走了，被抛到体制之外，人、财、物的资源都没有了。几乎是从零开始，白手起家。还好老婆不弃不离，等她到退休年龄，立即退下，在清华、深大两个母校和许多校友的支持下，艰难起步，惨淡经营，逐渐成长起来，到2007、2008年，已达到400人，营业额两年都超过1亿，每年纳税近千万。这样做和这样做的结果，也满足了我在1987年参观美国教会大学之后所立的心愿，不用国家的资源可以办企业。当然，我已被开除出党，有利润，虽不能建"共产党奖学金"，但可以支援一些公益事业。如我们每年捐赠给清华大学教育基金会设的梁思成建筑教育发展基金、蒋南翔奖学金以及中国民居的调查研究等。虽然现在还不是很多，但还是有一些成就感。所立心愿，矢志不移！

【访谈】

罗征启先生谈 1989 年的政治风波

飞 燕

时间：2013 年 6 月 28 日
地点：深圳市清华苑建筑设计有限公司罗征启办公室
采访人：飞燕

燕：网上有关您在深大"六四"期间的记载非常少，少到无法对照查看，有人写过您从四月开始就支持学生的行动，是这样吗？

罗：很严格来讲，我的深圳大学没什么事。有时我跟大家开玩笑，"六四"平反的时候，我还平不了反，因为我没事儿，平什么反？就像清华我们同班同学，他57年划了右派，已经分出去了，在北京市规划局。79年右派改正时，他写信给我，说听说右派改正了，我这能不能改正？我马上给他回信（他在东北），赶紧给原单位北京市规划局写信，我们从来没有划你右派，怎么给你平反？他说，所有与反右有关的学习和劳改我都参加了。可是规划局说，他们的档案材料里没有我。反右时，规划局是有指标的，当时人数不够，没完成任务，就划了他了。一本书上说，就是四川李井泉一句话，把一批中学生打成了右派，最小的13岁，最大的是抗美援朝回来的。而指标上没有这个13岁的学生。这种错划错打的事"六四"以前就有。

当时深圳大学青年教师中间成立了一个写作小组，写作小组有5、6个人。他们成立写作小组时告诉我了，但他们具体写什么东西，我没管过。他们在89年5月底时，向中央提了一些建议和要求，主要是赶快处理好学生这个问题。当时,他们跟我谈的时候没提这些,因为我们学校一直比较开放,在校内说什么都可以。我跟大家说:"在校内说什么都可以,写什么都可以。出学校,第一别上街。如果你们上街游行我肯定得下来,上边不免我的职,我也要辞职。这次不像胡耀邦下台时那次。那次你们游行了,阻塞交通后出了问题,我替你们挡了,我说这是我没处理好,学生跑街上去了,当时我承担了责任。这次,我告诉你:如果我免了辞了,就承担不了了。所以你们不要上街。另外,你们写什么东西,要注意,事先商量一下。

燕:您是跟写作小组说的?

罗:我是在学生座谈时说的,写作小组的人都在,年轻人爱听年轻人的,年轻老师可以笼住这些学生。有几次,从5月初开始到绝食,从绝食到"六四"出事,几次都是青年老师帮忙,稳住了学生没有出去。后来就是出去了,秩序也非常好,没出什么事儿,而且游行完了还打扫卫生,把垃圾一堆堆地堆好,交待好了才走的。新华社记者看了很感动,深圳市的主要领导,市委副书记秦文俊带着副市长、办公室主任,带着市府一班人到深圳大学来感谢我们。

但是这些官僚,不论是官大的还是官小的,最主要就是保自己。后来,"六四"一出事,他们马上翻验。他们曾经当着面说,你们秩序很好,你们送的《告全国人民同胞书》,我们已经派人送广东送北京了。我说我没看。

我定的规矩,党员不许上街,青年团干部不许上街,我宣布过好几遍。但他们跟我说,不去不行,万一乱了怎么办?所以,我说党员干部不要去,指挥不能是团干部,让同学自己选,这样才去上街,结果秩序非常好,比党员团干部组织得还要好。6月4号出事,6月17号叫我去开会,坐一桌子人。秦文俊拿着一张纸,站起来走来走去,走到我们面前,把一张纸甩我面前:"这么反动!这么反动!"这是我第一次见到这个稿子。我没说话。

后来全校开大会,要检查的时候,我就说了:"一个通电,一个《告全国人民同胞书》,我是党委书记,是校长,政治上我负责,我来承担。后来好多人跟我说,你不必承担责任。我说不是这样,你没有政治经验，我承担不承担，都得承担，他要整我，不是我承担不承担的问题，假如我不承担，他们会整学生，会整出个什么集团来，这样更麻烦。我在清华有过这方面的经验，他们下手可狠呢！我不能干那种事。《告全国人民同胞书》是言辞激烈，但是要说反动，能有多反动？他又没喊打倒共产党，没喊不要社会主义，不就是打倒官倒吗？

"六四"一出事，6月3日，我从上海回到学校，感到有点不对头了，经过广东的时候，广东人游行，这里还好。6月5日市里通知，绝对不许游行，绝对不许上街。很严厉，市里说，不许开追悼会。当时叫动乱。我说你们悼念，就悼念死难的军民，不要只悼念民，不悼念军，把军民对立起来不好。后来开了追悼会，设立了灵堂。

燕：您是有经验教训了。

罗：这次我还宣布了一个口号，"三个保护"。保护好特区投资环境；保护好学校物质精神环境；保护好学生。后来他们又加上了保护好老师。这三个保护比较全面，但是真正做到很难。你想想啊，全国像点样的大学都在停课，都在闹，我们深圳大学，专科一天课没停，一堂课没停。本科在"六四"出事以后，也就停了8天，上半天课。高教厅原定7月初广东省大学英语四级考试，高教厅发个通知征求意见，要求先暂停，明年再考。我们复信要求照考。因为我们是可以照考的。我们的图书馆一天没停，电脑中心没停一天。我们学生什么都是正常的，你说我们动乱，动什么乱啊？

但是，最后他们还是找到了一条，他们说，通电里头有一句是骂邓小平的。骂邓小平什么呢？发电报是通过市局发的。深圳市领导不同意发电报。当时我们学校正在开党代会，我建议大家用个人签名的办法，结果有200多个党员签名，发出去的时候，下面署名是全体共产党员。

燕：全体共产党员有多少人？

罗：有几百。

燕：是通过市公安局，还是市电报局？

罗：是通过市政府，发之前先让市里这帮官僚看了《告全国人民同胞书》,他们没说不同意。但是,后来不认账了。这篇我看到了,作者是谷牧的儿子,挺好的一个人,他说他要写一个。我说你写可以,但你要注意。其实我最大的意见,是党内决定我们中共党员不知道,先跟外国人讲。赵紫阳说的,我们最高领导人是邓小平。他先跟戈尔巴乔夫说,然后出口转内销。

学生写好了以后给我看,非常草的稿子。我说去打印,他们说,打印好了再给你,看个清样。我们深大是民主的,一个东西要发出去,从来不审查,谁发的稿子谁负责就完了。他们打了清样后,有人签了名了,给我留了个地方,当然是第一个,我拿起笔就签了。这句话是什么呢,是"我们不要太上皇"。这句话可能就是6月10号开会提到的那句骂邓小平的话。因为其他任何地方,都没有说过邓小平。如果不是"六四"的话,我对邓小平还没那么大意见。

燕:是不是陈云那个事呢?这么多年了,他还记着呢?

罗:"六四"这么多年了,人家也没忘。去年才发给我护照。2010年才允许我去香港。不过,"六四"也跟外面传媒炒作有关。

燕:外面?境外?

罗:日本都登了。日本的评论说,中共基层党组织像这样逼宫的作法实属罕见。我也收到一个电话,问我:"你干什么反对邓小平?

燕:这是个什么人?

罗:我没说话,也没问他什么人。

燕:是不是有些人认为邓小平是深圳的恩人?

罗:也可以这么讲吧。都说邓小平是改革开放的总设计师,改革开放不管有多少副作用,邓小平和陈云比起来,还是邓小平开放一些吧。

燕:在本质上是一致。

罗:"六四"发生事情以后,他们用了很多手段,看着我的事,就不说了。

燕:看着您?您是指……在您家盯着?

罗:凡是来我家里的都要问,都要盘问客人。后来王丹第一次服刑后跑深圳到我家来了。我对他印象还挺好,他说"我很佩服你,我来找你，就是我同意你的看法。我说我什么看法。他说"第一个你反对暴力，同时你又拒绝出国。"当时有好多人让我出国，他们通过各种途径来找我，想让我出去。有个外国人，我认识。外国组织找到他，让他想法把我弄出来，一切工作由他们负责，这个学生只要把我弄出来，上了岸，他们就给这个学生80万美金。

燕：这个外国人是干嘛的？

罗：他是非洲来的，原来在中国学中文。他说80万美金，咱俩一人一半。我说，80万太少了吧，我才值80万？他说你要多少？我说80亿差不多。一听这话，他就跑了。

罗：了解我的人说，老罗你是塞翁失马。我说可以这么讲，假如说，没这事儿的话，我可能还留在深大，做到退休。这样会怎么样？高校现在越来越胡搞。我挺同情南方科技大的朱清时，他是专家、院士，你让他去当校长，让他去组织改革。朱清时上台四年了，他的讲话多极了，接待记者多极了，从来没提到党的领导，没给党留个地方。我说这怎么行？我是党委书记，我还给党安排个好地方。我是赞成共产党退出学校的，但我不能这么讲啊。

我到深圳大学时，他让我当书记，没说当校长，我说我不干。两个原因，一是我很想留在清华，但是共产党有一个毛病，你不想去的地方，他一定要你去；你想去的地方，他一定不让你去。我也很想来深圳工作，广东人，很想来广东工作，有点地缘优势，广东话也会讲，广东人我也认识。看风水也说，你的祖宗血脉在南方，你回到南方可以接到地气。你在北方接不上。我说我很想回去，他们三个人都表态，说愿意去。我说了，这个学校你们都说了，这个学校是校长负责制，不是党委领导下的常委负责制，它就是校长负责制，而且那时候只有不到10个党员。我说我做当党委书记做什么？我在清华忙得要死，除了政治思想，还有体育社委员会主任，还有照片社、音乐室。我跑到那儿坐冷板凳去？我不去。

结果马上，广东省高教局一位副局长，一位广东人说，我明白，今天先不谈了。明天我到清华去拜见你，你有时间可以接见吗？我们用家乡话谈谈心。第二天一早跑到清华去：昨天省的常委连夜开会，讨论深圳大学的问题，我反映了你的意见，常委都表示理解，常委的决定，第一请你做深圳大学的第一副校长，明确你主持工作。张维同志年纪大了，临时挂个名，不能长期在这儿。你主持工作，第一把手将来张维同志退下去，你就是校长。

他们还有一条，省委决定先请你回家乡看看，你愿意留下就留下，不愿意留下还可以商量。讲到这程度，我没办法了。我到深圳看了以后，参加他们的会，开始的时候二十几个人筹办，开一个会欢迎我们三个人，一个校长一个副校长。开会的时候，张维马上表态，欢迎我来。副校长也表态欢迎。到我表态的时候，我说对不起，大家很辛苦，我来晚了。高教局的人马上打电话给高教局，说老罗同意了，他愿意来。

燕：您说您帮我找的文章，是什么时候写的？（5月23日至26、27日之间。）这文章写了之后，您是通过什么途径往上递达的呢？您说青年老师写完就送走了，就是这篇。不是您写的？

罗：不是我写的，我个人写的，就是在网上写过几封信。

燕：当时你们已经在网上了。

罗：我们最先进了，有互联网以后，有人给我说，给你装互联网，跟他们联上，他们上国际的没问题，我们也就跟着上。

燕：也就是说，你们当时是全国最早的局域网？

罗：全国第一个系的专业的电脑中心，建筑系是第一个。事情是这样的，84年，我爱人梁鸿文到美国密歇根大学去做访问学者，她认识一位搞电脑的老师，叫吴阶强，是个华人，他夫人也是华人。鸿文写信问我，学校要不要搞电脑？我告诉她，学校要搞电脑，但是我们没钱。吴阶强他们要是来深大，他的待遇会比我们的教师好一些。但是，我们没法提供路费。可是人家很高兴。来到深大，排队买饭，在平台上吃。很多人想学英文，深大学生就一起来聊天吃饭，英文进步很快。当时我爱人还没回来，吴先生先来，给我们建筑系建了电脑中心。全中国第一张电脑蓝图是深圳大学出的，不到一年，电脑中心就建成了。

有一个老师是从香港请回来的，他在香港的中国银行工作，香港一家银行有一部电脑不要了，问我们要不要？我们说要，连人带电脑都要。结果没估计到，东西太大，调试，附加很多设备，终端还要弄电脑，房子还是花了不少钱，等到弄好了以后，也过时了。小的电脑出来了，就基本上没用了。

很有意思，各个单位自己搞的，比如说图书馆，我们图书馆是全国第一个全电脑管理图书馆，86年新图书馆建成，87年开始就全电脑了。别的学校做不成，别的学校书太多了，光把目录输入磁卡，就得用很长时间。我们86、87年，只有10－20万册书。我们学生勤工俭学，很快就搞好了。我们电脑中心，他们就做了一个电脑软件，香港中文大学有一个系，用了我们的软件。国内有几个大学，也用这个软件。

燕：您给师生的信，就发在这个局域网上。大致是什么内容？

罗：大致三个高潮，两个大的高潮，第一个高潮，守着守着守着，守不住了。

燕：老师守不住学生了？还是……？

罗：学校守不住了。

燕：是行政守不住了师生了。

罗：实际上是同情学生的，支持学生的，名义上又说大家不许出去，市里要求传达，学生没管住。别的学校都可以原谅，深圳大学就要挨骂。

燕：第一次守不住是在五月的哪一天？

罗：五月中，"426社论"出来之后，闹都是校内，5月15号第一次去游行。学生干部来找我，说罗老师对不起，守不住了。我说不怪你们。第二次，就是戒严，学生闹起来了。本来用不着搞戒严的。有些系号召大家回家闹革命。我就发了封信，大家不要回家闹革命，还是留在学校，把学校守住，减少损失。我们学校又没有围墙。结果学生回来了。第三次是"六四"以后，学校走空了。我们想在10号、11号，"六四"是星期天，5号星期一，8号星期四，发封信让大家赶紧回来上课，恢复正常秩序。我写了一句：我们中国没有民主传统，搞成这样，是没有什么好结果的。大家一定要赶快回来，信发了以后，学生们互相通知，周末都回来，学校就正常了。

燕：您说过，你们学校总共出去了8天半，是这一段吗？

罗：从"426社论"到戒严，中间出去过。深圳大学学生比较听话，都用的是星期六和星期天。耽误的8天半是课堂上的。我们学校有个特别的地方，我们这里有很多香港的客人，内地来的客人，中午吃完饭没地儿呆，所以我们把午休取消了。下午早点休息，分两趟班车，有一趟班车没事的你可以走了，有事你坐下一趟班车。5点下班。另外，我们还把星期六改成半天，多出好多时间。这样，腾出的时间就搞党团活动。

我说现在这样是不对的，执政党是特权党，怎么执政党开会能占用工作时间，占用上课时间？清华明文规定，党支部书记可以减免三分之一的工作量。我说这样不是搞特权吗？深圳有些人，特别是党棍们恨我。恨我提出的"三化"：党的活动业余化，不能占用工作时间；党的干部兼职化，没有全职干部；为党工作义务化。

燕：这不是让党靠边站了吗？

罗：可那个时候党的威信很高。

燕：您这是党内改革派。

罗：有人说我是改革，我声明一下，这不是改革。过去，我们共产党搞地下工作时就是这样的。搞革命工作就是义务化、兼职化。三封信发出去以后，学生就回来了，学校从来没有失控过。

燕：网上尽管介绍得很少，但还是有些不同的地方。如学生所有上街活动都是在校长的支持下。

罗：这怎么说呢？虽然我做好了准备，但不是我开头。

燕：您做好了下台的准备。

罗：第一次是大家走去的，深圳市政府派车送回来的。后来，我说既然他派了车了，以后就这样，我们派车送去，他们派车送回来。送是他送的，他们还到学校去感谢我。

燕：这以后就变成了，您派车把学生送去，他们派车把送回来。这不是达成一种默契了吗？这不是就不堵塞交通了。

罗：市政府也给学生送面包、饼干，吃的喝的。我没钱，我还没送过。

燕：这肯定是426之前。426之后就不敢了吧？

罗：之后也送。深圳市和广东省。最要命的，是到时候他们逃跑了。

燕：我看一些资料，有些市府是投机的。一看戒严，风向变了。

罗：主要是投机。深圳大学干部里头，很难讲，投机没这么严重，逃跑了，吓跑了。比如说，520戒严那天，开全校大会。我去了，还好，也不是太激动，学生代表上去，教师代表上去，温度越来越高。我上去说了几句，还是要保护好学校，三个保护。正在这时候，外头警车响了。一下子气氛很紧张，不知道警车干什么，我站在台上，出去看看情况再说。原来有一个总务处的副处长，不知道哪儿弄了个警车来。他说到游行时我在前面开路，一般人就不管你了。他神通广大，真是开个警车在前边，人家查他牌子什么都是真的，后来到海南去了，没整他。

"六四"以后他问我：罗老师你怎么考虑？你藏一段可以，你辞职走了也可以。我也有护照，也有去日本的签证，他说你走了也可以。我说不行，我走了就回不来了。万润南来见着我，问我怎么办，我说不想走。他说他也不想走，走了就回不来了。他说，如果出去只是为自己生活的话，可能生活还好一点。但是不能回来的话，什么作用都没有。

燕：被边缘化了，无法参与，推动不了社会了。

罗：他说，不走要是抓呢？我说假如抓，我们一句话不说，学邓小平，抓不住把柄，最后他们还得把你放了。那是6月7号，他说，我明天到珠海四通看看，可他还是走了。四通周围劝他走的人太多了。四通那些人不知道，以为万润南有本事，出去再办一个公司。他们错了，你变成政治上有问题的人，谁敢给你办啊。我这样的情形，办这个公司都很麻烦，好多事儿证明都开不出来。

燕：他们海外民运，弄了几年也比较分散，只有做做杂志什么的。

罗：分散了不说，只能开开饭馆。有人去找到万润南，没用。慢慢萎缩了。所以,我觉得情况不是像党媒说的那样,是有系统有预谋的,其实就是有激情和热情。我写信通过中间人告诉他们:千万不要去台湾,千万不要公开骂共产党,千万不要公开地展开民运。

燕:万润南还竟了选呢,他怎么没有啊!

罗:他一上去就没办法了,弄到后来,他坚决退出来的时候,已经晚了。

燕:他们到了外面,您要求三个不要,他们不可能做到了。您是想保护他,使他们回来还有发展的机会,是这样吗?

罗:他们在外面最好的机会,是老死。死在外边就完了。外边是可以言论自由,但是起不了什么作用。

燕:如果中国不自由的话,他们也没有真正的自由,没有回来的自由。

罗:蒯大富他们,另一派都差不多。

燕:革命群众都差不多。

罗:有蒯大富压沈如槐,他就要千方百计地杀出重围,就要处处小心,因此没犯太大的错误。他们本质上一样的。而且都是在不知不觉地被毛泽东压着,在一条战船上,什么战船?就是体制外闹革命,推翻现有体制。你要弄明白这点,他们又不承认。但实际上是这么回事儿。所以我在深圳大学,跟他们明白讲,咱们搞改革,是体制内的改革,我先说清楚。体制外没法改,体制外肯定失败。你看中国目前的状况。我挨骂我认了,说我不彻底,怎么说都行。后来我开玩笑,说我是在体制外和体制内的中间走钢丝绳。怎么叫走钢丝绳呢?我比别人革命一点,做得多一点,搞一点改革,如果共产党咳嗽一声,我就回来了。"六四"是怎么回事呢?"六四"是共产党突然大步撤回来了,我被撂在外面了。他们说我出格了。

燕:没给您定别的性,就说您出格了。出格了算什么?

罗:算什么?你听说过吗?文化大革命开始的时候,"老子英雄儿好汉,老子反动儿混蛋"。这混蛋和好汉是个界限吗?是矛盾的两面吗?不是啊!现在跟那时候差不多,还是老子英雄儿好汉。

燕:结果这下他撤了,把您撂外边了。撂外边好,干脆您就不回去了，也不用走钢丝了。不能说自由了，但可以大步走了。

罗：是，考虑好了。现在深圳大学还有好多人找我，说怀念过去。说你还回来带我们干。我说我干不了了，我没这个信心，也没这个本事。在体制里能干的事儿，我全干过了，而且基本上干成了。现在他们给毁了，毁了以后我再捡起来重干，我干什么呀我？

燕：您说"他们给毁了"，是指上头给毁了，还是指把深圳大学也给毁了？

罗：深圳大学给毁了，基本上毁掉了。我常说，如果房子炸掉再重新盖一个大学，还让我来盖的话，我也盖不出这么一个深圳大学了，现在人全腐败掉了。当时深圳梁湘那样的人没有了。

我没跟人说过，他们好多人都不知道，在梁湘下来后，生病的时候，人民医院高干楼病房，我和深圳市几个领导去看他。1993年深圳市出了几件事，一是大爆炸，清水河大爆炸，去看他的人中，有一位盛老秘书。梁湘跟我打了个招呼，马上对秘书说，老盛，你去帮我查个事，清水河仓库是不是我批的？如果是我批的，我还得负责任呢。我当时非常感动，我说你病在床上，清水河仓库，他们恨不得脱得跟自己一点关系没有。1993年深圳还发了大水；还有一件是股灾，股灾后的闹事，警察用橡胶子弹、催泪弹，催泪弹质量不好炸伤了人。他们说，你好好养病吧，没你的事儿。清沙河项目是1988、1989年批的，你已经彻底下来了，到海南工作了，跟你没关系。梁湘说：老盛啊，有关系的话，我就得承担，你不能推给别人。只有这样的人，才能干得出这个深圳来。如果他不敢担当的话，如果他要是怕人责怪的话，是干不出来深圳的。我们这些比他年轻十几岁的人，觉得他是一个榜样。

燕：您不再跟他们走钢丝了，也不陪着玩跷跷板了，出来就专心做专业了。

罗：深圳市什么也没给我，我算是给深圳立下不少功劳的。他给我解决什么了？职称？工资？待遇？级别？

燕：您有没有社保？医疗保险有吗？

罗：没有。

罗：他们这么说：你要社保可以呀，我们已经说了，你要调到广东省城乡规划设计研究院，做副院长。你不去报到。我说你们这么做是害我，我没在这种地方工作过。我一生只在两个单位工作过，一个清华，一个深大。就这两个单位，你现在把我弄到城乡规划设计研究院，人家不认识我，我不认识他们。我怎么去？我一条汉子，我去跑人家那儿拿养老金去？

燕：等于是找一个单位把您养起来，您也起不了大作用了，就不让您起作用。

罗：我说，在没把我的问题解决之前，我宁愿什么都不要。但我声明：你欠我，你得还我，一分钱都不能差。我该拿多少，你一分钱都不能差。我拿了钱，也许都捐了，也许给困难的人了，这是我的事儿。你现在必须还我。

燕：他们现在是什么事给您弄不清？什么结论把您的问题挂起来了？

罗：他们的结论是这样的：1990年开除我出党，没有文字的东西，文字是到1991年补的。广东省纪委的文件说，经查：罗征启同志在1989动乱期间错误地支持了北京发生的动乱和暴乱，严重违反党的组织纪律，同意深圳市和深圳大学党组织的意见，开除党籍。这里头写的是深圳市和深圳大学提出来的，我同意了。正式的会，全体深圳市的常委，跟我谈话。

燕：全体常委？跟您一个人谈话？这不跟批斗会差不多吗？

罗：这些我都见过的，工宣队的时候就是这样的。跟我谈话，我就问李浩，这决定是什么意见？他说老罗，我们所有人都不想这么处理你，这是领导的意见。一会是领导意见，一会是下面提出来的。

我就接受了。他说市里花了很多力量，给你安排一套房子。我说那房子我知道了，我不会上当，我不会去的，他说怎么是上当呢？我说，中央、省、深圳市、省委党组织都三令五申，禁止用公款买商品房给私人用，你们这是干什么？又是公款，又是商品房。我不会上当。很好的房子。我不会要的，你们谁愿意住谁就去住。你等我问题解决了以后，你不给我房子还不行呢。但他们谁都不知道这问题什么时候解决。吃的住的，都我自己解决。你们欠着我，就还欠着我吧。梁湘那一代以后，尤其李浩很差劲，水平相当低，我叫他无耻政客。就是这么嘿嘿嘿地笑，笑了之后，一推。他永远没事儿。第一个买股票的就是他。当时我还在当校长，在人民代表开会的时候，我提了个问题：共产党员能不能买股票？马克思在资本论里头怎么讲的？他们说现在李浩也买了呀。我说，如果以后中央说共产党员不能买股票，怎么办？他们说，不让买，咱再退出来呗，咱是跟着李浩买的。买的人多了，就没事了。

燕：法不责众。

罗：是啊，那么多人买，他怎么处理啊？

燕：现在您比谁过得都好。

罗：深圳大学来参观的人一批一批来了好多。他们说老罗，你是个大房地产主。我说这不是我的。他们说，管他名字是谁的，都是你弄起来的，替你高兴。原来我心里也别扭，现在看来老天还是公平的！

燕：什么人都没了信念。

罗：共产党员有什么信念啊？梁湘来看我，说，老罗啊，共产党这是癌症晚期了，怎么办？跟你说声对不起，只能这样了。我们还能有什么办法？我们欠你那么多，每年中秋节还拿你的月饼。我说别这么说。

梁湘那个时候，不是我一个人，深圳市老百姓都比较满意，这就行了。至于我自己，你们都下去了，没人管我，没人问我。虽然我好像倒了霉了，实际上也没倒霉。梁湘当书记的时候说，我有时候羡慕你，有时候嫉妒你，你到处这么多学生，这么多学生对你这么好，做人做到这样行了。你别不满意了。我说，我没不满意。这些老同志，还是很阳光的。

燕：他那个比喻打得可真好。

罗：癌症晚期。

【诗选】

送罗征启先生远行

张宝林

志高行洁国之琛,一曲清讴唱到今。
屡逆龙鳞犹未悔,曾经沧海只输忱。
浮云偶入衰年梦,大业还随壮士心。
遍地悠游皆鹿马,谁怜禹甸夜深沉。

(二零二二年四月十九日)

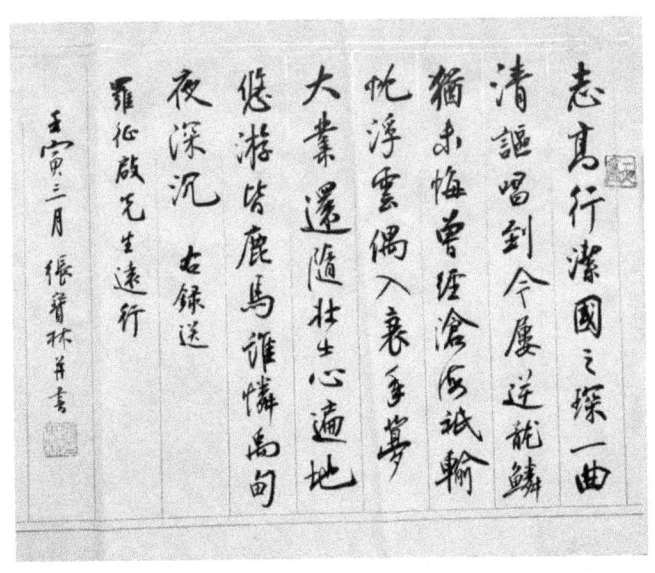

www.ingramcontent.com/pod-product-compliance
Lightning Source LLC
Chambersburg PA
CBHW052053300426
44117CB00013B/2105